Peter G. Kühn

Zukunft wächst aus Herkunft

Adoptierte suchen ihre Wurzeln – die biografische Aneignung der Adoptionsgeschichte

Peter G. Kühn

ZUKUNFT WÄCHST AUS HERKUNFT

Adoptierte suchen ihre Wurzeln –
die biografische Aneignung der Adoptionsgeschichte

ibidem-Verlag
Stuttgart

Bibliografische Information der Deutschen Nationalbibliothek
Die Deutsche Nationalbibliothek verzeichnet diese Publikation in der Deutschen Nationalbibliografie; detaillierte bibliografische Daten sind im Internet über http://dnb.d-nb.de abrufbar.

Bibliographic information published by the Deutsche Nationalbibliothek
Die Deutsche Nationalbibliothek lists this publication in the Deutsche Nationalbibliografie; detailed bibliographic data are available in the Internet at http://dnb.d-nb.de.

Coverillustration: Marsyas III, 2012, Ölfarbe auf Leinwand. 220 x 180 cm.
© 2015 by Henri Deparade. Abdruck mit freundlicher Genehmigung.

∞

Gedruckt auf alterungsbeständigem, säurefreien Papier
Printed on acid-free paper

ISBN-13: 978-3-8382-0558-8

Printed in Germany

Dieses Buch richtet sich an alle, denen die Suche Adoptierter nach ihrer leiblichen Familie ein Anliegen ist. Das gilt für Betroffene und interessierte Menschen, aber auch für Fachkräfte. Es fasst die Ergebnisse einer Studie aus den Jahren 2007 bis 2012 zusammen und bereitet sie übersichtlich auf. Es bildet Lebensgeschichten Adoptierter ab, führt umfangreich aktuelle und historische Daten zur Adoption auf und stellt die rechtliche Lage dar. Schließlich werden die Ergebnisse der Forschung zusammengefasst und schlaglichtartig Ausblicke skizziert.

Wem an einer tiefer führenden Erkundung gelegen ist, dem sei der Band „Adoptierte auf der Suche nach ihrer genealogischen Verwurzelung" (Kühn, *ibidem*-Verlag 2014) empfohlen. Dort werden zusätzlich umfassend die theoretischen Grundlagen und die Forschungsmethodik beschrieben und die Ergebnisse auf die vorgestellten lebensgeschichtlichen Interviews bezogen sowie in den fachlichen Diskurs gestellt.

An dieser Stelle danke ich den Interviewpartnerinnen und -partner, die mir vertrauensvoll ihre Lebensgeschichte öffneten, ihre ganz persönliche Sicht auf den Prozess der Adoption offenbarten. Dank auch an alle, die mich in anderer Weise beim Entwickeln des Buches unterstützten. Genannt seien Steffi Baldow, Ingo Bochmann, Dieter Boström, Franziska Hofmann, Juliane Kühn, Steffi Kühn, Manuela Lorenz, Prof. Dr. Wolfgang Melzer, Petra Sprenger, Thorsten Stechow, Jörg Wagner und Christine Winkler-Dudczig. Besonderer Dank gilt Prof. Henri Deparade (www.deparade-art.de), der mir wieder eines seiner großartigen Bilder für die Covergestaltung zur Verfügung stellte, sowie Prof. Dr. Harald Wagner, der mich fortwährend Mut machend und wegweisend begleitete.

Peter G. Kühn

Inhaltsverzeichnis

Abbildungsverzeichnis

Tabellenverzeichnis

Einleitung

Woher komme ich? Wer sind meine Wurzeln? Diese Fragen treiben Menschen um. Sie wollen mehr als nur eine Ahnung ihrer Herkunft gewinnen. Sie suchen nach Wurzeln für Talente, nach Quellen von Charaktereigenschaften, nach Ursachen ihrer Neigungen und Interessen. Häufig werden Kirchenbücher gewälzt, Standesämter befragt. Viele reisen an Orte, die eine besondere Rolle in der familiären Vergangenheit spielen. Computerprogramme zur Erstellung eigener Stammbäume haben Hochkonjunktur; Internet-Suchmaschinen liefern Anhaltspunkte. Seit Urzeiten definieren sich Menschen über Generationsfolgen. Exemplarisch stehen dafür Familienamen wie Hansson (Sohn des Hans) aus dem skandinavischen Bereich und der Zusatz „ben" oder „ibn" im Hebräischen bzw. Arabischen (jeweils: Sohn des...).[1]

Es ist anscheinend die leibliche Familie, um die sich alles dreht. „In der leiblichen Familie aufzuwachsen ist in unserer Kultur selbstverständlich. Ein Kind ist Teil seiner Verwandtschaft, letztes Glied von Generationen. Durch seine Familie weiß es, wer es ist, bekommt es seine Besonderheit, seinen Namen, seine Identität" (Krappel 1999, 62). Tyrell (1988, 147) spricht davon, dass „mit Ehe *und* (notwendig hinzutretend) Filiation exklusiv und vollständig die beiden Rekrutierungsprinzipien benannt sind, die – unter Ehemann/Vater, Ehefrau/Mutter und Kind – die familiale Zusammengehörigkeit unabweisbar herstellen." Was aber, wenn die leibliche Familie fehlt? Was bleibt jenen unter uns, die früh schon adoptiert worden sind und ihre genealogischen Wurzeln nicht kennen? Adoptierte haben keine Herkunft außerhalb ihrer Adoptivfamilie. Tatsächlich liegen dort ihre sozialen Wurzeln. Die biologische Herkunft jedoch ist abgerissen. Für die meisten Menschen gehören biologische und soziale Elternschaft zusammen. Bei Adoptierten wird beides schon am Beginn des Lebensweges getrennt. Sicher ist das ansatzweise auch in Pflegefamilien oder so genannten „Patchworkfamilien" der Fall. Bei einer Adoption[2] sind jedoch die Verbindungen zu den leiblichen Eltern in besonders drastischer Weise gekappt. Fragen und Schwierigkeiten von Bindung oder Identität, die auch in anderen Konstellationen auftreten können, werden bei der Inkognito-Adoption am schärfsten auf den Punkt gebracht. So kann die Forschung an der verhältnismäßig kleinen Untersuchungsgruppe der Adoptierten Ergebnisse zutage bringen, welche auch für viele andere Bevölkerungsgruppen relevant sind. Die gewonnenen Erkenntnisse können auf weitere Familienarrangements übertragen und bei der sozialen Arbeit angewandt werden.

---

[1] Vorab ein Wort zum sprachlichen Genderaspekt in dieser Studie: Alle geschlechtsspezifischen Formen schließen das jeweils andere Geschlecht mit ein (außer, wenn es sich um konkrete Personen handelt). Es wird entweder in der femininen oder in der maskulinen Form geschrieben, umd eine gute Lesbarkeit zu gewährleisten. Der Verfasser hofft, ein ungefähr ausgeglichenes Verhältnis getroffen zu haben.

[2] Besonders im Fall einer Inkognitioadoption, bei der jegliche Informationen über die leiblichen Eltern geheim gehalten werden.

Adoption ist eine seit alters her bekannte Methode zur Nachwuchsgenerierung. Die Trennung von sozialer und biologischer Elternschaft beschäftigte sowohl die archaischen Mythen (z.B. Ödipus und Mose), als auch immer wieder die Literatur. In den letzten Jahrzehnten dringt das Thema der Suche Adoptierter nach ihrer Herkunft auch in Deutschland immer wieder durch Berichte, Talkshows und Filme in die mediale Öffentlichkeit. Diesem Phänomen widmet sich die vorliegende Arbeit. „Unklar ist, wie viele Adoptierte Informationen über die leiblichen Eltern wünschen bzw. mit diesen zusammentreffen wollen. Für die Bundesrepublik Deutschland liegen keinerlei Zahlen vor. Befragungen älterer Adoptivkinder erbrachten unterschiedliche Angaben über den Anteil derjenigen, die eine Suche beabsichtigen: Die ermittelten Prozentsätze reichen von 45 Prozent über mehr als ein Drittel bis 20 Prozent" (Textor 1988, 456). Es ist anzunehmen, dass mit einer zunehmenden öffentlichen Thematisierung der Suche Adoptierter in den letzten 25 Jahren der Prozentsatz inzwischen erheblich höher liegt. Genaue Zahlen sind jedoch immer noch nicht verfügbar.

Der Verfasser selbst wurde als Kleinkind von seinen Eltern adoptiert und hat vor über fünfzehn Jahren die leiblichen Eltern zum ersten Mal getroffen. Als Insider hat er einen ganz besonderen Blick auf die Thematik. Das zeigt sich schon im schnellen Zugang zu Betroffenen, im raschen Herstellen eines Vertrauensverhältnisses. Dies kann besonders für die narrativen Interviews gewinnbringend sein. Gewiss birgt eine solche Position auch Risiken, wie zum Beispiel die Gefahr, dass das eigene Erleben die Forschungsergebnisse beeinflussen könnte und Zitate der Interviewpartner durch die eigene Geschichte hindurch interpretiert oder mit dieser ins Verhältnis gesetzt werden. Diese Risiken sind dem Verfasser bewusst und er stellte in allen Arbeitsphasen sicher, sie weitgehend fernzuhalten. Das fiel umso leichter, da die eigene biografische Spannung dank mehrerer Kontakte und Begegnungen mit den leiblichen Eltern vor Jahren schon gelöst wurde. Methodisch dienten die Auswertung zentraler Interviewpassagen in einer Forschergruppe und die konsequente Reflexion der eigenen Position im Untersuchungsprozess dieser Sicherstellung. „Die Wissenschaftlichkeit der Soziologie hängt [...] davon ab, dass die Forscherin und der Forscher ihre eigene Beteiligung an der sozialen Welt, ihre Einbindung, Interessen, Wertungen, Sichtweisen, Emotionen erkennen und von ihrem wissenschaftlichen Standpunkt abtrennen" (Krais/Gebauer 2010, 12f). Wenn dies gelingt, bietet sich dem Forscher, der zugleich Insider ist, ein besonderer Blickwinkel auf das sensible Forschungsfeld, so dass die hieraus erwachsenen Chancen weitaus gewichtiger betrachtet werden können, als mögliche Risiken. Die hier vorliegende Studie soll deshalb in besonderer Weise eine wissenschaftlich reflektierte Sicht des Phänomens der Herkunftssuche Adoptierter bieten. Insiderwissen war Ausgangspunkt für die Themenwahl und formt einen besonderen Blick auf die Problematik. Denn wissenschaftliche Beiträge, die den Prozess der Adoption und zum Teil auch die Herkunftssuche Adoptierter von außen betrachten, gibt es selbst im deutschen

Sprachraum schon einige.[3] Diesen Studien sollen die hier erarbeiteten Ergebnisse zur Seite gestellt werden und so einen multiperspektivischen Blick ermöglichen. Dabei wird die thematische Involviertheit des Forschers gesehen, bei der Auswertung berücksichtigt und als Chance genutzt.

Worum geht es?

Adoptivkinder werden nach den aktuellen Adoptionsgesetzen vollständig in das Familiensystem der Adoptivfamilie integriert. Alle Verwandtschaftsverhältnisse, auch die Großfamilie, gehören dazu. Dies ist vom Gesetzgeber gewollt und dient dem Wohl des Kindes, das auf diese Weise in normalen Familienverhältnissen aufwachsen kann. Dennoch bleibt immer auch die andere Seite bestehen. Der unklare Beginn der eigenen Lebensgeschichte, die ursprüngliche Zugehörigkeit zu einer anderen Familie bzw. die Beschäftigung damit können dazu führen, dass sich Adoptierte auf den Weg machen, ihre genealogische Abstammung zu rekonstruieren und dabei Kontakt zur leiblichen Familie suchen.

Wie sehen die Lebensgeschichten, Bindungsrepräsentationen und Identitätskonstruktionen der Adoptierten, die auf die Suche gehen, aus? Welchen Einfluss hat der (geglückte oder missglückte) Kontakt mit der Herkunftsfamilie auf das Selbstbild der Betroffenen? Welchen individuellen Nutzen oder welche Befriedigung streben sie mit der Kontaktsuche an? Werden diese Erwartungen erfüllt? Welche typischen Situationen und Konstellationen führen zu der Entscheidung, die Suche nach der Herkunft tatsächlich in Angriff zu nehmen? Wie wirkt sich die (erfolgreiche oder erfolglose) Suche nach den leiblichen Eltern auf den sozialen Kontext der Betroffenen aus?

Die konkrete Fragestellung der diesem Band zugrundeliegenden Studie war: Was motiviert Adoptierte für die Suche nach ihrer Herkunftsfamilie und aus welchen lebensgeschichtlichen Zusammenhängen heraus beginnen sie mit dieser Suche? Wie verarbeiten und bewerten sie die sich daraus ergebenden Prozesse bezüglich ihrer Identität und ihres familiären Zugehörigkeitsgefühls (vgl. Kühn 2014)? Zielgruppe sind dabei Adoptierte, die mindestens mit einem leiblichen Elternteil nach der Suche Kontakt haben oder hatten. Interessant wäre es auch, Lebensgeschichten suchender und nichtsuchender Adoptierter miteinander ins Verhältnis zu setzen. Das würde jedoch den Rahmen sprengen. Ebenfalls nicht betrachtet wird, wenn die Herkunftssuche zu keinem Kontakt mit den leiblichen Eltern geführt hat, die Suche als das Ziel nicht erreicht hat. Der Schwerpunkt der Fragestellung liegt bei den Adoptierten selbst. Die Blickwinkel der abgebenden Mütter und der Adoptiveltern sowie die Rolle der vermittelnden Stellen werden ergänzend in die Studie einfließen.

---

[3] Z.B. Napp-Peters 1978, Sorosky/Baran/Pannor 1982, Textor 1988/1989/1990/1990a, Hoffmann-Riem 1989, Geller 1992, Bott 1995 Swientek 2001

In der vorliegenden Arbeit, die sich ausschließlich auf Deutschland bezieht, geht es nicht um Auslandsadoptionen (mit weiteren, kulturellen Schwierigkeiten der Begegnung mit der leiblichen Familie), sondern der Fokus liegt auf Inkognitoadoptionen innerhalb der Bundesrepublik bzw. der DDR. Stiefkindadoptionen[4] und Verwandtenadoptionen waren und sind ebenfalls ein wichtiger Teil der Adoptionsvermittlungsarbeit. Das Kind wird auf diese Art nahe an seiner Herkunftsfamilie untergebracht und aufgenommen. Dadurch wird jedoch der Blick in Hinsicht auf unsere formulierte Forschungsfrage getrübt, so dass dieser Teil der Adoptierten hier ebenfalls nicht untersucht wird und spezielle Probleme und Fragen aus diesem Bereich nicht im Fokus stehen. Die Ergebnisse können jedoch sowohl in Richtung der Auslandsadoptionen, als auch bezüglich der Stiefkind- und Verwandtenadoption ausgewertet und durch Folgestudien erweitert werden.

Biografische Aneignung der Adoptionsgeschichte

Für die Suche Adoptierter nach ihrer leiblichen Familie, Herkunft oder Vergangenheit gibt es keinen einheitlichen Begriff, der das Phänomen treffend beschreibt. Ebenso gibt es keine im gesellschaftlichen Bewusstsein verankerte oder akzeptierte Verhaltensform für die Begegnung Adoptierter mit den leiblichen Eltern. Jede einzelne Herkunftssuche muss dafür eine eigene, stimmige Form „erfinden", was ein unverkrampftes Umgehen in einer emotional auch so schon hoch aufgeladenen Situation zusätzlich erheblich erschwert. Was nicht verbal zu benennen ist, lässt sich umso schwerer in praktische Handlung transformieren und zur Realität formen.[5] Auch Adoptierte selbst können nur schwer beschreiben, was sie eigentlich suchen. Es scheint sich um eine Form der Bemächtigung der eigenen Geschichte und Klärung für die Narration des eigenen Lebens zu handeln.

Ein Zitat aus einem Interview mit einer Adoptionsvermittlerin beschreibt die Intention der herkunftssuchenden Adoptierten recht gut: „Es sind die Suchenden, es sind die Leute die, hm - nach ihrer Vergangenheit, nach ihren Wurzeln nach ihren - ach, was-weiß-ich-alles forschen. Nach dem schwarzen Loch, zum Aufhellen, um Licht ins Dunkel zu bringen" (Kühn 2006, 74)? Es geht vor allem darum, Unklares zu verstehen, aufzuarbeiten und in den Kontext der eigenen Lebenserzählung integrieren zu können. Identität entsteht durch Erzählung der eigenen Lebensgeschichte. Diese Lebensgeschichte braucht einen Anfang, der Kohärenz der eigenen Biografie ermöglicht.

In diesem Sinne ist die Suche Adoptierter nach ihrer genealogischen Verwurzelung als ein identitätsstiftender Vorgang zu betrachten, der in verschiedenen Lebensphasen der Adoptierten eine verstärkte Relevanz bekommen kann. Vor einigen Jahren wurde vom Verfasser der Begriff *Biografische Aneignung der Adoptionsgeschichte* als Beschreibung dieses

[4] Das heißt: Ein Ehepartner adoptiert ein Kind, das der andere Ehepartner bereits vor der Eheschließung hatte.
[5] Vgl. die Einführung des „Neusprech" als verordnete Sprache in George Orwells apokalyptischen Roman „1984": Was nicht sagbar ist (z.B. das Wort „Aufstand"), existiert in der Vorstellungswelt der Individuen nicht und kann so kaum zur Realität werden

Prozesses eingeführt (vgl. Kühn 2006/2010). Diese Bezeichnung hat sich bewährt. Biografie ist im Unterschied zum Lebenslauf eine persönliche, subjektive Sichtweise auf das Leben. Deshalb ist das Wort *biografisch* angemessen. „Als konstruktiver Akt der Lebensbeschreibung verweist die ‚Biografie' auf die notwendig gewordene Selbstreflexivität in einer Situation pluraler Lebensoptionen. Sie enthält den Versuch, dem individuellen Leben im Spannungsfeld von Selbstbestimmung und gesellschaftlichen Bestimmungen Sinn, Bedeutung und Ordnung zu verleihen" (Deinet/Sturzenhecker 2005, 234). Biografie beinhaltet individuelle Erlebnisse und Erfahrungen, persönliche Deutungsmuster und Relevanzstrukturen und unterscheidet sich somit vom Begriff des Lebenslaufes, wo vor allem die Ereignisse in zeitlicher Abfolge aneinandergereiht werden. Das Erzählen der Lebensgeschichte ist Teil der Identitätsarbeit. Durch das Einordnen und Bewerten, aber auch durch das Weglassen oder Umdeuten vergangener Ereignisse wird Kohärenz und Kontinuität erreicht. Damit ist Biografie die Darstellung subjektiver Realität, die zwar mit den objektiven Ereignissen korrespondiert, jedoch nicht mit diesen gleichzusetzen ist. Biografie hat stets eine „Gegenwartsperspektive, d.h. [es hängt davon ab], mit welchen Interessen, Bedürfnissen und mit welcher biografischen Gesamtsicht sich [die Person] der Vergangenheit zuwendet, in welcher aktuellen Lebenssituation sie sich augenblicklich befindet und mit welchem Grad der Aufmerksamkeit sie sich erinnert. [Dementsprechend] konstituiert [sich] ihre Zuwendung zur Vergangenheit" (Rosenthal 1995, 93). Biografie entwickelt sich nicht linear, sondern wird von den Individuen immer wieder re-interpretiert und gedeutet und ist damit individuell konstruiert. Eine biografische Erzählung spiegelt die aktuelle Selbstwahrnehmung und -interpretation im Zusammenhang mit der Gegenwart, der Vergangenheit und der antizipierten Zukunft wider.

Aneignung ist ein allgemein verständliches Wort, zu dem auch Nicht-Fachleute Zugang haben. Aneignung ist hier nicht im materiellen Sinne (etwa von Beschlagnahmung) gemeint, deshalb auch das Zusammenspiel mit dem Wort Biografie. Ein Teil der persönlichen Geschichte, Herkunft wird sich zu eigen gemacht und damit dem Machtbereich anderer Interpretationen entrissen. Aneignung ist ein Prozess internalisierender Bedeutungserfassung bzw. Bedeutungsgebung durch das Individuum. Nach Leontjew (1977) ist Aneignung vor allem eine Tätigkeit, das heißt, eine aktive Auseinandersetzung mit einer Gegebenheit (z.B. Gegenstand, Werkzeug, Musikstück, Gesellschafttheorie)[6] in praktischer oder kognitiver Form. „Ein Mensch, der sein Bedürfnis nach Kenntnissen befriedigt und dabei einen gegebenen Begriff zu *seinem* Begriff macht, das heißt, dessen Bedeutung beherrschen lernt, vollzieht dabei [diesen] Prozess. [...]Die geistige, die psychische Entwicklung einzelner Menschen ist demnach das Produkt eines besonderen Prozesses - der Aneignung" (Leontjew 1977, 282; Hervorhebung im Original). Dabei

[6] Leontjew bezieht seinen Aneignungsbegriff auf die Auseinandersetzung mit „Produkten menschlicher Tätigkeit" (Leontjew 1977, 282). Nachdem Menschen kulturell oder produktiv etwas geschaffen haben, machen es sich andere Menschen, nachfolgende Generationen durch aktive Auseinandersetzung zu eigen.

produzieren und reproduzieren die Individuen die kulturellen Bedeutungen der Objekte oder Fähigkeiten. Aneignung vollzieht sich dialogisch, durch Auseinandersetzung mit anderen Individuen, z.B. beim Erlernen einer Sprache. „Der Aneignungsprozess erfüllt die wichtigste Notwendigkeit und verkörpert das wichtigste ontogenetische Entwicklungsprinzip des Menschen: Er reproduziert die historisch gebildeten Eigenschaften und Fähigkeiten der menschlichen Art in den Eigenschaften und Fähigkeiten des Individuums" (Leontjew 1977, 286). Deinet (2009, 36) versteht „Aneignungsprozesse als schöpferische Leistung, als Eigentätigkeit, [die durch] die realen Anforderungs- und Möglichkeitsstrukturen bestimmt und gerichtet [werden]." Aneignung geht über das kognitive Kopieren von Wissen hinaus und meint vielmehr eine persönliche Bemächtigung, die individuellen Be-Deutung eines Gegenstandes, eines Ortes, einer Geschichte usw.

Dieser Prozess vollzieht sich auch bei der Suche Adoptierter nach ihrer leiblichen Familie. Adoptierte haben durch die biografische Aneignung ihrer Adoptionsgeschichte die Möglichkeit, sich der Anfangsgeschichte ihres Lebens zu bemächtigen, sie zumindest zu kennen, zu verstehen und nachzuvollziehen. Sehr häufig empfinden Adoptierte, dass Entscheidungen über sie hinweg von den anderen drei Seiten des Adoptionsvierecks getroffen wurden. Dies beginnt bei der Trennung von der leiblichen Mutter, dem Verweigern von Informationen durch die Adoptiveltern bis hin zu unvollständiger Akteneinsicht im Jugendamt bei der Herkunftssuche oder einer Ablehnung von Kontakt durch die leibliche Mutter im Verlauf der Herkunftssuche. Durch aktives Suchen ergreifen sie die Möglichkeit, sich ihre eigene Geschichte zu Eigen zu machen. Der Startpunkt des Lebens soll aus dem Nebel der Ahnungen und Fremdinterpretatinonen (z.B. durch Erzählung anderer) herausgehoben und einer persönlichen Ansicht und Deutung zugeführt werden. Es geht darum, die eigene Geschichte selbst interpretieren, verstehen und erzählen zu können. Ein Puzzleteil des eigenen Lebens, das bisher nicht erkennbar war, bekommt Form, Farbe und Gestalt, so dass es in die Gesamtheit des Selbstkonzeptes integriert werden kann. Die Biografie ist Eigentum des Individuums. Aneignung ist in diesem Zusammenhang zu verstehen im Sinne von: Erkenntnis, Verständnis, Sinngebung sowie Integration sozialer und geschichtlicher Zusammenhänge. Brüche und Abläufe im Welt- und Selbstbild gehören ebenfalls hinein, im Sinne einer Vereinigung gegensätzlicher Pole zu einer Gesamtsicht. Ziel ist die selbstbestimmte Gestaltung der individuellen Identitätskonstruktion, die Gewinnung eines konstant und kontinuierlich empfundenen Selbstbildes. Das Fragezeichen der eigenen Herkunft wird in bewusste Lebensgeschichte verwandelt.

1 Fakten, Zahlen und Gesetze

In diesem Kapitel werden die relevanten geschichtlichen, strukturellen und rechtlichen Fragen, die mit der biografischen Aneignung individueller Adoptionsgeschichten in Verbindung stehen, beleuchtet. Dabei dient das Adoptionsviereck als Arbeitsmodell. Daneben wird ausführlich auf die Adoptionsstatistiken der Jahre 1950-1990 in beiden deutschen Staaten, sowie im wiedervereinigten Deutschland bis zum Jahr 2013 eingegangen. Ein Exkurs über politisch motivierte Zwangsadoptionen in der DDR ist in das Kapitel eingebunden.

1.1 Geschichte und Intention der Adoption

Adoption heißt übertragen „hinzuwünschen" und war schon im Altertum bekannt. Die ursprüngliche Intention war, bei Kinderlosigkeit einen Erben zu gewinnen. „Geht man auf die Ursprünge der Adoption zurück, so zeigt sich, dass beherrschendes Motiv lange Zeit die Sicherung der Familiennachfolge in Fällen der Kinderlosigkeit war, wobei die vermögensrechtliche Seite oft eine bedeutende Rolle spielte. Sehr häufig handelte es sich deshalb auch um die Adoptionen von Volljährigen" (Paulitz 2006, 7). In der späteren bürgerlichen Gesellschaft mit dem (immer noch vorherrschenden) Ideal der Kleinfamilie wurde Adoption volkstümlich als Möglichkeit für ungewollt kinderlose Paare gesehen, doch zu einem Kind zu kommen. Hier spielte auch der patriarchale Gedanke vom „Kind als Besitz" eine Rolle.

Bekannte geschichtlich-mythische Beispiele für Adoptionen sind der Ödipus-Mythos und die biblische Geschichte der Aussetzung des hebräischen Kindes Moses, das von der Pharaonentochter aufgezogen und adoptiert wird. Bei dieser Geschichte ist zu beobachten, dass Moses zu seinem ursprünglichen Volk zurückkehrt und sich mit diesem identifiziert, es dann schließlich in die Freiheit von der Unterdrückung durch die Ägypter führt. Bei deren Hauptrepräsentanten war er jedoch aufgewachsen. Auch Mose hatte also eine eigene Geschichte der Herkunftssuche nach seinen ursprünglichen Wurzeln.

1.1.1 Historischer Blick auf die Adoption

An dieser Stelle kann nur ein kurzer Überblick geboten werden.[7] Adoption ist ein schon seit Jahrtausenden bekanntes und genutztes Mittel der Sicherung des Familienverbandes. Im Altertum wurde adoptiert, um Blutsverwandtschaft bei eigener Unfruchtbarkeit zu ersetzen und so den Fortbestand der eigenen Sippe und des Stammes zu sichern. So sind auch alte babylonische Regelungen einzuordnen, die eine unveränderliche Verbindung mit den Annehmenden sichern sollte: „Vor viertausend Jahren wurde dem Adoptierten, der es wagte, öffentlich zu sagen, dass er nicht das Kind seiner Eltern sei,

[7] Sehr ausführlich und fundiert dazu: Napp-Peters 1978, 3-103

die Zunge herausgeschnitten. Wenn er gar nach seinen leiblichen Eltern suchte, dann wurde er zur Strafe geblendet" (Sorosky/Baran/Pannor 1982, 25). Das Inkognito und dessen Wahrung durch ein Nichtreden- und Nichtsehendürfen wurden auf drastische und brutale Weise durchgesetzt. Auch in anderen Kulturräumen, wie in China und Indien, sind Adoptionsbräuche nachzuweisen (vgl. Sorosky/Baran/Pannor 1982, 27). Die Adoption hat sich als Möglichkeit der Familiengründung bzw. der Erbengewinnung in verschiedenen Kulturen weltweit und zu allen Zeiten etabliert.

Im deutschen Sprachraum wurde Adoption mit dem römischen Recht eingeführt. Aus dieser Zeit sind erste Gesetze zur Adoption bekannt. „Bereits das Römische Recht kannte die Adoption. Vor Justinian (527-565 n. Chr.) war sie eine sogenannte ‚adoptio plena', das heißt, eine Adoption, die mit allen Folgen einer Kindschaft ausgestattet war (insbesondere mit der ‚patria potestas'). Seit Justinian erzeugte die ‚datio in adoptionem' nur noch ein Kindeserbrecht gegen den Adoptivvater, dagegen kein Kindesverhältnis mehr. Dies war die sogenannte ‚adoptio minus (quam) plena'" (Oberloskamp 1993, 14). Auch hier ging es vor allem um Gewinnung von Erben und Fortbestand der eigenen Familie. Adoption wurde im Römischen Reich nicht verschwiegen oder als beschämend angesehen. Auch wurde nicht erwartet, dass der Adoptierte die Verbindungen zu seiner bisherigen Familie abbrach. Wie ein Ehevertrag war die Adoption ein Weg, familiäre und politische Allianzen zu stärken. Bekanntestes Beispiel einer Adoption damals ist wohl die Adoption des Augustus Octavian durch Julius Cäsar, der ihn so zum Kaiser machte. Es folgten später die sogenannten Adoptivkaiser. „Die Bezeichnung erklärt sich aus der Art der Nachfolgeregelung: Nach dem Vorbild von Augustus und Galba versuchten die Adoptivkaiser, durch möglichst frühzeitige Adoption und dadurch gewährleistete Vorbereitung des jeweiligen Nachfolgers der bestgeeigneten Persönlichkeit die Herrschaft zu sichern" (Meyers Lexikon 1992, Bd. 1, 82). Adoption war im Römischen Kaiserreich ein flexibles Mittel, die eigene Nachfolge besser abzusichern, als es natürliche Nachfolge tat, wenn z.B. der leibliche Nachwuchs als nicht tauglich genug für die hohe Verantwortung erachtet wurde. Es ist davon auszugehen, dass diese Praxis sich nicht auf die Kaiser beschränkte, sondern in den Oberschichten des Römischen Reiches generell praktiziert wurde. Meist wurden Erwachsene adoptiert. Wenn es Kinder waren, so standen dennoch die Erhaltung des eigenen Stammbaumes und die Nachfolge im Mittelpunkt. Ein heutiges Verständnis vom Wohl oder den Bedürfnissen des Kindes war nicht im Spiel.

1.1.2 Entwicklung in Deutschland

„Über das Gemeine Recht, also über das seit dem Ende des Mittelalters in Deutschland rezipierte römische und mit kanonischen und germanischen Elementen vermischter Recht, fand die Adoption als ‚adoptio minus plena' Eingang in alle großen europäischen Gesetzeswerke" (Oberloskamp 14). Der Blick nach Deutschland zeigt, dass es hier ebenfalls eine lange Geschichte der Aufnahme fremder Kinder in die eigene Familie gab. Manche klingen nahezu modern: „Eine frühe Maßnahme im Sinne des Kindes war die im germanischen Kulturkreis vorzufindende ‚Ankindung', die dazu diente, den unehelich Geborenen die Rechte ehelicher Kinder zu garantieren" (Krappel 1999, 10; vgl. Napp-Peters 1978, 7). Im mittelalterlichen Deutschland hatte die Adoption eine geringere Bedeutung, wurde jedoch im Ständestaat des 18. Und 19. Jahrhunderts beispielsweise zur Erhaltung von Adelstiteln, wichtig.[8] Auch hier zeigt sich wieder der primär materiell-strategische Zweck von Adoptionen in dieser Zeit.

Bis ins späte 19. Jahrhundert und noch darüber hinaus waren in Europa uneheliche Kinder der allgemeinen Diskreditierung ausgesetzt, sie waren „Bastarde",[9] die im vorherrschenden engen christlich-ethischen Weltbild kaum einen Platz fanden. Die bürgerliche Kleinfamilie wurde mit der Urbanisierung allmählich die Richtschnur der angestrebten und anerkannten Lebensform und löste so die bäuerliche Großfamilie ab, die in den Jahrhunderten davor das primäre Familienmodell darstellte. Uneheliche Kinder passten dort nicht hinein. Alleinerziehende Mütter hatten kaum eine Chance auf ein vernünftiges, materiell abgesichertes Leben. So wurden viele Kinder in dieser Zeit ausgesetzt oder fortgegeben. Ähnliches passierte auch mit Kindern, die aus armen Familien stammten und von den Eltern nicht ernährt und aufgezogen werden konnten. Solche Kinder wurden gelegentlich bis in das 20. Jahrhundert hinein auch in Europa als billige Arbeitskräfte in andere Familien aufgenommen. „Das System des ‚Verdingens', [bedeutet], die Annahme diente der Beschaffung von Arbeitskraft und verpflichtete das Kind, die ihm gewährte Nahrung, Unterkunft und Kleidung etc. abzuverdienen" (Napp-Peters 1978, 23). Fjodor Dostojewski beschreibt am Rande seines Romans „Die Brüder Karamasow" einen solchen Fall, der die Selbstverständlichkeit dieser Handlungsweise illustriert: „Dieser war unehelich geboren, die Eltern hatten ihn als sechsjähriges Kind irgendwelchen Hirten in den Schweizer Bergen *geschenkt*, die Hirten zogen ihn auf, um ihn zur Arbeit zu verwenden. Er wuchs bei ihnen heran wie ein kleines wildes Tier, die Hirten gaben ihm keinerlei Unterricht, im Gegenteil, als Siebenjähriger musste er auf ihr Geheiß schon die Herde hüten, musste hinaus in die Nässe und Kälte, und sie kleideten ihn schlecht und nährten ihn kaum. Versteht sich, keiner von ihnen machte sich Gedanken darüber, dass sie so handelten, keiner empfand Gewissensbisse, im Gegenteil, sie glaubten sich ganz im Recht, weil [er] ihnen wie eine Sache geschenkt worden war, sie hielten es nicht einmal für notwendig, ihn zu ernähren" (Dostojewski 1981, 383). Auch wenn dieses Beispiel der Literatur entstammt, so zeigt es recht deutlich die allgemeine Einstellung zu unehelichen, fortgegebenen Kindern.

Im besseren Fall fanden sich solche Kinder in Waisenhäusern wieder, die vor allem von christlichen und wohltätigen Frauen und Männern gegründet wurden. Von da aus

[8] Ein Beispiel für Adoption aus erbrechtlichen Gründen findet sich in der Geschichte des Rittergutes Altenberga/Thüringen: „Endlich ging 1855 das Rittergut auf die mit der Familie von Schwarzenfels durch Adoption verbundene Familie von Schwarzenfels genannt Rothkirch von Trach über" (Staatsarchiv Weimar 2006).

[9] Früher: nicht eheliches Kind besonders eines Adligen und einer nicht standesgemäßen Frau; als minderwertig empfundener Mensch (auch als Schimpfwort) (www.duden.de, 15.10.2011, 14:15 Uhr)

wurden sie etwa seit Beginn des zwanzigsten Jahrhunderts von verschiedenen Organisationen zur Adoption vermittelt. „Die Ortsgruppen des Caritasverbandes, des katholischen Fürsorgevereins für Mädchen, Frauen und Kinder, das Seraphische Liebeswerk und einige evangelische Organisationen [...] lernten durch ihre Fürsorgetätigkeit viele verlassene Kinder kennen und fanden unter denen, die ihre Arbeit unterstützten, auch Ehepaare, die bereit waren, diese Kinder in ihre Familie aufzunehmen" (Napp-Peters 1978, 27). Um die Kinder vor Diskreditierung zu schützen, wurde das strikte Inkognito propagiert. „1928 erhob das Reichsgericht die Inkognitoadoption zum Standardmodell" (Breitinger 2011, 79). Die Kinder sollten ggf. gar nicht wissen, dass sie adoptiert seien. Der Kontakt zu den leiblichen Eltern war nicht erwünscht und normalerweise auch nicht möglich. So wurde den „Bastarden" ein relativ normales Leben in einer Familie, die sich aus erbrechtlichen, altruistischen oder anderen Gründen (noch) ein Kind wünschte, ermöglicht. Auch die Adoptiveltern konnten durch das Inkognito die Abweichung von der Norm der bürgerlichen Kleinfamilie, die aus verheirateten Eltern und leiblichen Kindern bestand, möglicherweise verbergen oder vergessen machen. „Gegen diese gesellschaftliche Norm verstießen nun die Ehefrau, die ihrer angeblich natürlichen Bestimmung nicht nachkam, weil sie keine Kinder gebären konnte und die ledige Frau, die zwar Kinder in die Welt setzte, aber sie nicht aufzog. Beiden Frauen drohte die gesellschaftliche Ächtung, beide rettete die Adoption. Sie übertünchte mit ihrer Geheimniskrämerei die Schande der Kinderlosigkeit und das Stigma der unehelichen Geburt" (Breitinger 2011, 81).

In Deutschland blieb über die Jahrhunderte das Hauptziel einer Adoption, meist wohlhabenden, kinderlosen Ehepaaren den Wunsch nach einem Kind zu erfüllen und sie zur Weiterführung ihres Familienstammbaumes zu befähigen, „das Andenken an ihren Namen und ihre Familie fortzupflanzen" (§§ 1741-1772 BGB, alte Fassung, zitiert in Jungmann 1987, 3). Die Grundidee des Römischen Rechtes lebte fort. Die Einführung des Bürgerlichen Gesetzbuches (BGB) im Jahr 1900 brachte eine einheitliche rechtliche Regelung der „Annahme an Kindes statt" für alle deutschen Länder. Vorher galten unterschiedliche landesrechtliche Gesetze. „Mit der Übernahme in das Bürgerliche Gesetzbuch wurde der Adoption zusätzlich zu der Interessen- auch eine Schutzfunktion zugewiesen" (Napp-Peters 1978, 35). Auch wenn das Hauptziel einer Adoption weiterhin im familialen und weniger im fürsorgerischen Bereich zu sehen war, sind doch bereits im BGB und bei der weiteren Entwicklung im ersten Drittel des zwanzigsten Jahrhunderts Bestrebungen zu verzeichnen, Adoption mehr mit Blick auf die Fürsorge des Kindes zu gestalten. Dennoch blieb das Adoptionsrecht weitgehend unverändert. In der Zeit des Nationalsozialismus vorgenommen Änderungen dienten vor allem der Durchsetzung der Rassenpolitik.

Im BGB war ursprünglich das Mindestalter für Adoptiveltern bei 50 Jahren festgelegt. Eine Eltern Kind Beziehung konnte durch den großen Altersunterschied bei einer Adoption Minderjähriger so kaum entstehen. Die Adoption Volljähriger zur Beschaffung eines Erben und zur eigenen Sicherung im Alter war nach wie vor durchaus normal. Erst Anfang der 60er Jahre des vorigen Jahrhunderts wurde dieses Mindestalter auf 35 Jahre gesenkt, die Annahme Minderjähriger wurde zur Regel (vgl. §§ 1744 Satz 3, 1745 c BGB alte Fassung). Die Einwilligung der leiblichen Mutter zur Adoption konnte erst gegeben werden, wenn der Säugling mindestens drei Monate alt war. Diese Einwilligung konnte allerdings in Ausnahmefällen gerichtlich ersetzt werden. 1973 wurde das Mindestalter für Adoptiveltern auf 25 Jahre gesenkt. Bei einer Adoption blieben dennoch Verwandtschaftsverhältnisse zur Ursprungsfamilie bestehen und zur Verwandtschaft der Adoptiveltern entstand kein Rechtsverhältnis. „Das bis 1976 geltende bundesdeutsche Adoptionsgesetz sah keine Volladoption vor. Der Adoptionsvertrag [...] konnte sogar in begründeten Fällen wieder aufgehoben werden. Das adoptierte Kind war zwar mit seinen Adoptiveltern, nicht aber mit deren Verwandten verwandt, sondern blieb der Familie der leiblichen Eltern verwandtschaftlich verbunden. Es erhielt nicht automatisch die Staatsangehörigkeit der Adoptiveltern und konnte durch einen Vertrag vom Erbrecht ausgeschlossen werden" (Ahlemeier 1982, 202). Adoption unterlag dem Vertragsrecht, das Vormundschaftsgericht musste allerdings bei Minderjährigkeit zustimmen.

Inzwischen hat sich der Blickwinkel auf Adoption grundlegend geändert. „Zunächst war die Adoption als Vertrag ausgestaltet, der vor einem Notar zu schließen war. Erst die große Reform des Adoptionsrechts von 1977 brachte hier eine grundlegende Änderung. Eine vertragliche Gestaltung, die eigentlich voraussetzt, dass gleichwertige Partner eine Übereinkunft schließen, schien für die Minderjährigenadoption nicht mehr geeignet. Man änderte die rechtliche Konstruktion, und nunmehr wurde die Adoption durch einen Beschluss des Vormundschaftsgerichts ausgesprochen (§ 1752 BGB). Weiter wurde normiert, dass Adoption nur zulässig ist, wenn sie dem Wohl des Kindes dient und zu erwarten ist, dass zwischen dem Annehmenden und dem Kind ein Eltern-Kind-Verhältnis entsteht" (Paulitz 2006, 8). Adoption wurde zunehmend als Maßnahme der Kinder- und Jugendhilfe interpretiert, wie es sich auch später mit Einführung des KJHG und im Adoptionsvermittlungsgesetz niederschlug. Das adoptierte Kind wird nun vollständig rechtlich aus der Herkunftsfamilie gelöst und in die Adoptivfamilie integriert. Die Änderung der Formulierung *‚Annahme an Kindes statt'* zu *‚Annahme als Kind'* im Gesetzestext spiegelt die Intention der vollständigen Verwurzelung in der Adoptivfamilie wider. Es werden – das ist der Paradigmenwechsel – nicht mehr Kinder für kinderlose Eltern gesucht, sondern Kindern, die nicht in ihrer Ursprungsfamilie aufwachsen können, werden Eltern vermittelt. Gesucht werden also Eltern für das Kind – nicht umgekehrt. Das Kindeswohl steht im Mittelpunkt. Rechtlich sind adoptierte Kinder leiblichen Kindern absolut gleichgestellt, eine Adoption ist prinzipiell unwiderrufbar. „An Stelle der bisherigen Teiladoption mit schwachen Wirkungen trat die Volladoption, d.h., das Kind wird wie ein eheliches Kind der annehmenden Eheleute oder des Annehmenden voll in deren Familienverband eingegliedert (§1754

BGB) und ganz aus seinem ursprünglichen Familienverband herausgelöst" (Napp-Peters 1978, 42). Mit der großen Reform des Adoptionsrechtes fällt die alte Vertragsform des Adoptionsaktes weg. Adoption ist nun Akt gerichtlichen, staatlichen Handelns. Die Inkognitoadoption – also das Verheimlichen und Verschweigen der biologischen Herkunft gegenüber dem Kind – wird zur rechtlichen Norm. Diese Form wurde allerdings auch vorher schon bei Minderjährigenadoptionen regelmäßig angewandt und scheint historisch durchaus gut begründet, wie oben dargestellt wurde.

Seit 2004 ist es durch das Lebenspartnerschaftsgesetz auch gleichgeschlechtlichen Lebenspartnern möglich, im Sinne einer Stiefkindadoption das leibliche Kind des Partners zu adoptieren. Das Gesetz zur Sukzessivadoption seit Mai 2014 in Kraft. Gemeinsame Adoption fremder Kinder ist momentan noch nicht vorgesehen. Allerdings kann sich ein Partner allein für eine Adoption bewerben. Aktuelle Gesetzesinitiativen bemühen sich darum, auch bei der Adoption gleichgeschlechtliche Lebenspartnerschaften der Ehe gleichzustellen und eine gemeinsame Adoption eines Kindes durch beide Partner zu ermöglichen.

1.1.3 Adoption in der DDR

Nach 1945 wurde in der sowjetischen Besatzungszone relativ schnell eine „Verordnung zur Erleichterung der Annahme an Kindes statt [erlassen], um Kriegswaisen und von ihren Familien getrennten Kindern die ungestörte Entwicklung und die Geborgenheit in der Gemeinschaft einer erzieherisch geeigneten Familie zu sichern" (Grandke 1976, 271f). Das 1965 verfasste Familiengesetzbuch bringt ein Adoptionsrecht mit sich, das in vielen Punkten mit dem heutigen vergleichbar ist und moderner war, als das bis in die 70er Jahre in der Bundesrepublik geltende Recht. Warnecke (2009) vergleicht die bundesdeutsche Rechtsnorm des aktuellen BGB mit dem Adoptionsrecht der DDR. „Betrachtet man die in beiden Rechtsnormen vorgesehenen Voraussetzungen für eine Adoption, so ist festzuhalten, dass mit Ausnahme des §79 Abs. 2 Alt. 2 FGB[10] im Wesentlichen strukturelle Ähnlichkeiten bestehen und gleiche Ansätze verfolgt wurden" (Warnecke 2009, 157). Auch auf anderen Gebieten des Familienrechtes, z.B. bei der Gleichstellung von Mann und Frau, der Stellung unehelicher Kinder oder beim Scheidungsrecht war die Gesetzgebung des FGB der DDR durchaus liberaler und aus heutiger Sicht „moderner", als die Gesetzgebung der alten Bundesrepublik. Es wurden bei der Eignungsprüfung potenzieller Pflege- oder Adoptiveltern in den achtziger Jahren zum Teil Maßstäbe angelegt, die mit heutigen Ansichten des SGB VIII zum Thema Kindeswohl durchaus korrespondieren. So wurde eine Unterbringung in einer fremden Familie nur angedacht, wenn dies für die Entwicklung des Kindes förderlich war, die Eltern nicht „egozentrische" Motive verfolgen und nötigenfalls (v.a. bei älteren Pflegekindern) Verbindungen zu leiblichen Verwandten aufrechterhalten werden können.

[10] FGB: Familiengesetzbuch der DDR. Diese Passage regelt die Ersetzung der Einwilligung der leiblichen Eltern zur Adoption: „Dem Antrag kann auch ohne Einwilligung eines Elternteils entsprochen werden, wenn dieser Elternteil zur Abgabe einer Erklärung für eine nicht absehbare Zeit außerstande ist, ihm das Erziehungsrecht entzogen wurde oder sein Aufenthalt nicht ermittelt werden kann."

Die individuellen Eigenschaften und Besonderheiten des Kindes sollten in der neuen Familie mindestens ebenso gefördert und entwickelt werden können, wie unter den Bedingungen des Heimes. Die Familie musste kommunikations- und beratungsfähig sein und sich den Möglichkeiten und Besonderheiten des Kindes anpassen können (vgl. Bundesarchiv, DR/2 Nr. 13750).[11] „Das, was in den vorgenannten familienrechtlichen Gebieten in der Bundesrepublik zum Zeitpunkt ihrer Änderung als Fortschritt angesehen worden ist, war in der DDR bereits gesetzlich verankert" (Warnecke 2009, 162). Sie hebt jedoch ebenfalls heraus, dass speziell in Bezug auf das Adoptionsrecht „die einzelnen Voraussetzungen des [aktuellen] BGB jedoch insbesondere unter Berücksichtigung des Verhältnismäßigkeitsprinzips weitaus detaillierter gestaltet sind" (Warnecke 2009, 157).

Adoption war in der DDR Teil des „sozialistischen Erziehungskonzeptes". Nach §42 (1) FGB ist „die Erziehung der Kinder eine bedeutende staatsbürgerliche Aufgabe der Eltern." Im selben Paragrafen wird ausgeführt, was damit konkret gemeint ist. Neben dem Ziel der Erziehung „zu geistig und moralisch hochstehenden und körperlich gesunden Persönlichkeiten" wird festgestellt: „Durch verantwortungsbewusste Erfüllung ihrer Erziehungspflichten, durch eigenes Vorbild und durch übereinstimmende Haltung gegenüber den Kindern erziehen die Eltern ihre Kinder zur sozialistischen Einstellung zum Lernen und zur Arbeit, zur Achtung vor den arbeitenden Menschen, zur Einhaltung der Regeln des sozialistischen Zusammenlebens, zur Solidarität, zum sozialistischen Patriotismus und Internationalismus" (§42, Abs. 2 FGB). Das bedeutet für den Adoptionsprozess, dass „in der DDR auch für notwendig befunden wurde, dass der Annehmende als ‚erzieherisch wertvoll' eingestuft werden könne, er dem anzunehmenden gegenüber als ‚guter Staatsbürger' in Erscheinung treten werde, eine systemkonforme politisch-moralische Grundhaltung aufweise und vollständig in die sozialistische Gesellschaft integriert sei" (Warnecke 2009, 150). Wichtige Voraussetzung für das Zustandekommen einer Adoption in der DDR war unter anderem, dass die Betriebe, in denen die Annehmenden arbeiteten, eine Stellungnahme bezüglich der Eignung und der Adoptionsbewerber im Hinblick auf deren moralischer und politischer Eignung abgeben mussten.

Nach § 68 des Familiengesetzbuches (FGB) der DDR traf die Entscheidung über eine Adoption der Staat und nicht ein unabhängiges Gericht. „Zuständig für die Entscheidung über den Antrag des Annehmenden auf Annahme an Kindes statt ist der Jugendhilfeausschuss des Rates des Kreises" (BI-Universallexikon 1988, Bd.1, 89). Im damaligen Lehrbuch zum Familienrecht wurde das so begründet: „Die gesellschaftliche Wertschätzung und die von Konsequenz geprägte familienrechtliche Ausgestaltung, die die Annahme an Kindes statt unter sozialistischen Verhältnissen erfährt, wird unter anderem auch dadurch deutlich, dass sie unter Wegfall ihres früheren Vertragscharakters Gegenstand eines staatlichen Entscheidungsaktes ist" (Grandke 1976, 273). Der

[11] Ergebnis einer internen Umfrage im Bereich der Jugendhilfe im Bezirk Gera

Jugendhilfe wurde damit eine staatstragende Rolle zugewiesen, die deutlich von unserem heutigen Verständnis von Institutionen wie dem Jugendhilfeausschuss oder der Verwaltung des Jugendamtes abweicht. Die Jugendhilfe in der DDR hatte nach § 70 (1) FGB als einzige Institution Klagebefugnis, wenn es um die Ersetzung der Einwilligung abgebender Eltern zur Adoption ging. Der Paragraf besagt, dass gerichtlich ersetzt werden kann, wenn „sich aus dem bisherigen Verhalten eines Elternteils ergibt, dass ihm das Kind und seine Entwicklung gleichgültig sind." Die Klage der Organe der Jugendhilfe musste zwar von einem Gericht bestätigt werden. „Jedoch wurde die Jugendhilfe dazu aufgefordert, die Adoption von elternlosen und familiengelösten Minderjährigen zu forcieren und auch die durch § 70 Abs. 1 FGB eingeräumten Möglichkeiten aktiv zu nutzen, um auf diese Weise möglichst vielen Kindern die Chance zu geben, in einer Familie aufwachsen zu können" (Warnecke 2009, 121). Es ist ein deutlich offensiveres staatliches Handeln in Bezug auf Familie und Kindeserziehung zu beobachten, als das in der bundesdeutschen Rechtslage jemals denkbar gewesen wäre. Dies ist durch den in der DDR grundsätzlichen Vorrang des Kollektiven gegenüber dem Individuellen erklärbar. Mit diesem Vorgehen ist die Adoption deutlich vom Bereich der Privatverträge abgegrenzt, wie es in der Bundesrepublik bis in die 70er Jahre hinein üblich war. Adoption war, wie generell die Familie, keine reine Privatsache, sondern immer auch von gesellschaftlichen und staatlichen Interessen geleitet. Auch wenn die Entscheidung über die Ersetzung der Einwilligung zur Adoption letztlich ein Gericht fällen musste, waren die „Organe der Jugendhilfe" in fast allen Bereichen, die die Adoption betrafen, Themensetzer und Entscheidungsträger. In der DDR wurden bspw. in den Jahren 1968 und 1969 zwischen 10 und 15% der Adoptionen ohne Einwilligung der Eltern vollzogen. Davon ca. ¾ nach § 70 (2) FGB[12] und ¼ nach § 70 (1) FGB (vgl. Bundesarchiv DR/2 Nr. 13754).[13] Der Vater eines unehelichen Kindes musste nach § 69 FGB nur einwilligen, wenn er das Erziehungsrecht übertragen bekommen hatte. Dies war eher selten der Fall.

Dazu kommt, dass nach § 249 des Strafgesetzbuches der DDR „asoziales Verhalten" – was zum Beispiel durch ein fehlendes Arbeitsverhältnis begründet wurde – ein Grund war, Müttern das Erziehungsrecht für ihre Kinder zu entziehen und diese dann anders unterzubringen. Auch eine Ersetzung der Einwilligung der Eltern „auf Klage des Organs der Jugendhilfe" und damit die zwangsweise Freigabe zur Adoption waren möglich. Das kann prinzipiell auch nach heutigem Adoptionsrecht, gemäß § 1748 BGB (Ersetzung der Einwilligung eines Elternteils) unter bestimmten Umständen geschehen. Dennoch geraten wir an dieser Stelle in den Bereich der potenziellen Zwangsadoptionen. Auf dieses Thema wird im folgenden Exkurs eingegangen.

[12] § 70 (2) FGB der DDR: Dem Antrag kann auch ohne Einwilligung eines Elternteils entsprochen werden, wenn dieser Elternteil zur Abgabe einer Erklärung für eine nicht absehbare Zeit außerstande ist, ihm das Erziehungsrecht entzogen wurde oder sein Aufenthalt nicht ermittelt werden kann.

[13] 1968: 2449 Adoptionen, davon ersetzt nach § 70 (2) FGB: 183, nach 70 (1) FGB: 73; 1969: 2313 Adoptionen, davon ersetzt nach § 70 (2) FGB: 192; nach 70 (1) FGB: 77

Trotz dieser Einschränkungen kann davon ausgegangen werden, dass für die überwiegende Anzahl von ausgesprochenen Adoptionen im jeweiligen rechtlichen und gesellschaftlichen Kontext in der DDR gilt, dass das Wohl des Kindes wichtigste Zielrichtung war. Dabei ist jedoch festzuhalten, dass die damalige Interpretation des Kindeswohls nicht in allen Punkten mit der aktuellen Definition übereinstimmt. Bei der Bewertung des Adoptionswesens in der DDR sind einerseits der gesetzliche Rahmen und die allgemein verordnete Zielrichtung der Erziehung in der DDR zu sehen. In diesem Kontext wurden auch alle Fragen um Adoptionen behandelt. Auf der anderen Seite stehen der fürsorgerische Anspruch, der ebenfalls gesetzlich verankert war, sowie das situationskonkrete Handeln der einzelnen Adoptionsvermittlerinnen. Die meisten Adoptionen, die in der DDR ausgesprochen wurden, halten auch heutigen Kriterien weitgehend stand. Dies gilt genauso, wenn man die parallele Entwicklung des Adoptionswesens in der damaligen Bundesrepublik betrachtet. Dennoch gab es auch eine andere Seite, die keinesfalls verschwiegen werden darf: Zwangsadoptionen.

Exkurs: Zwangsadoptionen

Durch die oben beschriebene Einordnung der Adoptionsgesetzgebung in das Globalziel, die Menschen zu „sozialistischen Persönlichkeiten" zu erziehen, ist die Trennung zwischen normaler Adoptionsfreigabe und staatlichem Willkürhandeln nicht immer scharf zu ziehen. Durch die Ersetzung der Einwilligung zur Adoption durch die leiblichen Eltern wurde, wie auch im aktuellen Recht, ein Instrument zur Machtausübung gegen den Willen der Eltern gesetzlich novelliert. Offizielles Ziel einer solchen Intervention war sicherlich stets das Wohl des Kindes. Allerdings, wie oben bereits angedeutet, ist dies nicht mit heutigem Verständnis des Kindeswohls nach dem KJHG bzw. BGB in allen Belangen gleichzusetzen, da die gesamtgesellschaftliche sozialistisch-kollektive Ausrichtung wenig Platz für alternative, nonkonforme Lebensweisen bot und das Wohl des Kindes stets auch unter politisch-gesellschaftlicher Prämisse bewertet wurde. So stellte Heinz Funke, Sektorenleiter des Ministeriums für Volksbildung der DDR, während des 20. Plenums des Obersten Gerichtes der DDR Ende der 60er Jahre fest, „dass das Kindeswohl nur vom Klassenstandpunkt aus betrachtet werden könne und es dann als gewahrt gelte, wenn die Entwicklung des Kindes zum sozialistischen Staatsbürger gesichert sei" (Warnecke 2009, 86).

Die Frage nach politisch motivierten Zwangsadoptionen wurde erstmals in einer breiten Öffentlichkeit diskutiert, als der „Spiegel" 1975 mehrere Artikel zu diesem Thema veröffentlichte.[14] „Der Zentralen Erfassungsstelle der Länderjustizverwaltungen in Salzgitter zur Erfassung von Gewalttaten in der DDR sind bisher 13 Zwangsadoptionen von Kindern ‚republikflüchtiger' Eltern in der DDR bekannt geworden. Wie der Leiter der Behörde, Oberstaatsanwalt Tetemeyer, gestern auf Anfrage mitteilte, sind die Informationen darüber inoffiziell gesammelt worden, weil es eine Rechtsvorschrift zur Registrierung dieser Fälle nicht gibt" (TAGESSPIEGEL, 13.03.1976; gefunden in

[14] Ausgabe 51 + 52. Vgl. Warnecke (2009), 1 (Fußnote 2)

BStU MfS ZAIG 9845, 92). Die Berliner Morgenpost berichtet am 16.01.1976 von fünf Fällen, die der Bundesregierung bekannt seien (BStU MfS ZAIG 9845, 123). Die „Gesellschaft für Menschenrechte" Frankfurt/Main dokumentierte 1977 die Fälle von vier Familien in ausführlicher Form. 1991, nach der politischen Wende und der deutschen Wiedervereinigung wurden im Rathaus Berlin Mitte Akten gefunden, die auf mögliche Zwangsadoptionen in der DDR schließen ließen (vgl. Warnecke 2009, 1ff, Janitzki 2009, 89ff). Daraufhin wurde eine Clearing-Stelle gegründet, die sich mit diesem Thema befasste. Diese Stelle definierte den Begriff „Zwangsadoption" folgendermaßen. „Als zwangsadoptiert betrachtet die Clearing-Stelle jene Kinder, die ihren Eltern wegen politischer Delikte wie ‚Republikflucht', ‚Staatshetze' oder ‚Staatsverleumdung' weggenommen wurden, ohne dass in der Vergangenheit ein gegen das Wohl des Kindes gerichtetes Versagen der Eltern nachweisbar war" (zitiert in: Warnecke 2009, 175f).[15] Eine Zwangsadoption nach dieser Definition liegt vor, wenn in politischer Gesinnung oder staatsfeindlichen Handlungen die alleinigen oder überwiegend ausschlaggebenden Gründe für einen Entzug des Erziehungsrechtes zu sehen sind. Die Clearingstelle bewertete insgesamt 7 Fälle von Adoptionen als Zwangsadoptionen (vgl. Warnecke 2009, 177, Fußnote 870; Janitzki 2009, 90). „In etwa 20-25 Fällen erklärte die Clearing-Stelle gegenüber den leiblichen Eltern, dass auch nach bundesdeutscher Rechtsprechung die Herausnahme der Kinder wegen gravierender Versorgungsmängel und Kindeswohlgefährdung berechtigt gewesen wäre" (Janitzki 2009, 90). Warnecke (2009) findet insgesamt 6 eindeutig zuzuordnende Fälle. Auch wenn die Zahl zunächst gering erscheint, zeigen sie doch unglaubliche Momente staatlichen Willkürhandelns, die nicht außer Acht gelassen werden dürfen. Warneckes Schlussresümee ist diesbezüglich eindeutig und muss wohl nicht weiter kommentiert werden: „In der DDR hat es Fälle politisch motivierter Kindesentziehungen gegeben. [...] Ein System muss sich auch daran messen lassen, was in ihm möglich ist. Die Durchführung von Zwangsadoptionen war in der DDR möglich" (Warnecke 2009, 351ff).

Nach § 249 des Strafgesetzbuches der DDR war „asoziales Verhalten" – was zum Beispiel durch ein fehlendes Arbeitsverhältnis begründet wurde – ein Grund, Müttern das Erziehungsrecht für ihre Kinder nach §§ 50/51 FGB der DDR[16] zu entziehen und

---

[15] Warnecke (2009, 339ff) kritisiert diese Definition aus juristischer Sicht als zu unkonkret. Für den Zweck dieser Arbeit soll darauf jedoch nicht näher eingegangen werden.

[16] Familiengesetzbuch der DDR von 1965:

§ 50. Sind die Erziehung und Entwicklung oder die Gesundheit des Kindes gefährdet und auch bei gesellschaftlicher Unterstützung der Eltern nicht gesichert, hat das Organ der Jugendhilfe nach besonderen gesetzlichen Bestimmungen Maßnahmen zu treffen. Das gilt auch dann, wenn wirtschaftliche Interessen des Kindes gefährdet sind. Das Organ der Jugendhilfe kann den Eltern oder dem Kind Pflichten auferlegen oder Maßnahmen zu seiner Erziehung treffen, die zeitweilig auch außerhalb des Elternhauses durchgeführt werden können: Das Organ der Jugendhilfe kann das Kind in einzelnen Angelegenheiten selbst vertreten oder zur Wahrnehmung dieser Angelegenheiten einen Pfleger bestellen.

§ 51. (1) Bei schwerer schuldhafter Verletzung der elterlichen Pflichten durch den Erziehungsberechtigten kann ihm, wenn die Entwicklung des Kindes gefährdet ist, als äußerste Maßnahme das Erziehungsrecht entzogen werden. Über den Entzug entscheidet auf Klage des Organs der Jugendhilfe das Gericht.

(2) Der Entzug des elterlichen Erziehungsrechts entbindet nicht von der Verpflichtung zur Unterhaltszahlung, Im Verfahren über den Entzug des Erziehungsrechts hat das Gericht, auch wenn kein Antrag gestellt wird,

diese dann anders unterzubringen. Dieser Paragraf war recht dehnbar, wurde allerdings von der Clearing-Stelle nicht als politisches Delikt in die Definition aufgenommen. „Diese Aussparung ist insofern erstaunlich, als gerade auch der Straftatbestand der ‚Asozialität' ein Delikt politischer Natur sein kann, geht es doch um die strafrechtliche Sanktionierung gesellschaftlich nonkonformen Verhaltens" (Warnecke 2009, 340). Es können politische Motive für den Erziehungsrechtsentzug nicht ausgeschlossen werden bzw. erscheinen stellenweise sogar wahrscheinlich.[17] Die Ersetzung der Einwilligung der Eltern nach § 70 FGB „auf Klage des Organs der Jugendhilfe" und damit die zwangsweise Freigabe zur Adoption war in der DDR möglich und wurde etwa doppelt so oft ausgesprochen, wie in der alten Bundesrepublik (9% DDR, ca. 4,6% alte BRD, vgl. Janitzki 2009, 90). Dieser Paragraf wurde auch angewendet, wenn Eltern ohne ihre Kinder in die Bundesrepublik geflohen sind. „Der elterliche Aufenthalt galt u.a. dann als nicht ermittelbar, wenn Eltern die DDR verlassen hatten, ohne die polizeilichen Meldevorschriften zu beachten und trotz Nachforschungen nicht ausfindig gemacht werden konnten" (Warnecke 2009, 123). Politische Willkür konnte sich mit fürsorgerischem Handeln vermischen bzw. dieses bestimmen.

Exemplarisch sei auf einen Fall von politsch motivierter Zwangsadoption kurz eingegangen:[18] Frau F, eine 30-jährige studierte Naturwissenschaftlerin, versuchte 1974 mit ihrem damals 3-jährigen Kind in einem umgebauten Fluchtfahrzeug die DDR Richtung BRD zu verlassen. Ihrem Sohn verabreichte sie durch Injektion vorher ein Schlafmittel, um einer Entdeckung des Fluchtversuches vorzubeugen. Als Chemikerin wusste sie über die Zusammensetzung des Schlafmittels Bescheid, dennoch wurde ihr dieser Fakt später als schuldhafte Gefährdung der Gesundheit ihres Kindes unterstellt, was sie vehement zurückwies. An der innerdeutschen Grenze wird der Fluchtversuch entdeckt und Frau F schließlich zu einer Haftstrafe von 4 ½ Jahren verurteilt. Gleichzeitig wird ein Verfahren zum Entzug des Erziehungsrechtes angeschoben. In der Begründung dazu ist zu lesen: „Der Versuch des illegalen Verbringens des Kindes an sich sei schon ausreichend, eine schuldhafte Erziehungspflichtverletzung festzustellen" (BStU MfS ZKG 7759, 26). Der Leiter des Referates Jugendhilfe beantragt, Frau F das Erziehungsrecht zu entziehen. „Die Klage ist auf § 51 Abs. 1 Familiengesetzbuch gestützt. Danach kann bei schwerer schuldhafter Verletzung der elterlichen Pflichten […] als äußerste Maßnahme das Erziehungsrecht entzogen werden, wenn die Entwicklung des Kindes gefährdet ist" (BStU MfS ZKG 7759, 28). Als zusätzliche Begründungen wurden neben dem „ungesetzlichen Grenzübertritt" die Verabreichung des Schlafmittels sowie das einkalkulierte Risiko, bei Misslingen des Fluchtversuches eine Gefängnisstrafe zu bekommen, angeführt. In der Urteilsbegründung heißt es dazu: „Wenngleich gemäß § 51 FGB und Richtlinie Nr. 25 des Obersten Gerichts davon sprechen, dass oft Maß-

zugleich über den Unterhalt des Kindes zu entscheiden und seine Höhe festzusetzen. Es gelten die Bestimmungen der §§ 19 bis 22 entsprechend.

[17] Ein bewegendes Beispiel dazu: Behr/Hartl (2011)

[18] Ausführlicher beschrieben und juristisch bewertet in: Warnecke 2009, 261ff

nahmen der Organe der Jugendhilfe nach § 50 FGB einer solchen Sanktion vorangegangen sind und diese zu keiner Veränderung im Verhalten des Elternteils zu ihren Erziehungs- und Betreuungspflichten geführt haben, so schließt dies doch andererseits nicht aus, ‚dass bei besonders schwerwiegenden Versäumnissen, die auch in einer einmaligen Handlung gesehen werden können, ohne vorherige Maßnahme nach § 50 FGB der Entzug ausgesprochen werden kann'. Der von der Verklagten mehrfach versuchte schwere ungesetzliche Grenzübertritt ist somit als schwerwiegende Pflichtverletzung im obengenannten Sinne zu würdigen. Die Verklagte selbst gibt zu, dass sie mit Zwischenfällen an der Staatsgrenze und mit einer Freiheitsstrafe von ein bis zwei Jahren rechnen musste. Sie hatte auch dabei die Vorstellung, dass das Kind mit ihr gemeinsam diese Freiheitsstrafe verbüßen würde. Ihre Risikobereitschaft zur Entwicklungsgefährdung des Jungen ist also zu bejahen, und tatsächlich hat die Verhaltensweise der Mutter zu einer Gefährdungssituation für das Kind geführt. [...] Die Voraussetzungen für den Entzug des elterlichen Erziehungsrechtes entsprechend § 51 Absatz 1 FGB waren somit als erfüllt zu betrachten. Mit dieser Maßnahme wird zum Ausdruck gebracht, dass die sozialistische Gesellschaft das Vertrauen zum Erziehungsberechtigten, er werde für seine eigenen Kinder verantwortungsbewusst sorgen, verloren hat" (BStU MfS ZKG 7759, 29.31).

Frau F wurde in Untersuchungshaft und während des Gefängnisaufenthaltes kein Kontakt zu ihrem Kind gewährt. Es wurde eine systematische Entfremdung zwischen Mutter und Kind forciert. Sie wehrte sich jedoch mit allen ihr zur Verfügung stehenden Mitteln gegen die drohende dauerhafte Trennung. In einem Schreiben an das Referat Jugendhilfe im Januar 1975 brachte sie zum Ausdruck: „Ich bin niemals damit einverstanden, dass mir auf Grund dieser einmaligen Handlungsweise für immer mein Kind genommen werden soll. Ich möchte weiterhin als Mutter meines Kindes auch das Erziehungsrecht für dieses besitzen. Ich bitte herzlich, von Ihrem Vorhaben Abstand zu nehmen. Sie würden mir damit viel Leid ersparen" (zitiert in Warnecke 2009, 265). Trotz Frau F's monatelangen intensiven Widerstandes, auch vom Gefängnis aus, verliert sie das Erziehungsrecht ein Jahr nach ihrer Verhaftung. Als sie Berufung gegen das Urteil einlegt, wird auch diese zurückgewiesen. Die Aufnahme ihres Kindes bei einer von ihr benannten Person wurde ebenfalls abgelehnt. Das Kind sollte in eine fremde Familie zur Adoption gegeben werden. „Das zuständige Referat Jugendhilfe richtete bereits im Juli 1975 – und damit noch vor Abschluss des Berufungsverfahrens über den Erziehungsrechtsentzug – an die Arbeitgeber der als potentielle Adoptiveltern ausersehenen kinderlosen Eheleute ein jeweils gleichlautendes Schreiben mit der Bitte um eine [...] umfassende Beurteilung über die politische und moralische Grundhaltung.'" (Warnecke 2009, 271) Der potentielle Adoptivvater ist Zirkelleiter im Parteilehrjahr der SED, Mitglied der Kampfgruppe und auch sonst scheinen in dieser Hinsicht die notwendigen Voraussetzungen erfüllt zu sein. Die Adoption wird schließlich gegen den Willen der Mutter, Frau F, im Jahr 1976 vollzogen. Ein letzter Hinweis findet sich in einem Informationsschreiben des Ministeriums für Staatssicherheit der DDR

(MfS) vom 01. Juli 1977: „Nachdem die F für eine Ubersiedlung nach der BRD vorgesehen war und sich bereits in Karl-Marx-Stadt befand [Von dort aus wurden Auslieferungen und Freikäufe durchgeführt. d.V.], wurde diese am gleichen Tag aus unbekannten Gründen in die Strafvollzugseinrichtung zurückgebracht“ (BStU MfS ZKG 7759, 49). Im Februar 1978 berichtete „DIE WELT“[19] von dieser Zwangsadoption. Erst 1988 wird Frau F nach einer zweiten Haftstrafe in die Bundesrepublik freigekauft. In dieser Zeit schreibt sie einem Journalisten: „Jetzt könnte ich leben, aber ich stehe gebrochen da“ (zitiert in: Noll 1991). 1989 kann sie nach 15 Jahren erstmals ihren Sohn wieder treffen(vgl. Griese 1991). Ihr Leben ist durch politisch motiviertes staatliches Handeln im Zusammenhang mit dem Zwangsadoptionsverfahren nachhaltig negativ beeinflusst worden.

In den Akten sind mehrere vergleichbare Fälle zu finden, die ebenfalls als überwiegend politisch motiviertes Handeln der Institutionen der Jugendhilfe (oder einzelner Akteure in diesen) im Zuge von Adoptionsvermittlung hinweisen. Dennoch muss wohl jeder Einzelfall nach politischen Motivationen (sei es, dass „staatstreue“ potenzielle Adoptiveltern ein Kind bekommen sollten, oder dass durch den Kindesentzug eine als staatsfeindlich gesinnt eingestufte Mutter/Familie getroffen werden sollte) untersucht werden. Es gibt nicht nur schwarz oder weiß, sondern viele Graustufen zwischen jugendfürsorgerlich angemessenem Handeln und politisch motivierten Kindeswegnahmen sind erkennbar. Ja, es gab politisch motivierte Zwangsadoptionen in der DDR und jeder einzelne Fall ist moralisch, juristisch und politisch als himmelschreiendes Unrecht einzustufen. Im weiteren Sinne, besonders in Verbindung § 249 StGB der DDR („Asoziales Verhalten“)[20] sind deutlich mehr Fälle anzunehmen, als die von der Clearing-Stelle bestätigten. Dennoch kann nicht davon ausgegangen werden, dass dies auf einen übergroßen Anteil der in der DDR abgeschlossenen Adoptionen zutrifft. „Die Fallanalyse hat ergeben, dass kein durchgängiges bzw. überwiegend praktiziertes formell- und materiellrechtliches Verfahrensmuster von Behörden und Gerichten erkennbar ist. Daraus und aus dem Nichtvorhandensein einer allgemeinverbindlichen Weisung des Ministeriums für Volksbildung ist zu schließen, dass die Durchführung von Zwangsadoptionen kein üblicherweise, über vierzig Jahre lang angewandtes Instrumentarium war, um nonkonformistisch denkende Bürger der DDR zu sanktionieren“ (Warnecke 2009, 341). Die bekannten Fälle von Zwangsadoptionen fanden in den späten 70er Jahren statt. Möglicherweise hat die Berichterstattung in bundesdeutschen Nachrichtenmagazinen ihren Teil dazu beigetragen, dass politisch motivierte Zwangsadoptionen nicht in größeren Zahlen auftraten. Nach momentanem Erkenntnisstand ist eine Teilmenge im unteren einstelligen Prozentbereich aller DDR-Adoptionen anzunehmen. Der übergroße Anteil der vollzogenen Adoptionen in der DDR geschah jedoch unter der Prämisse, für – aus welchen Gründen auch immer – elternlos gewordene Kinder geeignete

[19] Vgl. (BStU MfS ZKG 7759, 50ff)

[20] Und in Verbindung mit § 145 StGB der DDR („Verleitung zu asozialer Lebensweise“)

Eltern zu finden. Dabei wurde die konkrete Definition der Eignung durch die vorherrschenden kulturellen und gesellschaftlichen Gegebenheiten bestimmt.

1.1.4 Zwischenresümee

Adoption ist heute in Deutschland eine anerkannte Form der Familiengründung. Sie ist in der Regel Minderjährigenadoption. Die Entwicklung geht vom strikten Inkognito hin zu einer immer weiteren Öffnung. Die Interessen des Kindes stehen im Mittelpunkt, nicht das Interesse einer kinderlosen Familie, den eigenen Stammbaum weiterzuführen. Rechtlich gibt es keine Unterschiede zwischen leiblichen und adoptierten Kindern mehr. Ursprünglich waren die Intentionen für eine Adoption andere: Es ging darum, die eigene Familie nicht aussterben zu lassen bzw. einen Nachfolger und Erben zu finden. Diese Idee hatte ihre Ursprünge bereits im Altertum und im Römischen Reich. Sie wirkte bis in die Entstehung und Formulierung des BGB im Jahr 1900 hinein. Bei der Forschung müssen die verschiedenen gesetzlichen Rahmenbedingungen bei Vollzug der Adoption mit bedacht werden. Adoption im heutigen Sinne ist prinzipiell rechtlich erst mit der großen Reform des Adoptionsrechtes 1977 geregelt und strukturiert. Allerdings nahm diese Regelung die damals herrschende Praxis und Meinung auf, so dass der Paradigmenwechsel sich fließend vollzog.

In der DDR wurde nach dem Krieg ein Adoptionsrecht eingeführt, das in manchen Punkten an die bundesdeutschen Rechtsnormen nach 1977 erinnert, jedoch stets staatliche Interessen mit berücksichtigte. Auch wenn es unbestreitbar Fälle von politisch motivierten Zwangsadoptionen in der DDR gab und viele Adoptionsentscheidungen, die in Zusammenhang mit § 249 des DDR Strafgesetzbuches gefällt wurden aus heutiger Sicht zu hinterfragen sind, war die Adoptionspraxis grundsätzlich auf das Wohl des Kindes ausgerichtet.

Die in der vorliegenden Arbeit interessierenden Fragen nach der biografischen Aneignung von Adoptionsgeschichten werden durch die jeweiligen rechtlichen und gesellschaftlichen Rahmenbedingungen zum Zeitpunkt der Adoption zwar beeinflusst, die grundsätzliche Ausrichtung der Suchbewegung und die Fragen nach der Vergangenheit und der Identität jedoch nur peripher dadurch berührt. Zentraler sind die Fragen nach familiärer Entwicklung sowie die gesellschaftlichen und rechtlichen Rahmenbedingungen zum Zeitpunkt der Herkunftssuche. So soll die kurze Betrachtung der geschichtlichen Entwicklung des Adoptionswesens an dieser Stelle ausreichen und der Blick auf die verschiedenen Formen der Adoption gerichtet werden.

1.2 Adoptionsformen: inkognito, halboffen, offen

Als gesetzliche Vorgabe gilt in Deutschland die Form der Inkognitoadoption. Halboffene und offene Formen beruhen auf Absprachen und Vereinbarungen zwischen abgebenden und annehmenden Eltern und sind stets nur im beiderseitigen Einverständnis möglich. So können, jeweils in dem Maße, wie das beide Seiten wünschen, Informationen weitergegeben werden oder Begegnungen stattfinden. Schnittpunkt ist, zumindest bei Inkognito- bzw. halboffener Adoption, die zuständige Adoptionsvermittlungsstelle.

Inkognitoadoption

Die Inkognitoadoption ist der Rahmen, den das Gesetz vorgibt, um die Adoptivfamilie vor ungewolltem Kontakt einer anderen Seite zu schützen. Inkognito heißt, wörtlich übersetzt: Verheimlichung. Damit ist auch schon das Problemfeld, um das es hier geht, mit einem einzigen Wort umrissen. „Da bei Inkognito-Adoptionen die leiblichen Eltern keine Rolle mehr spielen, nachdem sie ihre Kind zur Adoption freigegeben haben, werden oft nur wenig Informationen über sie in den Akten festgehalten oder an die Adoptiveltern weitergegeben" (Textor 1990a, 10).

Ursprünglich war das Wohl des Kindes bei der Durchsetzung des strikten Inkognitos handlungsleitend. So z.B. in England in der viktorianischen Zeit, als viele uneheliche Kinder in Heimen untergebracht wurden. „Der Makel der Unehelichkeit war aber so stark, dass man keine achtbaren Familien fand, die bereit waren, ein solches Kind aufzunehmen und wie ein eigenes zu behandeln. Um ihnen im Leben eine faire Chance zu geben, musste man diesen Kindern einen neuen Namen, eine neue Identität geben. Es musste für jedermann ganz unmöglich sein, das Geringste herauszubekommen über die Herkunft des Kindes vor der Adoption. Es war ein kühner, ideenreicher Gedanke, und es hat tatsächlich viele Kinder von dem Odium der Schande befreit" (Toynbee 1989, 23f). Diese Argumentation ist jedoch in der heutigen Zeit nicht mehr stichhaltig, da Unehelichkeit in der westeuropäischeren Gesellschaft kein Makel mehr ist.

„Inkognito-Adoption bedeutet nur, dass die Abgebenden den Namen der Annehmenden nicht kennen – aber nicht umgekehrt" (Oberloskamp, 22) In der Praxis sieht es aber so aus, dass in der Regel keine Seite die andere kennt und die Adoptiveltern theoretisch ihrem Kind nicht sagen müssen, dass es adoptiert ist. Dies ist allerdings eigentlich nur theoretisch möglich, da auf der Abstammungsurkunde des Kindes die biologischen Eltern eingetragen sind (soweit bekannt). Auf der Geburtsurkunde dagegen stehen die Adoptiveltern als Eltern. Mit Wegfall der Abstammungsurkunde im Jahr 2009 ist dieser Weg allerdings schwieriger zu beschreiten. Immer noch können Adoptierte beim Einwohnermeldeamt einen vollständigen Auszug ihres Geburtsregistereintrages erhalten. Jedoch ist dafür notwendig, um den Status als Adoptierter zu wissen – sonst fehlt ja der Anlass für eine Nachfrage. Im Fall von Babyklappen oder anonymer Geburt ist das Inkognito absolut. Ein Nachvollziehen der Abstammung ist nicht möglich, was für die Betroffenen zu großen psychischen Problemen führen kann.[21]

In den deutschen Adoptionsvermittlungsstellen wird den Eltern heute in der Regel geraten, frühzeitig mit ihrem Kind offen über den Fakt der Adoption zu sprechen. Die Erfahrung zeigt, dass häufig „sich die Kinder in jüngeren Jahren relativ uninteressiert

[21] In Frankreich gibt es schon längere Erfahrungen mit Babyklappen als in Deutschland, wo sie erst um die Jahrtausendwende eingeführt wurden. (vgl.Schiller 2005)

zeigen“, (Huber-Nienhaus 2003, 143). Jedoch können sie so von Anfang die Adoption in ihre Ich-Identität integrieren und ein gesundes Selbstbewusstsein bezüglich ihres Status als Adoptivkind entwickeln.

Halboffene Adoption

Bei einer halboffenen Adoption gibt es die Möglichkeiten, dass die abgebenden und annehmenden Eltern miteinander direkten Kontakt haben oder auch nicht. Bei der Form mit Kontakt lernen die Eltern sich wenigsten einmal direkt kennen und es gibt für die abgebenden Eltern regelmäßig Informationen über die Entwicklung des Kindes (normalerweise 1-2 Mal jährlich). Es werden aber keine Namen oder Adressen/Telefonnummern ausgetauscht. Bei einer halboffenen Adoption ohne Kontakt werden die Informationen über das Amt weitergegeben, ohne dass die Eltern sich persönlich kennen lernen. Die abgebende Mutter hat bei der halboffenen Form eine Wahlmöglichkeit bezüglich der Annehmenden im Hinblick auf Familienform (Ehepaar, Alleinerziehend, Geschwister) und Umfeld, in dem das Kind aufwachsen soll. Wenn es irgend möglich ist, sollen ihre Wünsche bei der Vermittlung berücksichtigt werden. Aktuelle Beobachtungen der Arbeit von Adoptionsvermittlungsstellen zeigen, dass inzwischen dieses Wahlrecht der abgebenden Mutter auch bei Inkognitoadoptionen angewandt wird.

Festgehalten werden muss, dass es weder auf die halboffene noch auf die offene Adoption einen Rechtsanspruch gibt. Sie sind immer nur im beiderseitigen Einverständnis auf der Basis von privatem gegenseitigem Vertrauensbonus möglich.

Offene Adoption

Hier gibt es, wie der Name schon sagt, noch erheblich mehr Offenheit miteinander. Die Eltern kennen sich meist schon im Vorfeld, teilweise auch mit Namen und Adresse. Dies kann sogar so weit gehen, dass die Adoptiveltern bei der Geburt des Kindes dabei sind. Auch hier haben beide Seiten Entscheidungsmöglichkeiten, wie weit sie gehen wollen und wo sie Grenzen ziehen wollen. Die Offenheit geschieht ausschließlich aufgrund persönlicher Entscheidungen mit- und füreinander und wird oft von der Adoptionsvermittlungsstelle fachlich begleitet, soweit das von den Beteiligten gewünscht wird. Aber generell gilt: „Herkunfts- und Adoptiveltern vereinbaren selbst, wie sie ihre Kontakte gestalten und pflegen“ (Bott 2005, 2).

1.3 Adoptionsgeheimnis, Familienroman und Interaktionstabu

Besonders im Falle einer Inkognitoadoption herrscht innerhalb der Adoptivfamilie, selbst wenn das Kind über den Fakt der Adoption prinzipiell aufgeklärt sein sollte, häufig eine unausgesprochene Vereinbarung, dass über das Thema kaum kommuniziert wird. Dieses innerfamiliäre Interaktionstabu geht in der Regel von den Erwachsenen aus und verhindert eine offene Kommunikation über die Herkunft der Adoptierten, Fragen und Ängste, die sich sowohl bei den Adoptiveltern als auch beim Adoptivkind ergeben können. Auf Seiten des Kindes entstehen dann phantasierte Vorstellungen über die genealogische Abstammung. Dies ist prinzipiell zunächst nicht pathologisch. Sigmund Freud beschreibt in einem kurzen Aufsatz aus dem Jahr 1909 ein bekanntes Phänomen als „Familienroman" (Freud 1976): Das Kind meint, dass die eigenen Eltern nicht die richtigen seien – denn dann wären diese sicher viel „besser" – und man selbst gehöre z.B. einer ganz besonderen Familie an, die einen irgendwann wieder mit offenen Armen und einer großen Kutsche abholen wird. „Die Empfindung, dass die eigenen Neigungen nicht voll erwidert werden, macht sich dann in der aus frühen Kinderjahren oft bewusst erinnerten Idee Luft, man sei ein Stiefkind oder angenommenes Kind" (Freud 1976, 228). Diese Phasen macht jeder Mensch im Alter von vier bis fünf Jahren durch und solche Momente sind wichtig für die Entwicklung. Eine zweite, differenziertere Phase der Familienroman-Phantasien folgt in der Zeit der Vorpubertät und zum Teil darüber hinaus. „Ein charakteristisches Beispiel dieser besonderen Phantasietätigkeit ist das bekannte Tagträumen, das weit über die Pubertät hinaus fortgesetzt wird" (Freud 1976, 229). Allerdings wird bald die Realität erkannt und entsprechend eingeordnet: Man selbst und die Eltern gehören zusammen, auch wenn es Konflikte geben kann. Freud weist darauf hin, dass der Familienroman letztlich „Ausdruck der Sehnsucht des Kindes nach der verlorenen glücklichen Zeit" (Freud 1976, 231) sei, als die Eltern in den Augen des Kindes noch perfekt erschienen, also hintergründig ein Ausdruck von Loyalität und Idealisierung der eigenen Familie.

Bei Adoptierten hat dieser „Roman" jedoch einen realen Hintergrund – es sind tatsächlich zwei Elternpaare da und mit dieser Geschichte muss sich das Kind/die Jugendliche auseinandersetzen. „So können Adoptivkinder gute und schlechte Eigenschaften jeweils verschiedenen Elternpaaren zuschreiben, die einen idealisieren und die anderen verdammen" (Textor 1993, 51). Die Ambivalenz der Phantasien Adoptierter, die, zum Teil aufgrund des Fehlens zuverlässiger Informationen, nicht nur auf die Kindheit beschränkt sind, sondern sich bis ins Erwachsenenalter fortsetzen können, bringt eine Betroffene deutlich zum Ausdruck: „Ich stelle mir meine leibliche Mutter oft als Hure oder Alkoholikerin vor, die mir sagen würde, dass ich sie in Ruhe lassen und mich nicht in ihr Leben einmischen sollte. Dann wieder stellte ich mir vor, dass sie reich und bedeutend war, dass sie mir alles erklären würde, dass sie mich in den Arm nehmen und mich an sich drücken würde" (Sorosky/Baran/Pannor 1982, 101f). Durch die unklare, geheimnisvolle und oft mit einem Interaktionstabu belegte Abstammungsgeschichte sind Adoptierte auf Vermutungen und Phantasievorstellungen angewiesen. Es kann sich ein fast mystisches Bild der leiblichen Eltern entwickeln, das nicht nur auf die Kindheit oder Adoleszenz beschränkt ist. „Adoptivkinder können ausgedehnte und sich wandelnde Familienromanphantasmen entwickeln, die dazu dienen, den Aufbau einer Selbstrepräsentanz zu ermöglichen, und die bis weit in die Adoleszenz oder sogar bis ins Erwachsenenalter aufrechterhalten werden und immer auch Züge einer möglichen Realität tragen" (Steck 2007, 112). Astrid Lindgren behandelt diese Perspektive Adoptierter in ihrem Kinderbuch „Mio, mein Mio", in dem das adoptierte Kind in seine „Familienromanwelt" eintaucht und dort zum König wird. Auch die „Harry-Potter"-Bücher greifen dieses Motiv auf.

Besonders schwierig ist es, wenn die Adoption ein Geheimnis in der Familie ist, das das Kind ahnt, aber nicht konkret bestätigt bekommt. „Nichts beeinflusst Kinder mehr, als nie ausgesprochene Hintergründe" (Jung 1995, 94). Kinder haben ein gutes Gespür für Geheimnisse, die sich nicht nur in Worten mitteilen. Sie machen sich „in einem bestimmten Tonfall, in bestimmten Gesten, in der Verwendung unstimmiger oder ungewohnter Worte und sogar in Gegenständen bemerkbar, mit denen der Geheimnisträger sich umgibt. [...] Kinder nehmen die schmerzliche Spaltung ihrer Eltern viel deutlicher wahr als alle anderen, bemühen sich jedoch krampfhaft, ihre Eltern in dem Glauben zu lassen, sie hätten keine Ahnung" (Tisseron 2001, 37). Dem Kind wird auf diese Weise eine Verantwortung für die Wahrung eines Geheimnisses zugewiesen, das sie selbst nicht kennen. Die Familie kann dadurch in viele kommunikative Sackgassen geraten, die den unheiligen Druck des Geheimnisses noch mehr verstärken. „Für den ahnenden Adoptierten werden alle Gespräche zu einem Eiertanz. Der ‚normale' Familienroman bekommt einen Hintergrund mit Riss – es gibt zu viele geheime Hinweise, dass mit der Vergangenheit etwas nicht stimmt. Andeutungen, Anfragen, Provokationen werden mit Unsicherheit oder mit Aggressivität der Eltern beantwortet" (Swientek 2001, 25). Es wird ungesunden Phantasien Tür und Tor geöffnet. Abwechselnd fühlt sich das Kind als Königstochter oder Hurensohn, auserwählt oder ausgestoßen. Eine Adoptierte beschreibt: „Eine Theorie war, dass meine leiblichen Eltern berühmte Leute waren – Hollywood-Schauspieler, Starreporter, Fernsehproduzenten oder berühmte Wissenschaftler –, die viel zu beschäftigt waren, um sich um mich kümmern zu können. Deshalb ließen sie mich adoptieren, aber nur unter der Bedingung, dass sie mich jederzeit wieder zurückholen könnten" (Dean 1995, 46). Oder die andere Seite: „Ich sehe meinen Vater nur als Killer und meine Mutter als Hure" (Harms 1997, 33). Ahnungen oder vage Vermutungen über ein streng gehütetes Familiengeheimnis können nachhaltig auf die weitere Entwicklung des Kindes und sein Bindungsverhalten einwirken. „Das erahnte Geheimnis [...] führt dazu, dass das Kind das Vertrauen zu den Eltern und in der Folge zu allen erwachsenen Autoritätspersonen, etwa den Lehrern in der Grundschule oder im Gymnasium, verliert. [...] Ein Kind, das einem Geheimnis ausgesetzt ist, kann quälende Fragen wie ‚Lügen meine Eltern mich an? ' und vor allem ‚Warum lügen sie mich an?' in der Tat nie vollständig verdrängen" (Tisseron 2001, 101).

Aber auch in Adoptivfamilien, bei denen die Adoption prinzipiell aufgeklärt ist, ist dieses Thema oft mit einer Art Tabu belegt. „Tabu ist ein polynesisches Wort und heißt einerseits: heilig, geweiht; andererseits: unheimlich, gefährlich, verboten, unrein" (Freud 1971, 25). Es ist ein starkes Meidungsgebot oder Berührungsverbot. Ein Tabu besteht laut Freud zunächst begründungslos und dient bewusst oder unbewusst einerseits dem kultischen Schutz Schwacher (z.B. Frauen und Kinder) oder bedeutsamer

Persönlichkeiten (z.B. Häuptlinge), andererseits der Machtsicherung. Auch wenn dieser kultisch-archaische Hintergrund für das Thema dieser Studie nicht zutrifft, beschreibt das Wort „Tabu" sehr gut die Ambivalenzen und Gefühle, die Adoptierte haben, wenn sie sich auf die Suche nach ihren biologischen Eltern begeben. Zu Formen des Adoptions-Tabus gehören „das Verschweigen, die mythologische Geschichte des Auserwählens, die Teillüge: Die Mutter oder die Eltern seien (zum Beispiel bei einem Autounfall) ums Leben gekommen oder auch, die einmalige Aufklärung: es bleibt bei diesem einen Mal und dem Kind wird indirekt vermittelt, dass weitere Gespräche oder Fragen nicht willkommen sind" (Scholz in: Bott 1995, 60). Tiefergehende Gespräche zum Thema der Adoption sind nicht erwünscht, werden direkt oder indirekt zurückgewiesen oder in eine bestimmte Richtung gedrängt. „Die innerfamiliale Tabuisierung von Adoption wird auch dann nicht aufgebrochen, wenn zeitweilig über sie gesprochen wurde. Die Tabuisierung bleibt aufrecht erhalten, auch wenn die Familienmitglieder über den Inhalt des Tabus informiert sind" (Geller 1992, 137). Das Thema Adoption bleibt häufig in den Adoptivfamilien ein sensibler oder verdrängter Punkt. Von den Adoptiveltern wird direkt oder indirekt signalisiert, dass eine Beschäftigung damit unwillkommen ist. Die Kinder nehmen diese Signale auf und halten das Tabu ein, auch wenn sie möglicherweise mehr über ihre Herkunft erfahren wollen.

Zu erwähnen ist, dass auch auf Seiten der leiblichen Mütter die Freigabe eines Kindes zur Adoption von ihrer Seite und auch in ihrer Familie oft mit einem Geheimnis, einem Tabu belegt ist. In vielen Fällen verschweigt sie über lange Jahre auch in ihrem sozialen Umfeld oder in ihrer späteren Partnerschaft, dass sie ein Kind zur Adoption freigegeben hat. Scham oder Angst vor Diskreditierungen dürften da vor allem die Gründe sein.

Auch Adoptiveltern können ein familienromanbasiertes Weltbild befördern oder entwickeln. „Adoptiveltern identifizieren sich mit den von ihnen als Kind fantasierten allmächtigen Idealeltern, während die leiblichen Eltern des Kindes die von ihnen als Kind gering geschätzten Eltern darstellen" (Steck 2007, 113). Infolgedessen können in der innerfamiliären Wahrnehmung alle positiv gewerteten Eigenschaften als „Erziehungserfolg" der eigenen, sozialen Elternschaft interpretiert werden, während die negativ empfundenen Facetten den leiblichen Eltern oder den „schlechten Genen" zugeschrieben werden. Für das Kind entstehen durch die Abwertung seiner leiblichen Herkunft Spannungen und Minderwertigkeitsgefühle. Der Aufbau von sicheren Bindungen oder die Entwicklung einer stabilen Identität wird gefährdet.

Geheimnisse gibt es in verschiedenen Formen in wohl jeder Großfamilie und sind kein Spezifikum der Inkognitoadoption. Ein Familiengeheimnis kann sich z.B. auf die Nazivergangenheit des Großvaters beziehen, oder auf die Herkunft der Schwiegertochter aus dem Trinkermilieu. Geheimnisse innerhalb der Familie haben zunächst eine Schutzfunktion nach außen und dienen dem Strukturerhalt des Familiensystems. Pathologisch wirken sie, wenn sie Machtstrukturen zuungunsten eines Individuums verfestigen oder die Entwicklung seiner Identität behindern. Weiter unten, im Kapitel zu

Macht und Wahrheit, wird auf die Wirkung und die Logik von Geheimnissen weiter eingegangen werden.

Adoptierte sehen sich im Umfeld ihrer Adoptivfamilie oft einem Geheimnis ausgesetzt, welches ihre eigene Identität zutiefst betrifft: Das Geheimnis ihrer Abstammung, ihrer genealogischen Zugehörigkeit. Zunächst ist die Suche nach der leiblichen Familie häufig auch von den Adoptierten rational nicht erklärbar und es scheinen tief liegende Schichten der Psyche berührt zu werden. Adoptierte haben etwas verloren, von dem sie nicht genau wissen, was es ist, aber es gehört zu ihnen. Ein Teil der Adoptierten macht sich irgendwann einmal auf die Suche nach dem Stück der eigenen Lebensgeschichte, von dem sie bislang kaum etwas wissen, das nur durch Ahnungen, Andeutungen und mehr oder weniger gefilterte Informationen seitens der Adoptiveltern oder ihrer Umwelt für sie wahrnehmbar war. Seit den 90er Jahren wird dieses Phänomen auch in der Öffentlichkeit immer mehr bekannt und die Zahl der nun auch offiziell suchenden Adoptierten nahm massiv zu. Sie spüren etwas von einer doppelten Identität. Neben der Adoptivfamilie gehört zu ihrer Geschichte auch die leibliche Familie. Dieser bisher verdrängte, mit einem Tabu belegte Teil des eigenen Selbst verlangt nach Aufarbeitung.

1.4 Das Adoptionsviereck

In der Fachliteratur wird allgemein vom Adoptionsdreieck gesprochen, das aus dem Kind, der annehmenden Familie sowie der abgebenden Mutter/Familie besteht (vgl. z.B. Swientek 2001). Diese Bezeichnung wurde in Deutschland vor allem durch Sorosky/Baran/Pannor (1982) bekannt. Aus dem amerikanischen Kontext heraus schrieben sie vom „Adoptionstriangel“, welches in der deutschen Fachwelt schließlich zum Adoptionsdreieck wurde. Immer mehr zeigte sich jedoch, dass die vermittelnde Stelle (z.B. Jugendamt), als Kumulationspunkt von Informationen und Fachkompetenz in diesem Netzwerk als zentraler Baustein der Vermittlung und Begleitung des Adoptionsprozesses fungiert (z.B. Smentek 1998, Paulitz 2000/2006). So ist für den Adoptionsprozess zu konstatieren, dass alle vier Seiten als Eckpunkte einer (sich anbahnenden oder abgeschlossenen) Adoption zu betrachten sind. Auch wenn das Amt nicht direkt am Familiengeschehen beteiligt ist, ist es doch für die drei anderen Seiten zentraler Bezugspunkt und ohne die amtliche Anbahnung oder Unterstützung kommt zumindest auf legalem Wege keine Adoption zustande.

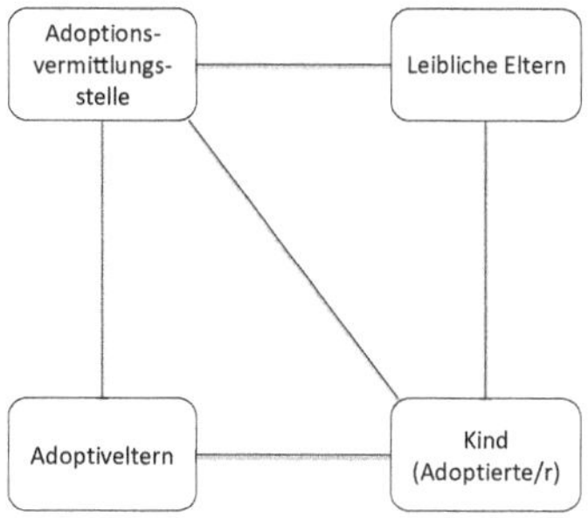

Abbildung 1: Das Adoptionsviereck

Andere familiäre Beziehungen (z.B. Verwandtschaft der Herkunfts- oder annehmenden Familie) können im Einzelfall wichtig sein, sind jedoch normalerweise eher peripher. Hier wird also vom Adoptionsviereck gesprochen, wenn es um das zentrale Netzwerk bei der Adoption bzw. der späteren Herkunftssuche geht. Im Folgenden sollen die vier Seiten des Adoptionsvierecks und ihre Spezifik bei der Adoption bzw. der biografischen Aneignung der Adoptionsgeschichte beleuchtet werden. „Alle am prozesshaften Geschehen der Adoption unmittelbar Beteiligten stehen aufgrund ihres dauerhaften Abweichens von gesellschaftlich als normal verstandenen Mustern unter einem hohen Legitimationsdruck, der nicht ohne konflikthafte Auswirkungen auf das Adoptionsverhältnis bleiben kann" (Geller 1992, 44). In den verschiedenen Phasen des Adoptionsprozesses sind die Rollen und die Machtverhältnisse und die Beziehungen innerhalb des Adoptionsvierecks unterschiedlich gewichtet. Deshalb soll nun auf die einzelnen Teile gesondert eingegangen werden – besonders im Hinblick auf die Suche erwachsener Adoptierter nach ihren Ursprüngen.

1.4.1 Die Adoptionsvermittlungsstelle

Oben steht in dieser Struktur – gewollt oder nicht – zunächst die vermittelnde Stelle. Auch, wenn die Vermittlungsstelle nicht direkt am Familienleben beteiligt ist, ist sie doch mittelbar sowohl in der leiblichen Familie als auch in der Adoptivfamilie stets präsent. Adoptionsvermittlung ist nach § 2 AdVermiG Aufgabe des Jugendamtes und des Landesjugendamtes. Dazu müssen in den Jugendämter Adoptionsvermittlungsstellen eingerichtet werden. Vermittlungsstellen können auch bei den Verbänden der Freien Wohlfahrtspflege (wie Diakonie, Caritas, AWO) angeschlossen sein. Diese müssen von der Zentralen Adoptionsstelle des jeweiligen Landesjugendamtes zugelassen werden. Besonders seit Anfang des letzten Jahrhunderts waren es vor allem kirchliche Organisationen, die die Vermittlung von Waisen und unehelichen Kindern in Familien organisierten. Hintergrund war häufig religiös motiviertes soziales Engagement in Verbindung mit den Moralvorstellungen der damaligen Zeit. Mit der Änderung des Adoptionsrechtes 1977 wurde die Vermittlung strukturiert und staatlich gesteuert. So kann keine Vermittlung mehr ohne Beteiligung des Jugendamtes erfolgen und jede freie Vermittlungsstelle muss vom zuständigen Landesjugendamt regelmäßig überprüft und anerkannt werden, um besonders bei Auslandsadoptionen staatliche Kontrolle zu sichern, damit Missbrauch oder Kinderhandel vorgebeugt wird. In der DDR gab es keine Vermittlungsstellen in freier Trägerschaft. Adoptionsvermittlung war ausschließlich Sache des Staates und der zuständigen Stellen. Vor diesem Hintergrund hat sich in den neuen Bundesländern auch in den letzten Jahren keine Struktur von Adoptionsvermittlung in freier Trägerschaft entwickelt. In den alten Bundesländern dagegen hat sich die ursprüngliche Tradition der Vermittlung durch freie Träger erhalten. Zu erwähnen ist, dass für Auslandsadoptionen auch bestimmte (von der Bundeszentrale zugelassene) ausländische Organisationen tätig sind. Die zentralen Adoptionsstellen der Landesjugendämter sind aufsichtsführend über alle zugeordneten Vermittlungsstellen sowie mit besonders schwierigen Fällen und Auslandsadoptionen befasst.

Bei den Vermittlungsstellen, egal ob öffentlich oder in freier Trägerschaft, laufen die Fäden zusammen. Durch Vermittlung und Management, durch ein Amt, Gesetze und Notare werden die einen zu Eltern, die anderen sind es nicht mehr. Um neben einem professionellen organisatorischen Rahmen auch eine fachlich gute Beratung und ein gewisses Maß an Empathiefähigkeit zu gewährleisten, sind in den Adoptionsvermittlungsstellen nicht Sachbearbeiter, sondern besonders geschulte Sozialpädagogen eingesetzt. Es müssen in anerkannten Vermittlungsstellen mindestens zwei Sozialarbeiter tätig sein. So wird Korruption und Machtmissbrauch von vornherein vorgebeugt. Die Adoptionsvermittlungsstelle stellt die Verbindung zwischen den anderen drei Seiten des Adoptionsvierecks her, wobei diese sich nicht notwendigerweise begegnen.

Wie läuft nun eine Adoption aus Sicht der Vermittlungsstelle ab? Von verschiedenen Stellen kann gemeldet werden, dass ein Kind zur Adoption freigegeben wurde und vermittelt werden kann. Meist ist die Entscheidung für eine Adoption dann schon gefallen. Beratungen der leiblichen Eltern/Mutter durch den ASD[22] oder andere Beratungsstellen gingen dem voran.[23] Oft kommen die Kinder auch aus Pflegefamilien, wo sie einige Zeit gelebt haben, ehe sich die Eltern für eine Freigabe zur Adoption entschieden. Die Beratungen heute haben normalerweise einen Verbleib des Kindes bei der eigenen Familie zum Ziel. Vor einer Freigabe zur Adoption, die einen totalen Abbruch der Verwandtschaftsverhältnisse beinhaltet, werden meist viele anderen Optionen (wie Sozialpädagogische Familienhilfe, Pflegefamilie usw.) versucht und besprochen. In der alten Bundesrepublik und in der DDR war die Beratungspraxis weniger auf die Ursprungsfamilie bezogen, so dass verhältnismäßig schneller Adoptionen ausgesprochen wurden. Es ist wohl nicht zuletzt auf diesen veränderten fachlichen Blickwinkel der Beratungspraxis zurückzuführen, dass es in den letzten Jahren immer weniger Adoptionen in Deutschland gibt (siehe Statistiken in Kapitel 1.6).

---

[22] Allgemeiner Sozialer Dienst des Jugendamtes

[23] Nach heutigem Adoptionsrecht sind ASD und Adoptionsvermittlungsstelle getrennt, was früher nicht so war.

Die potenziellen Adoptiveltern melden sich bei der Vermittlungsstelle und werden auf ihre Eignung in persönlicher, finanzieller und sozialer Hinsicht geprüft. Teil des Bewerbungsprozesses sind außerdem Beratung sowie Seminare zu relevanten Themen der Adoption. Am Ende der oft mehrjährigen Überprüfung mit mehreren Gesprächen stellt die Behörde eine Unbedenklichkeits- bzw. Eignungsbescheinigung aus. Damit können die Adoptionsbewerber überall in Deutschland ihre Eignung für eine Adoption nachweisen. Ziel dieses intensiven Prozesses ist, die zukünftigen Adoptiveltern kennen zu lernen und das Wohl des Adoptivkindes so weit wie möglich zu garantieren. Die Adoptionsvermittlungsstelle hat während des Vermittlungsprozesses zwei gegensätzliche Aufgaben zu bewältigen: Einerseits die Beratung der Adoptionsbewerber, was meist mit dem Aufbau eines Vertrauensverhältnisses einhergeht; andererseits die staatliche Kontrollfunktion und Entscheidungsmacht über die Zuordnung eines Kindes an Adoptiveltern. Diese Ambivalenz kann zu Schwierigkeiten im Beratungsprozess und erwünschten Antworten und Reaktionen auf Seiten der Adoptionsbewerber führen und muss von den Beraterinnen erkannt und ausgehalten werden.

Bevor das Kind adoptiert werden kann, gibt es eine Zeit der Adoptionspflege – eine Art „Probezeit". Hier ist von Seiten der Adoptionsstelle Beratung und Begleitung der Adoptiveltern nötig. Manchmal gibt es auch einen weitergehenden Kontakt zu den leiblichen Eltern. Durch einen zunehmenden Trend hin zu mehr Offenheit bei der Adoption und den häufigeren Anfragen von Adoptierten nach ihrer Herkunft ist eine Vielzahl neuer und erweiterter Aufgaben auf die Adoptionsvermittlungsstellen zugekommen. Diese sind manchmal mit dem derzeitigen Personalschlüssel kaum zu bewältigen.

Man kann davon ausgehen, dass die meisten derer, die sich jetzt auf die Suche nach ihrer leiblichen Herkunft machen, unter einem strengen Inkognito adoptiert wurden. Das ist, wie oben beschrieben, in der aktuellen Vermittlungspraxis nicht mehr so. Früher jedoch endete die Arbeit der Vermittlungsstellen oft mit dem gerichtlichen Ausspruch der Adoption. Auch die Beratung und Überprüfung der Eltern war längst nicht so intensiv und gründlich, wie es heute der Fall ist. Eine weitere Nachbetreuung und Begleitung der Adoptivfamilie gab es nur in Ausnahmefällen.

Die Suche erwachsener Adoptierter bringt dann manchmal nach Jahren die Adoptionsvermittlungsstelle wieder ins Spielfeld des Adoptionsvierecks. Dort lagern die Akten und die wichtigen Informationen für die Suchenden. Da inzwischen in den Vermittlungsstellen ausschließlich Sozialpädagogen arbeiten ist mit einer qualifizierten Beratung zu rechnen. Adoptionsvermittlerinnen haben eine hohe Verantwortung für die Gestaltung der Suche Adoptierter nach der eigenen Herkunft. Sie müssen der Versuchung der Manipulation und Beeinflussung widerstehen. Für die Betroffenen ist sowohl die Trennung vom leiblichen Kind bei der leiblichen Mutter, als auch die Suche der Adoptierten nach den eigenen Wurzeln ein existenzieller und emotionaler Prozess. Wichtig ist dabei, dass die Suchende selbst das Tempo bestimmt. Häufig kommen die

Adoptierten in großen Abständen (manchmal Monate und Jahre), um weitere Informationen oder Unterstützung einzuholen. Ein zu schnelles Agieren des Vermittlers/Sozialarbeiters kann unerwünscht beschleunigen und somit kontraproduktiv wirken. Die suchenden Adoptierten müssen ihr eigenes, ihrer konkreten Situation angemessenes Tempo bestimmen können.

Der Vermittlungsstelle fällt sowohl bei der Vorbereitung und Vermittlung der Adoption als auch bei der biografischen Aneignung der Geschichten eine zentrale Rolle zu. Große Teile des Erfolges der Vermittlung oder Suche hängen von der Sensibilität, Professionalität und nicht zuletzt von ausreichend Zeitressourcen der vermittelnden Sozialarbeiter ab.

1.4.2 Die Adoptiveltern

Generell kann jede und jeder in Deutschland legal Lebende einen Antrag auf Adoption eines Kindes stellen. „Der Gesetzgeber ist der Meinung, dass es für ein elternloses Kind in der Regel das Beste ist, in eine vollständige Familie mit Vater und Mutter zu kommen. Deshalb steht an der Spitze der potenziellen Annehmenden ein *Ehepaar* (§ 1741 BGB Abs. 2 S.1), das grundsätzlich nur gemeinschaftlich annehmen kann" (Oberloskamp 1993, 16). Jedoch ist es auch möglich, allein ein Kind zu adoptieren. In der Regel bewerben sich Ehepaare, die aus verschiedenen Gründen keine eigenen Kinder bekommen können. Durch die rechtliche Angleichung eingetragener Lebensgemeinschaften Homosexueller erscheint perspektivisch auch eine Adoption durch gleichgeschlechtliche Lebenspartner wahrscheinlich. Diese Frage wird schlussendlich durch das Bundesverfassungsgericht zu verhandeln sein.

Hoksbergen (Hoksbergen/Textor 1993, 63ff/2007) hat die Motivation der Adoptiveltern, ein Kind aufzunehmen und den Umgang innerhalb der Adoptivfamilie mit Adoptionsfragen in vier Gruppen klassifiziert. „Als das Phänomen der Adoption von Kindern noch wenig bekannt und akzeptiert war, waren Adoptiveltern zumeist *traditionell und ziemlich verschlossen* eingestellt. In den Jahren vor etwa 1970 wurde die Adoption eines Kindes meistens tabuisiert" (Hoksbergen 2007). Unterschiede zu sogenannten „Normalfamilien" wurden nicht gesehen und so das Thema der Nachwuchsrekrutierung durch Kindesannahme in den Familien wenig angesprochen. Die Adoptiveltern entstammen meist der Vorkriegsgeneration. Eine gewisse Obrigkeitshörigkeit und das Streben nach Ordnung und Sicherheit sind in ihrem Weltbild kulturbedingt verankert.

Als Folge der 68er-Bewegung und einer zunehmenden gesellschaftlichen Öffnung für Themen wie Familiengründung und Sexualität gab es auch eine größere Offenheit für das Thema Adoption. „Durch diese Entwicklung entstand eine neue, global orientierte Offenheit hinsichtlich der Adoption. Es war die Zeit der *idealistischen, offenen Adoptiveltern*. Nicht nur ungewollt kinderlose Ehepaare bewarben sich um ein Adoptivkind, sondern zunehmend auch Ehepaare, die schon ein oder mehrere biologische Kinder hatten" (Hoksbergen 2007, a.a.O.). Adoption wurde mehr und mehr als eine moderne

Form der Familiengründung oder -erweiterung angesehen. Besonders durch den Vietnamkrieg und die Koreakrise wurden in der damaligen BRD und der westlichen Welt zunehmend ausländische Kinder zum Zweck der Adoption ins Land geholt. Motive waren vielfach altruistischer Natur, aber auch persönliche Betroffenheit sowie globales Verantwortungsbewusstsein. Neben dem eigenen Kinderwunsch rückte das Motiv, einem „armen Kind" zu helfen in den Vordergrund. Unterschiede zwischen Adoptivfamilie und leiblich rekrutiertem Familienzuwachs wurden offener thematisiert.

„*Die ökonomisch-realistische Generation:* Seit Mitte der 80er Jahre hat die Bereitschaft zu adoptieren abgenommen. Dies lässt sich als Folge der Situation der dritten Generation interpretieren. Die Wirtschaftslage in Europa hat sich negativ entwickelt. Für junge Menschen ist es viel schwieriger geworden, einen festen Arbeitsplatz zu bekommen. Zudem sind die Kosten einer Auslandsadoption sehr viel höher geworden" (Hoksbergen 1993, 71). Der Umgang mit (adoptionsspezifischen) Problemen innerhalb der Familie wurde in der Fachöffentlichkeit thematisiert. Aus den 80er Jahren stammen auch die ersten Fachartikel und Ratgeber zum Thema Adoption und es gab erste Vorbereitungskurse für Adoptionsbewerber.

„Die heutige Generation von Adoptionsbewerbern hat eine andere Haltung bezüglich der Erziehungsmöglichkeiten eines Adoptivkindes. Sie konfrontieren Adoptionsvermittler sehr explizit mit ihren Vorstellungen bezüglich des Alters des Kindes und sie sind weniger bereit, Kinder mit medizinischen Risiken anzunehmen. Oft wird *fordernd*, fast *zwingend*, ein möglichst kleines Kind - auf jeden Fall jünger als zwei Jahre - verlangt. Kinder mit drei Jahren oder älter sind immer schwieriger vermittelbar und manchmal schon gar nicht mehr" (Hoksbergen 2007). Diese fordernde Einstellung impliziert ein gefühltes „Recht" auf ein Kind bzw. eine Familie. Altruistische Motive werden seltener genannt. Adoptionsspezifische Probleme mit der Erziehung oder dem Zusammenleben werden zwar gesehen, aber überwiegend optimistisch angegangen. Adoption ist aus Sicht dieser Familien eine normale Form der Familiengründung und auf diese Normalität glaubt man Anspruch zu haben. Hier ist ein Wechsel von der Blickrichtung der gesellschaftlich-globalen Verantwortung hin zum Privaten und der individuellen Verantwortungsübernahme und dem Streben nach persönlichem Glück hin zu beobachten. Dies ist nicht unbedingt abwertend zu beurteilen, sondern zunächst feststellend wahrzunehmen.

Adoption ist häufig mit einem sozialen Aufstieg des Kindes verbunden.[24] „Während die natürlichen Mütter/Eltern der zur Adoption freigegebenen Kinder in der überwiegenden Mehrheit der Fälle den sozial schwachen Gruppen der Bevölkerung zugehörig sind und damit über weinige persönliche, soziale und ökonomische Ressourcen verfügen, weisen Adoptivbewerber in der Regel die Zugehörigkeit zu einer höheren Schicht auf. Sie entstammen den Schichten der Bevölkerung, die ein erhebliches Potenzial für

[24] Vgl. Swientek (1986), Napp-Peters (1978)

Interessendurchsetzung besitzen und dieses auch im Prozess der Adoptionsvermittlung einzusetzen vermögen" (Geller1992, 21). Sie haben ein gewisses Maß an Lebenserfahrung und einen einen gesicherten Stand in der Gesellschaft. „Adoptiveltern sind zum Zeitpunkt der Aufnahme eines Kindes zumeist älter als biologische Eltern. Sie haben in der Regel eine bessere Schulbildung, gehören der Mittel- oder Oberschicht an, besitzen zumeist ein Haus und haben einen hohen sozialen Status. Das Familieneinkommen ist überdurchschnittlich hoch. Ehescheidungen sind sehr selten" (Textor 1993, 43). Das Potenzial zur Interessenvertretung und politischen Einflussnahme birgt die Gefahr einer tendenziösen Orientierung der Adoptionsvermittlung und der Adoptionsgesetzgebung sowie einer Interpretation des Kindeswohls primär an wirtschaftlichen Rahmenbedingungen innerhalb der Familie.

Oft haben Adoptiveltern eine lange Strecke mit medizinischen Untersuchungen und langen Überlegungen hinter sich. Trauer, Schmerz, Verlust, Enttäuschung und Minderwertigkeitsgefühle sind auf diesem Weg Begleiter. Diese Empfindungen, die sich wie dunkle Mächte über das Leben legen können, wollen bearbeitet und bewältigt werden. Der Gang zur Adoptionsvermittlungsstelle ist häufig letzter Ausweg, um doch noch Eltern zu werden. Nachdem sie sich der Reproduktionsmedizin ausgeliefert hatten und dies keinen Erfolg brachte, treffen die Adoptionsbewerber auf die Vermittlungsstelle, um dort Anträge zu stellen, sich beraten zu lassen. Sicher ist dieser Schritt häufig auch mit Angst und dem Gefühl des Ausgeliefertseins verbunden. Es ist Aufgabe der Sozialarbeiter, diese Ängste zu mindern und sachlich-empathisch mit den Adoptionsbewerbern umzugehen und sie auf die Aufgabe und Situation als Adoptiveltern vorzubereiten. Adoptiveltern müssen neben den normalen Familien- und Erziehungsfragen weiteren Anforderungen gewachsen sein. Da ist einmal der erwähnte gefühlte „Makel" der ungewollten Kinderlosigkeit und die eigene Verarbeitung dieser. Es ist wahrscheinlich, dass sich die potenziellen Adoptiveltern gelegentlich anderen Eltern gegenüber minderwertig fühlen, weil sie keine leiblichen Kinder bekommen können. Es bleibt wohl auch immer eine Angst vor der Macht der leiblichen Eltern, speziell der leiblichen Mutter, die etwas kann, was das annehmende Paar eben nicht konnte: eigene Kinder bekommen. Die Frage steht im Raum, ob nicht die Bindung durch die Gene stärker sei als die Bindung durch Beziehung. Solche Unsicherheiten müssen auf Paarebene miteinander geklärt werden. Hilfreich sind dabei auf jeden Fall externe Beratung und Unterstützung durch Psychologen oder die vermittelnde Stelle.

Zusätzlicher Belastungspunkt für Adoptiveltern kann das Ausgeliefertsein an institutionelle Wege und Ordnungen sein, da Adoption nur durch das Jugendamt/die Vermittlungsstelle zustande kommt. „Die Existenz des adoptierten Kindes erinnert [einerseits] die Adoptiveltern immer wieder an ihre Unfruchtbarkeit. Adoptionsbewerber durchlaufen [außerdem] ein gründliches Auswahlverfahren und müssen in der Regel eine lange Zeit warten, bis ihnen ein Kind zur Adoption angeboten wird. Sie erfahren somit eine zweite narzisstische Kränkung: Im Gegensatz zu leiblichen Eltern müssen sie ihre Eignung als potentielle Erzieher nachweisen, können sie den Zeitpunkt der Geburt beziehungsweise Aufnahme des Kindes nicht selbst bestimmen, sind sie hinsichtlich der Realisierung ihrer Pläne von anderen abhängig" (Textor 1993, 43f) Eine Adoptivfamilie ist eine besondere Familienform und keine „Normal-Familie". Dies legt schon die oben beschriebene, lange Vorgeschichte bis zur Familiengründung nahe. Dennoch: „Adoption eines Kindes ist kein Ersatz für ein eigenes Kind" (Wiemann 1993, 39). Diese Besonderheit gilt es zu erkennen und anzuerkennen. Andernfalls besteht die Gefahr eines „Adoptionsspiels", das die Beteiligten bindet und suggeriert, alles sei genauso wie bei anderen Familien. Adoptivfamilien sind jedoch eine besondere Familienform. Hoffmann-Riem spricht von einer „*Normalisierung eigener Art*": „Im Gegensatz zur ‚Normalisierung als ob' bezeichne ich diese Strategie der Normalitätsherstellung bei deutlich artikulierter Differenzeirung des eigenen Familientyps als ‚Normalisierung eigener Art'. Je mehr ‚Normalisierung eigener Art' zur Geltung gelangen wird, desto weniger werden sich Adoptiveltern langfristig dem Dilemma um Schein und Wahrheit ausgeliefert sehen" (Hoffmann-Riem 1989, 217). Das spezielle Setting einer Adoptivfamilie muss als Realität erkannt und anerkannt werden. Besonders scharf wird diese Schwierigkeit, wenn durch die Adoption ein eigenes, verstorbenes Kind „ersetzt" werden soll. Verwaiste Eltern haben mit einem besonderen Berg an Schuldgefühlen, Verletzung und Trauer zu tun. Wenn dieser Berg nicht (möglichst professionell begleitet) abgetragen wurde, sind die Startbedingungen für die Adoptivfamilie zusätzlich erschwert. „Der Adoptierte, dessen Schicksal es ist, das tote Baby zu ersetzen, das seine Eltern einmal hatten, wächst Seite an Seite mit dem Geist diese Babys auf. Dieses tote Kind ist das vollkommene, das andere, das Dinge erreicht haben würde, die der Adoptierte niemals erreichen kann" (Lifton 1982, 55).

Adoptiveltern müssen Selbstvertrauen in Bezug auf ihre Elternrolle tanken können. Elternschaft und Familie ist mehr ein kulturelles als ein biologisches Phänomen. Die Übernahme von Verantwortung und ein Bejahen des eigenen Kindes begründen familiäre Beziehungen. Sicher muss dabei berücksichtigt werden, dass auch die leiblichen Eltern (mindestens die leibliche Mutter) pränatal oder auch postnatal häufig für das Kind gesorgt haben und es bejahten. Ohne ein gewisses Maß an Fürsorge und Akzeptanz wäre das Kind nicht geboren oder nicht am Leben. Dies gilt mindestens seit der Legalisierung/Straffreiheit von Abtreibung. „Die Geburt eines Kindes ist allerdings nicht der zwangsläufige und vor allem nicht der alleinige Fakt, der zum Aufbau einer positiven Eltern- Kind-Beziehung nötig ist. Vielmehr sind in erster Linie die Zuneigung die dem Kind entgegen gebracht wird, der kontinuierliche, tägliche Umgang mit dem Kind und die regelmäßige Versorgung des Kindes die Grundlagen einer wechselseitig angelegten Beziehung zwischen Eltern und Kind. Soziale Elternschaft meint zum einen die Bindungen die zwischen den Annehmenden und dem Kind entstehen und zum anderen die Auswirkungen, die aus diesen Bindungen entstehen werden" (Dambmann 2002, 18).

Die Adoptiveltern werden von ihrem Adoptivkind normalerweise fraglos als die „richtigen" Eltern akzeptiert. Ein 16-jähriger Adoptierter schreibt „Eines kann ich nicht vertragen, und das ist, wenn mir jemand sagt, dass meine jetzige Mutter nicht meine richtige Mutter ist. Sie ist für mich die richtigste Mutter der Welt. Mein Platz ist hier und das wird auch so bleiben" (zitiert in: Textor 1990, 32). Dies gilt insbesondere dann, wenn der Fakt der Adoption zum allgemeinen Familienwissen gehört. Die Eltern-Kind-Beziehung ist über einen langen Zeitraum gewachsen und kann – wie auch bei Nicht-Adoptiv-Familien – positiv geprägt oder gestört sein. Häufig haben Adoptiveltern jedoch das Problem, dass in ihrer Umgebung die Adoption nicht akzeptiert wird. „Adoptionsfamilien leben unter erhöhten psychologischen Belastungen. Nur 60% erhielten uneingeschränkte Unterstützung bezüglich der Adoption durch ihre Verwandtschaft" (Wollek 1999, 152). Hinzu kommt die Unsicherheit gegenüber Nachbarn und Freunden. „Ohnehin verletzbar aufgrund ihrer Ausnahmesituation sind Adoptiveltern mehr noch als andere Eltern im Visier ihres familiären und nachbarschaftlichen Umfeldes. Ihr Handeln wird stärker von anderen in Frage gestellt" (Wiemann 1993, 41). Dieser äußere Druck in Kombination mit dem möglicherweise empfundenen Makel der eigenen Kinderlosigkeit liegt als Hypothek auf der jungen Adoptivfamilie und erfordert eine angemessene Bearbeitung. So sehen sich Adoptiveltern den (eigenen und extern empfundenen) Erwartungen ausgesetzt, als Familie besonders erfolgreich zu sein, nach außen ein gutes Bild zu machen sowie in dem Kind ein gutes „Adoptionsprodukt" zu präsentieren. Dazu kommt, dass sich die Eltern jahrelang auf ein Kind gefreut hatten, sich meist durch Seminare und Literaturstudium vorbereitet haben und jetzt versuchen, alles richtig zu machen. „Adoptiveltern nehmen viel Anteil am Leben ihrer Kinder und kümmern sich intensiv um sie. Das führt jedoch oft zu einer *Überbehütung und* Verwöhnung der Adoptivkinder, wodurch deren Individuation und Ablösung beeinträchtigt werden können. Adoptiveltern tendieren zu einer *Überforderung* ihrer Kinder, insbesondere hinsichtlich der Schulleistungen. Sie stellen aber auch große Ansprüche an Ordnung, Gehorsam und Auftreten der Adoptivkinder" (Textor 1993, 48f). Ähnlich argumentiert auch Jungmann (1990): „Für die Mehrzahl der Eltern-Kind-Beziehungen findet sich eine verminderte Toleranz der Eltern gegenüber ihrem Kind, die sich in vermehrter Leistungsanforderung, überbesorgt-kontrollierender, emotional abweisender, rigider und autoritärer Erziehungshaltung ausdrückt" (Jungmann 1990, 225). Es scheint in den Adoptivfamilien ein Spannungsfeld zwischen erhöhtem Protektionismus und starkem Erwartungsdruck an das angenommene Kind zu bestehen, welches mindestens bis in die 80er Jahre des letzten Jahrhunderts zu beobachten war. Hinzu kommt das Bild, das Adoptiveltern von den leiblichen Eltern in sich tragen und welches sie bewusst oder unbewusst auf ihr Kind übertragen und in Erziehungshandeln umsetzen können. „Je negativer dieses Bild ist, desto mehr versuchen sie, durch dominierendes Erziehungsverhalten die vermeintlichen negativen Eigenschaften ihrer Adoptivkinder zu bekämpfen" (Geller 1992, 171).

Interessant ist in diesem Zusammenhang auch die Theorie des subjektiven Minderwertigkeitsgefühls bei Alfred Adler (1966) im Hinblick auf die Adoptiveltern. Diese empfinden häufig ihre ungewollte (leibliche) Kinderlosigkeit als Makel und stellen sich aufgrund dessen oft unter den Druck, besonders gute Eltern zu sein und ein besonders „gelungenes Erziehungsprodukt" (Swientek 2001, 19) vorweisen zu können. Dieser Erfolgsdruck geht einher mit Versagensängsten in der Erziehung und der Aufgabe, den richtigen Mittelweg zwischen Symbiose und Distanzierung mit ihrem adoptierten Kind zu finden. „Betrachten wir die Situation der ungewollt Kinderlosen, die sich zunächst über viele erfolglose Jahre eventuell teuren und schmerzhaften Behandlungen unterziehen bis zum Rande ihrer individuellen Belastungsfähigkeit und nicht selten auch mit dem Preis einer harmonischen Partnerschaft ‚bezahlen', dann ist eine Adoption sicherlich hochbelastet mit Erwartungen an sich selbst und an das Kind" (Swientek 2001, 18).

Eine Adoption ist mit vielen intrinsischen oder extern an die Familie herangetragenen Erwartungen, Hoffnungen und Motivationen belegt, von denen hier einige angedeutet wurden. Durch intensive Seminar- und Beratungsarbeit während des Adoptionsbewerbungsverfahrens werden die zukünftigen Adoptiveltern heutzutage geschult und auf ihre neue Rolle als Eltern vorbereitet. Hierbei sollten die meisten der oben genannten Problemstellungen angesprochen werden. Es ist anzunehmen, dass – wenn die Vorbereitung gut durchgeführt wird – Adoptiveltern heute trotz aller Zusatzprobleme oft besser auf ihre Elternschaft vorbereitet sind, als die meisten „normalen" Eltern, die den Zugang oder das Interesse für solche vorbereitenden Seminare oft nicht haben. Dies ist aber leider weder in der alten Bundesrepublik noch in der DDR immer so gewesen, so dass man davon ausgehen kann, dass bei den Eltern derer, die heute nach ihren Ursprüngen suchen, oft noch unverarbeitete Ängste und Einstellungen zu finden sind. Während die Adoptiveltern anfangs sich eher ausgeliefert fühlen können (an Medizin und danach an die Vermittlungsstelle, die ihnen zum Kind verhelfen soll), ist ihre Position nach vollzogener Adoption eine wesentlich mächtigere. Macht bedeutet Verantwortung. In diesem Falle liegt eine große Verantwortung bei den Adoptiveltern. In ihrer Macht steht es, ob und wann das Kind über die Adoption aufgeklärt wird und welche Informationen es erhält. Auch der Kontakt zur Vermittlungsstelle und von ihrer Seite beruht auf Freiwilligkeit. Ob und wie eine Verbindung zur leiblichen Familie gehalten oder hergestellt wird, liegt ebenfalls in den Händen der Adoptiveltern. Das Anliegen ihres Kindes, sich seine Adoptionsgeschichte anzueignen, liegt mindestens bis zum 16. Lebensjahr in ihrem Entscheidungsbereich. Auch später können sie auf diesen Prozess durch Unterstützung, Missbilligung, Anteilnahme o.a. großen Einfluss nehmen. Ein empirischer Befund aus den späten 80er Jahren zeigt, dass das Verhältnis von Adoptiveltern zur Herkunftssuche ambivalent ist:[25] Etwa ein Drittel der Adoptiveltern weiß nichts von der Suche, ein Drittel hat Verständnis und will helfen, ein Drittel reagiert aufgebracht oder verletzt. „Sie leiden unter dem Eindruck, nicht alle Bedürfnisse der Kinder befriedigt zu haben, haben Angst, ihre Kinder an die leiblichen Eltern

[25] vgl. Textor 1988, 459

zu verlieren oder wollen dies vor einer Zurückweisung oder Verletzung durch die leiblichen Eltern schützen. Manche reagieren mit einer gewissen Verärgerung, weil sie das Kind für undankbar halten oder da alte Wunden aufgebrochen wurden“ (Textor 1988, 459).

1.4.3 Abgebende Mütter

Hier wird bewusst nicht der Terminus „abgebende Eltern“ gebraucht. Der übergroße Teil der Fragen und Belastungen, die mit einer Freigabe zur Adoption einhergehen, liegt nach wie vor auf den Frauen. Männer haben es leichter, sich ihrer Vaterschaft nicht zu stellen und die damit verbundene Verantwortung abzulehnen.[26] Dies ist außerordentlich bedenklich, aber nicht das Thema dieser Arbeit. „Trotz der großen Zahl Betroffener liegen nur wenig wissenschaftliche Forschungsergebnisse und Praxisberichte über die Situation abgebender Mütter vor. Noch weniger Informationen sind über die leiblichen Väter von Adoptivkindern vorhanden” (Textor 1989). Diese werden von den leiblichen Müttern oft noch geschützt, indem ihre Namen nicht angegeben werden. In einem Großteil der Adoptionsakten steht, dass der Vater unbekannt sei. „35% der Väter sind als ‚unbekannt‘ registriert, aber auch bei den festgestellten Vätern sind die Daten zumeist nicht vollständig“ (Napp-Peters 1978[27], 252). Die Freigabe eines Kindes zur Adoption ist für die leibliche Mutter oft ein sehr schmerzhafter Prozess. Sie quält sich mit vielen Fragen und Ängsten, wird oft von ihrer Umwelt allein gelassen oder sogar unter Druck gesetzt, das Kind fortzugeben. Sehr eindringlich werden diese von Swientek (1986) beschrieben. Diese Studie ist die bislang letzte wissenschaftliche Arbeit zu diesem Thema im deutschen Sprachraum.

„Abgebende Mütter werden im Adoptionsprozess fast immer ausgeblendet. Ja, es wird noch der Eindruck vermittelt, als existierten sie nicht oder sollten nicht mehr existieren. Ihre Schuldigkeit hat die abgebende Mutter in der Regel getan, wenn sie die Unterschrift unter den Adoptionsvertrag gesetzt hat. Nach vielfältiger Einsicht sind Frauen, die Kinder abgeben, in ihrem Leben allein gelassen worden. Man kann geradezu von diesem einen gemeinsamen Merkmal sprechen“ (Bechinger/Gerber 1993, 6f). Wer sind die abgebenden Mütter? Swientek stellt fest, „dass mindestens 1/3 der ‚abgebenden Mütter‘ aus ausgesprochen desolaten Familienverhältnissen stammt. Dabei sind die äußerlich intakten Familien mit ihren pathogenen Familienstrukturen, ihren sozial und emotional gefährdenden Verhaltensformen und den diskriminierenden Erziehungsprinzipien quantitativ stärker vertreten als die sogenannten unvollständigen Familien aufgrund nichtehelicher Schwangerschaft“ (Swientek 1986, 75). Sie beschreibt eindrücklich, welch überdimensionalem Druck die Frauen seitens ihrer Familien, aber

26 Es ist jedoch auch möglich, dass manche Männer gar nichts von der Schwangerschaft erfahren und so keine Möglichkeit haben, ihrer Verantwortung gerecht zu werden.

27 Bezogen auf das Jahr 1969. Napp-Peters bietet die einzige Studie mit einer großen Zahl abgebender Mütter in der Bundesrepublik ist (1362 Adoptionsfälle) Allerdings bezieht sie sich auf Daten aus den Akten, nicht auf persönliche Aussagen der abgebenden Mütter. Swientek (1986, 79) merkt dazu an, dass den leiblichen Müttern die Väter sehr viel häufiger bekannt seien, als in den Akten registriert. In sehr vielen Fällen ist der Kindsvater ein langfristiger Partner, Verlobter oder Ehemann der leiblichen Mutter (vgl. Swientek 1986, 98)

auch seitens der Bewertung durch die Gesellschaft ausgesetzt sind. Dies führt zu Unsicherheiten, Ängsten, Abwehrreaktionen und psychischen Krankheiten. „Vier Fünftel aller Frauen fühlten sich psychisch zumindest eingeschränkt. Knapp die Hälfte war zum Zeitpunkt der Freigabe/der Entscheidung eindeutig psychisch krank [...] Der psychisch desolate Zustand der Frauen war ausnahmslos reaktiv. Sie reagierten auf die (i.d.R.) ungewollte Schwangerschaft, auf die massive Ablehnung während der Schwangerschaft, auf Hinauswurf, Schläge, auf die psychischen Misshandlungen vor und in der Geburt, auf die Zumutungen der unfreiwilligen Trennung vom Kind, das sie gerne behalten hätten" (Swientek 1986, 218). Auch wenn sich die gesellschaftliche Wahrnehmung in den letzten 25 Jahren etwas gebessert haben dürfte, sind die abgebenden Mütter/Eltern nach wie vor die am wenigsten positiv wahrgenommene Gruppe im Adoptionsviereck, obwohl sie, wie von Swientek (1982, 1986) und anderen nachgewiesen, selten aus egoistischen Gründen oder aus Gleichgültigkeit ihre Kinder zur Adoption freigeben, sondern sich meist in einer extremen psychischen oder materiellen Notlage befinden, aus der sie sich aus eigener Kraft nicht befreien können. Häufig werden sie auch von den eigenen Eltern, dem Kindsvater und ihrem sozialen Umfeld allein gelassen oder unter Druck gesetzt. In diese Richtung arbeiteten, so Swientek, häufig auch Adoptionsvermittlungsstellen. „Wenn Frauen von sich aus sagen: ‚Ich war nicht mehr normal vor Angst', ‚Ich war wie bewusstlos' oder ‚Ich habe nur noch an Selbstmord gedacht', dann stellt sich hier die *Frage nach der Berechtigung einer Adoptionsvermittlung* und nach dem sozialpädagogischen Verständnis der Adoptionsvermittler" (Swientek 1986, 218f, Hervorhebung im Original). Wenn solche Wahrnehmungen noch im Jahr 1986 gemacht werden konnten, ist davon auszugehen, dass bei einem großen Teil der Adoptionen, die in der anfangs beschriebenen Kohorte der potenziellen Interviewpartner vertreten sind, ein ähnlicher Umgang mit den dazugehörenden leiblichen Müttern/Eltern gepflegt wurde. Erst in den letzten Jahren ist immer mehr eine positive Würdigung der Rolle der abgebenden Mütter beschrieben worden (vgl. Hoksbergen/Textor 1993, Paulitz 2000/2006).

Im Jahr 1969 waren 11% der befragten leiblichen Mütter zur Geburt ihres Kindes im Jahr 1969 unter 20, 37,4% zwischen 20 und 26, 21,5% zwischen 26 und 30 und 25,7% über 30 Jahre alt (4,3% ohne Angabe). Die leiblichen Väter sind, soweit bekannt, meist älter. Vier von fünf Frauen waren ledig, geschieden oder verwitwet, ca. 20% verheiratet, wobei ein großer Teil von ihren Ehemännern getrennt lebte. Mehr als 2/3 der abgebenden Mütter hatte mindestens ein weiteres Kind (ehelich oder nichtehelich). Knapp die Hälfte hatte keine abgeschlossene Berufsausbildung, etwa 10% die Realschule oder das Gymnasium besucht, ca. 74% die Volksschule abgeschlossen. Gut 1/5 der Frauen waren Arbeiterinnen, etwa 28% arbeiteten im kaufmännischen oder handwerklichen Bereich, knapp 14% im Gaststättengewerbe, 4,6% waren Prostituierte (vgl. Napp-Peters 1978, 257ff). Swientek (1993, 169ff) geht der Frage nach, „worin sich abgebende Mütter von Frauen unterscheiden, die ihre Kinder behalten und selber aufziehen – auch wenn diese zunächst ungeplant und unerwünscht waren." Sie kommt zu dem

Schluss, dass „ausschließlich das plötzliche Alleingelassenwerden im Falle der Schwangerschaft" die Ursache ist. Eine Adoptierte schreibt nach dem Zusammentreffen mit ihrer leiblichen Mutter: „Meine eigene Mutter, die mich zur Adoption gegeben hat, sagt hierzu, die meisten Mütter bekamen nie das Angebot der Aufarbeitung von ihren Adoptivvermittlungen gemacht, auch keine Hinweise, wohin sie sich mit ihren Ängsten und Problemen hätten wenden können" (Schmidt, P., 39). Diese Aussage und auch die Studie von Swientek (1986) deuten darauf hin, dass im Zuge der Adoptionsvermittlung die Bedürfnisse und die Beratung der leiblichen Mütter oft meilenweit hinter den Bedürfnissen und der Beratung der Adoptionsbewerber zurückzustehen scheinen. Hier ist eine sensible ethische Frage der Adoptionsvermittlung angerissen: Wie werden die abgebenden Mütter im Adoptionsprozess von den anderen Seiten des Adoptionsvierecks wahrgenommen? Ist ihre Rolle auf die Geburt und die Unterschrift vor dem Notar zur Freigabe beschränkt? Werden diese Frauen ausreichend über Hilfen für ein Zusammenleben mit dem Kind beraten? Steht bei der Vermittlung wirklich das Wohl des Kindes (ein Begriff, der gesetzlich nicht eindeutig determiniert ist und immer individueller Auslegung bedarf) an erster Stelle oder stehen das Bedürfnis nach erfolgreicher Vermittlung und der Kinderwunsch der annehmenden Eltern gleichwertig daneben? Die Behandlung dieser etwas pointiert gestellten Fragen würde den Rahmen dieser Arbeit sprengen. Sie sollen aber wenigstens ins Gedächtnis gerufen werden. „Wohl den meisten leiblichen Müttern fällt die Entscheidung, ein Kind zur Adoption freizugeben, sehr schwer, bedeutet einen großen Verzicht für sie und kostet viel psychische Kraft und Mut. Zumeist ringen sie sich erst in einem langen und schmerzlichen Prozess zu dieser Entscheidung durch" (Textor 1989). Oft beschäftigen Gedanken an das Kind die Frauen noch Jahre nach Vollzug der Adoption – besonders an den Geburtstagen des Kindes. Oft wird das Kind vor neuen Partnern verschwiegen. Schuldgefühle und Unsicherheit, das Richtige getan zu haben, kehren immer wieder. „Es gibt Frauen, die mit ihrer Entscheidung in ihrem späteren Leben zurechtkommen. Andere leiden unter den emotionalen Folgen der Trennung und es kommt zur Ausbildung psychosomatischer Symptome. In einigen Fällen entwickeln die Frauen Aggressionen, aber häufiger kommt es zu Depressionen bis hin zur Suizidalität. Diese Reaktionen können als pathologisch verlaufende Form der Trauer um das abgegebene Kind verstanden werden" (Brand 2009, 25).

Die Gründe für eine Adoptionsfreigabe wurden von Napp-Peters (1978, 261) untersucht. Sie kommt zu der Feststellung, dass in 85% der Fälle wirtschaftliche[28] oder persönliche/familiäre Gründe ausschlaggebend waren. Das deutet darauf hin, dass es vor allem die unstimmigen Rahmenbedingungen sind, die ein Aufwachsen des Kindes in der leiblichen Familie unmöglich machen. Lediglich in 4,5% der Fälle konnte die Mutter das Kind aufgrund von Krankheit, Behinderung, Obdachlosigkeit oder Gefängnis

[28] Ausschließlich wirtschaftliche Gründe in 26% der Fälle, überwiegend persönliche oder familäre Gründe bei 31% sowie eine Mischung aus beidem bei 28% der leiblichen Mütter

nicht versorgen, in 7% der Fälle waren die Eltern entweder verstorben oder ihre Einwilligung zur Adoption wurde juristisch ersetzt. In 4,5% der Fälle waren keine Gründe zur Freigabe in den Adoptionsakten zu finden. Leider sind diesbezüglich keine neueren Daten verfügbar, so dass eine Entwicklung auf diesem Gebiet nicht nachvollzogen werden kann. Hier ist erheblicher Forschungsbedarf für eine angemessene sozialpädagogische Begleitung der abgebenden Mütter deutlich zu erkennen.

Viele abgebende Mütter leiden unter dem strikten Inkognito, unter der völligen Kontakt- und Wissenslosigkeit. Sie fühlen sich dem Kind, das sie geboren haben, immer noch verbunden. Kontakte zur anderen Seite sind oft schwer, wenn nicht gar unmöglich. „Viele Adoptiveltern reagieren reserviert, wenn sie nach Ablauf der Adoptionspflegezeit Auskunft über das Verhalten ihrer Kinder geben sollen - insbesondere, wenn diese Informationen an die leiblichen Mütter weitergeleitet werden sollen" (Textor 1989). Sie sind der Vermittlungsstelle und den Adoptiveltern in diesem Punkt ausgeliefert und stehen im Machtgefüge innerhalb des Adoptionsvierecks ganz unten. Dennoch bleibt häufig das Gefühl der Verbundenheit. „Nicht nur die Adoptiveltern sprechen von ‚ihrer Tochter'. Vom selben Kind sagen auch die leiblichen Eltern: ‚Meine Tochter'" (Wiemann 1993, 33), selbst dann, wenn sie die Adoption und ihre Entscheidung zur Freigabe weitestgehend aufgearbeitet haben. Die erste Bindung geht das Neugeborene (oder noch Ungeborene) mit der leiblichen Mutter und später ggf. mit dem Vater ein. Aus der Psychoanalyse und der Entwicklungspsychologie ist bekannt, dass den ersten Lebensmonaten und -jahren entscheidende Bedeutung zukommt. So spielt auch die ganz ursprüngliche Bindung zur Mutter eine wichtige Rolle für die Entwicklung des Menschen und es ist eine starke, vielleicht unbewusste Verbindung auf jeden Fall gegeben. „Mit nur zwei Ausnahmen haben die 75 Mütter ein sehr großes Interesse am Ergehen ihres Kindes – unabhängig davon, ob die Adoption 3 Monate oder 30 Jahre zurückliegt" (Swientek 1986, 365). Leibliche Mütter vergessen ihre Kinder nicht.

Der Volksmund sagt, dass Blut dicker sei als Wasser, also die biologische Abstammung die Entwicklung eines Menschen und den Charakter vorherbestimmt und diese familiären Beziehungen stärker sind, als alle anderen Einflüsse. Diese Ansicht wird hier nicht vertreten. Jedoch stammen beim Adoptierten die genetischen, physischen (Körperlichkeit und Aussehen sind ja auch Teile der Identität) und teilweise psychischen Voraussetzungen von den biologischen Eltern. Beispielsweise gibt es „über 3.000 verschiedene Krankheiten und Abweichungen mit nachgewiesenermaßen anlagemäßig erhöhten Erkrankungsrisiko" (Montada 1998, 37). Über die genetische Verbindung prägen so die leiblichen Eltern auch die Entwicklung und Identität des Kindes. Selbst beim Intelligenzquotienten sind adoptierte Kinder dichter bei ihren leiblichen Eltern als bei den Adoptiveltern (vgl. Montada 1998, 43). Da die Informationen über die leiblichen Eltern meist spärlicher sind, als die über die Adoptiveltern, ist diese größere Nähe noch erstaunlicher „und sicherlich nicht eine Folge der genannten methodischen Schwäche. Dieser Unterschied ergibt sich im Gegenteil trotz dieser Schwächen, d.h., man darf einen Anlageeinfluss wirklich annehmen“ (Montada 1998, 43). Mit zunehmendem Alter der Adoptierten verstärkt sich diese Tendenz sogar, obwohl die leiblichen Eltern auf die Entwicklung des Kindes keinen direkten Einfluss nehmen können. „Die Ähnlichkeit mit den biologischen Müttern wird mit zunehmendem Alter größer, die Ähnlichkeit mit den Adoptiveltern wird geringer [bezogen auf die Intelligenzwerte]“ (Montada 1998, 44). Der Mensch kommt nicht als unbeschriebenes, weißes Blatt zur Welt. Auch das pränatale Verhältnis der Mutter und ggf. des Vaters zum Kind, die übertragenen Stimmungen, die Ablehnung oder Annahme wirken sich auf das Kind aus. „Adoptivkinder sind Kinder zweier sozialer Welten“ (Wiemann 1993, 45). Dennoch sind Elternschaft und Familie, wie oben beschrieben, vor allem kulturelle Ergebnisse, die durch soziale Interaktion entstehen. So wird die Elternschaft der Adoptiveltern auch von den leiblichen Eltern in der Regel nicht angezweifelt.

1.4.4 Das adoptierte Kind

Um die Adoptierten geht es in dieser Arbeit ganz zentral, deshalb an dieser Stelle nur ein paar kurze Bemerkungen. Schon die Bezeichnungen „Adoptivkind“ oder „Adoptierter“ drücken Unmündigkeit bzw. erzwungene Passivität aus. Das Kind steht im Fokus bei einer Adoption, kann aber selbst (zumindest bei Kleinkindadoption) nicht mitentscheiden. Es wird einerseits von der leiblichen Mutter, zu der es erste Bindungen aufgebaut hat, getrennt (ab-optiert[29]), andererseits von fremden Eltern aufgenommen und umsorgt. „Das adoptierte Kind ist nicht erste, nicht zweite, sondern dritte Wahl: *Erstens* wird es von der Mutter, die es geboren hat, nicht angenommen. *Zweitens* benötigt es einen Platz, den ein anderes gewünschtes Kind leergelassen hat, hat also einen Phantomvorgänger. *Drittens* wird es an die Stelle dieses imaginären Vorgängers gesetzt“ (Schäfer 2011, 82). Diese Ambivalenz und dieses Trauma werden das Kind – wenn auch oft unbewusst – weiter begleiten. Entscheidend für die weitere Entwicklung ist der Umgang der Adoptiveltern mit dem Fakt der Adoption sowie der Zeitpunkt und die Art und Weise der Aufklärung des Kindes darüber. Hier werden wichtige Weichen gestellt. Häufig ist es auch heute noch so, dass das Kind im Status seiner sozialen Klasse bei der Adoption steigt. Salopp könnte man von einer Umverteilung von unten nach oben sprechen. Auch hier sind die Adoptiveltern gefordert, in einer guten und ehrlichen Weise mit ihrem Kind zu sprechen und nicht die leiblichen Eltern abzuwerten.[30] Das Adoptivkind steht in einem Erwartungsgefüge der sozialen und adoptivfamiliären Umwelt. Es spürt bewusst oder unbewusst die Besonderheit der Situation. Häufig wird der Akt der Adoption von den Adoptiveltern auch als „Aussuchen“, „Wunsch- und Traumkind“, das „besondere Kind“ artikuliert, was aus deren Sicht auch stimmig ist. Jedoch hat „‚Besonderheit‘, ‚Besonderssein‘ auch viel zu tun mit ‚Aussonderung‘. Die Grenzen werden verwischt, der Grat ist nur sehr schmal, das ‚besondere‘ Kind wird schnell zu einem ‚sonderbaren‘, einem ‚ausgesonderten‘ Kind werden“ (Swientek 2001,

29 Lat. für: jemanden aus einer Gruppe entfernen

30 Dies könnte auch einem Kompensationsbestreben einer gefühlten Minderwertigkeit aufgrund von Infertilität entspringen.

19). Dieser Balanceakt zwischen Normalität und Besonderheit scheint die Adoptierten ein Leben lang zu begleiten und stellt sie immer wieder vor schwierige Entscheidungen, besonders in Bezug auf ihre Beziehung zu den Adoptiveltern und ihr Interesse an der Herkunftsfamilie. „Wenn es zutrifft, dass Adoptiveltern nach dem geglückten Aufbau einer befriedigenden Eltern-Kind-Beziehung dazu neigen, das Bewusstsein vom künstlichen Familienaufbau zu verdrängen und das Interesse ihrer Kinder an ihrer Herkunft als Bedrohung empfinden, so stehen Adoptierte mit ihrem potenziellen Wunsch nach Wisse um ihre Herkunftsfamilie in einem strukturellen Dilemma, in einem ständigen mehr oder weniger bewussten Loyalitätskonflikt“ (Geller 1992, 47f). Die Erforschung und Beschreibung dieser Dilemmasituation ist Teil des Vorhabens des vorliegenden Bandes.

1.4.5 Die Beziehungen zwischen den Eckpunkten des Adoptionsvierecks

Im Verlaufe der Adoption, von der Entscheidung der leiblichen Mutter zur Freigabe über den Vollzug der Adoption und das Aufwachsen in der Adoptivfamilie bis hin zur biografischen Aneignung der Adoptionsgeschichte, interagieren die vier Ecken des Adoptionsvierecks unterschiedlich miteinander bzw. haben Kontakt zueinander. Die schematischen Darstellungen, die unten zu sehen sind, beschreiben den idealtypischen Ablauf einer Inkognitoadoption, wie sie durch den Gesetzgeber als Standard vorgesehen ist. Auch wenn inzwischen mehr Kontakte und Beziehungen in die aktuelle Vermittlungspraxis Einzug gehalten haben, was besonders durch die sozialpädagogische Intervention der Adoptionsvermittler forciert wurde, sind die Darstellungen mindestens für den Großteil der Adoptionen in Deutschland zwischen 1950 und 1990 typisch. Dieser Zeitraum beschreibt auch den Rahmen der hier vorgestellten Forschung. Beschrieben wird eine Säuglingsadoption ohne längeren Heimaufenthalt.

Die Adoptionsvermittlungsstelle steht im Viereck links oben, diagonal zum Adoptivkind, mit dem sie anfangs kaum direkten Kontakt hat. Das Kind ist zwar im Zentrum des Interesses, jedoch wird von allen Seiten über es bestimmt und es hat keine Möglichkeit, das Geschehen in irgendeiner Weise zu beeinflussen. Es ist jedoch körperlich (mindestens vor der Geburt), historisch, genetisch und seelisch mit der leiblichen Mutter bzw. den leiblichen Eltern verbunden. Diese Verbindung wird durch die Adoption unterbrochen. Die Adoptiveltern haben den Kontakt zur Adoptionsvermittlungsstelle aufgenommen und sind damit Adoptionsbewerber. Über diese Stelle geht auch der Kontakt zu den leiblichen Eltern – in der Realität oft nur der leiblichen Mutter.

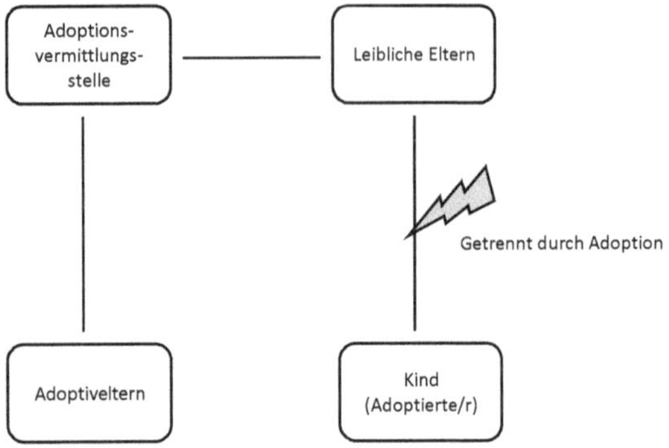

Abbildung 2: Adoptionsfreigabe durch die leiblichen Eltern

Es folgt der Verlauf einer normalen Adoption. Die leiblichen Eltern haben in der Regel keinen Kontakt mehr zu ihrem Kind, durch Vertrag oder notariell beglaubigte Einwilligung (nach 1977) wurden die Eltern-Kind-Beziehungen formaljuristisch aufgehoben. Zu bemerken ist, dass diese vor der Adoptionsrechtsreform 1977 in der Bundesrepublik nicht völlig erloschen, so dass z.B. erbrechtliche Ansprüche durchaus möglich waren. Die Eltern-Kind-Beziehung zwischen Adoptiveltern und dem Kind wird begründet und es entsteht eine soziale Elternschaft. Die Adoptionsvermittlungsstelle ist normalerweise in dieser Phase, die ja als Ziel der Adoption intendiert ist, kaum präsent. Allerdings sind die wichtigen Daten dort gespeichert und theoretisch ist eine Kontaktaufnahme zu den leiblichen Eltern und der Adoptivfamilie genau so möglich, wie umgekehrt.

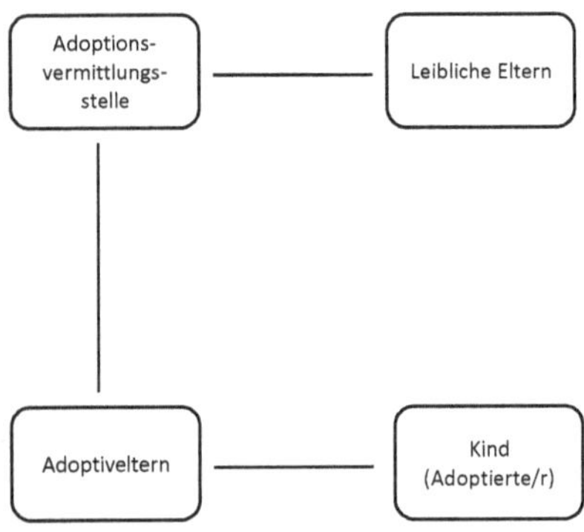

Abbildung 3: Adoptivfamilie

Wenn alle Seiten zufrieden sind, das Kind möglicherweise von der Adoption gar nichts erfährt, weil zuhause das Thema tabuisiert oder ausgespart wurde, bleibt dieser Zustand lebenslang erhalten. Aber auch wenn die Adoption in der Familie offen thematisiert wurde, bedeutet das nicht automatisch, dass der Kontakt zur leiblichen Familie gesucht wird. Eine Kontaktaufnahme der leiblichen Eltern zu der Adoptivfamilie ist nicht vorgesehen. Ein Kontakt in die umgekehrte Richtung auch nicht. Wenn nun der Adoptierte aus irgendwelchen Gründen, die mit dieser Forschung beleuchtet werden sollen, nun aber Interesse an seiner Herkunft hat, geht der Weg normalerweise über die Adoptionsvermittlungsstellen (1). Diese kontaktieren die leiblichen Eltern (2), welche sich wieder bei der Adoptionsvermittlungsstelle melden und möglicherweise ebenfalls Kontakt wünschen (3). Diese Informationen werden dann an den Adoptierten weitergegeben (4), er hat dann die Möglichkeit, die leiblichen Eltern direkt zu kontaktieren. Im besten Fall wird der ganze Prozess durch die Adoptionsvermittlungsstelle sozialpädagogisch begleitet und betreut. Wenn der Adoptierte das 16. Lebensjahr noch nicht vollendet hat, gibt es in jedem Fall eine Abstimmung mit den Adoptiveltern, die für das Kind (bzw. den Jugendlichen) das Sorgerecht ausüben. Ist der Suchende jedoch über 18 Jahre alt, ist eine Kontaktaufnahme auch ohne das Wissen der Adoptiveltern möglich.

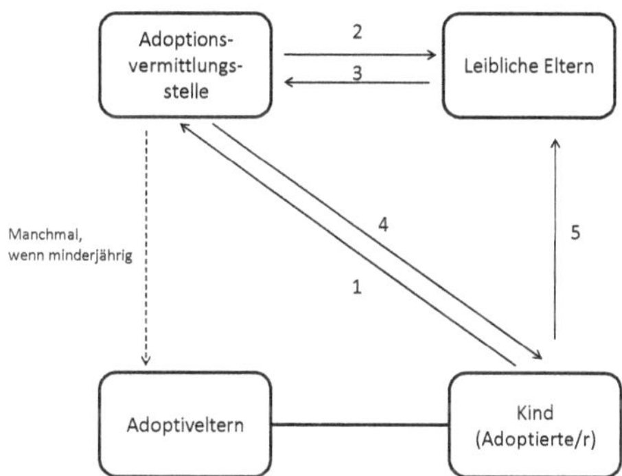

Abbildung 4: Biografische Aneignung der Adoptionsgeschichte über die Adoptionsvermittlungsstelle

Rechtlich gesehen begegnen sich mit den leiblichen Eltern und dem Adoptierten zwei (oder mehr) Menschen, die miteinander nicht verwandt sind. Die Eltern-Kind-Beziehung besteht nach wie vor zu den Adoptiveltern. Auf den rechtlichen Rahmen und die verschiedenen Altersgrenzen wird weiter unten noch einmal eingegangen. Wie bei der eigentlichen Adoption steht die Adoptionsvermittlungsstelle wieder sehr im Zentrum der Interaktion, wobei sie jetzt vor allem Vermittlerin von Kontakten ist. Daneben sind aber viele relevante Informationen in den Akten oder auch im Expertenwissen der Mitarbeiter über Abläufe und Verfahrenswege dort versammelt. Die Stellung der Adoptionsvermittler ist aber auch und besonders als pädagogische und beratende Begleitung zu verstehen, was ein sehr hohes Maß an Empathie, Intuition und Beratungskompetenz erfordert. Diese Eigenschaften sind sicher an verschiedenen Orten im unterschiedlichen Maße gegeben. Durch diese zentrale Position innerhalb des Adoptionsvierecks ist die Adoptionsvermittlungsstelle sowohl zu Beginn der Adoption als auch bei der Herkunftssuche Dreh- und Angelpunkt, sofern sie bei der Suche von den Adoptierten einbezogen wird.[31] Hier scheint ein Zentrum der Macht über die anderen Seiten des Adoptionsvierecks zu liegen. Ob das so ist und wie sich die Machtverhältnisse gestalten, soll im nächsten Abschnitt beschrieben werden.

1.5 Machtstrukturen im Adoptionsviereck

Im folgenden Schritt werden einige Überlegungen zur Definition und Wirkung von Macht vorgestellt. Dabei handelt es sich nicht um eine umfangreiche theoretische Ausarbeitung zum Machtbegriff, sondern um ein gedankliches Anreißen des Themas. Im Schwerpunkt wird sich auf Elias Canetti (2003) bezogen. Anschließend wird auf die Wirkung von Machtstrukturen im Zusammenhang mit Adoption eingegangen.

1.5.1 Macht

Zunächst soll der Machtbegriff, der im allgemeinen Sprachgebrauch eher negativ besetzt ist und mit „Gewalt" oft in Verbindung gebracht wird, genauer beleuchtet und in den Zusammenhang gestellt werden. Der Begriff „Macht" steht etymologisch in Verbindung mit „mögen", „Vermögen" – nicht jedoch mit „machen". Er steht damit im Zusammenhang mit eigenen Interessen, Ressourcen und Möglichkeiten zur Durchsetzung. Lexikalisch definiert wird Macht als „Verhältnis der Über- und Unterordnung zwischen Personen, Gruppen, Organisationen oder Staaten. Macht bedarf im Unterschied zur Herrschaft und zur Autorität nicht der Anerkennung der von ihr Betroffenen" (Meyers Lexikon 1992, Bd. 13, 263). Macht dient auch der Selbstbestätigung und Selbsterhaltung.

Marxistisch interpretiert wird Macht durch ökonomische Besitzverhältnisse geschaffen. Durch Eigentum von Produktionsmitteln ist es dem Machthaber möglich, seine Interessen gegen die durchzusetzen, die nichts oder weniger haben. So ist nach Marx eine Verlagerung von Macht an die Verlagerung von Eigentum gebunden. Nach Luhmann ist Macht ein symbolisch generalisiertes Kommunikationsmedium. Neben anderen Medien (z.B. Geld im Bereich der Wirtschaft, Wahrheit für Wissenschaft) hat sie sich evolutionär im soziologischen Kontext durchgesetzt und ermöglicht durch binäre Codierung (Macht/ohne Macht) politische Funktionssysteme. Macht wird darin zu einem positiven Wert, der von der jeweils anderen Seite in einer Kommunikation ebenfalls als positiv (nicht im moralischen Sinne, sondern im Sinne der Codierung) gesehen wird. So werden über symbolisch generalisierte Medien Anschlusskommunikationen möglich und Kommunikationssysteme können entstehen.

Canetti (2003) beschreibt sechs Elemente der Macht und begründet sie ebenfalls evolutionär. *Gewalt* ist das erste Element. Häufig wird Gewalt mit Macht gleichgesetzt.

[31] Es gibt viele Beispiele, dass die Herkunftssuche über andere Quellen gespeist wird, z.B. über Einwohnermeldeämter, private Kontakte usw. Das ist möglich, jedoch besteht dann die Chance einer sozialpädagogischen Begleitung bei diesem (oft mit großen, kaum fassbaren Emotionen verbundenen) Prozess nicht mehr.

Aber sie ist lediglich eine wichtige Methode zur Durchsetzung von Macht. Der Unterschied wird verdeutlicht an dem Verhältnis zwischen Katze und der von ihr gefangenen Maus. „Der Raum, den die Katze überschattet, die Augenblicke der Hoffnung, die sie der Maus lässt, aber unter genauester Bewachung, ohne dass sie ihr Interesse an ihr und ihrer Zerstörung verliert, das alles zusammen, Raum, Hoffnung, Bewachung und Zerstörungsinteresse, könnte man als den eigentlichen Leib der Macht oder einfach als die Macht selbst bezeichnen“ (Canetti 2003, 333). Gewalt ist hier der finale Akt der Machtausübung. *Geschwindigkeit, Frage und Antwort, Geheimnis, Urteil* sowie *Gnade* sind weitere Elemente der Macht. Aus inhaltlichen Gründen soll hier vor allem auf *Frage und Antwort* sowie das *Geheimnis* eingegangen werden. Diese beiden sind, anders als z.B. physische Gewalt, als individuelle Machtelemente und Machtinstrumente gesellschaftlich akzeptiert und sind in verschiedenen Facetten fast immer und überall bemerkbar.

Frage und Antwort

Die Frage dringt ein, trennt, will benennen können. Sie gibt die Richtung vor, in die weiterhin gedacht werden soll. Sie erwartet vom Gegenüber, dass auf sie eingegangen wird, dass sie beantwortet wird. Der Fragende bemächtigt sich sozusagen seines Gegenübers, indem er ihm seine eigene Intention aufdrängt. Es ist nicht nur sachliche Information, die in jeder Antwort steckt, sondern auch ein Stück Preisgabe der Person. Frage und Antwort müssen nicht einmal im direkten Gespräch erfolgen. Geheimes Abhören, Hausdurchsuchungen, das Öffnen fremder Post sind nur einige Methoden, Antworten zu bekommen, die das Individuum verweigert.

Antwort bedeutet Unterwerfung unter die Frage. Zu häufiges, eindringliches Nachfragen kommt uns zu nahe, das Individuum nimmt eine Schutz- und Abwehrhaltung ein. Das beginnt beim normalen Fragen nach dem Weg und setzt sich fort bis zum polizeilichen Verhör. Dort wird zuerst nach Name und Anschrift gefragt. Mit diesen, an sich harmlos erscheinenden, Angaben gibt das Gegenüber seine Identität preis, ist benennbar, lokalisierbar, identifizierbar. Was einen Namen hat, ist weniger bedrohlich und besser einschätzbar. Nichts ist so mächtig, wie das Unbekannte, Unbenennbare. Gefragt wird, um etwas benennen zu können. Wenn etwas benennbar ist, hat der Benennende eine gewisse Macht darüber. Der alttestamentliche Gottesname durfte nicht ausgesprochen werden, weil der Mensch keine Macht über Gott hat. Dagegen war es im Schöpfungsmythos der Bibel Aufgabe des Menschen, die Tiere zu benennen (Genesis 2, Vers 19f). Auch die Namensgebung eines Kindes durch die Eltern hat etwas mit Macht (auch: Schutzmacht) zu tun. Durch Taufe oder andere Rituale wird das Kind unter göttlichen Schutz gestellt.

Nur durch Fragen jedoch ist der Mensch in der Lage, zu lernen, Persönlichkeit und Identität zu entwickeln. Die ersten Fragen, die der Mensch stellt, sind Fragen nach Ort und Benennung. Auch bei der Nahrungsaufnahme und dem Grundbedürfnis nach Beziehung (zur nährenden und beschützenden Person) ist das zentral. „Zu den frühesten [Fragen] gehören solche, die sich auf einen Ort beziehen: ‚Wo ist ...?‘ Andere frühe

Fragen sind: ‚Was ist das?' und ‚Wer?' Man sieht, welche Rolle Ort und Identität schon spielen. Sie sind wirklich das erste, wonach das Kind sich erkundigt. Erst später, am Ende des dritten Jahres, beginnen die Fragen mit ‚Warum?' und viel später noch mit ‚Wann?' und ‚Wie lange?'" (Canetti 2003, 340) Fragen ist eine spezifisch menschliche Charakteristik, die evolutionär aber durchaus schon angelegt ist.[32] Durch Fragen versucht das Kind, sich seiner Umwelt zu „bemächtigen", sie zu verstehen und in die eigene Wahrnehmung zu integrieren, Geheimnisse und Rätsel zu entschlüsseln.

Geheimnis

Das *Geheimnis* ist nach Canetti in der Evolution durch das versteckte Belauern und Anschleichen des Raubtieres an die Beute angelegt. An dieser Stelle sieht man deutlich, dass es um „bemächtigen" des Gegenübers geht. Alles Fremde, Unbekannte, Unbenennbare erweckt Furcht. „Nichts fürchtet der Mensch mehr als die Berührung durch Unbekanntes. Man will sehen, was nach einem greift, man will es erkennen oder zumindest einreihen können. Überall weicht der Mensch der Berührung durch Fremdes aus" (Canetti 2003, 13). Diese Urangst vor dem Unbekannten scheint, wie oben erwähnt, evolutionär angelegt zu sein. Machthaber sind Geheimnisträger. Dadurch haben sie Macht: Sie tragen unbekannte Größen und Koordinaten in sich. Durch *Frage und Antwort* wird versucht, dem Gegenüber ein Geheimnis zu entreißen, das ihn schützt. Das *Geheimnis* ist genau das Gegenstück dazu. Es produziert und festigt Machtpositionen. „Zur Macht gehört eine ungleiche Verteilung des *Durchschauens*. Der Mächtige durchschaut, aber er lässt sich nicht durchschauen" (Canetti 2003, 346). Ein Geheimnis oder auch eine Halbwahrheit ist eine unberechenbare Größe, der sich der ihr Unterworfene beugt, ohne ihre Kraft beurteilen zu können.

In den Naturvölkern waren die Medizinmänner beinahe unbegrenzt mächtig. Alte Mythen der Menschheitsgeschichte zeugen von tiefen Geheimnissen und Orakeln. Auch in Europa hatte die Kirche, die beispielsweise Gottesdienste in unbekannter Sprache hielt (Latein), das Geheimnis als Machtmittel in der Hand. Ärzte und Automechaniker haben ein, für den normalen Menschen, unbekanntes Wissen und dadurch in ihrem Bereich Macht[33]. Spezialisten sind immer Geheimwissenträger, von den Handwerkszünften im Mittelalter bis zu Forschern und Konstrukteuren der Atombombe.

Nicht zuletzt macht ein Geheimnis die betreffende Person oder den Bereich aber auch interessant. Die Faszination und die Furcht vor dem Unbekannten[34] sind zwei Seiten derselben Medaille. Auch zwischenmenschlich sind Personen, von denen wir alles zu wissen glauben, eher langweilig. Verborgenes, Geheimnisvolles hat auch eine Seite, die uns anzieht, solange uns die Bedrohung oder das Ausmaß des Unbekannten kalkulierbar erscheint. Dennoch ist Neugier (um Geheimnisse zu erforschen) eine lebensnot-

[32] Beispielsweise das Betteln des Hundes.

[33] Allerdings ist dieses Wissen immerhin theoretisch allen zugänglich.

[34] Religionspsychologisch auch vor dem Heiligen, dem Tabu, dem Gott.

wendige Eigenschaft, um das Unbekannte zu benennen und sich ihm so nicht bedingungslos unterwerfen zu müssen. Ein Beispiel sei hier das Märchen vom Rumpelstilzchen, das seine unheimliche Macht verliert, sobald das Geheimnis um seinen Namen gelüftet wurde.

An dieser Stelle knüpfen die beiden Therapeuten Michael White und David Epston an. In Anlehnung an die Erkenntnisse von M. Foucault stellen sie den Zusammenhang von Wissen und Macht her. Die beherrschende Erzählung, die anerkannte Interpretation der Vergangenheit, Gegenwart und Geschichte, das „dominante Wissen" sind Machtmittel. Macht bestimmt Entwicklung und Deutung von Geschichte/Vergangenem. Geschichte wurde stets durch Machthaber bestimmt und gefärbt. Das kann man von den ersten Geschichtsschreibungen im alten Ägypten über das Römische Reich bis heute beobachten. Besonders deutlich wird die unterschiedliche Geschichtsinterpretation in den verschiedenen Machtverhältnissen Deutschlands im 20. Jahrhundert (Kaiserreich, Weimarer Republik, Nationalsozialismus, DDR/BRD, geeintes Deutschland). Normierende Wahrheiten bestimmen Blickwinkel auf Vergangenheit, Zukunft und Gegenwart und haben so Macht über sie. „Indem er die beiden Begriffe Macht und Wissen zusammenzieht, macht es uns Foucault unmöglich, Macht und Wissen so zu formulieren, als würde das Wissen erst dann problematisch, wenn es von den Machthabern für ihre Zwecke missbraucht wird. Vielmehr geht Foucault davon aus, dass wir uns als Handelnde stets selbst in einem Feld von Macht/Wissen befinden" (White/Epston 2002, 35) Dominantes Wissen im gesellschaftlichen und auch im persönlichen Kontext „bemächtigt" sich des Selbst- und Fremdbildes, der eigenen Interpretation und damit des ganzen Lebens. „Die Machtmechanismen [sind] im Wesentlichen Mechanismen der sozialen Kontrolle, der ‚Dienstbarmachung', Mechanismen zur ‚Objektivierung' oder ‚Verdinglichung' von Menschen und ihren Körpern" (White/Epston 2002, 36). Es sind also auch die Formen der eigenen Unterwerfung und gegenseitigen sozialen Kontrolle, ein Abbau von Subjektivität und Persönlichkeit. Der Mensch funktioniert und wird austauschbar. So entstanden die politischen Gesellschaften von den Sklavenhaltern, Leibeigenen, bis hin zum industriellen Kapitalismus und faschistischer oder kommunistischer Diktatur. Daraus folgt nach White/Epston, dass der Mensch durch Ablegen von dominantem, gelehrten und beigebrachten Wissen und Entdeckung und Aufwertung von bisher nicht-privilegiertem Wissen die Macht der Narration der eigenen Lebensgeschichte selbst in der Hand hält. Durch Hervorhebung *anderer* als der bisher dominanten Ereignisse und Einordnungen ist eine Veränderung des Selbst- und Fremdbildes möglich.

In dieser Studie wird der Machtbegriff wertfrei interpretiert, auch wenn er oft mit Macht-Missbrauch und Diktatur in Verbindung gebracht wird.[35] Ohne Macht ist kein Zusammenleben möglich, da Strukturen geschaffen werden. Macht kann auch schützen und grenzt Freiheit und Beliebigkeit ein. Das ist spätestens dann sinnvoll, wenn

[35] so auch bei Canetti (2003)

die Freiheit des einen die Freiheit des anderen beeinträchtigt[36]. „Machthandeln setzt nicht nur Energien für den Lebensprozess, sondern auch für den Fortschritt und sozialen Wandel frei“ (Drehsen u.a. 1995, 762). Macht wird im Handeln sichtbar. Wer ohne Macht ist, ist ohn-mächtig. Dieser Zustand lässt keine Handlungsfreiheit zu. Macht ist zu unterscheiden von Herrschaft, da sie das Einverständnis des Betroffenen nicht voraussetzt. Macht ist einerseits lebenserhaltend und entwicklungsfördernd, andererseits bedrohlich. Diese einverleibende, gefährliche Komponente gilt es, im Einzelfall ethisch und moralisch zu beurteilen. Macht errichtet eine Hierarchie, die zwischen Machthaber und Untergebenen unterscheidet. Nicht immer müssen beide Seiten natürliche Personen oder Gruppen sein. Auch die Natur hat Macht über uns, der Autofahrer hat Macht über sein Fahrzeug.

Macht ist ein Medium, das Hierarchien von Über- und Unterordnung herstellt und die Durchsetzung von Intentionen, Deutungen oder Zuständen der übergeordneten Ebene ermöglicht. Dazu kann sich Macht der oben beschriebenen Elemente und Möglichkeiten bedienen.

1.5.2 Macht und Adoption

Hier soll es nicht um jedes Detail im Laufe des Adoptionsprozesses gehen. Ziel ist es aber, die Wirkungsmöglichkeiten der vier „Mächte“ im Adoptionsviereck an verschiedenen Punkten im Laufe des Lebens der Adoptierten anzudeuten. Exemplarisch wird von einer strikten Inkognitoadoption ausgegangen, wie sie bis vor wenigen Jahren in Deutschland üblich war. Dabei ist es gleichgültig, ob die Adoptionsentscheidung bereits kurz nach der Geburt oder erst später fällt.

Das Kind wächst im Uterus der Mutter heran und stellt ihr (und dem Kindsvater) damit die Frage nach einer Entscheidung. Genau genommen stellt es diese Frage natürlich nicht, sondern geht, wie es durch die Evolution natürlich ist, davon aus, dass Mutter und Vater es nähren, beschützen, für es sorgen usw. Es soll hier nicht um die Ursachen, Voraussetzungen und Begleitumstände des Entstehens der Schwangerschaft gehen, da diese für das Kind nicht relevant sind (für die leibliche Mutter sind sie das aber sehr wohl). Wenn die Eltern (oder die Mutter) sich entscheiden, nicht für das Kind zu sorgen, ist das für das Kind die gewalttätige Zerstörung der Lebensgrundlage. Es ist der Macht unterworfen, die in diesem Moment primär von der Mutter auszugehen scheint. Im Tierreich kommt dieser Akt einem Todesurteil gleich. Im gesteuerten Prozess der Adoption gewinnt jedoch die Vermittlungsstelle allmählich immer mehr Macht über das Kind. Sie tritt in dem Fall als Schutz- und Rettungsmacht auf. Mit dem Tag der offiziellen Freigabe erlischt die Macht der Mutter vollständig. Sie gibt durch einen offiziellen (fast rituellen) Akt alle ihre Macht ab und ist von diesem Augenblick an in Bezug auf die Adoption ohn-mächtig.

Für das Machtverhältnis zwischen Vermittlungsstelle und Adoptionsbewerber ist das Zahlenverhältnis zwischen potenziellen Adoptivkindern und Adoptionsbewerbern entscheidend. Die Adoptiveltern bewerben sich beim Jugendamt, geben Antworten

[36] nach Rosa Luxemburg

und sind häufig bereit, viel von sich preiszugeben. Sie erleben eine „soziale Umdefinition ihrer primären Intention: nicht sie rekrutieren Mitglieder für die familiale Gruppe, sondern sie selbst werden rekrutiert" (Ebertz 1987, 19). Sie begeben sich in einen behördlich angeordneten Machtbereich, der für sie nicht immer ganz zu durchschauen ist. Dort sind sie der Macht und auch einer gewissen Kontrolle unterworfen, solange sie Adoptionsbewerber bleiben. Ihr Ziel ist es, aus dem Status des Adoptionsbewerbers herauszukommen und häufig ihren empfundenen Makel der ungewollten Kinderlosigkeit auszugleichen.[37] Aufgrund dieses Zieles ordnen sie sich auch bewusst der Macht der Vermittlungsstelle, damit der Macht der Gesetze und letztlich des Staates, unter. Die Adoptionsvermittlungsstellen entscheiden schließlich, welche Adoptionsbewerber mutmaßlich für das jeweilige Kind geeignet sind. Den potenziellen Adoptiveltern bleibt die Macht der Einwilligung oder Ablehnung. Es wird zwar (hoffentlich) nicht willkürlich gehandelt, aber auch hier wird *über* das Kind entschieden, sich seiner „bemächtigt". Es muss allerdings gesagt werden, dass die Macht und das Einflussinteresse des Staates (und damit der Vermittlungsstellen) besonders in der Zeit vor der Adoptionsrechtsreform 1977 nicht immer pädagogisch, sondern häufig auch wirtschaftlich intendiert war, da adoptierte Kinder den Staat einfach weniger kosten, als Kinder in anderen Formen der Fremdunterbringung. Noch früher war Adoption reines Vertragsrecht zwischen Herkunfts- und Adoptivfamilie, was natürlich auf Seiten der Adoptionsbewerber erheblich mehr Macht bedeutete. Nach dem Krieg gab es erheblich mehr potenzielle Adoptivkinder als Adoptionsbewerber. Dieses Verhältnis hat sich bis heute völlig umgekehrt, wie im statistischen Kapitel weiter unten zu sehen sein wird. Mit Vollzug der Adoption ist die primäre Aufgabe der Vermittlungsstelle erledigt. Sie tritt möglicherweise aktiv im Leben der Adoptierten gar nicht mehr in Erscheinung. Allerdings sind bei der Adoptionsvermittlungsstelle Informationen über Identität und Orte der Herkunft und der Adoption verwahrt. Diese sind häufig für die anderen Beteiligten des Adoptionsvierecks nur in Ausschnitten bekannt. In diesem Wissen um Daten, Orte und Namen/Identitäten ruht nach wie vor ein Machtpotenzial.

Die Deutungsmacht der Adoptionsgeschichte wird in der Adoptivfamilie maßgeblich von den Adoptiveltern bestimmt. Auch hier wird deutlich, dass Macht über Benennung oder eben Nicht-Benennung funktioniert. Wenn auf Seiten der Adoptiveltern die Adoption verdrängt, tabuisiert wird, hängt die Adoption wie ein Damoklesschwert über ihrer Lebensgeschichte. Sie hat eine verborgene, undefinierbare und ungewisse Macht, die als gefährlich erlebt wird. Für den ahnenden oder teilweise wissenden Adoptierten ist Macht/Wissen durch das fast mystisch erlebte Geheimnis, das die Eltern tragen, determiniert. Je mehr im verschwommenen Bereich bleibt, desto größer sind Anziehung und Schrecken des Geheimnisses. Geheimnisträger und damit Machthaber sind die Eltern. Wenn die Eltern-Kind-Beziehung tragfähig und sicher ist, kann Vertrauen in die Eltern den Schrecken vor dem Geheimnis kompensieren. Spätestens in der Pubertät kommt in der Entwicklung der Persönlichkeit aber der Prozess der Ablösung von den Eltern und der „Bemächtigung", Aneignung der eignen Identität und

[37] Verschiedene Studien zeigen, dass das (mindestens in Deutschland) primärer Grund für ein Interesse an Adoption ist (vgl. z.B. Ebertz 1987, 54).

Lebensgeschichte. Hier kann ein schwebendes Geheimnis als verletzend und bedrohlich neu erlebt werden. Der Adoptierte drängt durch *Frage und Antwort* danach, Macht zu seinen Gunsten umzuverteilen. Dabei müssen Frage und Antwort nicht im tatsächlichen Gespräch passieren. Das Suchen von Kindern und Jugendlichen in elterlichen Schubladen und Dokumenten ist genau auf diesen Drang zur Umverteilung von Macht/Wissen zurückzuführen.

Steht der Adoptierte dann schließlich in der Vermittlungsstelle, hat er dasselbe Anliegen: Macht/Wissen über seine Lebensgeschichte umzuverteilen, Geheimnisse zu lüften. Jetzt ist die Vermittlungsstelle Geheimnisträgerin und damit Machthaberin. In der Vermittlungsstelle und den Archiven liegen (mutmaßlich) alle Informationen, die den suchenden Adoptierten weiterbringen. Durch *Frage und Antwort* versucht er, Macht/Wissen zu erlangen, sieht sich aber gleichzeitig mit *Fragen* durch die Vermittlungsstelle konfrontiert, die ja auch eine gewisse Macht über ihn hat.

Im finalen Schritt des ersten Kontaktes hat schließlich die leibliche Mutter (oder die leiblichen Eltern) wieder eine gewisse Macht, nämlich durch Wahrung des *Geheimnisses* ihrer Identität oder durch Ablehnung des Kontaktes, sich des Machtzugriffes durch den Adoptierten zu entziehen.

Die Spannung zwischen Geheimnis, Macht und Wahrheit ist ein zentraler Punkt bei der Suche Adoptierter nach ihren Wurzeln. Häufig erleben Adoptierte bei ihrer Wahrheitssuche dasselbe Ausgeliefertsein an die anderen Seiten des Adoptionsvierecks, das schon zu Beginn ihrer Lebensgeschichte vorherrschte. Jede Seite kann das Anliegen unterstützen oder auch (nahezu) verhindern. Die leiblichen Eltern können den Kontakt verhindern, die Adoptiveltern mindestens emotional Druck machen und auch das Jugendamt, das über alle nötigen Informationen verfügt oder diese mindestens sich beschaffen kann, könnte unter Berufung auf eine sehr enge Auslegung des § 1758 BGB das Ansinnen hemmen. Die Adoptierten erleben, dass die anderen Seiten des Adoptionsvierecks große Macht über die individuelle Lebensgeschichte ausübten und ausüben

Allerdings ist es inzwischen unter Adoptionsvermittlern unstrittig[38], dass Adoptierte das Recht haben, sich über ihre eigene Vergangenheit zu informieren und auch in der öffentlichen Diskussion verschiebt sich der Standpunkt hin zu deutlich mehr Offenheit bei der Suche Adoptierter nach ihrer Herkunft und Identität. Immer deutlicher wird formuliert, dass diese Arbeit einen wichtigen Schwerpunkt im Alltagsgeschäft der Vermittler bildet. Die Erfahrungen aus der Arbeit vor Ort finden allmählich ihren Niederschlag in den offiziellen Stellungnahmen der Landesjugendämter. So formulierte die Bundesarbeitsgemeinschaft der Landesjugendämter im November 2006: „Die Suche von und nach Adoptierten ist eine wesentliche Aufgabe der Adoptionsvermittlung und gehört zu einer verantwortlichen Adoptionsbegleitung. Die (gegenseitige) Suche nach leiblichen Verwandten ist ein berechtigtes Anliegen aller am Adoptionsprozess Beteiligten. Es geht dabei um das elementare Bedürfnis nach Kenntnis der eigenen, nicht gelebten und nicht bewusst erfahrenen (Familien-) Geschichte" (Bundesarbeitsgemeinschaft 2006, 34f).

[38] Und seit 2002 durch § 9b AdVermiG auch gesetzlich vorgesehen

Die biografische Aneignung der Adoptionsgeschichte kann als Versuch des Adoptierten interpretiert werden, Macht über die Deutung und Erzählung seiner eigenen Lebensgeschichte zu erlangen. Dabei geht es nicht nur um nackte Fakten. Vielmehr stehen Fragen des Verstehens der eigenen Lebensgeschichte im Vordergrund. Dann geht es um Wahrheitsfindung im ethischen und biografischen Sinn, um Kohärenz und Verständnis für das eigene Dasein. So verstandenes und angeeignetes Wissen kann bei der Interpretation der eigenen Lebensgeschichte sowohl bei Adoptierten, als auch bei Adoptiv- und Herkunftseltern klärend und heilend wirken. Um die Probleme, Fragestellungen, Vorurteile, Hoffnungen und Aussichten, denen die Suchenden auf ihrem Weg dabei begegnen, soll es in diesem Band gehen.

1.6 Statistische Zahlen zur Adoption

Nach der Klärung grundlegender Begriffe und einer Annäherung an die Akteure im Adoptionsviereck, soll es nun zu den zahlenmäßigen Dimensionen von Adoptionen in Deutschland gehen. In der vorliegenden Arbeit werden Fremdadoptionen untersucht, die in Deutschland zwischen 1950 und 1990 durchgeführt wurden. Dabei finden Auslandsadoptionen keine gesonderte Berücksichtigung.[39] Zunächst soll der Blick auf die alte Bundesrepublik gerichtet werden. Für diesen Bereich ist recht umfangreiches Datenmaterial beim Statistischen Bundesamt hinterlegt. Eine völlig andere Ausgangssituation ist bei der anschließenden Betrachtung der Daten der DDR gegeben. Die Entwicklung in beiden deutschen Staaten wird miteinander verglichen. Im anschließenden Abschnitt wird dann der Blick auf das aktuelle Verhältnis zwischen Herkunftssuchen und abgeschlossenen Adoptionen gerichtet.

1.6.1 Bundesrepublik Deutschland 1950-1990

In der BRD wurden zwischen 1950 und 1990 321.091 Kinder und Jugendliche unter 18 Jahren adoptiert. Statistische Unterscheidung zwischen Verwandtschafts- und Fremdadoptionen gibt es erst seit 1963. Um einen einheitlichen Wert zu erhalten, sind Zahlen für die Jahre 1950 bis 1962 geschätzt worden. Dazu wurde der Mittelwert der folgenden 10 Jahre des Verhältnisses zwischen Fremdadoptionen und den Adoptionen insgesamt gebildet. In den Jahren 1963-1972 war dieser Wert nahezu konstant.[40] Der Mittelwert beträgt 73,6%. Die so errechneten Zahlen sind in den Spalten 3 und 4 *kursiv* dargestellt.

---

[39] Zur Erklärung dieser Abgrenzung: Siehe den Abschnitt zur Forschungsfrage und thematischen Abgrenzung in der Einleitung dieser Studie

[40] Siehe Tabelle 1: 1963: 71,5%; 1964: 74,9%; 1965: 73,4%; 1966: 73,5%; 1967: 74,0%; 1968: 75,2%; 1969: 73,5%; 1970: 73,2%; 1971: 72,2%; 1972: 74,6%

Tabelle 1: Adoptionen BRD 1950 - 1990[41]

Jahr	insgesamt	davon Stiefeltern oder Verwandte[42]	Nichtverwandte[43]
1950	4.279	*1.130*	*3.149*
1955	8.433	*2.226*	*6.207*
1960	6.416	*1.694*	*4.722*
1965	7.748	2.058	5.690
1970	7.165	1.918	5.247
1975	9.308	2.540	6.768
1978	**11.224**	3.555	**7.669**
1980	9.298	3.102	6.196
1985	7.974	3.871	4.103
1990	6.947	3.908	3.039
BRD 1950-90	**321.091**	**105.305**	**215.786**

In Tabelle 1 ist zu sehen, dass die Zahl der Adoptionen seit 1950 bis 1959 kontinuierlich anstieg. Im Jahr 1960 ist ein plötzlicher Einbruch um ca. 20% zu sehen. Dieser könnte sich aus einer geänderten Stichtagsregelung ergeben, denn für die statistische Erhebung der Adoptionsbewerber und der für eine Adoption Vorgemerkten galt bis 1959 als Stichtag der 31.03. des Folgejahres. Es ist wahrscheinlich, dass bis dahin große Teile der Statistik auch in Bezug auf die Adoptionen so geführt wurden. Für 1960 wurden dann möglicherweise die Zahlen ab April bis Dezember angegeben. Danach hält sich die Zahl auf konstantem Niveau bei durchschnittlich 7.430 in den Jahren 1961 bis 1972. In den folgenden 6 Jahren ist ein rascher Anstieg auf über 11.000 Adoptionen im Jahr 1978 zu verzeichnen. Dies ist ein Anstieg von über 30%. Im Jahr 1977 gab es eine umfassende Reformierung des Adoptionsrechtes in der Bundesrepublik. Der sprunghafte Anstieg wird damit zusammenhängen. Eine weitere veränderte Schwerpunktsetzung im Bereich der Jugendhilfe geschah in den 70er Jahren, die ebenfalls den Anstieg erklären könnte (vgl. Fendrich 2005): Die Heime waren stark in die Diskussion geraten und eine familiäre Unterbringung der Kinder und Jugendlichen wurde von den Fachkräften häufiger bevorzugt. Die Zahl der Inlandsadoptionen geht seit den frühen 80er Jahren in Deutschland zurück. Dennoch ist die Quote deutlich höher als in anderen europäischen Ländern (vgl. Hoksbergen 1993, 67ff).

Fremdadoptionen und Stiefkindadoptionen

Das Verhältnis zwischen Stiefkindadoptionen und Fremdadoptionen bleibt bis Ender der 70er Jahre nahezu unverändert. In den folgenden Jahren bis 1990 sinkt die Zahl

---

[41] Datenquelle: Statistisches Bundesamt 2006

[42] Verwandtenadoptionen sind konstant etwa 10-15% der Zahlen dieser Spalte, 85-90% sind Stiefkindadoptionen

[43] Die kursiv gedruckten Zahlen der Jahre 1950-1962 in Spalte 4 der Tabelle entsprechen prozentual dem Mittelwert der folgenden 10 Jahre, bezogen auf die absolute Zahl der Adoptionen. Eine statistische Trennung von Stiefeltern-, Verwandten- und Fremdadoptionen liegt für die Zeit bis 1962 nicht vor.

der Adoptionen, wobei die Stiefkind- und Verwandtenadoptionen relativ gleich bleiben. Es fällt jedoch rapide die Zahl der Fremdadoptionen. Im Jahr 1990 wird der geringste Wert der Geschichte der Bundesrepublik erreicht. Bezogen auf das Jahr 1978 sind es gerade noch knapp 40%. Möglicherweise ist hier auch eine verzögerte Wirkung des 1975 liberalisierten Abtreibungsrechts zu spüren. Außerdem sind inzwischen nichteheliche Geburten in Deutschland auch gesellschaftlich umfassend akzeptiert, so dass die Unehelichkeit einer Geburt nur noch selten Grund für eine Adoptionsfreigabe gewesen sein dürfte. Seit dem Jahr 1987 gibt es in der Bundesrepublik mehr Stiefkind- und Verwandtenadoptionen als Fremdadoptionen. Dieser Trend verstärkte sich in den 90er Jahren des wiedervereinigten Deutschlands und besteht weiter fort, wie weiter unten noch zu sehen sein wird. Im Jahr 1990 sind in der alten Bundesrepublik nur noch 43% der Adoptionen Fremdadoptionen. Das untenstehende Diagramm illustriert die beschriebenen Tendenzen.

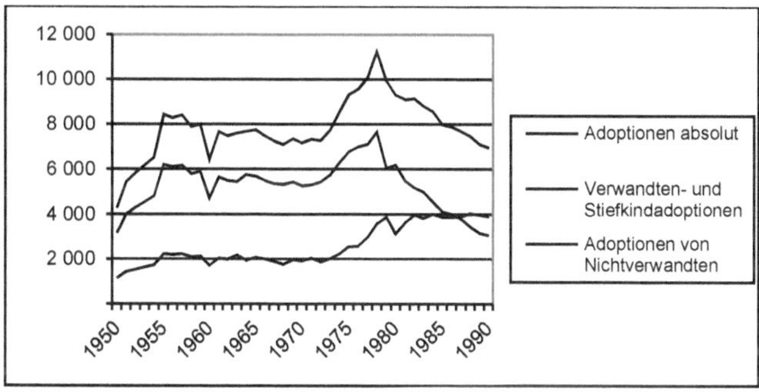

Abbildung 5: Adoptionen BRD 1950-1990

Inlands- und Auslandsadoptionen

Eine Unterscheidung zwischen Adoptionen deutscher Kinder und ausländischer Kinder wird erst ab dem Jahr 1982 statistisch erfasst. Die absolute Zahl der Adoptionen ausländischer Kinder liegt gleichbleibend bis 1990 bei etwa 1.100. Von diesen Kindern wurde etwas mehr als die Hälfte zum Zweck der Adoption ins Inland geholt. Bei gleichzeitigem Rückgang der Gesamtzahl der Adoptionen, stieg der Anteil der Adoptionen ausländischer Kinder von 12,2% 1982 auf 16,3% 1990. Bis zum Jahr 2005 erhöhte er sich auf 30,5%, wobei die Zahl der Kinder, die für eine Adoption ins Inland geholt wurden sogar leicht zurückging (siehe Tabelle 3). Aus diesen Zahlen ist zu sehen, dass der Rückgang der Adoptionen insgesamt vor allem damit zu erklären ist, dass weniger deutsche Kinder zur Adoption freigegeben werden. Hier sind wohl vor allem eine verbesserte Aufklärung und Verhütung sowie die gestiegene Akzeptanz und Normalität unehelicher Geburten als Grund anzunehmen. Auch ein verbessertes Hilfesystem seitens der Behörden und der Jugendhilfe kann ein Grund dafür sein.

Tabelle 2: Inlands- und Auslandsadoptionen [44]

Jahr	Adoptionen insgesamt	Deutsche Kinder	Ausländische Kinder	davon zur Adoption ins Inland geholt
1982	9.145	8.028	1.117	677
1983	8.801	7.760	1.041	592
1984	8.543	7.458	1.085	634
1985	7.974	6.908	1.066	606
1986	7.875	6.760	1.115	701
1987	7.694	6.558	1.136	750
1988	7.481	6.228	1.253	727
1989	7.114	5.953	1.161	643
1990	6.947	5.797	1.150	693
...				
2005	4.762	3.309	1.453	547
2010	4.021	3.041	980	464

Zahl der Adoptionsbewerber

Das Verhältnis der zur Adoption vorgemerkten Kinder zu den Adoptionsbewerbern ist in der Tabelle 3 dargestellt. Hier ist ein deutlicher Trend zu sehen. Während kurz nach der Gründung der Bundesrepublik nur wenige Eltern ein Kind adoptieren wollten, glichen sich „Angebot" und „Nachfrage" bis Mitte der 60er Jahre an. Die Zahl der Adoptionsbewerber stieg von knapp 2.500 auf 4.500. Auch in den Folgejahren ist eine steigende Tendenz zu sehen. Von 1970 bis 1975 hat sich die Zahl der Adoptionsbewerber mehr als verdoppelt. In den 80er Jahren ist sie auf etwa 20.000 angewachsen. Mit steigendem Lebensstandard und größerer Sicherheit ist für viele Paare die Adoption eines Kindes eher denkbar, als unmittelbar nach dem Krieg. Auch eine größere gesellschaftliche Akzeptanz der Adoption als Form der Nachwuchsrekrutierung war ein Grund für die wachsende Zahl der Adoptionsbewerber. Unehelichkeit war, unter anderem beflügelt durch die 68er-Bewegung, immer weniger ein Stigma, das diskreditierbar machte. Durch die Öffnung der Heime, die Reformierung der dort vorherrschenden Pädagogik und nicht zuletzt durch die große Adoptionsrechtsreform im Jahr 1977 wurde eine breitere Beschäftigung mit dem Thema Adoption in der öffentlichen Wahrnehmung erreicht. Nicht zuletzt findet das erweiterte gesellschaftliche Interesse seinen Niederschlag in den bisher einzigen breitangelegten sozialwissenschaftlichen Forschungsprojekten zum Thema Adoption in Deutschland, die in den späten 70er Jahren beginnen und bis in die 90er Jahre hineinreichen.

[44] Datenquelle: Statistisches Bundesamt (2006/2011) nach 1990 auf Gesamtdeutschland bezogen

Tabelle 3: Adoptionsbewerber und zur Adoption Vorgemerkte BRD 1950-1990[45]

Jahr	Adoptionsbewerber am Jahresende	Am Jahresende zur Adoption Vorgemerkte	Adoptionsbewerber je Vorgemerkten
1950	2.434	3.949	0,6
1955	2.643	4.624	0,6
1960	3.024	5.005	0,6
1964	4.257	**5.030**	0,8
1965	4.455	4.499	1,0
1970	6.009	3.157	1,9
1975	15.674	3.076	5,1
1980	20.282	2.819	7,2
1982	20.746	1.035[46]	20,0
1983	**21.249**	884	24,0
1985	19.726	672	29,4
1989	20.507	595	**34,5**
1990	19.576	711	27,5
...			
1995	19.426	1.331	14,6
2005	9.324	771	12,1
2010	6.460	944	6,9
Bis einschließlich 1990 früheres Bundesgebiet			

Der gewachsenen Zahl der Adoptionsbewerber steht eine immer geringere Anzahl von Kindern gegenüber, die für eine Adoption vorgemerkt wurden. Bezogen auf das Jahr 1964, wo mit über 5.000 Kindern ein Höchststand erreicht war, waren im Jahr 1989 gerade noch 595 Kinder zur Adoption vorgemerkt. Das entspricht einem Rückgang auf 15%. Diesen knapp 600 Kindern standen über 20.000 Adoptionsbewerber gegenüber, so dass pro Kind theoretisch über 34 Bewerber(paare) vorhanden waren. Im Jahr 1990 gibt es eine geringe Entspannung, was vielleicht schon auf Folgen der Wiedervereinigung zurückzuführen ist. In den folgenden Jahren bis 2010 ist eine stark rückläufige Zahl der Adoptionsbewerber zu verzeichnen. Dieser Trendwechsel könnte u.a. auf die immer erfolgereichere Reproduktionsmedizin zurückzuführen sein. Die Möglichkeiten, leibliche Kinder zu bekommen, wurden deutlich erweitert. Mögliche Ursachen könnten aber auch befürchtete und vorhandene individuelle (wirtschaftliche?) Unsicherheiten nach der deutschen Wiedervereinigung und – aktuell – aufgrund der europäischen Krise sein. Kamen 1995 noch fast 15 Adoptionsbewerber auf ein potenzielles Adoptivkind, sind es 2010 nur noch sieben.

Zusammenfassend kann man sagen, dass es eine recht große Gesamtzahl von Adoptionen in der alten Bundesrepublik gab.[47] Kurz nach Ende des zweiten Weltkrieges ist die Zahl der Adoptionsbewerber noch deutlich geringer als die Zahl der zu vermittelnden Kinder. Das könnte daran liegen, dass nichtehelichen Kinder damals noch nicht

[45] Datenquelle: Statistisches Bundesamt, Statistik der Kinder- und Jugendhilfe: Adoptionen (Wiesbaden 2006/2011); die Höchstwerte in den jeweiligen Spalten sind fettgedruckt

[46] Der Grund für diesen großen Sprung ist nicht aufzuklären. Nach einer mündlichen Mitteilung des statistischen Bundesamtes (11/2006) sind im Jahr 1982 einige Merkmale neu in die Statistik aufgenommen worden (z.B. die Zahl der ausländischen Kinder), jedoch war die Zahl der vorgemerkten Kinder seit 1950 Inhalt der Statistik. Möglicherweise wurde eine andere Zählweise seit diesem Jahr angewandt.

[47] Nach Hoksbergen 1993, 67ff ist die Zahl der deutschen Inlandsadoptionen im europäischen Vergleich sehr hoch

allgemein gesellschaftlich akzeptiert waren und so schneller zur Adoption freigegeben wurden. Ein weiterer Grund ist wohl auch die relative Armut der Menschen kurz nach dem Krieg. Man wollte sich kein „fremdes" Kind leisten, selbst dann nicht, wenn man selbst ungewollt kinderlos war. In den 60er Jahren kehrte sich das Verhältnis um. Während 1950 beinahe zwei Kinder auf einen Bewerber kamen, waren es 1970 zwei Bewerber auf ein Kind. Das lag vor allem an der zunehmenden Zahl der Adoptionsbewerber, da die Zahl der Adoptionen und der vorgemerkten Kinder nahezu konstant blieb. In den 70er Jahren war die Zeit der pädagogischen Reformen und eines neuen, kindeswohlzentrierten Blickwinkels in allen Bereichen der Jugendhilfe. Die alten, oft dunklen und teilweise fast militärisch geführten Heime kamen erheblich in die Kritik, eine familiäre Unterbringung wurde öfter bevorzugt. 1977 gab es eine grundlegende Änderung des Adoptionsrechts in der Bundesrepublik. Ende der 70er Jahre lag der zahlenmäßige Höhepunkt der Adoptionen. Diese Tendenz kehrte sich in den 80ern wieder um. Die Anzahl der zur Adoption freigegebenen Kinder verringerte sich, was einerseits auf ein verbessertes Hilfeangebot in den Ursprungsfamilien zurückzuführen sein dürfte, andererseits auf umfassendere sexuelle Aufklärung und sicherere Verhütung. Die Zahl der ausländischen Kinder blieb in den 80er Jahren nahezu konstant. Wenn wir sie – auf die gesamte Zeit bezogen – bei etwa 10% ansetzen, dann gibt es aus dem Gebiet der alten Bundesrepublik aufgrund unserer eingangs begründeten Eingrenzung (Fremdadoptierte Deutsche zwischen 1950 und 1990) knapp 200.000 Menschen, die zu der zu untersuchenden Zielgruppe gehören.

1.6.2 DDR 1950-1990

Deutlich schwieriger gestaltet sich, eine entsprechende Zahl für das Gebiet der damaligen DDR zu bekommen. Eine umfangreiche Erhebung liegt nur aus dem Jahr 1969 vor.[48] Die hier vorgelegten Zahlen basieren auf intensiven Recherchen in verschiedenen Archiven der fünf „neuen" Bundesländer und im Bundesarchiv Berlin-Lichterfelde. Dort sind zwar auch keine lückenlosen Statistiken zu bekommen, aber immerhin genügend Zahlenmaterial, um verlässliche Hochrechnungen aufzustellen und Größenordnungen zu bestimmen. Paulitz (2006, 13) schreibt: „Zu Zeiten der Deutschen Demokratischen Republik hatten kollektive Erziehungsformen absoluten Vorrang, und es gab nur wenig Adoptionen." Wie die untenstehenden Angaben belegen, ist diese Schlussfolgerung nicht zu halten. Trotz der besonderen Betonung des Kollektiven war Adoption auch in der DDR eine gängige Form der Familiengründung. Es sind zwischen 1950 und 1990 weit über 70.000 Fremdadoptionen in der DDR ausgesprochen worden, was gut 10% mehr Adoptionen im Verhältnis zur Gesamtbevölkerung entspricht, als in der damaligen BRD.[49]

[48] Datenquelle: Statistisches Bundesamt (2006): Innerbetriebliche Berichterstattung an das Ministerium für Volksbildung der DDR, 1969

[49] Gerundete durchschnittliche Vergleichszahlen: BRD ca. 60 Millionen, DDR ca. 17 Millionen Einwohner

Die berechneten rekonstruierten Daten machen es sich zur Aufgabe, aus lückenbehafteten Datensätzen, die durch Recherche des Verfassers zwischen 2006 und 2010 gesammelt wurden, eine sinnvolle Prognose über die Gesamtsituation der Adoptionen in der DDR von 1950 bis 1990 zu erstellen. Dabei ist zu beachten, dass eine exakte Rekonstruktion der Adoptionsanzahl für ein oder mehrere einzelne Jahre nicht möglich sein wird, da die Anzahl der Adoptionen von diffizilen lokalen und globalen Faktoren abhängt, beispielsweise von politischen Entscheidungen, von wirtschaftlichen Gegebenheiten oder der demographischen Entwicklung. Deutlichstes Beispiel ist die politische Wende im Jahr 1990, die sowohl in Bezug auf die Geburtenrate, die sozialen Netzwerke als auch auf die gesamtwirtschaftlichen Voraussetzungen auf dem Gebiet der ehemaligen DDR umwälzende Einwirkungen hatte, die sich auch auf die Adoptionszahlen auswirkten.

Somit ist es im Kontext dieser Studie sinnvoller, eine Trendbestimmung vorzunehmen, d.h. eine grobe Entwicklungsrichtung festzulegen, um für größere Gebiete und Zeiträume ein Maß der Adoptionsanzahl ermitteln zu können. In der Konsequenz bedeutet das aber, je enger eine Aussage über eine Adoptionsanzahl ist, desto höher ist die Wahrscheinlichkeit für eine ungenaue oder gar falsche Aussage: Je kleiner der Bezirk oder je kleiner der Zeitraum ist, über den eine Aussage getroffen wird, desto höher ist die Wahrscheinlichkeit für einen Irrtum des Wahrheitsgehaltes.[50] Da vor dem Jahr 1968 nur wenig Datensätze verfügbar sind, ist besonders für diesen Zeitraum mit Abweichungen der konkreten Zahlen zu rechnen, jedoch ist mindestens eine Tendenz erkennbar und die Dimension der Adoptionszahlen kann abgeschätzt werden. Die Spalten 2, 4 und 6 geben die durch Recherche ermittelten absoluten Zahlen wieder.

Tabelle 4: Adoptionen DDR 1950-1990[51]

Jahr	Gesamt	*Rekonstruierte Daten (Regressionsgerade)*	Fremdadoptionen	*Rekonstruierte Daten*	Adoption durch Ehegatten	*Rekonstruierte Daten*
1950		*1.666,02*		*1.143,78*		*522,24*
1955		*1.852,33*		*1.297,05*		*555,28*
1960	1.987	*2.038,64*		*1.450,32*		*588,32*
1965		*2.224,95*		*1.603,59*		*621,36*
1970	2.331	*2.411,26*	1.804	*1.756,86*	527	*654,4*
1975	2.590	*2.597,57*	1.918	*1.910,14*	672	*687,43*
1980	2.608	*2.783,88*	1.925	*2.063,41*	683	*720,47*
1985	2.876	*2.970,19*	2.103	*2.216,68*	773	*753,51*
1989	3.412	*3.119,24*	2.585	*2.339,30*	827	*779,94*
1990		*3.156,50*		*2.369,95*		*786,55*
DDR 1950-90		***98.861,80***		***72.031,44***		***26.830,36***

[50] Zur Berechnung der rekonstruierten Daten: Baldow/Kühn 2011. Dort ist auch eine Datentiefe bis in die Bezirksebene zu finden.

[51] Datenquelle: Archivdaten (siehe Quellenverzeichnis), Statistisches Bundesamt (2006); Kühn/Baldow (2011)

Anders als in der alten Bundesrepublik ist für die DDR ein anhaltendes Anwachsen der Adoptionszahlen bis 1989/90 zu beobachten. Dabei fällt auf, dass im Gegensatz zur BRD das Verhältnis zwischen Stiefkind- und Fremdadoptionen sich zugunsten der Fremdadoptionen verändert. Der größere Teil des Anstiegs der Adoptionszahlen ist also durch ein Ansteigen der Adoptionen durch Nichtverwandte zurückzuführen, wie aus dem folgenden Diagramm erkennbar wird.

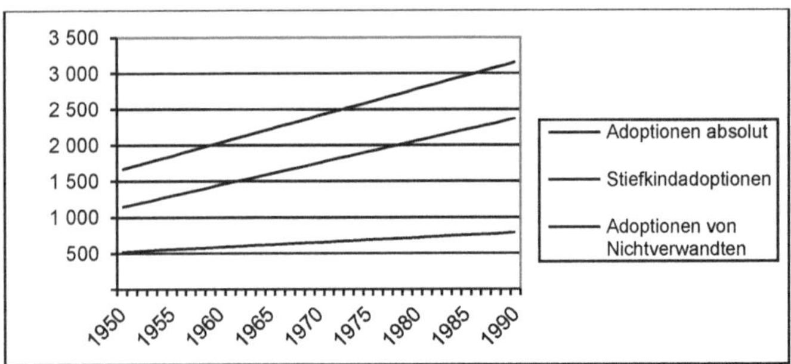

Abbildung 6: Adoptionen DDR 1950-90 (Regressionsgerade)

Für eine genauere Betrachtung von möglichen Trends und detaillierteren Veränderungen soll hier noch ein Diagramm folgen, welches die zwar lückenhaften, dafür aber sicheren absoluten Zahlen beinhaltet.

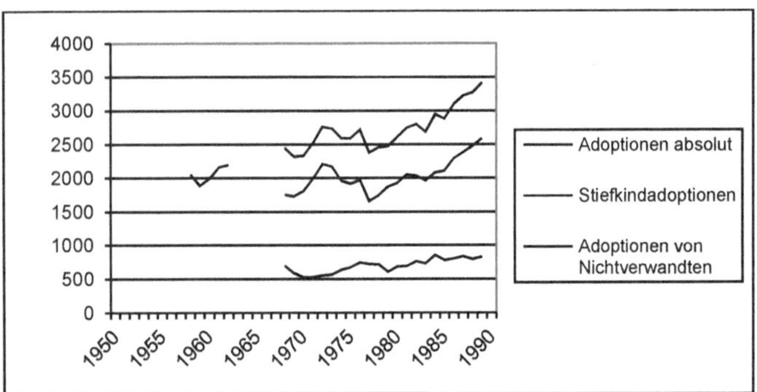

Abbildung 7: Adoptionen DDR 1950-1990 (absolute Zahlen)

In den frühen 70er Jahren ist ein erster Höhepunkt der Adoptionszahlen zu erkennen (1972: 2758 Adoptionen), welcher ausschließlich auf eine Anstieg der Fremdadoptionen zurückzuführen ist. Die Stiefkindadoptionen gehen in diesem Zeitraum sogar etwas zurück und steigen erst danach wieder allmählich an. Im Jahr 1977 ist mit 2374 Adoptionen ungefähr wieder der Wert von 1970 erreicht (2331 Adoptionen). Danach steigt die Kurve wieder gleichmäßig an, parallel mit den Fremdadoptionen, während die Zahl der Stiefkindadoptionen sich deutlich langsamer erhöht bzw. beinahe stagniert.

Für das Jahr 1990 sind keine Zahlen zu Adoptionen in der DDR zu bekommen. Im Oktober dieses Jahres fand die Wiedervereinigung der beiden deutschen Staaten statt. Im Jahr 1991 fällt die Zahl der Adoptionen auf dem ehemaligen Gebiet der DDR rapide ab (auf 307) und erreicht auch in den folgenden Jahren nicht mehr annähernd die Größenordnung der Jahre vor 1990.[52]

Aus den Zahlen lässt sich ersehen, dass sich die Adoption in der DDR im steigenden Maße als Form der Nachwuchsrekrutierung und Familiengründung etablierte bzw. auch von staatlichen Stellen nicht verhindert, sondern wohl eher befördert wurde. Knapp 100.000 Adoptionen wurden ausgesprochen. Davon erfolgten gut ein Viertel der Adoptionen durch den Ehepartner eines Elternteils des Kindes. Dieser Wert liegt deutlich unter dem Westdeutschlands. Dort waren gut ein Drittel aller Adoptionen Stiefeltern- oder Verwandtenadoptionen. Da jedoch das Merkmal „Adoption durch Verwandte“ in der DDR-Statistik nicht auftaucht und bis in die 80er Jahre in der BRD nicht zwischen „Verwandten“ und „Stiefeltern“ unterschieden wurde, ist ein genauer Vergleich an dieser Stelle nicht möglich.[53] Auslandsadoptionen waren in der DDR sehr selten und wurden nicht separat erfasst.

Wie aus der obigen Tabelle zu sehen ist gibt es aus dem Gebiet der DDR gut 70.000 Menschen, die zu der zu untersuchenden Zielgruppe der Fremdadoptierten gehören.

1.6.3 Vergleich Geburtenrate und der Adoptionszahlen der BRD und DDR

In der DDR war die Geburtenrate knapp 8% höher, als in der Bundesrepublik (DDR: 14,3 Geburten/1000 Einwohner/Jahr; BRD 13,3 Geburten/1000 Einwohner/Jahr.[54]) Nach relativ ähnlichen Werten bis Mitte der 70er Jahre steigt die Rate in der DDR signifikant an, um sich gegen Ende der 80er wieder der bundesdeutschen zu nähern. Allerdings sank die Bevölkerungszahl der DDR von 17,6 Millionen Einwohnern im Jahr 1956 auf 16,4 Millionen 1989. Im gleichen Zeitraum stieg die Bevölkerung der Bundesrepublik von 53,3 Mio. auf 62,7 Mio. Einwohner. Dieser Zuwachs wurde vor allem durch gezielte Einwanderung, nicht durch eine Erhöhung der Geburtenrate erreicht.

[52] 1992: 1.385 Adoptionen. Die Zahl fällt bis 2007 kontinuierlich bis auf 720. Siehe Tabellen im Anhang

[53] Nach 1990 liegt der Anteil der Adoptionen durch Verwandte (nicht: Stiefeltern) bei ca. 5% aller Adoptionen. Sollte dieser Wert vor der Wende auch auf die DDR zutreffen, wäre das Verhältnis Fremdadoptionen/ Stiefeltern- und Verwandtenadoptionen zwischen DDR und BRD etwas angenähert (bei ca: 70%/30%)

[54] Jeweils Mittelwert der Jahre 1956-1990

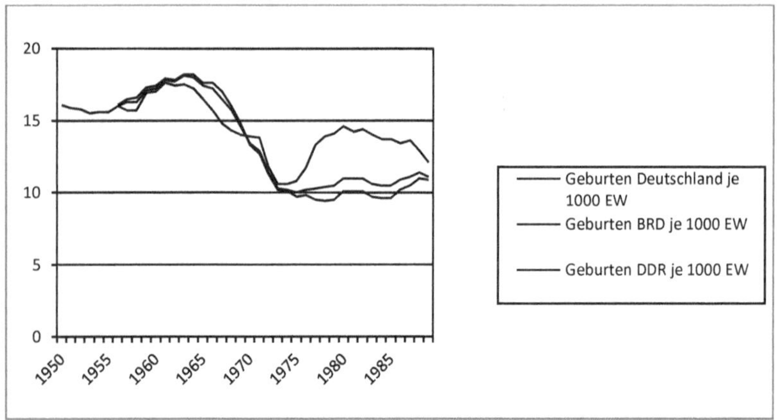

Abbildung 8: Geburtenrate BRD und DDR 1950-1990[55]

In der Bundesrepublik bewegten sich die Adoptionszahlen seit Mitte der 50 Jahre über 20 Jahre lang relativ konstant auf einem Niveau von ca. 7.700 durchgeführten Adoptionen jährlich. Dabei waren ca. ¾ der Fälle Fremdadoptionen und ¼ Adoptionen durch Verwandte oder Stiefeltern. Im Umfeld der 68er Bewegung und der großen Adoptionsrechtsreform von 1977 ist ein Anstieg um über 40% bis zu einer Spitze von 11.224 Adoptionen im Jahr 1978 zu verzeichnen. Danach fällt die Adoptionszahl bis zum Jahr 1990 kontinuierlich, während die Zahl der Stiefkind- oder Verwandtenadoptionen langsam ansteigt. Im Jahr 1987 macht dieser Anteil erstmals mehr als 50% der Gesamtadoptionszahl aus. Dieser Trend setzt sich die folgenden Jahre fort.

In der DDR ist ein gegenteiliger Trend zu beobachten: Hier steigt die Zahl der Adoptionen kontinuierlich von knapp 2.000 in den 50er Jahren auf deutlich über 3.000 Ende der 80er. Die Zahl der Stiefkindadoptionen nimmt prozentual ab, so dass dieser Trend fast allein auf einen signifikanten Anstieg der Fremdadoptionen (um ca. 50% zwischen 1968 und 1989!) zurückzuführen ist. Besonders stark steigen die Zahlen in den 80er Jahren. Dieser Trend wird durch die politische Wende jäh abgebrochen.

Diese beiden Trends sind in Abb. 10 gut ablesbar. Insgesamt wurden in Deutschland zwischen 1950 und 1990 etwa 420.000 Menschen adoptiert. Davon waren etwa 132.000 Adoptionen von Stiefeltern oder Verwandten. Für die BRD bleiben, nach Abzug der geschätzten Zahl von 10% für Auslandsadoptionen, knapp 200.000 inlands-fremdadoptierte Menschen. Für die DDR kann von gut 70.000 Fremdadoptionen ausgegangen werden. Generell wurden in der DDR gut 10% mehr Adoptionen im Verhältnis zur Gesamtbevölkerung durchgeführt als in der damaligen BRD.[56] In der Gesamtsumme (BRD und DDR) sprechen wir über ca. 270.000 Inlandsadoptierte, die in

[55] Datenquelle: Statistisches Bundesamt (2010)

[56] BRD ca. 60 Mio. Einwohner; DDR ca. 17 Mio. Einwohner

Deutschland zwischen 1950 und 1990 außerhalb ihrer biologischen Herkunftsfamilie aufwuchsen.

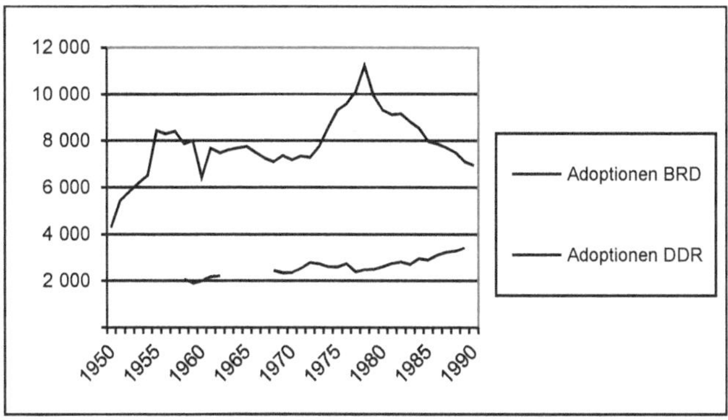

Abbildung 9: Adoptionen BRD und DDR 1950-1990

1.6.4 Weitere Entwicklung der Adoptionszahlen in Deutschland

In der Zeit von 1990-2013 kamen im vereinigten Deutschland noch einmal 134.979 Adoptionen hinzu. Davon waren 77.914 Stiefkind- oder Verwandtenadoptionen und 57.065 Fremdadoptionen (Statistisches Bundesamt 2014). Es fällt auf, dass die Zahl der Fremdadoptionen seit Mitte der 90er Jahre kontinuierlich abnimmt und mit 1.448 im Jahr 2013 einen absoluten Tiefstand erreicht. Die Zahl der Stiefkindadoptionen fällt ebenfalls, liegt jedoch dauerhaft über dem Wert der Fremdadoptionen.

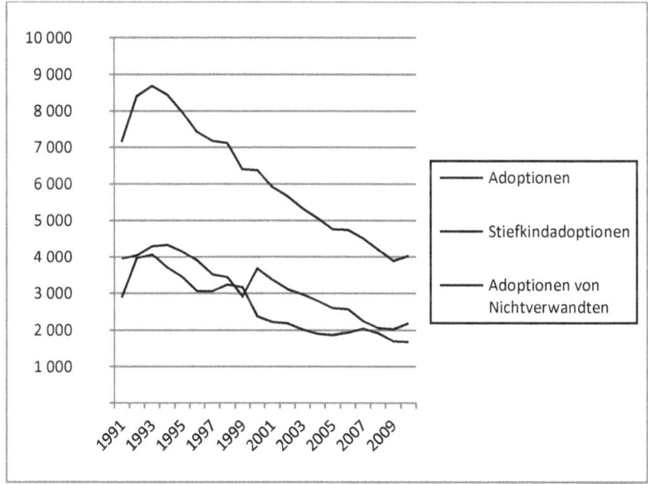

Abbildung 10: Stiefkind- und Fremdadoptionen in Deutschland 1991-2010

Zusammengefasst wurden in Deutschland zwischen 1950 und 2013 insgesamt 554.932 Menschen adoptiert. Darunter fallen 210.049 Stiefkind- oder Verwandtenadoptionen sowie 344.882 Fremdadoptionen. Für die Forschungsarbeit relevant sind jedoch, wie weiter vorn begründet, vor allem die Fremdadoptionen im Zeitraum zwischen 1950 und 1990. Die anderen Zahlen dienen an dieser Stelle dem vollständigen Überblick über Entwicklungen und Tendenzen.

Tabelle 5: Adoptionen in Deutschland 1950-2013

	Adoptionen absolut	Davon Stiefkind- oder Verwandtenadoptionen	Davon Fremdadoptionen
BRD 1950-1990	321.091	105.305	215.786[57]
DDR 1950-1990[58]	98.862[59]	26.830	72.031
Zwischensumme	*419.953*	*132.135*	*287.817*
Deutschland 1991-2013	134.979	77.914	57.065
Summe	554.932	210.049	344.882

Exkurs: Die „Pille" und legalisierter Schwangerschaftsabbruch als Ursachen für rückläufige Adoptionszahlen?

Im Jahr 1961 wurde in der Bundesrepublik das Präparat „Anovlar®" der Firma Schering zugelassen. Dieses Medikament wurde vorläufig nur an verheiratete Frauen verschrieben, da andere es ja (angeblich) nicht bräuchten. Aus diesem Fakt kann man viel über die damals herrschende Einstellung zu unehelichen Kindern und ihren Müttern lesen. Selbst für die verheirateten Frauen wurde Anovlar® anfangs vor allem mit der Diagnose einer gestörten Menstruation verschrieben, obwohl jeder wusste, dass der eigentliche Grund der Verschreibung die Schwangerschaftsverhütung war. Erst infolge der Studentenbewegung der 68er wurde die Verfügbarkeit der Pille für alle Frauen durchgesetzt. Der sogenannte „Pillenknick" ist bei der Entwicklung der Geburtenrate aus dem Diagramm „Geburten BRD/DDR 1950-1990" gut nachzuvollziehen (vgl. Abb. 8).

Ein Einfluss auf die Adoptionsstatistik dagegen, etwa ein dramatischer Rückgang der Zahlen in diesem Zeitraum, ist nicht zu sehen. Der Einbruch in der Kurve des Diagrammes wird bezieht sich auf die Adoptionszahlen für das Jahr 1960 (s.o.), also noch vor der Zulassung von „Anovlar®". In den 60er und frühen 70er Jahren blieb die Zahl der Adoptionen relativ konstant bzw. es ist nur ein geringfügiger Rückgang zu verzeichnen. Die Zahl der zur Adoption vorgemerkten Kinder verringert sich zwar in diesem Zeitraum, dies ist aber eher auf die gestiegene Zahl der Adoptionsbewerber zurückführen. Adoptionen wurden mutmaßlich schneller durchgeführt, als in den Jahren zuvor.

---

[57] Davon ca. 10% Auslandsadoptionen

[58] Verwandtenadoptionen wurden in der DDR nicht extra statistisch erfasst, so dass die Zahlen auf der Rubrik „Adoptionen durch Ehegatten" in den vorhandenen Statistiken der Jugendhilfe der DDR basieren.

[59] Die Abweichung um 1 bei der Summe aus Stiefkind-/Verwandtenadoptionen und Fremdadoptionen ergibt sich aus den Rundungen der rekonstruierten Zahlen, da in der Übersicht nur ganze Zahlen sinnvoll sind. (Wert bei Stiefkindadoptionen: 26830,36; bei Fremdadoptionen 72031,44. In der Summe sind es 98861,8) Diese geringe Ungenauigkeit zieht sich bis in der Endsummen der Tabelle durch.

Schwangerschaftsabbrüche sind seit 1975 in der Bundesrepublik straffrei möglich. 1974 beschloss der Bundestag zwar eine Fristenregelung, die jedoch vom Bundesverfassungsgericht abgelehnt wurde. So gab es seit 1975 (vom BVG bestätigt) eine Indikationslösung. Schwangerschaftsabbruch blieb in den ersten 12 Wochen der Schwangerschaft straffrei, wenn a) Gefahr für die Gesundheit der Mutter bestand, b) eine Missbildung des Kindes nachgewiesen wurde, c) die Schwangerschaft durch eine Vergewaltigung entstand, d) eine besondere soziale Notlage vorlag. Diese soziale Indikation war häufig Begründung für Schwangerschaftsabbrüche. Im Zuge der deutschen Wiedervereinigung musste das unterschiedliche Abtreibungsrecht beider deutschen Staaten harmonisiert werden. Seit 1995 gilt einheitlich eine Fristenlösung mit Straffreiheit bei vorheriger Beratung in den ersten zwölf Wochen der Schwangerschaft.

Tabelle 6 zeigt die Entwicklung der Schwangerschaftsabbrüche in Deutschland seit 1974. Der starke Anstieg bis 1980 ist nach Aussagen des statistischen Bundesamtes (2006) vor allem auf verbesserte Erfassung der vorgenommen Abbrüche zurückzuführen. Es kann davon ausgegangen werden, dass die Zahl auch in den Jahren davor in der Bundesrepublik höher war. Die Adoptionszahlen steigen in den späten 70er Jahren dennoch deutlich an – wobei nicht feststellbar ist, ob im Zuge der 68er Bewegung und der Adoptionsrechtsreform ein mögliches Sinken der Adoptionszahlen infolge des Abtreibungsrechtes nicht einfach ausgeglichen wird. Wenn man die obige Tabelle in Beziehung zur Entwicklung der Adoptionen setzt, ist eine gravierende Auswirkung der Legalisierung von Schwangerschaftsabbrüchen nicht zu erkennen. Allenfalls könnte ein Teil des Rückgangs der Adoptionen in den 80er Jahren mit einer späten Auswirkung des liberalisierten Abtreibungsrechtes in Verbindung gebracht werden. Die anderen oben aufgeführten Argumente erscheinen jedoch stimmiger, um diesen Rückgang zu erklären. Ein deutlicher Einfluss der „Pille“ und der Legalisierung der Schwangerschaftsabbrüche auf die Zahl der Adoptionen ist für das Gebiet der alten BRD nicht nachzuweisen.

Tabelle 6: Schwangerschaftsabbrüche in Deutschland seit 1974 [60]

Jahr	DDR	BRD	Gesamt
1974	99.757	0	**99.757**
1975	88.756	0	**88.756**
1976	83.207	13.044[61]	**96.251**
1980	92.103	87.702	**179.805**
1982	**96.414**	**91.064**	**187.478**
1985	90.254	83.538	**173.792**
1990	66.459	78.808	**145.267**
...			
2005			124.023
2012			106.815

In der DDR wurde 1965 das Verhütungsmittel „Ovositon®“ von VEB Jenapharm eingeführt. Für die ehemalige DDR gibt es keine genauen Adoptionszahlen für das

[60] Datenquelle: Statistisches Bundesamt (2006/2013), www.pro-leben.de (Zugriff am 12.11.2006, 13:41 Uhr)

[61] Das Jahr 1976 ist erst ab Ende Juni erfasst.

gesamte Gebiet, die sich auf den Zeitraum unmittelbar nach Einführung des Präparates beziehen. Für die Bezirke Cottbus, Halle, Leipzig, Karl-Marx-Stadt und Suhl liegen jedoch die Zahlen aus den 60er Jahren vor. Hier ist in den drei erstgenannten Bezirken ein Rückgang der Adoptionszahlen bis 1970 zu beobachten, die Bezirke Karl-Marx-Stadt und Suhl weisen jedoch keine solche Tendenz auf. Aufgrund der nicht vollständigen Daten kann keine valide Aussage zum Einfluss der Einführung der „Pille“ auf die Adoptionszahlen für das Gebiet der DDR getroffen werden.

Die Einführung der „Pille“ hat in beiden Teilen Deutschlands einen deutlich nachweisbaren Einfluss auf die Geburtenrate und damit auch auf die Zahl der Geburten. Für die Adoptionszahlen kann ein Einfluss jedoch nicht eindeutig festgestellt werden. Etwas anders verhält es sich mit dem liberalisierten Abtreibungsrecht: Während in der BRD keine Korrelation mit den Adoptionszahlen auszumachen ist,[62] verringert sich die Zahl der Adoptionen in der DDR in den 70er Jahren um ca. 10%. Am 09.03.1972 beschloss die Volkskammer der DDR eine 12-Wochen-Fristenregelung für Schwangerschaftsabbrüche.[63] Der Schwangerschaftsabbruch war in der DDR, wie aus Tabelle 6 zu entnehmen ist, viel mehr verbreitet, als in der damaligen BRD. Obwohl die DDR nur ca. ein Viertel der Einwohnerzahl der BRD hatte, wurden dort genauso viele oder sogar noch mehr Schwangerschaftsabbrüche vorgenommen. Auch ein Einfluss auf die Adoptionen lässt sich zumindest ansatzweise erkennen. Nach dem relativ stetigen Anstieg der Adoptionszahlen bis 1972[64] (wobei für die Jahrgänge 1963-1967 sichere Zahlen fehlen), gab es auf dem Gebiet der DDR einen Rückgang der Adoptionszahlen um ca. 10% bis in die Jahre 1977/78. Hier ist besonders hervorzuheben, dass vor allem die Zahl der Fremdadoptionen in diesem Zeitraum sank, während die Stiefkindadoptionen sogar eine gegenläufige Tendenz zeigen. Es erscheint sehr wahrscheinlich, dass diese Tendenzen mit dem besonders liberalen Abtreibungsrecht in der DDR zusammenhängen. Eine solche Tendenz ist auch dem Diagramm der Geburtenrate[65] zu entnehmen. Zu Beginn der 80er Jahre kehrt sich der Trend allerdings um. Sowohl die Adoptionszahlen als auch die Geburtenrate steigen dann in der DDR wieder deutlich an.

1.6.5 Gewandelter gesellschaftlicher Blick auf Ehe, Familie und Adoption

Im traditionellen Familienbild des letzten Jahrhunderts gehörten zur Normalfamilie eine Frau, ein Mann und eine unterschiedliche Anzahl leiblicher Kinder. „Das ‚Normalverständnis‘ von Familie bezieht sich in der westlichen Kultur seit etwa 200 Jahren auf die institutionelle Koppelung zweier grundlegender Beziehungsmuster, nämlich von liebesfundierter Ehe *und* Elternschaft“ (Tyrell/Herlth 1994, 1). Uneheliche Kinder

---

[62] Dieser Fakt kann aber auch dadurch verursacht sein, dass ungefähr zeitgleich (1977) das neue Adoptionsrecht eingeführt wurde und generell angestrebt wurde, Kinder aus den Heimen zu Adoptivfamilien zu vermitteln. Auch die Zahl der Auslandsadoptionen nahm im Zusammenhang mit dem Vietnamkrieg signifikant zu. So ist es möglich, dass Effekte durch das Abtreibungsrecht dadurch ausgeglichen wurden.

[63] Dieses Gesetz war in der DDR-Geschichte das erste (und möglicherweise das einzige), welches nicht einstimmig, sondern mit 14 Gegenstimmen und 8 Enthaltungen beschlossen wurde.

[64] Vgl. Kapitel 1.6.2

[65] Abb. 8

galten lange Zeit allgemein als Schande für die Frau. Diese Zuschreibung übertrug sich auch auf das Kind („Bastard"). Adoptivkinder sind in aller Regel uneheliche Kinder ihrer leiblichen Eltern. Damit waren sie prinzipiell diskreditierbar. Zu Beginn des 20. Jahrhunderts wurde so (aus Kindeswohlgründen) das strikte Inkognito gegenüber dem Adoptivkind begründet. Adoptiveltern, die wohl auch damals nicht nur altruistische Gründe für eine Adoption hatten, spiegelten diese Diskreditierbarkeit häufig verbal oder nonverbal ihrem Kind: „Wir haben dich dort rausgeholt. Das sind deine schlechten Gene!" Von solchen Einstellungen wird bis in die 70er Jahre des zwanzigsten Jahrhunderts berichtet, auch in einigen der hier bearbeiteten Interviews.

Spätestens im Zuge der 68er Bewegung begann sich das gesellschaftliche Familienbild immer mehr zu ändern – damit auch die Akzeptanz unehelicher Kinder. Zu sehen ist das bspw. an der Statistik der unehelich Lebendgeborenen in der Bundesrepublik:[66]

Tabelle 7: Nichtehelich geborene Kinder 1946-1990

Nichtehelich Lebendgeborene je 10.000 Lebendgeborene		
Jahr	**Früheres Bundesgebiet**	**DDR und Berlin-Ost**
1946	1.638	1.925
1950	973	1.279
1955	786	1.300
1960	633	1.160
1961	595	1.113
1962	556	1.008
1963	523	**934**
1964	499	942
1965	469	981
1966	**456**	999
1967	461	1.070
1968	476	1.149
1969	504	1.241
1970	546	1.330
1975	612	1.614
1980	756	2.284
1985	940	3.381
1990	1049	3.499
1995	1289	4.177

Während die Zahl der unehelichen Kinder (nach einem Hochstand nach dem zweiten Weltkrieg) bis 1966 kontinuierlich abnahm, steigt sie seitdem kontinuierlich, so dass 1990 jedes zehnte in der Bundesrepublik geborene Kind nicht ehelich geboren wurde. Die rechte Spalte zeigt deutlich, dass die Akzeptanz unehelicher Kinder in der DDR erheblich größer war. Selbst auf dem Tiefstand 1963 ist es noch fast jedes zehnte Kind, das unehelich geboren wird. 1990 ist es schon mehr als jedes dritte Kind. Diese Tendenz setzt sich weiterhin fort. „Der geschlossene, selbstverständliche Sinn- und Verweisungszusammenhang von Liebe, Ehe, gemeinsamem Zusammenleben, Sexualität, Kind und Familienbildung ist aufgehoben" (Kraus/Mitzscherlich 1997, 163). Unehelichkeit ist in der Gesellschaft der alten Bundesrepublik der 90er Jahre nicht mehr unbedingt ein Makel, der diskreditierbar macht. Für die DDR kann man das fast auf die gesamte Zeit ihres Bestehens beziehen. Im Jahr 2010 wurden in Deutschland ca. 1/3 aller Kinder unehelich geboren. „Zwischen dem früheren Bundesgebiet und den neuen Ländern bestehen deutliche Unterschiede. Im früheren Bundesgebiet werden die meisten Kinder nach wie vor in einer Ehe geboren, im Jahr 2010 betrug hier der Anteil der außerehelichen Geburten lediglich 27 %. In den neuen Ländern waren im Jahr 2010 bei mehr als sechs von zehn Neugeborenen die Eltern nicht miteinander verheiratet (61 %)" (Statistisches Bundesamt 2011). Infolge der Zunahme der Akzeptanz der Unehelichkeit geschah auch eine Zunahme der

[66] Quelle/Berechnungsgrundlage: DJI-Regionaldatenbank aufgrund von Zahlen des Statistischen Bundesamtes, 11.12.2006

gesellschaftlichen Akzeptanz von Adoption und Adoptierten. Bereits im Jahr 1982 wird im Kontext einer wissenschaftlichen Auseinandersetzung mit dem Thema Adoption nach der Adoptionsrechtsreform festgestellt, dass sich „das Bewusstsein zu Fragen der Adoption deutlich positiv verändert hat" (Ahlemeier 1982, 200). Im Zuge dieser Entwicklung ist noch eine zweite Tendenz zu beobachten: Nicht nur für die unehelichen Kinder und die ledigen Mütter verminderte sich der Stigmatisierungsdruck, sondern auch Paare, die keine leiblichen Kinder bekommen können, werden immer mehr zur akzeptierten Minorität und damit in der Multioptionsgesellschaft Teil der Normalität. Infertilität und Reproduktionsmedizin bilden zwar immer noch eine Abweichung vom Normalitätsmuster der bürgerlichen Kleinfamilie, sind jedoch sukzessiv tolerierte Gegebenheiten geworden, über die auch medial gesprochen werden kann. Sie sind damit aus ihrer Tabuzone herausgetreten. Daneben ist die eintretende Diffusion allgemeiner Identitätsfestlegungen (vgl. Keupp 1997) zu beachten, welche verschiedene Lebensentwürfe als möglich und gültig nebeneinander stehen ließ. Damit konnte neben Unehelichkeit und Infertilität auch die biografische Aneignung der Adoptionsgeschichte in der gesellschaftlichen Wahrnehmung das Postulat einer möglichen Normalität erreichen und es wurde eine positive Bearbeitung der eigenen Adoptionsgeschichte ermöglicht.

Noch einige Jahrzehnte später erfolgte der schrittweise Beginn einer „Rehabilitierung" der abgebenden Mütter. Im Jahr 1986 erschien mit Swienteks „Die abgebende Mutter im Adoptionsverfahren" die erste und bislang einzige breitangelegte Studie zu diesen Frauen im deutschen Raum. Mit einer zunehmenden Akzeptanz und einem besseren Verständnis der Lebensumstände und Abgabegründe ist ein weiterer Hügel auf dem Weg zur biografischen Aneignung der eigenen Adoptionsgeschichte für die Adoptierten egalisiert oder zumindest abgeflacht worden.

Ein dritter Punkt, der das starke Ansteigen der Suchen seit den 80er und 90er Jahren begründet ist, dass seit den 60er Jahren die Zahl der Adoptionsbewerber die Zahl der potenziellen Adoptivkinder übersteigt – seit den 80ern sogar um das 20-bis 30fache. Dies hebt Adoptierte vom Status des „Bastards" zum begehrten Ziel elterlicher Wünsche. Die Gründe für diesen Umschwung können sowohl in der Tatsache eines verbesserten materiellen Wohlstands in der alten Bundesrepublik liegen, als eben auch an der gesellschaftlichen Öffnung zum Thema Adoption, welche in der großen Adoptionsrechtsreform von 1977 ihren gesetzlichen Niederschlag fand. Die Ursachen müssen an dieser Stelle jedoch nicht weiter beleuchtet werden. Fakt ist, dass es auf einmal viel weniger Adoptivkinder als potenzielle Adoptiveltern gab, so dass der früher vielleicht gefühlte Anspruch auf ein Kind und die (teilweise vorgeschobenen) altruistischen Motive immer mehr dem Blickwinkel des Kindeswohls und der Dankbarkeit für das Kind auf Seiten der Eltern wichen. Das Adoptivkind wird etwas Besonderes, worum man schon auch mal kämpfen muss oder auf das man länger wartet, als es bei eine normalen Schwangerschaft üblich ist.[67] Mit der Adoptionsrechtsreform, die eben das Kindeswohl in den Mittelpunkt stellt und nicht mehr die Interessen der Adoptiveltern, endlich auch ein Kind zu bekommen, hat sich auch die Beratungspraxis in den Adoptionsvermittlungsstellen diesbezüglich stark verändert.

Dieser Paradigmenwechsel ist auch in den Familien angekommen. In den meisten Interviews derer, die vor der Adoptionsrechtsreform 1977 in der alten Bundesrepublik

[67] Vgl. die Zahlen aus Tabelle 3

adoptiert wurden, sprechen die Adoptierten von Dankbarkeitserwartungen und teilweise Diskreditierungen seitens der Adoptivfamilie oder des gesellschaftlichen Umfeldes. Diese Tendenz nahm seit den späten 70er Jahren des vergangenen Jahrhunderts deutlich ab, ohne ganz zu verschwinden. Bei den in der DDR adoptierten Interviewpartnerinnen und –partnern ist die Stigma-Wahrnehmung weniger zu beobachten, ohne dass sie ganz ausgeschlossen ist. Auch hier gibt es eine Tendenz zu mehr Offenheit im Verlauf der letzten 60 Jahre.

Im vorliegenden Kontext heißt das, dass die Adoptierten jeweils mit mehr gesellschaftlicher und familiärer Akzeptanz für die Herkunftssuche rechnen können, je später sie adoptiert wurden bzw. je später sie auf die Herkunftssuche gingen. Bei bundesdeutschen Adoptionen vor der Adoptionsrechtsreform ist davon auszugehen, dass der familiäre Widerstand erheblich stärker war, da einerseits das Interesse an der Herkunft in diesem Umfeld kaum verstanden wurde, andererseits die Unterstützung seitens der zuständigen Ämter eher zufällig gewesen sein wird. Dies gilt auch für DDR-Adoptionen. Eine Herkunftssuche war dort prinzipiell nicht möglich. Sollte es im Einzelfall doch möglich gewesen sein, war das dem besonderen Engagement der jeweiligen Mitarbeiter der vermittelnden Stelle zu verdanken. Die Akzeptanz von Herkunftssuchen nahm in dem Maße zu, wie die Diskreditierungen Adoptierter abnahmen. Inzwischen werden Herkunftssuchen schon in Fernsehshows privater Sender vermarktet, so dass diese Möglichkeit einem breiteren Publikum bekannt wird. So ist davon auszugehen, dass die gesellschaftlichen Barrieren für die Adoptierten, ihr Herkunftsfamilie zu suchen im Laufe der Jahre stetig gesunken ist. Was heißt das nun für die Anzahl der in Angriff genommenen biografischen Aneignungen individueller Adoptionsgeschichten?

1.6.6 Das Verhältnis von aktuell vermittelten Adoptionen und Herkunftssuchen in Deutschland

Wie verhält sich aber die Zahl herkunftssuchender Adoptierter zu den Adoptionszahlen? Eine Anfrage des Verfassers an alle Adoptionsvermittlungsstellen in Deutschland aus dem Jahr 2011 ermöglicht nun erstmals eine Annäherung an die Zahlen. Gefragt wurde nach den abgeschlossenen Adoptionen und dem Anteil an Stiefkind- oder Verwandtenadoptionen in den Jahren 2009 und 2010. Dazu wurde die Zahl der Herkunftssuchen in diesen Jahren erfragt sowie der Anteil männlicher Suchender. Angeschrieben wurden 487 Adoptionsvermittlungsstellen in freier oder kommunaler Trägerschaft. Es gab einen Rücklauf von 171 Stellen (35,1%). Auszuwertende Daten waren auf 142 Rückmeldungen (29,1%) zu finden. Bei den restlichen Rückläufen handelt es sich entweder um Absagen, um Mitteilung über Zusammenlegung von Vermittlungsstellen (so dass nur eine Stelle antwortete) oder es wurden keine verwertbaren Zahlen angegeben. In mehreren Fällen gab es auch die Aussage, dass die Herkunftssuchen überhaupt nicht statistisch aufgenommen werden.

Erfasst wurden (als Referenzgröße) die tatsächlich vollzogenen Adoptionen in den Jahren 2009 und 2010 in den angefragten Stellen. Im Jahr 2009 wurden in Deutschland

3.888 Adoptionen[68] vollzogen. Davon waren 1.692 Fremdadoptionen, also keine Stiefkind- oder Verwandtenadoption. Durch die Abfrage des Verfassers[69] wurden 1.134 Adoptionen aus 2009 erfasst (entspricht einem Anteil von 29,2%), davon 473 Fremdadoptionen (28,0%). Im gleichen Zeitraum wurden in den Adoptionsvermittlungsstellen, die sich zurückmeldeten 2.555 Herkunftssuchen bearbeitet. Wenn hier die Verhältnisse als gleich angenommen werden,[70] sind im Jahr 2009 8.934 Herkunftssuchen durch die Vermittlungsstellen begleitet und bearbeitet worden. Dies entspricht dem 2,3-fachen Wert der Adoptionen und dem 5,3-fachen der Fremdadoptionen.

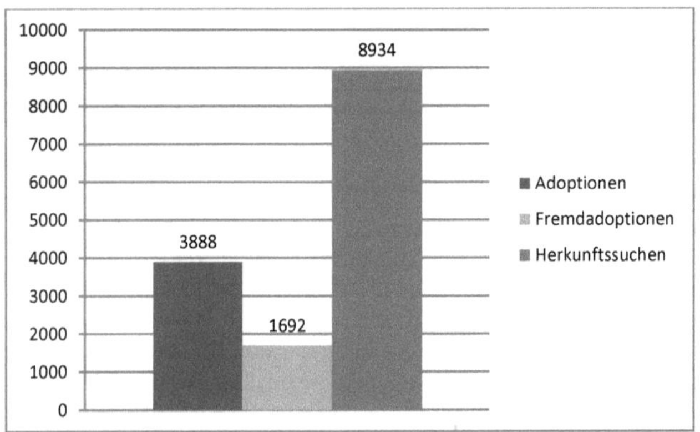

Abbildung 11: Adoptionen und Herkunftssuchen in Deutschland 2009

Im Jahr 2010 ergibt sich ein ähnliches Bild: Es wurden 4.021 Adoptionen vollzogen, davon 1.669 Fremdadoptionen. Durch die Befragung erfasst wurden 1.364 Adoptionen, davon 590 Fremdadoptionen (entspricht 33,9 % bzw. 35,4 % der gesamtdeutschen Zahlen) sowie 2.777 Herkunftssuchen. Auch hier zeigt die Hochrechnung, dass die Herkunftssuchen jeweils ein Vielfaches der abgeschlossenen Adoptionen[71] und vor allem der Fremdadoptionen ausmachen: mit 8.026 Herkunftssuchen wird knapp die doppelte Anzahl aller Adoptionen bzw. der 4,8-fache Wert der Fremdadoptionen erreicht. Da nicht alle Adoptierten den Weg ihrer Herkunftssuche über Ämter oder Vermittlungsstellen gehen ist anzunehmen, dass die tatsächliche Zahl der suchenden Adoptierten noch erheblich größer ist.

[68] Datenquelle für die deutschlandweiten Zahlen: Statistisches Bundesamt 2011

[69] Die Suchanfragen werden in den Adoptionsvermittlungsstellen nicht einheitlich statistisch erfasst. Dies gilt sowohl für die Trennung zwischen Erstanfragen im jeweiligen Jahr und der Gesamtzahl der laufenden Herkunftssuchen, als auch für die Differenzierung zwischen den Geschlechtern oder nach Alter. Insofern sind die hier vorgelegten Zahlen nicht abschließend aussagekräftig, deuten jedoch klare Tendenzen an.

[70] 28,6% bezogen auf Deutschland. Die Zahl ergibt sich aus dem Mittelwert der erfassten Teilmengen an den Adoptionen: 29,2% aller Adoptionen und 28% der Fremdadoptionen

[71] Mittelwert 34,6%. Siehe vorherige Fußnote

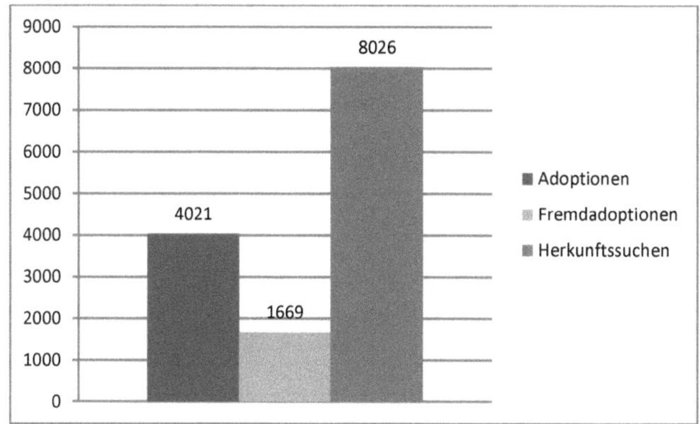

Abbildung 12: Adoptionen und Herkunftssuchen in Deutschland 2010

Nach Aussagen mehrerer Vermittlungsstellen ist die Zahl der Herkunftssuchen inzwischen wieder leicht rückläufig, was mit der zunehmenden Öffnung der Adoptionspraxis sowie der Etablierung halboffener und offener Adoptionen zu verdanken ist. Wenn die Adoptierten mit dem Wissen um ihren Adoptionsstatus und um ihre Herkunftsfamilie aufwachsen, ist eine umfangreiche spätere Nachforschung überflüssig.

Von den herkunftssuchenden Adoptierten sind ca. ¼ männlichen Geschlechts (2009: 24,7%; 2010: 26,5%), obwohl der Anteil an den tatsächlichen Adoptionen über die Jahre hinweg bei ca. der Hälfte liegt. Begründungen können an dieser Stelle nur hypothetisch formuliert werden. Es ist möglich, dass Männer weniger auf die Herkunftssuche gehen, weil es ihnen schwerer fällt (oder schwerer gemacht wird), persönliche Gefühle und Empfindungen zur Sprache zu bringen. Eine naheliegende Vermutung ist auch, dass bei Frauen vor allem während einer eigenen Schwangerschaft die Frage nach der filiativen Zugehörigkeit deutlicher zutage tritt, als bei werdenden Vätern, da die Schwangerschaft immer auch ein persönliches, körperliches Erleben für die Frau darstellt. Eine dritte Möglichkeit ist, dass Männer auf der Herkunftssuche dies eher unter Umgehung von Ämtern und Beratungsstellen antreten und auf eigene Faust Nachforschungen anstellen. Diesen Fragen soll hier jedoch nicht vertieft nachgegangen werden.

Auffallend ist, dass es im Verhältnis zwischen Adoptionen/Fremdadoptionen und Herkunftssuchen ein deutliches Ost-West Gefälle innerhalb Deutschlands gibt. Im Verhältnis wird auf dem damaligen Gebiet der DDR erheblich mehr gesucht, als in den alten Bundesländern, wie Tabelle 7 zeigt. Lediglich in Bayern und Schleswig-Holstein ist eine ähnliche Intensität zu erkennen.[72] Ansonsten befinden sich ausschließlich die neuen Bundesländer im oberen Teil der Tabelle.

[72] In Schleswig Holstein doppelt so viele Herkunftssuchen wie abgeschlossene Adoptionen bzw. das 5,4-fache der Fremdadoptionen. In Bayern 2,1 Mal so viele Herkunftssuchen wie Adoptionen bzw. das 7,3-fache bezogen auf die Fremdadoptionen

Tabelle 8: Herkunftssuchen, Adoptionen und Fremdadoptionen in den Flächenländern Deutschlands 2009/2010[73]

Verhältnis Herkunftssuchen zu Adoptionen			**Verhältnis Herkunftssuchen zu Fremdadoptionen**	
Thüringen	4,6		Mecklenburg-Vorpommern	9,4
Sachsen	4,5		Sachsen	8,0
Sachsen-Anhalt	4,2		Sachsen-Anhalt	7,5
Brandenburg	2,3		Bayern	7,3
Mecklenburg-Vorpommern	2,2		Thüringen	6,4
Bayern	2,1		Brandenburg	5,5
Schleswig-Holstein	2,0		Schleswig-Holstein	5,4
NRW	1,5		Baden-Württemberg	4,7
Rheinland-Pfalz	1,4		Rheinland-Pfalz	4,6
Hessen	1,3		Niedersachsen	3,8
Niedersachsen	1,3		NRW	3,2
Baden-Württemberg	1,1		Hessen	2,5
Deutschland 2009	**2,3**			**5,3**
Deutschland 2010	**2,0**			**4,8**
Deutschland: Mittelwert 2009/2010	**2,15**			**5,05**

Diese Schwerpunktsetzung kann etwas damit zu tun haben, dass in den alten Bundesländern Herkunftssuchen auch vor 1990 schon möglich waren und auf dem Territorium der ehemaligen DDR ein entsprechend großer Nachholbedarf besteht. Fragen nach Unrecht oder Zwangsadoptionen können ebenfalls eine Rolle spielen. Möglicherweise ist nach den Erfahrungen der politischen Wende die Sehnsucht nach Vergangenheitsaufarbeitung hier stärker ausgeprägt. Diese Kausalfragen können hier nicht befriedigend beantwortet werden. Festzustellen bleibt, dass auf dem Gebiet der ehemaligen DDR sich derzeit verhältnismäßig häufiger[74] Adoptierte auf den Weg machen, um sich die Geschichte ihrer Herkunft anzueignen, als das in den anderen Bundesländern der Fall ist.

1.7 Rechtlicher Rahmen für die biografische Aneignung

Nachdem oben die Grundlagen und Begriffe im Zusammenhang mit Adoption geklärt wurden sowie durch die statistischen Zahlen die Reichweite des Phänomens des Suchens erwachsener Adoptierter nach ihrer biologischen Herkunft beschrieben wurde, sollen jetzt die rechtlichen Voraussetzungen untersucht werden.

1.7.1 Völkerrecht und bundesdeutsches Recht

Die Vereinten Nationen haben sich mit der Frage des Wissens um die eigene Herkunft Adoptierter in der Resolution 41/85 vom 03.12.1986 befasst und sagen in der Erklä-

[73] Aus dem Saarland keine Werte

[74] im Verhältnis zu den tatsächlich durchgeführten Adoptionen bzw. Fremdadoptionen

rung über Jugendwohlfahrt, Pflegekinderwesen und Adoption in Artikel 9: „Das Bedürfnis eines Pflege- oder Adoptivkindes nach Information über seine Herkunft soll von den für Pflege und Erziehung eines Kindes Verantwortlichen anerkannt werden, außer dies steht im Widerspruch zum Wohl des Kindes" (zitiert in Toynbee 1989, 218). Im Blick waren damals vor allem internationale Adoptionen. Im Haager Adoptionsabkommen vom 23. Mai 1993[75] zu internationalen Adoptionen wird in Artikel 30[76] auch für internationale Adoptionen mindestens das Recht auf alle verfügbaren Daten für die Adoptierten festgehalten.

Die Adoption kam nach dem BGB von 1900 durch einen bürgerlich-rechtlichen Vertrag zwischen den Annehmenden und den Angenommenen (bzw. deren rechtlichen Vertretern) zustande. Durch die Adoption wurden Adoptierte nur zum Teil in die Adoptivfamilie integriert. Sie blieben in ihrer Ursprungsfamilie bspw. erbberechtigt.[77] Erst mit der Adoptionsrechtsreform von 1977 wurde die Adoption aus dem Vertragsrecht herausgenommen und das Wohl des Kindes an erste Stelle gestellt. Als einziges und primäres Ziel einer Adoption wurde festgelegt, Eltern für die Kinder zu finden. Das Reformierte Adoptionsrecht geht auf das 1967 unterzeichnete Europäische Abkommen zur Adoption von Kindern zurück und setzte dieses in nationales Recht um. Adoptionen, die vor 1977 geschlossen wurden, fielen nicht automatisch unter das neue Recht, es sei denn, die Adoptiveltern beantragten dies.

Das Recht eines Menschen auf Kenntnis seiner Abstammung kann auch aus Art. 1 Abs. 1 GG in Verbindung mit Artikel 2 Abs. 1 GG hergeleitet werden. „Verletzung der Menschenwürde hieße, einzugreifen in dasjenige, was den Menschen wesentlich ausmacht. Zum Wesen des Menschen gehört seine anthropologische Grundbefindlichkeit, seine Individualität, die den einzelnen von anderen Menschen unterscheidet. Nur der Mensch ist sich Vergangenheit, Gegenwart und Zukunft und auch seiner eigenen individuellen Geschichtlichkeit bewusst. Im Urteil vom 31.01.1989 (NJW 1989, Heft 891)[78] stellt das BverfG fest, das allgemeine Persönlichkeitsrecht umfasse auch das

[75] Von Deutschland 1997 gezeichnet und 2002 in Kraft gesetzt

[76] Artikel 30 des Haager Adoptionsabkommens:

(1) Die zuständigen Behörden eines Vertragsstaates sorgen dafür, dass die ihnen vorliegenden Angaben über die Herkunft des Kindes, insbesondere über die Identität seiner Eltern, sowie über die Krankheitsgeschichte des Kindes und seiner Familie aufbewahrt werden.

(2) Sie gewährleisten, dass das Kind oder sein Vertreter unter angemessener Anleitung Zugang zu diesen Angaben hat, soweit das Recht des betreffenden Staates dies zulässt.

[77] Vgl. Kapitel 1.1.2

[78] ***BVerfGE 79, 256 - Kenntnis der eigenen Abstammung***

1. Das allgemeine Persönlichkeitsrecht (Art. 2 Abs. 1 in Verbindung mit Art. 1 Abs. 1 GG) umfasst auch das Recht auf Kenntnis der eigenen Abstammung.
2. §§ 1593, 1598 in Verbindung mit § 1596 Abs. 1 BGB sind mit dem Grundgesetz unvereinbar, soweit sie dem volljährigen Kind, von den gesetzlichen Anfechtungstatbeständen abgesehen, nicht nur die Änderung seines familienrechtlichen Status, sondern auch die gerichtliche Klärung seiner Abstammung ausnahmslos verwehren.

Das Urteil des Ersten Senats vom 31. Januar 1989 aufgrund der mündlichen Verhandlung vom 25. Oktober 1988

- 1 BvL 17/87 - in dem Verfahren zur verfassungsrechtlichen Prüfung des § 1598 in Verbindung mit § 1597

Recht auf Kenntnis der eigenen Abstammung" (Bayerisches LJA 1994, Nr. 4). Demnach hat das Adoptivkind ein Recht auf verfügbare Informationen, die seine genetische Abstammung betreffen. Die Adoptiveltern werden heute von den Adoptionsvermittlungsstellen dahingehend beraten, dass sie möglichst frühzeitig das Kind über den Fakt der Adoption aufklären. „Kinder, die ihre leiblichen Eltern nie bewusst erfahren haben, leiden unter solchen Informationen nicht, sondern nehmen sie als selbstverständlich hin. Entscheidend ist, dass sie sich bei ihren Adoptiveltern geborgen fühlen. Eine zu späte, ungeschickte oder Dritten überlassene Aufklärung kann zu schweren psychischen Störungen führen" (Staudinger 1991, 388).

Geregelt ist das Offenbarungs- und Ausforschungsverbot für jedermann (Privatpersonen und Institutionen) durch den § 1758 BGB. Hier wird bestimmt, dass „Tatsachen, die geeignet sind, die Annahme und ihre Umstände aufzudecken, nicht ohne die Zustimmung des Annehmenden und des Kindes offenbart oder ausgeforscht werden dürfen." Einzige Möglichkeit, dieses Ausforschungsverbot aufzuheben ist, wenn „Annehmende und Kind der Aufdeckung des Annahmeverhältnisses zugestimmt haben oder besondere Gründe des öffentlichen Interesses die Offenbarung oder Ausforschung erfordern. Das Interesse der leiblichen Eltern wird durch § 1758 BGB nicht geschützt" (Bundesarbeitsgemeinschaft LJÄ 2003, 36).

Der § 9 des Adoptionsvermittlungsgesetzes (AdVermiG) regelt die Adoptionsbegleitung und nachgehende Betreuung, unter die auch die Akteneinsicht fällt. Damit ist geregelt, dass die Herkunftssuche im Zuständigkeitsbereich des Jugendamtes bzw. der Adoptionsvermittlungsstelle liegt. In § 9b AdVermiG ist geregelt, dass alle „Aufzeichnungen und Unterlagen über jeden einzelnen Vermittlungsfall gerechnet vom Geburtsdatum des Kindes sechzig Jahre lang aufzubewahren sind." Im Abschnitt 2 dieses Paragrafen ist auch das Recht auf Akteneinsicht unter Anleitung und Begleitung einer Fachkraft geregelt. Diese bezieht sich auf die Herkunft und die eigene Lebensgeschichte des Adoptivkindes. Ein „berechtigtes Interesse" entsprechend dieses Paragrafen „kann etwa in der Herstellung eines persönlichen Kontaktes liegen" (Bayerisches LJA 2006, 15). „Die Einsichtnahme ist [jedoch] zu versagen, soweit überwiegende Belange eines Betroffenen entgegenstehen" (aus § 9d AdVermiG). Hier werden die Interessen der leiblichen Eltern berührt und geschützt. „Dabei ist zu sehen, dass das Jugendamt darlegungspflichtig ist, wenn es die Einsichtnahme verweigern will" (Bayerisches LJA 2006, 16). Das bedeutet: Im Zweifel für den Suchenden. Das Jugendamt steht im Falle einer Verweigerung der Akteneinsicht in der Beweispflicht, dass ein überwiegendes Interesse anderer Personen dem entgegensteht. Die Abwägung einer

---

Abs. 1 Nr. 2 BGB - Aussetzungs- und Vorlagebeschluss des Amtsgerichts Hamburg vom 3. März 1987 (10C419/86) -
Entscheidungsformel: §§ 1593, 1598 in Verbindung mit § 1596 Absatz 1 des Bürgerlichen Gesetzbuchs in der Fassung des Gesetzes zur Vereinheitlichung und Änderung familienrechtlicher Vorschriften (Familienrechtsänderungsgesetz) vom 11. August 1961 (Bundesgesetzbl. I Seite 1221) sind mit dem Grundgesetz unvereinbar, soweit sie dem volljährigen Kind, von den gesetzlichen Anfechtungstatbeständen abgesehen, nicht nur die Änderung seines familienrechtlichen Status, sondern auch die gerichtliche Klärung seiner Abstammung ausnahmslos verwehren.

Grundrechtskollision zwischen dem Schutz der Herkunftsfamilie und dem Recht auf Kenntnis der Abstammung der Adoptierten muss nachvollziehbar und im Ernstfall auch gerichtlich überprüfbar sein.

Der Datenschutz in Bezug auf die Adoptionsvermittlung ist in § 9d AdVermiG geregelt, in dem auch auf Kapitel 2 des SGB X (bes. § 25) verwiesen wird. Zur Einsichtnahme ist nach § 9b (2) AdVermiG auf Antrag jeder Adoptierte nach vollendetem sechszehnten Lebensjahr allein berechtigt, vorher die gesetzlichen Vertreter (also die Adoptiveltern) des Kindes. Dieses Recht auf Einsichtnahme ist im Adoptionsvermittlungsgesetz seit 2002 verankert – in Reaktion auf den immer größer werdenden Bedarf nach rechtlicher Sicherheit. Ein analoges Recht gibt es durch das Haager Abkommen zur internationalen Adoption in Artikel 30 für Auslandsadoptionen. Hier wird geregelt, dass die Akten auch im Herkunftsland aufbewahrt werden müssen.

„Anders als die Geburtsurkunde weist die Abstammungsurkunde (§ 61 PStG[79]), die der Angenommene wegen § 4 EheG spätestens bei der Eheschließung vorlegen muss [um eine Ehe mit leiblichen Verwandten zu verhindern], auch die leiblichen Eltern aus, was zu schweren Konflikten führen kann, wenn die Adoptiveltern es versäumt haben, den Angenommenen rechtzeitig über die Tatsache der Adoption aufzuklären" (Staudinger 1991, S. 384). Die Abstammungsurkunde wurde eingeführt, um etwaige unbeabsichtigte Inzestehen zu verhindern. Seit dem 01. Januar 2009 wird sie aufgrund von Entbürokratisierung nicht mehr ausgestellt. Dass in einigen Fällen Adoptierte bei ihrer Hochzeit zufällig durch die Abstammungsurkunde, welche dafür beim Standesamt vorgelegt werden musste, über ihren Adoptionsstatus informiert wurden, ist eher ein Nebenprodukt gewesen. Diese Zufallsfunde sind nun nicht mehr möglich. Es muss abgewartet werden, inwieweit in den Durchführungsverordnungen eine Informationspflicht des Standesamtes an die Adoptierten vorgesehen ist. Nach Wegfall der Abstammungsurkunde ist es für Adoptierte, die um ihren Status wissen, nach wie vor möglich, eine Abschrift ihres Geburtseintrages aus dem Geburtenregister zu erhalten. Dort sind (soweit bekannt) dann auch die Namen und Daten der leiblichen Eltern festgehalten. In den Geburtsurkunden stehen gewöhnlich die Namen der Adoptiveltern als Eltern. Das Inzestverbot ist ein zusätzlich relevantes Argument, Adoptierte frühzeitig über ihr Adoptiertsein zu informieren. Dies zu tun und einen geeigneten Zeitpunkt für die Information des Adoptivkindes festzulegen liegt dennoch ausschließlich in der Verantwortung der Eltern.

In analoger Auslegung des § 1758 BGB zu §1746 BGB könnte ein 14-jähriges Kind mit Zustimmung seiner Eltern auf die Suche nach den leiblichen Eltern gehen. Nach §§ 62f PStG kann „ein 16 Jahre altes Kind sich selbst Kenntnis von den Eintragungen im Geburten- und Familienbuch verschaffen" (Staudinger 1991, S. 385). Allerdings bezieht sich dieses Recht „auf Einsicht in die Daten zur Tatsache der Adoption und damaligen persönlichen Angaben (Name, Anschrift ...) der leiblichen Eltern. Angaben

[79] Alte Fassung, d. V.

über Adoptionsumstände können aus den Personenstandsbüchern nicht entnommen werden" (Bayerisches Landesjugendamt 1994, Nr. 4). Zu klären ist, ob, wie Bott (2005, 8) interpretiert, damit auch intendiert ist, dass 16-jährige Adoptierte ohne das Wissen ihrer Adoptiveltern von einer Suche eines leiblichen Familienteils informiert werden sollen. Spätestens mit 18 Jahren ist eine Information der Adoptiveltern jedoch auf keinen Fall mehr notwendig, da das Erziehungsrecht dann nicht mehr gilt. Ganz vorsichtige Rechtsauslegungen sehen jedoch die Informationspflicht gegenüber den Eltern erst mit dem Auszug des Adoptierten aus der elterlichen Wohnung (und damit Ende der häuslichen Gemeinschaft) als nicht mehr relevant an.

Die Akteneinsicht soll unter Anleitung einer sozialpädagogischen Fachkraft stattfinden, um die emotionalen Höhen und Tiefen bei der Einsichtnahme begleiten zu können. Die Adoptierte hat Anspruch auf alle ihre eigene Lebensgeschichte betreffenden Daten. Dazu gehören die Namen und der damalige Wohnort der leiblichen Eltern, aber nicht die derzeitige Adresse. Diese ist jedoch über die Meldestellen recht einfach von jeder Privatperson herauszubekommen, sofern eine reguläre An- und Abmeldung bei Wohnungswechsel stattfand. Bei der Erwachsenen dürfen alle Informationen, die sie selbst betreffen, weitergegeben werden, jedoch keine Informationen über Dritte (leibliche Eltern, Adoptiveltern oder andere), wenn diese nicht eingewilligt haben. § 9d AdVermiG verweist auf die Datenschutzbestimmungen. Dennoch können, wenn die erforderlichen Einwilligungen auch bei bestem Bemühen nicht zu bekommen sind, „Auskünfte über allgemeine Lebensumstände (insbesondere Abgabebeweggründe der leiblichen Eltern)" (Bayerisches LJA 1994, Nr. 5) gegeben werden, sofern dadurch eine Identifikation der betreffenden Person nicht ermöglicht wird. „Die Auskunftserteilung liegt im pflichtgemäßen Ermessen (§ 114 VwGO) des Jugendamtes. Bei der Ermessensentscheidung muss die Adoptionsvermittlungsstelle auch die berechtigten Belange des Auskunftsbegehrenden einbeziehen" (Bayerisches LJA 1994, Nr. 5). § 25 SGB X regelt die Akteneinsicht durch Beteiligte einschließlich des Rechts, Auszüge, Abschriften oder Ablichtung zu bekommen. Aus Sicht des Verfassers wäre dieser Paragraf hier in Verbindung mit §1758 BGB und § 9d AdVermiG anzuwenden, zumal dort ausdrücklich auf das SGB X verwiesen wird. Die Adoptierten gehörten zwar nicht zu den konkret Handelnden bei der Adoptionsvermittlung (also sind keine Antragsteller), aber als Vermittelte auf jeden Fall Beteiligte nach § 12 SGB X (2), Satz 2.

Für die umgekehrte Suche leiblicher Verwandter nach Adoptierten ergibt sich aus den § 83 SGB X (Auskunftsrecht) und § 25 SGBX (Akteneinsicht) kein Rechtsanspruch. Ebenso gibt es keinen Anspruch auf konkrete Daten von leiblichen Geschwistern aus den o.g. Regelungen. Hier können aber ebenfalls allgemeine Angaben mit Anonymisierung gemacht werden.[80] Allerdings ist eine freiwillige Offenlegung aller Seiten immer möglich. Hier kann das Jugendamt vermitteln.

[80] Z.B.: „Sie haben einen älteren Bruder und eine jüngere Halbschwester, welche ebenfalls adoptiert wurde."

1.7.2 DDR-Adoptionsrecht

Die meisten Adoptierten, die heute in den neuen Bundesländern auf die Suche nach ihrer Herkunft gehen, sind nach DDR-Recht adoptiert worden. Deshalb ist ein Blick in die damalige Gesetzgebung hilfreich für das Verständnis des Phänomens. [81] Die Suche nach den leiblichen Eltern war in den relevanten Paragrafen §§ 66-78 FGB nicht vorgesehen, wurde gar nicht erwähnt. Auch eine vergleichbare Regelung zum § 1758 BGB, der das Ausforschungsverbot regelt und zumindest im allseitigen Einverständnis außer Kraft setzt, findet sich im FGB nicht.

§ 69 (3) FGB sieht das Inkognito als Ausnahme vor: „Die Einwilligung kann [!] erteilt werden, ohne dass die Eltern des Kindes die Person und den Namen des Annehmenden erfahren." Das Inkognito war also eine Kann-Bestimmung, die allerdings in der Praxis regelmäßig angewandt wurde. „In der DDR wurde die eigentliche Ausnahme als Inkognitoadoption zum Regelfall der Adoptionsvermittlung" (Paulitz 2000, S. 7). Es muss zur Kenntnis genommen werden, dass das strenge Inkognito ohne jede Möglichkeit einer späteren Kontaktaufnahme in der DDR wohl zu 100% angewandt wurde.

1.7.3 Zwischenresümee

Rechtlich ist eine erfolgreiche Herkunftssuche gut möglich, wenn alle Beteiligten (Adoptierte, Adoptiveltern, leibliche Eltern) dem zustimmen. Erschwert wird die Suche, wenn die Adoptiveltern nicht zustimmen. Dadurch wird sie bis zum vollendeten achtzehnten Lebensjahr (oder mindestens bis zum sechzehnten, s.o.) sogar unmöglich. Kontakt zur leiblichen Familie ist ebenfalls nicht möglich, wenn diese nicht einwilligt. In diesem Fall dürfen vom Jugendamt keine entsprechende Daten oder Informationen weitergegeben werden. Entsprechendes gilt, wenn die leiblichen Eltern auf der Suche nach dem Adoptivkind sind, obwohl da die Ermessensspielräume etwas variabel gesteckt werden können.

[81] siehe dazu auch das Kapitel „Geschichte und Intention der Adoption" in dieser Arbeit

2 Bindung, Identität und der Zeigarnik-Effekt

Bevor wir im nächsten Kapitel zu konkreten Geschichten Adoptierter und ihrer biografischen Aneignung der Adoptionsgeschichte gelangen erscheint es notwendig, einige theoretische Bemerkungen zu verlieren, die das Verständnis der späteren Auswertung und Ergebnisbeschreibung ermöglichen. Diese sollen auf das Notwendigste beschränkt werden.[82] Zur Sprache kommen soll die Bindungstheorie, einige Gedanken zum Thema Identität sowie die Entdeckung des Zeigarnik-Effektes zu Beginn des letzten Jahrhunderts.

2.1 Frühtraumatisierung und Bindungsabbrüche bei Adoptivkindern

Die Anfänge der Formulierung der Bindungstheorie liegen in den 50er Jahren des letzten Jahrhunderts. Der englische Psychiater und Psychoanalytiker John Bowlby (*1907, +1990) sowie die kanadische Psychologin Mary Ainsworth (*1913, +1999) sind hier als Pioniere zu nennen. Die Bindungstheorie versucht, anhand von Beobachtungen Verhaltensmuster zu erklären. Bindungen sind mehr als Zugehörigkeiten, Integration in bestimmte Gruppen oder Interaktion mit bestimmten Menschen. Sie gehören zu den Fundamenten individueller menschlicher Lebensgestaltung und sind damit zentrales Element für die Entwicklung eigener Identität.

Die erste Bindung geht das Kind mit der biologischen Mutter ein. Diese Bindung wird bei Kindern, die zur Adoption freigegeben werden, rüde unterbrochen. Die Kinder erleiden so (unbewusst) einen Bindungs-Schock. Je nachdem, in welchem Alter die Kinder sind, wiegt das damit verbundene Trauma mehr oder weniger schwer. „Trennungserfahrungen sind für ein Kind immer höchst bedrohlich: Die Trennung wird als Ablehnung und Zurückweisung der eigenen Person erfahren, das Selbstwertgefühl wird negativ geprägt“ (Huber-Nienhaus 2003, 153). Die Trennung von der leiblichen Mutter wirkt sich besonders stark aus, da sie endgültig ist. Diese Wunde kann nicht restlos verheilen, bestenfalls vernarben. „Fakt ist, dass das Kind im Mutterleib mit seiner Mutter eng verbunden ist, und dass eine Trennung von dieser Mutter ein Trauma ist. Diese frühe Trennung geschieht meistens in der ersten psychosozialen Krise, wie Erikson sie bezeichnet, und die er Vertrauen gegen Ur-Misstrauen nennt“ (Scholz 1993, 31f). Der Bindungsabbruch ist für das Kind nicht verstehbar, wirkt lebensbedrohlich und traumatisierend. „Für ein Kind im ersten Lebensjahr bedeutet Trennung vollständiges Weg-Sein, Sterben. Das Kind kann noch nichts verstehen. Das kleine Kind kann nie fassen, dass es weggegeben worden ist und selbst der Erwachsene wird es vielleicht rational verstehen, aber nie ganz verwinden können. Dieses tiefe Trauma bleibt, allenfalls kann man darum wissen, damit leben, damit umgehen" (Bott 1995,

[82] Eine detaillierte Beschreibung des theoretischen Rahmens findet sich in: Kühn 2014, 91-152

54f). Je älter die Kinder zum Zeitpunkt der Aufnahme in die Adoptivfamilie sind, und je mehr Stationen (Heime, Pflegefamilien usw.) sie schon durchlaufen haben, umso mehr traumatische Bindungsabbrüche und Wechsel der Bezugspersonen haben sie erlebt.

Ein frühes seelisches Trauma ist ein Erlebnis, das auf das Kind lebensbedrohlich wirkt und so übermächtig ist, dass es nicht bewältigt werden kann. Es geht für das Kind um Leben und Tod. „Eine Frühtraumatisierung entsteht durch ein Trauma, das ein Kind zwischen der Keimanlage im Bauch der leiblichen Mutter bis zum vollendeten dritten Lebensjahr bzw. bis zum vollendeten siebten Lebensjahr erfährt" (Bonus 2006, 40). Im pränatalen Zustand und als Kleinkind kann der Mensch noch nicht zwischen sich und seiner Umwelt unterscheiden. Diese Unterscheidung passiert erst etwa mit dem dritten Lebensjahr. Das bedeutet, dass alle Bedrohungen (genauso wie alle „Erfolge", z.B. wenn die Mutter nach Schreien kommt) nicht jenseits seiner selbst wahrgenommen werden, sondern internalisiert, ein Teil des eigenen Selbst sind. So wird ein Bindungstrauma im Unbewussten des Kindes und späteren Pubertierenden/Erwachsenen stets ein Gefühl von Hilflosigkeit, Schuld und Angst implementieren. „Ein psychisches Trauma (griechisch: Verletzung, Wunde), das im Gegensatz zum organischen zu keinen äußerlich erkennbaren Verletzungen führt, hinterlässt dennoch gleichsam Wunden, die schlecht heilen, deren Narben oft ein Leben lang sichtbar sind und die plötzlich, scheinbar unerwartet, wieder zu bluten beginnen; Wunden, deren Erinnerungsspuren sich in die persönliche Geschichte eines Individuums einprägen, auch wenn sie dem Bewusstsein der Person verlorengehen" (Steck 2007, 62). Das Trauma wird, wenn die Kraft zur Bearbeitung fehlt, verdrängt. Wenn es sich im Unbewussten immer wieder meldet und rumort, wird es noch stärker verdrängt. So entwickelt sich das Trauma zu einer unbewussten Macht mit „Todesdrohung", welche immer wieder bekämpft und niedergehalten werden muss.

Frühkindliche Traumatisierungen können bereits vor der Geburt auftreten. Das Kind ist (im Kontext der Adoptionsfreigabe) in der Regel nicht gewollt oder zumindest passt es nicht in die Lebensplanung der Ursprungsfamilie. Auch pränatal ist es entscheidend, wie die Mutter zu ihrem Kind steht. Etwa Tritte in den Bauch der Mutter durch einen gewalttätigen Partner oder eine versuchte Spätabtreibung bzw. Fehlgeburt (etwa durch körperliche Überanstrengung der Mutter) erlebt das Kind als lebensbedrohlich und traumatisch. Eine bewusste, positive Einstellung der leiblichen Eltern[83] wirkt entsprechend. „Das im Mutterleib schon gefährdete Kind wird mit einem ganz anderen Vertrauen bzw. Misstrauen in diese Welt kommen, als ein Kind, dem bisher nur Gutes für sich entgegengekommen ist" (Bonus 2006, 73). Danach folgt bei Adoptierten das Bindungstrauma durch Trennung von der leiblichen Mutter, mit der das Kind während der Schwangerschaft eine körperliche Einheit gebildet hat und die (je nach Alter und Entwicklung bei der Freigabe zur Adoption) für es immer noch als Teil seiner selbst

[83] Auch der Vater kann nach Ansicht des Verfassers die pränatale Entwicklung beeinflussen, obwohl die Mutter durch die körperliche Einheit dem Kind natürlich deutlich näher ist.

erlebt wird. Weitere Bindungstraumata können in „Zwischenstationen" entstehen, etwa im Krankenhaus oder einer Pflegefamilie, von der das Kind auch wieder getrennt wird. „Zu lange Trennung oder Betreuung durch zu viele wechselnde Personen wirken der ursprünglichen Disposition des Säuglings entgegen und bergen das Risiko, dass aus dem sozialen Neugeborenen ein asozialer, unkooperativer, psychisch beeinträchtigter Mensch wird, der sich der Gesellschaft nicht verpflichtet fühlt" (Grossmann/Grossmann 2006, 104). Frühe seelische Traumata können sowohl durch aktive Gewalt (z.B. Schläge, Abtreibungsversuche) als auch durch passive Gewalt (Vernachlässigung, Desinteresse) auf das Kind einwirken und werden auch im Bindungsverhalten zu spüren sein. Häufig sind bei der Adoption die detaillierte Vorgeschichte über Bindungspersonen und -abbrüche sowie die Erlebnisse des Kindes nicht vollständig nachvollziehbar, so dass trotz aller Bemühungen immer eine individuelle historische Lücke bleibt, die auf die weitere Lebensgestaltung starke Auswirkungen haben kann. „Durch die Trennung von der leiblichen Mutter muss bei Adoptivkindern von einer frühen Störung ausgegangen werden, die mehr oder weniger stark ausgeprägt sein kann. Es ist davon auszugehen, dass frühe Schädigungen in der Kindheit bei späteren Krisen in der Entwicklung der Persönlichkeit wieder neu aufbrechen und diese verstärken. Nicht nur als Kinder leiden Adoptierte unter Verlassenheitsängsten, sondern auch als Erwachsene. Alle mir näher bekannten Adoptierten haben große Probleme mit Trennungen. Sie können sich auch aus unglücklichen Beziehungen oft nicht lösen oder erleiden bei Trennungen vom Partner schwerste Krisen oder haben Probleme, überhaupt Bindungen einzugehen" (Bott 1995, 64f). Das individuelle Bindungsmodell kann durch eine frühe Bindungstraumatisierung nachhaltig negativ beeinflusst werden.

Es ist für die Kinder wichtig, möglichst schnell neue, verlässliche, sichere Bindungen aufbauen zu können. Ein möglichst frühes Zusammenkommen mit den Adoptiveltern ist dafür eine gute Voraussetzung. Eine holländische Studie zeigt, dass im Alter von 12-18 Monaten das Bindungsverhalten adoptierter und leiblicher Kinder auf dem selben Level liegt, bei etwa 60-80% sichere Bindungen (vgl. Textor 1994, 341f). Weit schwieriger wird es für Kinder, die viele verschiedene Stationen hinter sich haben, bevor sie in die Adoptivfamilie aufgenommen wurden. Sie haben dann die Erfahrung internalisiert, dass die aufgebauten Bindungen nicht verlässlich sind. Hier bedarf es einer besonderen Empathie der Adoptiveltern und möglichst einer guten fachlichen Vorbereitung auf die Adoption. Dennoch „können wir festhalten, dass sich die meisten Adoptivkinder an ihre Adoptiveltern binden" (Textor 1994, 341f).

Bindung geschieht stets im Spannungsverhältnis zwischen Halt und Lösung. Das Kommen- und Gehen-können, Schutzraum und Neugier, Heimat und Autonomie sind jeweils wichtige Elemente für die personale Entwicklung eines Menschen. Bindungsforschung beschäftigt sich mit genau dieser Balance. Der Mensch ist als soziales Wesen auf Beziehung und Bindung zu anderen Menschen angewiesen. In besonderem Maße trifft das auf Kinder und Kleinkinder zu. Wenn ein Kind, wie bei der Adoption, aus seiner biologischen Familie in eine ihm fremde Familie kommt, bedeutet das für das

Kind einen Bruch bisheriger Beziehungen und Bindungen, also ein Bindungstrauma. Es müssen neue Bindungen aufgebaut werden. „Kinder können sich nicht nicht binden“ (Huber-Nienhaus 2003, 76). Bindungsaufbau kann jedoch unterstützt werden durch feinfühliges Verhalten und Agieren der Pflegepersonen (Adoptiveltern) im Umgang mit dem Kleinkind. Die empirischen Ergebnisse Textors (1994) zum Bindungsverhalten adoptierter Kinder bestätigen die optimistische Sicht der Bindungsforschung: Von der Bindungs*theorie* zur Bindungs*therapie*. Die Bindungsmuster bei Adoptivkindern sind nach einer gewissen Zeit auf demselben Level wie bei leiblichen Kindern anzusiedeln.

2.2 Identitätsentwicklung

Bei der Suche Adoptierter nach ihrer Herkunft taucht häufig das Wort „Identität“ auf, die es zu finden gilt. Gelegentlich wird die Vokabel „Identitätssuche“ synonym für die Herkunftssuche verwendet. Identitätsfragen sind im Kontext des Forschungsanliegens ein zentraler Punkt. So sollen jetzt einige Gedanken zu Identität, Identitätsentstehung und -suche entwickelt werden. Identität als Begriff ist ursprünglich in der Philosophie beheimatet im Sinne von „Selbigkeit“. Es geht also nicht um Ähnlichkeit, sondern um Kongruenz. Gemeint ist „die Gesamtheit der Fähigkeiten, die es dem Individuum ermöglichen, den anderen und sich selbst verständlich zu machen, wer es ist und sein möchte“ (Drehsen u.a. 1995, 503). Die Abgrenzung zwischen „Ich“ und „Du“ wird möglich, wenn sich das Individuum seiner Identität bewusst wird. Identität entsteht im Dialog, in der Auseinandersetzung des Individuums mit seiner äußeren und inneren Umwelt. „Identität stellt die Schnittstelle zwischen gesellschaftlichen Erwartungen an den Einzelnen und dessen psychischer Einzigartigkeit dar. Sie ist das Produkt der Vermittlung und eine dynamische Balance zwischen beiden Seiten“ (Bohleber 1997, 93). Identität kann sich nur im kommunikativen Wechselspiel mit anderen Individuen, der sozialen Umwelt oder den kulturellen und gesellschaftlichen Gegebenheiten entwickeln. Sie braucht immer wieder ein Gegenüber, eine Reflexionsfläche, um sich ihrer selbst anhand der inneren und äußeren Umwelt zu vergewissern. Sie entwickelt sich aus Anerkennung/Bestätigung durch die Umwelt und Inklusion bzw. Exklusion.

„Der Begriff Identität bezieht sich zunächst in einem allgemeinen Sinn auf die einzigartige Kombination von persönlichen, unverwechselbaren Daten des Individuums wie Name, Alter, Geschlecht und Beruf, durch welche das Individuum gekennzeichnet ist und von allen anderen Personen unterschieden werden kann. In einem engeren psychologischen Sinne ist Identität die einzigartige Persönlichkeitsstruktur, verbunden mit dem Bild, das andere von dieser Persönlichkeitsstruktur haben“ (Montada 1998, 346). Identität finden heißt, mit sich selbst identisch, stimmig werden. Sie ist vor allem ein Konzept, dass das Individuum von sich und seiner Umwelt hat. Ist dieses Konzept mit der Umwelt und deren Blick auf das Individuum kompatibel, kann die Identitätsarbeit (Keupp 1997) auf sicherem Grund aufbauen. Identität beschreibt nicht nur eine Vorstellung, die mehr oder weniger bewusst zugelegt oder zugesprochen wird, sondern auch die psychische und physische Einzigartigkeit des Menschen sowie deren Interpretation im Dialog mit der Umwelt. Es gibt Teile der Identität, die sich der Machbarkeit und dem Willen weitgehend entziehen, aber dennoch gedeutet werden müssen. Dazu gehören die biologische, phylogenetische und genetische Herkunft, Körperlichkeit und Aussehen sowie die kulturelle und soziale Zugehörigkeit. Personelle Identität ist in die bewusste und unbewusste Auseinandersetzung mit der inneren und äußeren Welt eingebunden und von daher nicht statisch zu verstehen, sondern ein fortwährender Prozess.

Zur Identität gehört das Gefühl einer individuellen Einmaligkeit, ein Satz persönlicher Daten, die das Individuum von allen anderen unterscheidet. Identitätsstiftend sind auch die Zugehörigkeit zu einer Gruppe sowie die Anerkennung derer Ideale und Einstellungen. So ist nach Erikson Identität nicht nur eine persönliche, sondern auch eine soziale Kategorie und entsteht nur in der wechselseitigen Interaktion mit anderen Individuen. Identitätsbildung passiert durch die Bewältigung normativer Krisen. Erikson beschreibt die erste Krise oder Herausforderung, die ein Mensch im Säuglingsalter vor sich sieht, mit den Alternativen *Urvertrauen vs. Misstrauen*. „Mit Vertrauen meine ich das, was man im Allgemeinen als ein Gefühl des Sich-Verlassen-Dürfens kennt, und zwar in Bezug auf die Glaubwürdigkeit anderer wie die Zuverlässigkeit seiner selbst" (Erikson 2001, 62). Die enge Dyade zwischen Mutter und Kind ermöglicht es dem Säugling, ein grundlegendes Vertrauen in die Verfügbarkeit der Mutter zu entwickeln. Dabei ist zu beachten, dass gerade in den ersten Monaten der Mensch noch nicht in der Lage ist, zwischen sich selbst und der Umwelt zu differenzieren. Mutter und Kind (sowie die ganze für den Säugling erlebbare Welt) sind als ganzes, einheitliches Universum zu denken. Somit ist es nicht nur das Urvertrauen gegenüber der Mutter oder anderen Personen, sondern auch sich selbst gegenüber, welches während der ersten psychosozialen Krise nach Erikson entwickelt werden kann. Die künftige Identitätsentwicklung wird bereits am Anfang des Lebens beeinträchtigt, wenn der Säugling die Einheit von Mutter und Kind also bedroht erlebt. „Der plötzliche Verlust der gewohnten Mutterliebe ohne geeigneten Ersatz kann zu einer akuten kindlichen Depression oder zu einem zwar milderen, aber chronischen Trauergefühl führen, ein Gefühl von Trennung und eine undeutliche, doch umfassende Sehnsucht nach einem verlorenen Paradies hinterlassen" (Erikson 2001, 68f). Nicht-bewältigte frühere Krisen haben stets Auswirkungen auf folgende und hindern das Individuum daran, diese zu bewältigen.

Es soll an dieser Stelle nicht auf jede der nachfolgenden Krisen ausführlich eingegangen werden, da nicht alle für das Forschungsthema spezifisch relevant sind. Eine besonders entscheidende Entwicklungsphase muss jedoch noch besonders genannt werden. Während der Pubertät muss das Individuum nach Erikson die fünfte psychosoziale Krise bewältigen: *Identität vs. Identitätsdiffusion*. In diese Zeit der körperlichen und psychischen Veränderungen, den Übergang vom Kindsein zum Erwachsensein, fällt auch der Prozess der beginnenden notwendigen Lösung von den Eltern. In dieser lebensgeschichtlich sehr wichtigen Entwicklungsphase werden konkrete Fragen der Zugehörigkeit oder Nicht-Zugehörigkeit gestellt. Das Individuum stellt sich selbst in größere Zusammenhänge als bisher und erlangt die Fähigkeit, Erfahrungen und Erlebnisse kognitiv zu reflektieren. Dies geht einher mit einer gefühlsmäßigen Konfusion. Gerade der Ablösungsprozess von den Eltern und der Schritt zur Eigenständigkeit können auch erfordern, sich mit der eigenen Herkunft und den leiblichen Eltern auseinanderzusetzen. Adoptierte müssen ihre Selbständigkeit mindestens innerlich gegenüber beiden Elternpaaren behaupten und stehen so in der Phase der Pubertät und Adoleszenz vor besonderen Herausforderungen. Jedoch wird dieser Selbstinterpretationsprozess im jeweiligen familiären und gesellschaftlichen Kontext zunehmend anspruchsvoller.

Neuere Identitätsforschungen kritisieren an dieser Stelle das Identitätsmodell Eriksons. Identität ist demnach in der Postmoderne kein abgeschlossener, einmal erreichbarer Zustand, sondern ein fortwährender Prozess der Akkommodation und Assimilation der Person mit der Umwelt. Dabei spielt die Flexibilisierung und Dynamisierung der Gesellschaft und damit der individuellen Lebensstile eine bedeutende Rolle. Dies zeigt sich besonders im Zusammenhang der, für Erikson zentralen, Bewältigung der normativen Krise der Pubertät und Adoleszenz. Kraus/Mitzscherlich (1997, 162) stellen fest, „dass es in den westlichen Gesellschaften, die gekennzeichnet sind von der Auflösung traditioneller Beziehungen, von Umstrukturierung und Werteverschiebung in allen Bereichen, für Jugendliche nicht nur wenig sinnvoll, sondern geradezu kontraindiziert sein mag, sich auf Werte, Beziehungen oder persönliche Lebensziele verbindlich festzulegen. Die Dezentralisierung und Offenheit der persönlichen Projekte, das Spiel mit Optionen und die Lockerheit von Beziehungen mag geradezu eine Anpassungsvoraussetzung [!] in einer im Höchstmaß unsicheren und unvorhersagbaren gesellschaftlichen Entwicklung sein." Diffusion und Nichtfestlegung werden zur wirksamen und gesellschaftlich immer mehr eingeforderten Identitätsstrategie. Damit scheint Kohärenz als Ziel der Identitätsentwicklung immer mehr an den Rand gedrängt zu werden. Das Individuum muss sich so immer wieder neu interpretieren. Identitätsarbeit wird zum lebenslangen Prozess.

Der britische Soziologe Stuart Hall (*1932) beschreibt für die Integration von Ausländern eine „hybride Kultur" bzw. in der Folge auch die „hybride Identität". Er ist selbst als britischer Commonwealth-Bürger aus Jamaika 1951 nach England emigriert und bringt so auch eigene Erfahrungen ein. Hall spricht von einem untrennbaren Doppelten, der Orientierung nach Kultur *und* Herkunft: „Die Tatsache, dass man nicht aus einer Kultur, d.h. einer Menge von Bedeutungen, kommt, heißt ja nicht, dass man nicht aus mehreren, verschiedenen Mengen von Bedeutungen gleichzeitig kommen kann. Diese Teilmengen sind immer sehr spezifisch und historisch" (Hall 1996). Er formuliert, dass jeder Mensch, der mit differierenden Einflüssen, Inklusionen und Exklusionen umgehen muss, sich vielschichtige Identitäten aus verschiedenen Bruchstücken zusammenbaut. Identität ist dann nicht mehr als singulär und eindeutig, sondern als mehrere, umschaltbare Identitäten präsent. „Wenn ich über Hybridität spreche, spreche ich nicht über so eine Art Fruchtsalat. Ich spreche über die fundamentale Nicht-Singularität" (Hall 2000). Individuen stammen aus verschiedenen Kulturen, Bereichen, Herkünften, denen sie jeweils ganz angehören. Zum Beispiel kann ein in Deutschland lebender Türke der zweiten oder dritten Generation immer ganz Türke sein, auch wenn er gleichzeitig ganz Deutscher ist und in verschiedene soziale und kulturelle nicht-türkische Netzwerke integriert ist. Die Identitäten speisen sich aus verschiedenen Strängen. Einheitlichkeit und Ganzheit kann nicht mehr so postuliert werden, wie es noch in früheren westlichen Gesellschaftsformen der Fall war. „Das Subjekt, das vorher so erfahren wurde, als ob es eine einheitliche und stabile Identität hätte, ist nun im Begriff, fragmentiert zu werden. Es ist nicht aus einer einzigen, sondern aus mehreren, sich manchmal widersprechenden oder ungelösten Identitäten zusammengesetzt" (Hall 2008, 182). Identität ist kein einliniger Prozess, sondern eine Verknüpfungsaufgabe verschiedener Stränge zu einer Art Identitäts-Netzwerk. „Dadurch entsteht das postmoderne Subjekt, das ohne eine gesicherte, wesentliche oder anhaltende Identität konzipiert ist. [...] Es nimmt zu verschiedenen Zeiten verschiedene Identitäten an, die nicht um ein kohärentes ‚Ich' herum vereinheitlicht worden sind. In uns wirken widersprüchliche Identitäten, die in verschiedene Richtungen drängen, so dass unsere Identifikationen beständig wechseln" (Hall 2008, 182f).

Ein Hybridmotor schaltet, je nach Lage, von einer Antriebsart in die andere um. Er ist beides: z.B Benzinmotor *und* Elektromotor. Aber ist er auch keines von beiden singulär. Zwei verschiedene Grundsätze sind miteinander verbunden. „Hybridität bedeutet, dass gegensätzliche Sinngehalte und Handlungslogiken, die getrennten Handlungssphären entstammen, zu neuen Mustern zusammengefügt werden, in denen die widersprüchlichen Bezugspunkte sichtbar und wirkungsmächtig bleiben" (Kohli, 2002, 128).

Aufgegriffen und weiterentwickelt wurde Halls Konzept verschiedener (Teil-) Identitäten von Keupp u.a. (1997, 1999). Im Zuge einer Längsschnittstudie beobachtete das Forscherteam Identitätsentwicklung und Selbstzuschreibungen junger Erwachsener in den 1990er Jahren. Dabei kristallisierte sich heraus, dass klassische Identitätsmodelle, die von Entwicklungsstufen oder Zielzuständen sprechen, die heutigen Prozesse der Identitätsentwicklung (oder: alltäglicher Identitätsarbeit) nicht mehr zutreffend beschreiben. Identitätsentwicklung ist ein fluider, nicht vorhersehbarer, uneinheitlicher Weg. Sie geschieht entlang eines Passungsprozesses der inneren Welt des Individuums und der Umwelt. Dabei existieren mehrere Teilidentitäten oder Identitätsentwürfe nebeneinander. Das Konzept der hybriden Identität wird konsequent auf die verschiedenen Lebensbereiche (z.B. Arbeit, Familie, soziale Vernetzung, Intimität, Körperwahrnehmung) angewandt. Je nach Bezugspunkt kommen verschiedene Facetten der Identität bzw. verschiedene Teilidentitäten zum Einsatz. Ein Finanzberater einer Bankfiliale lebt z.B. auf Arbeit eine andere Teilidentität als in der Fankurve seines Fußballvereins, als Familienvater oder als Vorsitzender des Kirchenvorstandes. Der Facettenreichtum des Lebens erfordert unterschiedliche Passungsprozesse der Identität in den jeweiligen

Kontexten. Zusätzlich erfordern geplante oder ungeplante Veränderungen im Leben, wie z.B. eine schwere Krankheit, eine berufliche Veränderung oder Arbeitslosigkeit, der Umzug in eine andere Stadt, eine permanente Anpassung der Identitätsentwürfe. Plastisch wurde das u.a. durch den Zusammenbruch der DDR im Jahr 1989, als ein gesamtes Wertesystem innerhalb kürzester Zeit durch ein anderes ersetzt wurde und z.B. ein Posten bei der SED-Kreisleitung mit einem Male nicht mehr Macht und Anerkennung mit sich brachte, sondern eher das Gegenteil.

Diffusion, von Erikson noch als pathologisch oder mindestens problematisch beschrieben, wird in der postmodernen Multioptionsgesellschaft zur erfolgversprechenden Strategie der Identitätsarbeit. Sich nicht endgültig festzulegen, flexibel zu bleiben, mehrere Möglichkeiten der Entwicklung gedanklich durchzuspielen oder auch auszuprobieren, ist in der westeuropäischen Gesellschaft ein stimmiges und an die Erfordernisse der Gegenwart angepasstes Vorgehen. Identitätsentwürfe zeichnen sich durch ein hohes Maß an Offenheit, Differenziertheit und Anpassungsfähigkeit aus. Es entwickeln sich Teilidentitäten, die im Prozess der alltäglichen Identitätsarbeit zu einem „Patchwork" (Keupp 1999) zusammengesetzt werden.

„Kohärenz wird über Geschichten konstruiert" (Keupp u.a. 1999, 58). Indem das Individuum seine eigene Biografie beschreibt, wird diese nicht nur wiedergegeben, sondern aktiv gestaltet, indem Vergangenem eine bestimmte Bedeutung zugewiesen wird oder Ereignisse in sinngebende Zusammenhänge gebracht werden. Im Prozess der Erzählung passiert eine subjektive Bedeutungszuschreibung oder Sinnkonstruktion (eine Be-Sinnung) durch Verknüpfung vergangener, gegenwärtiger und zukünftiger Ereignisse. Es werden Beziehungen und Kausalitäten entdeckt oder geknüpft, die den bisherigen Lebensverlauf verstehbar machen, um auf dieser Basis die eigene Zukunft gestalten zu können.

Narrativ-biografische Erzählungen verknüpfen die verschiedenen individuellen Teilidentitätsstränge mit Sinn und Zusammenhang. Sie ermöglichen dem Subjekt das Gefühl von Anerkennung, Kontinuität und Authentizität der eigenen Person durch die Formung einer Meta-Identität, die die Teilidentitäten des spätmodernen Patchworks der Identitätskonstruktion miteinander in Einklang bringt.

Identität ist nicht statisch zu verstehen, sondern beschreibt eine Momentaufnahme eines evolutionären Entwicklungsprozesses, eine mehr oder weniger bewusste Selbstverortung des Individuums im Spannungsfeld zwischen eigenem Erleben und Verstehen der Welt sowie der strukturellen Wahrnehmung des individuellen Platzes in Familie, Kultur und Gesellschaft. Identität entwickelt und präsentiert sich in einem erzählenden Prozess. Ausgangspunkte sind als Basis gegeben – genetisch, endogenetisch, menschheits- und familiengeschichtlich. Jedoch besteht Identität nicht für sich allein, sondern nur in Beziehung zum sozialen und gesellschaftlichen Kontext. Jedes „Ich" braucht ein „Du", um „Ich" zu sein. Einströmende Ereignisse, Erlebnisse und Entwicklungsschritte wie Geburt, Pubertät, Trennung der Eltern und politische Umwälzungen wirken sich auf den Formungsprozess der Identität aus und prägen diesen. Es ist ein Zusammenspiel von Erfahrungen, Selbst- und Fremdzuschreibungen, Entscheidungen, Einordnungen, Haltungen und Selektionen, „die einzigartige Kombination von Daten der Lebensgeschichte“ (Goffman 1967, 74). Auch die lokale Komponente und die natürliche Umwelt des Individuums darf nicht vernachlässigt werden. Vorhandenes wird individuell wahrgenommen, interpretiert und angewandt, mit Sinn und Bedeutung versehen.

Identität ist gestaltbar, wenn auch nicht unabhängig. Sie ist abhängig von objektiven Erfahrungen, die subjektiv gedeutet werden. Dabei ist das Individuum zugleich Subjekt und Objekt der Deutung. Ein abschließbares Ziel der Identitätsentwicklung, wie etwa von Erikson beschrieben, ist in dieser Form im Kontext der westlichen Gesellschaft des beginnenden 21. Jahrhunderts kaum mehr planbar oder zu erreichen. Unterschiedlichkeit wird Normalität.

Identität ist abhängig von Bindungen und Bindungspersonen und ihrem Blickwinkel auf die Person, die Haltungen ihr gegenüber. Identität entsteht in Bezug zur familiären, sozialen, lokalen, gesellschaftlichen und auch politischen Umwelt, die das Individuum prägt und wodurch Identität erst möglich wird. Sie ist an soziale Prozesse gebunden, ohne in ihnen aufzugehen. Persönliche Identität ist Teil der Menschheitsgeschichte, aus deren evolutionären Strom das Individuum nicht ausbrechen kann. Ebenso wie die genetischen und phylogenetischen Wurzeln zum Individuum gehören, sind auch archetypische Bilder und Mythen Teile der individuellen Identität. Dadurch ist die Identitätsfrage auch mit den Fragen nach den letzten Dingen, nach Ursprung und Sinn der Welt und allen Seins gekoppelt. Somit hat Identität stets auch eine transzendente Dimension.

Authentizität und das Empfinden von Kontinuität sind Ziele alltäglicher Identitätsarbeit. „Eine wesentliche Verankerung findet die Authentizität im Identitätsgefühl“ (Keupp u.a. 1999, 263). Dies beschreibt das individuelle Empfinden von Stimmigkeit und Erklärbarkeit biografischer Prozesse. Das Individuum erlebt sich trotz aller diffusen Brüche und verschiedener Identitätsprojekte und -anforderungen als mit sich selbst identisch, als echt, vollständig und nicht zerrissen. Von dieser Basis der Authentizität aus kann das Subjekt (selbst-) sicher agieren und handeln.

Für die Erzählung ihrer Lebensgeschichte fehlt Adoptierten ein wesentlicher Baustein. Identität ist ein Prozess, der nicht bei null anfängt, sondern genetisch, physische und psychische Voraussetzungen hat. Adoptierte bringen den genetischen Code und (unbewusst) Teile der Familiengeschichte aus der Herkunftsfamilie mit. Auch die pränatalen Bindungen und Beziehungen zur leiblichen Mutter und ggf. zum leiblichen Vater wirken auf das Kind – egal, ob diese Bindungen positiver oder negativer Natur sind. „Laut Erikson umfasst die Ich-Identität auch das Bewusstsein von der Kontinuität des Selbst: Vergangenheit, Gegenwart und Zukunft des Selbst gehören zusammen. Dies gilt [jedoch] nicht für Adoptivkinder, da bei ihnen ein Teil der persönlichen Vergangenheit im Dunkeln liegt" (Textor 1994, 343). Eine intensive, fast sprunghafte Identitätsentwicklung ist zeitlich vor allem im Jugendalter angesiedelt. Der pubertierende junge Mensch hat die Aufgabe, selbstständig zu werden, sich abzugrenzen oder einzulassen, eigene Meinungen und Konzepte zu finden und zu vertreten. In dieser schwierigen Phase haben Adoptierte mit einem zusätzlichen Identitätsproblem zu kämpfen, das Nicht-Adoptierte nur schwer nachvollziehen können. „Adoptierte müssen zu einer eigenen Identität als Adoptierte finden" (Scholz 1995, 52). Für Adoptierte liegt hier ein doppelter Sprengstoff, da neben der Ablösung vom Adoptivelternhaus möglicherweise Klärungsbedarf zum Verhältnis zu den biologischen Eltern zusätzlich auftaucht. „In der Adoleszenzphase, oft auch schon in der Pubertät als einer wichtigen Stufe im Prozess der Distanzierung von der Primärgruppe der Familie zum Zweck einer relative eigenständigen ‚Selbst'- Entwicklung wurden sich die befragten Adoptierten zunehmend der Unterbrechung ihrer genealogischen Linie bewusst, suchten sich als Glied dieser Kette zu denken und der höchstpersönlichen Bestandteile ihrer Lebensgeschichte zu vergewissern, um gerade auch über diese Klärung des eigenen Ursprungs ihre ‚persönliche Identität' zu erarbeiten" (Ebertz 1987, 88).

Die Modelle von hybrider Identität oder Patchworkidentität können eine Erklärung für die Situation Adoptierter bieten. Es ist immer beides wahr: Adoptierte sind einerseits Kind der Adoptiveltern und andererseits leiblicher Nachfahre einer anderen Familie. Beides ist wahr und es fehlt etwas, wenn ein Teil tabuisiert oder ausgeblendet wird. Jede Adoptierte ist, egal ob sie weiß oder nur ahnt, dass sie nicht leibliches Kind ihrer Eltern ist, Teil der Adoptivfamilie und gleichzeitig der Herkunftsfamilie. Beide Familien durchdringen einander, ohne dass es eine Form der bewussten Koppelung gibt. Dies passiert erst, wenn der Kontakt mit der Herkunftsfamilie hergestellt wird. Die Handlungssphäre der leiblichen Familie ist vorerst im mythischen, nicht-rationalen Bereich angesiedelt.[84] Adoptierte handeln auch im Kontext der eigenen Adoptivfamilie immer als eigenes Kind und gleichzeitig als adoptiertes Kind. Dies bezieht sich sowohl auf die eigene Sicht als auch auf die Sicht der Adoptiveltern und des engen Umfeldes (soweit es von der Adoption weiß). „Zwar tritt die abgebende Mutter nach der Freigabe des Kindes im Regelfall in den Hintergrund des weiteren adoptiven Geschehens. Dennoch hat für sie die Freigabe dramatische innerpsychische Abläufe im Gefolge, die oft lebenslänglich weiterwirken. Aber auch in Wünschen, Vorstellungen, Projektionen, Verdrängungen und Befürchtungen von Adoptiveltern und auch von Adoptierten ist die abgebende Mutter latent vorhanden" (Geller 1992, 44). Adoption beeinflusst sowohl das Familiensystem der Herkunftsfamilie, als auch das der Adoptivfamilie. Adoptivfamilien sind eine besondere Familienform, in deren Kontext und im Dialog mit der Umwelt die Adoptierten ihr Selbstbild und ihre Identität entwickeln. „Mit dem Wissen

[84] Inwieweit das fortgegebene Kind in der Herkunftsfamilie selbst wirkt und „handelt", ohne das es körperlich anwesend ist, ist noch eine andere Frage. Es gilt zu unterscheiden, ob innerhalb eines Systems gehandelt oder gedacht wird, oder aus diesem heraus. Das Adoptivkind „wirkt" einerseits in der leiblichen Familie, andererseits weil es auch Teil dieser Familie ist, in anderen Zusammenhängen. So durchdringen sich die Systeme, ohne sich zu begegnen.

um ihren Adoptivstatus baut sich für die Adoptierten ein Spannungsfeld zwischen ihnen selbst, ihren biologischen Eltern und ihren sozialen Eltern auf" (Ebertz 1987, 147). Dieses Spannungsfeld gilt es wahrzunehmen, ohne es über- oder unterzuinterpretieren. Sowohl in der Selbst- als auch in der Fremdwahrnehmung hat die Adoptierte zwei Heimaten. Das ist mehr, als nur eine Rollenzuschreibung. Hier geht es um grundsätzliche Zugehörigkeiten, die kaum miteinander in Einklang zu bringen sind. Da Identität narrativ entsteht, fehlt Adoptierten an dieser Stelle der Beginn ihrer Erzählung vom Selbst, der Anfang der eigenen Geschichte, auf den sich die weitere Biografie aufbauen kann. Identitätserzählungen streben nach Kohärenz und Kontinuität, auch wenn verschiedene Identitätsprojekte gleichzeitig bearbeitet werden. Dafür kann die Suche Adoptierter nach ihren Ursprüngen ein wichtiger Baustein sein.

2.3 Unbeendete Sinn- und Handlungskonzeptionen: Der Zeigarnik-Effekt

Zum Abschluss der theoretischen Vorüberlegungen soll noch ein Phänomen vorgestellt werden, das in den feldtheoretischen Forschungen um Kurt Lewin bereits vor fast 100 Jahren entdeckt wurde: der Zeigarnik-Effekt. Dieser wird auch "Cliffhanger-Effekt" genannt, und beschreibt den hängenden, schwebenden Charakter einer unerledigten Frage oder Aufgabe. Eine unbeantwortete Frage oder eine angefangene Aufgabe im Kopf zu haben ist, wie an einer Felswand über dem tosenden Meer zu hängen. Es ist unmöglich, loszulassen. Der Mensch muss einfach die Antwort oder die Fortsetzung wissen, die Aufgabe zu Ende führen (also: den Felsen bezwingen und nicht abstürzen, um im Bild zu bleiben). Dieser Effekt wird vielfach in der Werbung eingesetzt. Beispielsweise brachte die Firma „Daewoo" bei der Markteinführung Ende der 90er Jahre in Deutschland zuerst nur das Logo und den Firmennamen auf Plakatwände und Anzeigen sowie bei der Radio- oder Fernsehwerbung. Erst Wochen später wurde klar, dass es sich um ein koreanisches Auto handelt.[85] Auch Fernsehserien folgen diesem Prinzip: Handlungsstränge bleiben zum Abschluss einer Folge offen, um im Zuschauer die Frage zu hinterlassen, wie die Serie weitergeht, damit er auch zur nächsten Folge wieder einschaltet.

Dieses psychologische Phänomen hat Bljuma W. Zeigarnik (*1900, +1988) im Jahre 1927 entdeckt. Sie arbeitete eng mit Kurt Lewin zusammen. Zeigarnik ließ Testpersonen verschiedene Aufgaben durchführen, wovon nicht alle völlig erledigt werden konnten. Es handelte sich um Rätselaufgaben mit verschiedenen Schwierigkeitsgraden, von denen manche in der vorgegebenen Zeit nicht zu lösen waren. Sie fand anschließend heraus, dass die unerledigten Handlungen nicht nur besser erinnert werden konnten, sondern zudem in einem überaus starken Detaillierungsgrad gespeichert waren. „Wir untersuchen die Frage: Wie verhält sich die Erinnerung an Handlungen, die vor Been-

[85] Inzwischen wurde die Marke von Chevrolet übernommen

digung unterbrochen worden sind, zum Behalten beendeter Handlungen. Wir vermuteten nämlich, dass das unbefriedigte Quasibedürfnis auch das rein gedächtnismäßige Behalten beeinflusst" (Zeigarnik 1927, 3). Im Ergebnis stellte sie fest, dass die Erinnerung oder das Behalten unerledigter Aufgaben fast doppelt so hoch war, wie das Behalten erledigter, abgeschlossener Aufgaben[86] (vgl. Lewin 1963, 56). Dabei waren nicht die Formen oder Arten der Unterbrechung ausschlaggebend (etwa: Zeitmangel, Überforderung der Versuchspersonen oder Ablenkung), sondern tatsächlich die Zielerreichung, der Abschluss der Handlung. „Versuche, in denen gewisse Aufgaben zunächst unterbrochen wurden, dann aber doch noch erledigt werden durften, erbrachten den Nachweis, dass dieses Ergebnis nicht auf den mit der Unterbrechung als solcher verbundenen Erlebnissen beruhte, sondern auf dem Erreichen bzw. Nichterreichen des Ziels" (Lewin 1963, 56). Als Ursachen gelten psychische Restspannungen im Erinnerungsvermögen und eine nicht eingetretene Wunscherfüllung, was einem pulsierenden Bedürfnis oder Quasibedürfnis entspricht. Unerledigte Handlungen bleiben besser im Gedächtnis als erledigte Handlungen, sie lösen einen Handlungszwang, einen Drang zur Wiederaufnahme der unterbrochenen Handlung aus, die begonnene Handlung oder den Sinnzusammenhang zu Ende zu führen.

In Zeigarniks Tests, die diesen Fakt eindrucksvoll belegten, ging es vor allem um kurze Zeitabstände und das Kurzzeitgedächtnis, etwa von einem Tag auf den nächsten. Proportional zu der weiterhin verstreichenden Zeit nahm die Spannung ab. „Die Spannungsdifferenz, die Systemen erledigter und unerledigter Aufgaben entspricht, nimmt mit der seit Errichtung des Spannungssystems verflossenen Zeit ab" (Lewin 1963, 58). Dennoch geht es in der Werbung (siehe die Daewoo-Kampagne) schon um längere Zeiträume, in denen eine unvollständig gehaltene Sinnkonstruktion die Menschen beschäftigen soll. Offensichtlich wirkt der Zeigarnik-Effekt trotzdem. Ein Grund könnte sein, dass die aufgebauten Spannungen in einem Laborversuch (wie bei Zeigarnik) vom Individuum nur für die momentane Situation als relevant angesehen werden, aber für den weiteren Lebensvollzug nicht besonders wichtig sind. Bei der Werbung oder bei Fernsehserien wird die Spannung künstlich stärker aufgebaut und individuell als wesentlich wichtiger interpretiert. Ein stärkeres Quasibedürfnis wird geschaffen. Noch stärker sind die wirkenden psychologischen Kräfte bei Ereignissen oder Fragen, die als lebensrelevant eingestuft werden, aber unerledigt bleiben mussten. Vieles spricht dafür, dass sich der Zeigarnik-Effekt auch längerfristig auswirkt. Rosenthal findet in ihren narrativ-biografischen Forschungen die Annahme bestätigt, dass „Handlungsblockierungen besser als routinierte Abläufe memoriert werden" (Rosenthal 1995, 79). und bezieht diese Beobachtung auf den Zeigarnik-Effekt. Fabricius (2009) spricht, ebenfalls im Zusammenhang mit biografischen Forschungen, von „unbeendeten Sinn- und Handlungskonzeptionen", die sich auf die weitere Lebensführung auswirken. „Dem

---

[86] Der sogenannte Zeigarnikquotient (errechnet aus dem Behalten erledigter Aufgaben / Behalten unerledigter Aufgaben -> BU/BE) betrug angenähert 1,9 (vgl. Lewin1963, 56) Bei Versuchspersonen, die als besonders ehrgeizig eingestuft wurden, wurde sogar ein Quotient von 2,75 erreicht (vgl. Lewin 1963, 60)

Zeigarnik-Effekt zufolge verbleiben unerledigte Aufgaben deutlich länger im Bewusstsein, können also im selbstreferentiellen Zirkel länger verweilen und damit einen Teil der Identität prägen. Die nicht zum Ende geführten Handlungen verlangen nach einer Lösung der Bedürfnisspannung und sind durch deren Aufschub ständig, wenn auch unterschwellig, präsent“ (Fabricius 2009, 208). Das Phänomen der unbeendeten oder unerledigten Sinn- und Handlungskonzeptionen bewirkt eine langfristige, immer wiederkehrende Beschäftigung mit der unterbrochenen Handlung oder der unvollständigen Sinnkonstruktion und kann so biografisch, zumindest phasenweise, prägend wirken.

Unerledigte Sinn- und Handlungskonzeptionen, die als relevant für die biografische Konstruktion vom Individuum betrachtet werden, bewirken innerpsychische Spannungen, die je nach Lebenssituation und -interpretation zeitweise stärker oder schwächer auftreten können. Wenn die Spannung als zu groß oder zu stark empfunden wird, versucht die betreffende Person, einen Spannungsausgleich herbeizuführen, also die unerledigte Handlung zu Ende zu führen. Unter diesem Blickwinkel soll die biografische Aneignung der Adoptionsgeschichte betrachtet werden. Dabei geht es jedoch nicht ausschließlich um unerledigte faktische Handlungen, sondern bereits um unvollständige Sinnkonstruktionen, die in den Lebenserzählungen zum Vorschein treten. Der Begriff der „unbeendeten Sinn- und Handlungskonzeptionen“ (Fabricius 2009) wird für diese Studie übernommen und auf die Fragestellung nach unerfüllten Konzeptionen bei Adoptierten, die ihre leiblichen Eltern suchen, angewandt.

3 Einblicke: Geschichten aus dem Leben

An dieser Stelle sollen die Adoptierten vorgestellt werden, deren biografische Erzählung Grundlage für die Erkenntnisse der Forschungsarbeit sind. Zehn ausführliche Interviews hat der Verfasser dazu geführt. Sie dauerten jeweils zwischen 90 und 350 Minuten und die Interviewten erzählten ausführlich über ihre Lebensgeschichte und deren Interpretation. Es wurde Wert darauf gelegt, dass die Interviewpartnerinnen und -partner aus dem gesamten Gebiet der Bundesrepublik stammten und unterschiedlichen Altersgruppen zugehörten. Die Zitate im Text entstammen den Interviews, wobei die Sätze der Schriftsprache angepasst wurden.

3.1 Andrea

Andrea ist zum Zeitpunkt des Interviews 26 Jahre alt und lebt gemeinsam mit ihrem Freund, den sie bald heiraten möchte, in einer norddeutschen Universitätsstadt. Sie ist eine intelligente und selbstbewusste Frau und steht kurz vor dem Abschluss eines geisteswissenschaftlichen Studiums. Anschließend möchte sie promovieren. Während des Interviews spricht sie offen und engagiert über ihr Leben und die Herkunftssuche, die bei ihr etwa ein Jahr vor dem Gespräch zum ersten Treffen mit der leiblichen Familie führte.

Geboren wurde sie in einer Kleinstadt, wo sie bereits im Alter von wenigen Tagen von einem Pfarrehepaar adoptiert wurde. Die Eltern zogen auf Anraten der Adoptionsvermittlerin schon bald von dort weg. Sie wuchs im Pfarrhaus eines Dorfes im südwestlichen Teil Deutschlands auf: *„Ja, also aufgewachsen bin ich in der Nähe von [Stadt] auf einem kleinen Dorf, 250 Einwohner in [Gebiet]. Recht beschaulich, als Kind eines evangelischen Pfarrers und einer ehemaligen Apothekenhelferin, die dann aber nicht mehr gearbeitet hat, also Hausfrau war. Ich war das einzige Kind. Ich bin in einer sehr ländlichen und idyllischen Umgebung aufgewachsen. Als Pfarrerskind auch immer ein bisschen exponiert, immer auch 'n bisschen was Besonderes im Dorf, aber hatte dennoch, ich würde sagen, schon eine sehr glückliche Kindheit."*

Über ihre Adoption wurde sie frühzeitig durch ihre Mutter aufgeklärt: *„Also denke ich, dass es so mit dem vierten Lebensjahr ungefähr dieses erste Gespräch mit meiner Mutter gegeben hat (räuspert sich). Soweit ich mich erinnern kann, kam das abends beim Vorlesen mal. Also, meine Mutter hat mir oft, beim Einschlafen vorgelesen. […] Jedenfalls hat se mir da gesagt, dass ich nicht, ihr leibliches Kind bin, sondern adoptiert wurde von ihr und ihrem Mann, also meinem Adoptivvater. Und - ich glaube, dass ich damals mir das kurz hab erklären lassen, aber dann es auch wieder gut war für mich."* Dennoch stellte sie in ihrer Kindheits- und Jugendphase gelegentlich Fragen nach ihrer Herkunft. Allerdings verliefen die Gespräche mit ihren Adoptiveltern für sie nicht befriedigend: *„Ich bin dann ab und zu mal auf meine Eltern zugegangen und hab dann so was versucht zu erfragen. Das ging also - mal mit acht Jahren, mal mit zehn-zwölf, also noch drei-viermal bis zum Abitur, denk ich, oder fünf-sechsmal bis zum Abitur vielleicht. Aber die Gespräche verliefen immer in einer gewissen Kanal -Situation."*

Die Metapher „Kanal" beschreibt, dass die Gespräche immer auf einen gleichen Zielpunkt zusteuerten. Ein Kanal hat prinzipiell zwei Funktionen: Einmal geht es darum, Wasser (oder Abwasser) aufzufangen und einem geeigneten Zielort zuzuführen. Sei es eine Kläranlage, die Trinkwasserversorgung eines Gebietes, ein Fluss oder das Meer. Eine zweite Form von Kanal ist aus der Schifffahrt bekannt. Flüsse werden begradigt und ausgebaggert, um den Schiffsverkehr zu erleichtern und zu beschleunigen. So erlebte Andrea die Gespräche mit ihren Eltern über ihre Adoption. Der Gesprächsfluss wurde „begradigt", in ein immer gleiches Muster geführt. Es lief darauf hinaus, dass die Eltern nur wenige Informationen preisgaben, immer sehr emotional reagierten und ihr bestätigten, dass sie am Tag, an dem Andrea zu ihnen kam, *„die glücklichsten Menschen der Welt waren. Meine Eltern hatten dann beide Tränen in den Augen und das hat mich dann irgendwie peinlich berührt oder ich konnte mit der Situation nicht gut umgehen, so dass ich dann nicht weiter gefragt habe."* So wurden solche Gespräch von Andrea nicht mehr intensiv gesucht, um sich und den Eltern entsprechende Situationen zu ersparen: *„Das Gespräch, das ich damals mit vier Jahren mit meiner Mutter hatte, das kam mir 'n bisschen vor wie Aufklärungsgespräche in den prüden Elternjahren. Also: ein Mal erzählen, Augen zu und durch und dann möglichst nicht nochmal bereden."* Wenn das Gespräch dann doch einmal darauf kam sprachen sie neutral über die Adoption, vermieden jedoch Gespräche über die leiblichen Eltern und betonten eher ihre eigene Rolle und das selbst empfundene Glück. Der Vergleich mit einem Sexualaufklärungsgespräch *„in den prüden Elternjahren"* zeigt, dass die Gespräche den Adoptiveltern unangenehm waren und sie diesen lieber aus dem Weg gingen.

Die abwehrende Reaktion der Adoptiveltern wurde für sie zum Anlass, die aktive biografische Aneignung vorerst nicht weiter zu verfolgen. Dennoch beschäftigte sie die Frage nach ihrer Herkunft weiter. Die Gedanken daran tauchten immer wieder auf. Diese „Wellen" konnten mal stärker oder schwächer ausfallen, zeitweise waren die Gedanken an die leiblichen Eltern lediglich peripher. Dahinter stand allerdings auch die Erfahrung der beschriebenen, fast ritualhaften Reaktion der Adoptiveltern auf Fragen nach der Adoption, die Andrea als wenig befriedigend erlebte.

Mit dem Wechsel auf das Gymnasium war ein Ortswechsel tagsüber verbunden, da sich die Schule in der nächsten Stadt befand. Diesen Wechsel nutzte Andrea, um sich auszuprobieren, zu entwickeln und sich auch vom Elternhaus zu emanzipieren: *„Von daher hab ich dann auch viel Zeit einfach in der Schule verbracht. Mich so viel engagiert, dass ich auch nachmittags oft dort war. In AG's, im Orchester, im Instrumentalunterricht. Hab also dann viel Zeit in der Schule verbracht, dort Erfolgserlebnisse gehabt und mich auch wohl gefühlt. Und das war sehr schön. Also hab das als positive Zeit in Erinnerung."* Durch Gespräche mit einem Vertrauenslehrer begann sie erstmals, reale Pläne für die Suche nach den leiblichen Eltern zu bedenken.

Sehr ausgeprägt erzählt Andrea über Phantasien, die sie als Kind und Teenager über ihre leibliche Mutter entwickelte. So ging sie davon aus, dass ihre Mutter eventuell Türkin sei, da sie (Andrea) dunkle Haare und auch eine etwas dunklere Hautfarbe hat. Ihre Phantasien beschäftigten sich weniger mit Prinzen oder Filmstars, sondern tendierten in die andere Richtung, ins Drogenmilieu. Auslöser ist hier die innere Verkoppelung einer Erzählung der Eltern, dass in der Geburtsstadt viel mit Drogen gehandelt wurde, mit dem Film „Wir Kinder vom Bahnhof Zoo", den sie Jahre später sah. Erstaunlich ist, dass sich diese Phantasie dann in Teilen tatsächlich mit der Realität deckte. Andrea berichtet, dass ihre leibliche Mutter zwar in vielen Punkten eine starke und selbstbewusste Frau war, allerdings an einer Überdosis Heroin verstarb. Diese Phantasien, die sich nach ihrer Erzählung vor allem auf die leibliche Mutter bezogen, trug sie in unterschiedlicher Intensität bis zu ihrem aktiven Aufbruch zur biografischen Aneignung ihrer Adoptionsgeschichte mit sich herum. Beruhigt, geklärt oder entmystifiziert[87] wurden diese Phantasien erst durch Fotos, Dokumente oder direkte Begegnungen.

[87] Das Wort „Entmystifizierung" ist der Theologie des 20. Jahrhunderts entlehnt. Rudolf Bultmann, Albert Schweitzer und andere historisch-kritische Theologen haben biblische Texte ohne mystische Überhöhung, Zauberei und naiven

Impulse zur Suche begleiteten auch Andrea ihr ganzes bisheriges Leben und waren latent immer vorhanden. Aus Rücksicht auf ihre Adoptiveltern hatte sie diese allerdings lange Zeit zurückgehalten. In aktives Handeln wurden ihre Überlegungen erst transformiert, als der Abschluss ihres Studiums abzusehen war und mit ihrer bevorstehenden Hochzeit ein wichtiger biografischer Übergang vor der Tür stand. Andrea näherte sich dem Thema vorsichtig über das Internet und ging bei der Suche sehr planmäßig und überlegt vor. Sie fragte sich durch eine Vielzahl von Ämtern (Einwohnermeldeämter, Jugendämter in verschiedenen Städten, Vormundschaftsgericht usw.) hindurch, um möglichst detaillierte und umfassende Informationen zu bekommen. Sie suchte zuerst ihre leibliche Mutter. Diese war häufig umgezogen. An ihrem letzten Wohnort erfuhr Andrea, dass sie an einer Überdosis Rauschgift in ihrer Wohnung verstorben war. Durch weitere Recherchen erhielt Andrea jedoch zumindest Kontakt zur Familie ihrer leiblichen Mutter. Durch deren Schwester bekam sie ein Foto und einige Informationen: *„Als ich das erste Foto von meiner Mutter gesehen hab, das war ein ziemlich beeindruckendes Erlebnis für mich, da hab ich dann zum ersten Mal so Gesichtszüge von mir wiedererkannt. Das war etwas, das mich, glaube ich, die Jahre zuvor unbewusst begleitet hatte, das Gefühl: Ich weiß nicht, wem ich ähnlich sehe. Also, ich hab meine Eltern gesehen, hab ganz definitiv gewusst: Denen sehe ich nicht ähnlich. Und dann hab ich mich in der Straßenbahn oder im Bus oder in großen Menschenansammlungen umgeschaut und habe gesehen: Denen sehe ich auch allen nicht ähnlich. Ich habe in meiner Umgebung niemanden gefunden, dem ich ähnlich sehe. Ähm, und deshalb war dieses: Jemandem sehen und denken: Ach ja, da sind doch Züge von mir oder bei mir sind Züge von ihr – das war ein ziemliches Aha-Erlebnis. Ziemlich beeindruckend. Und da habe ich auch gedacht: Ach ja, sie war auch ein ziemlich hübscher Mensch. Das war auch ein extrem positives Erlebnis für mich. Weil das so ein bisschen diese "Christiane F." [Protagonistin aus „Wir Kinder vom Bahnhof Zoo"], diese schlimmen Phantombilder so ein bisschen wettgemacht hat. Also ich hatte ein positives Identifikations-Potenzial in diesem Foto. Dass sie dann aber tatsächlich an Drogen gestorben ist, das wiederum war so etwas, da habe ich mir gedacht: Aha. Wo auch immer ich diese Ahnung herhatte, ganz falsch war sie ja nicht."* Auch ihrem leiblichen Halbbruder mütterlicherseits begegnete Andrea, jedoch entwickelte sich keine nachhaltige Beziehung zu ihm.

Ihre erste Begegnung mit dem potenziellen leiblichen Vater[88] fand am Telefon statt. Potenziell deshalb, weil sein Name nicht auf der Geburts- oder Abstammungsurkunde stand, sondern Ergebnis Andreas Recherche war. Sie beschreibt, dass sie emotional recht aufgewühlt war, schon beim ersten persönlichen Gegenüberstehen mit ihrem potenziellen Halbbruder väterlicherseits. Dennoch agierte sie sehr vorsichtig. Die ersten Telefongespräche und tatsächlichen Begegnungen beschreibt Andrea als ausgesprochen positives Erlebnis. Sie erkannte sich optisch, in vielen Gesten und im Habitus der leiblichen Familie wieder und es entstand ein freundschaftlich-positives Verhältnis zueinander. Trotz gravierender kultureller und lebensgeschichtlicher Unterschiede entwi-

Wunderglauben gelesen und so versucht, den historischen Tatsachen näher zu kommen. Dieser hermeneutische Schritt ist sicher nicht ausreichend für ein umfassendes Verständnis der stark verdichteten Texte (vgl. z.B. die tiefenpsychologische Bibelauslegung von Anselm Grün oder Eugen Drewermann), bildet aber eine Grundlage für eine geschichtliche, lebensnahe historische Einordnung dieser Geschichten und dient der Versachlichung. Ähnliches erleben Adoptierte häufig im Zuge der biografischen Aneignung der Adoptionsgeschichte in verschiedener Ausprägung und Intensität.

[88] Ihr leiblicher Vater ist tatsächlich türkischer Abstammung, so dass Andreas Phantasien sich an dieser Stelle auf andere Weise (nicht bei der leiblichen Mutter, sondern beim leiblichen Vater) realisierten.

ckelten sich gegenseitig positive Emotionen, die Andrea allerdings nicht mit Elternschaft identifiziert. Sie beschreibt diesen Zustand als eine innere Verbundenheit, die für sie rational nicht erklärbar ist, sie selbst überraschte (da sie sich wohl eher als analytisch-rationalen Menschen beschreiben würde) und ein wenig aus dem Konzept brachte: *„Er war mir sofort sympathisch. Und ich glaube, ich ihm auch. Also, ich hatte mal in einem Buch gelesen: Es gibt so eine Art ‚genetic attraction'. Also eine genetische Form der Anziehung. Ich weiß nicht, ob das wirklich als These haltbar ist, aber in unserm Fall denk ich schon, dass so eine Art Grundsympathie war, die wir uns gegenseitig entgegenbrachten."*

Dieses Erleben hat einen stark positiven Eindruck bei ihr hinterlassen. Es spielte das optische und habituelle Wiedererkennen eine Rolle, das Andrea in ihrer Adoptivfamilie und ihrem bisherigen sozialen Umfeld vermisst hatte. Nach ihren Worten war es jedoch noch mehr, was sie als Verbundenheit empfand. Andrea erklärt die oben beschriebene Empfindung mit dem Phänomen „genetic attraction". Dieses wird allerdings allgemein im Sinne von „genetic sexual attraction" verwendet und meint die (sexuelle) Anziehung bzw. inzestuöse Beziehung zwischen Geschwistern oder genetisch eng Verwandten[89]. Dieses Phänomen kann zwar in einem anderen Kontext auch für das Adoptionsthema relevant sein, wenn sich genetische Geschwister, die in verschiedenen Familien adoptiert wurden, ineinander verlieben. Dies ist aber nicht das Thema dieser Studie. Es gibt weder im Deutschen noch im Englischen oder einer anderen geläufigen Sprache ein Wort oder Idiom, dass das von Andrea beschriebene Phänomen zutreffend bezeichnen würde. Dennoch wird es auch in anderen Interviews ausführlich benannt. Um das Phänomen von Inzest und sexuellem Hintergrund abzugrenzen, wird hier probehalber der Terminus *„genetische Sympathie"* zur Anwendung kommen. *Sympathie* bedeutet so viel wie Nähe, Anziehung, Vorliebe, Verbundenheit. All diese Vokabeln beschreiben recht gut, was manche der Interviewten in Bezug auf ihre leiblichen Eltern oder die leibliche Familie empfinden. Dies meint nicht unbedingt sexuelle Anziehung, ohne dass diese theoretisch ausgeschlossen werden muss. *Genetisch* beschreibt die vermutete Herkunft dieser Sympathie, da sie sich nicht auf eine gemeinsame Geschichte, gemeinsame Erlebnisse oder Ziele beziehen kann. Durch den Zusatz *genetisch* wird auch klar, dass es sich nicht um das handelt, was landläufig mit Sympathie gemeint wird, sondern – wie Andrea formulierte, ein unerwartetes *„grundsätzlich positiv gestimmtes Offenheitsverhältnis"* zwischen unbekannten Personen, die genetisch miteinander eng verwandt sind. Dazu gehört, dass die Menschen relativ schnell eine gemeinsame Gesprächs- und Interessenebene entwickeln, sich gegenseitig anziehend empfinden (sowohl optisch als auch in der Art und Weise der Selbstdarbietung) und einfacher und schneller einen Draht zueinander finden, als es die Umstände zwischen fremden Menschen erwarten ließen.

Als Beweggründe für den Start der Suche gibt Andrea an, die Vergangenheit klären zu wollen sowie eine selbst empfundene identitäre Unvollständigkeit zu kompensieren bzw. unbeendete Sinn- und Handlungskonzeptionen[90] für sich zu Ende zu bringen. Forscherdrang und Neugier spielten teilweise auch eine Rolle, jedoch in untergeordneter Priorität. Andrea, deren Hochzeit bald bevorsteht, formuliert: *„Ich will dann bald selbst eine Familie gründen. Und da hab ich mir gedacht: Jetzt würde ich gern wissen, woher ich komme. Und würde gern abklären, wer ich bin. Weil nur dann, wenn ich weiß, wer ich eigentlich bin*

[89] Vgl. www.geneticsexualattraction.com oder www.verbotene-liebe.info Zugriff am 09.03.2010, 18:00 Uhr

[90] Vgl. Kapitel 2.4.2; Fabricius 2009

und was meine Herkunft ist, habe ich ein vollständiges Bild von mir und kann damit dann erst etwas Neues beginnen. Das ist so der Grund gewesen. [...]Das ist ein Kapitel, das will ich abgeschlossen haben, oder nein, abgeschlossen is falsch, ähm: Das will ich noch bearbeitet haben, bevor ich selber eine Familie gründe, so." Ausgangspunkt der biografischen Aneignung ihrer Adoptionsgeschichte war für sie, dass sie eine eigene Familie gründen und möglicherweise selbst bald Mutter sein wird. Sie wollte ein Stück mehr Klarheit über sich selbst finden, sich selbst besser verstehen, sich vollständig fühlen. Allerdings stellt sie im Interview auch fest, dass diese Gründe möglicherweise rational nicht erklärbar wären. Für Andrea war es jedoch ein inneres Bedürfnis. Sie spürte, dass ihr etwas fehlte, das sie selbst nicht genau definieren könnte. Es war wie ein fehlendes Puzzlestück, das sie selbst für die (Re-) Konstruktion ihrer eigenen Geschichte braucht. Aufschlussreich ist die von ihr beschriebene Schrittfolge der Bedürfnisse:

> 1.) Geht es darum, die eigenen Ursprünge zu erkennen und eine eigene Verortung der Herkunft zu finden, als geistigen und Emotionalen Startpunkt des Lebens: *„Jetzt würde ich gern wissen, woher ich komme."*
>
> 2.) Herkunft wird als Verständnisschlüssel für die eigene Identität interpretiert: *„Und würde gern abklären, wer ich bin."*
>
> 3.) Diese beiden Punkte werden miteinander verknüpft und als „Zwischenergebnis" festgehalten: *„Weil nur dann, wenn ich weiß, wer ich eigentlich bin und was meine Herkunft ist, hab ich ein vollständiges Bild von mir."*
>
> 4.) Geht es auf dieser Basis um selbstbestimmte Zukunftsgestaltung: *„und kann damit dann erst etwas Neues beginnen."* Ihr Postulat ist, dass Zukunft sich nur aus Herkunft und aus eigener, selbstinterpretierter Geschichte selbstbestimmt gestalten lässt. Dies ist einerseits Ausdruck ihrer Emotionen, andererseits zeigt ihre Aussage auch, dass sie länger darüber kognitiv reflektiert hatte.

An verschiedenen Stellen sagt sie, wie auch andere Interviewpartner, dass ihr die optische und charakterliche Verwurzelung in der Adoptivfamilie fehlte (sie hat zum Beispiel eine dunklere Hauttönung, die sie schon äußerlich von ihren Adoptiveltern abhebt), sie also identitäre Vollständigkeit mit der Herkunftssuche anstrebte. Dabei ist das Streben nach Vollständigkeit nicht zwingend mit einem Ausgleichsbestreben selbstempfundener Minderwertigkeit gleichzusetzen. Ihr Schwerpunkt war die Aufarbeitung ihrer Ursprungsgeschichte. Andrea vergleicht die Suche metaphorisch mit dem Grundbedürfnis der Nahrungsaufnahme und deutet damit an, wie wichtig für sie persönlich dieser Prozess damals aktuell war. *„Also man, man ist dann schon [wie] hungrig auf die Information."* Hunger ist Ausdruck des lebenserhaltenden Grundbedürfnisses nach Nahrung. Hunger ist mehr als Appetit. Hunger zielt auf eine schnelle oder baldige Befriedigung, damit der Körper weiterhin genug Energie vorrätig hat, um die gewohnten Lebensfunktionen herstellen zu können. Wenn Hunger lange Zeit nicht gestillt wird, wird das Bedürfnis zur existenziellen Not. Schließlich gibt der Körper seine Funktionen schrittweise auf und der Mensch stirbt. Wenn Andrea hier von Hunger nach Informationen spricht, meint sie ein entstandenes inneres Bedürfnis, das sich schon fast verselbständigt hat und beinahe triebhaft wird. Informationen über die eigene Herkunft werden so (zumindest für diese Phase) zu einem zentralen, grundlegenden Lebensinhalt.

Andrea sagt im Verlauf des Interviews mehrfach von sich, *„dass ich ein sehr freiheitsliebender und freiheitsdrängender Mensch bin, also viele Freiräume für mich brauche und viel entdecken will,* *viel weg will, also was sehen will, die Welt ergründen will.*" Diesen Freiheitsdrang kann sie wohl auch deshalb entwickeln, weil sie in ihrem Adoptivelternhaus viele Möglichkeiten zur Entfaltung, aber auch zur Auseinandersetzung und Emanzipation findet. Schon früh hat sie sich „*als sehr lebendiges, offenes kommunikatives Kind in Erinnerung.*" Außerdem berichtet sie an mehreren Stellen des Interviews, insbesondere im Zusammenhang mit der biografischen Aneignung ihrer Adoptionsgeschichte, von rationalem, planmäßigem Vorgehen. Sie war dabei stets bemüht, die Fäden des Geschehens in ihrer Hand zu behalten. Diese Spannung von Freiheitsdrang und überlegter Planung, gepaart mit positiv gestimmter Risikobereitschaft, sind charakteristisch für Andrea. Am Ende des Interviews wurde sie gefragt, welchen Codenamen sie sich denn selbst geben würde. Sie wählte für sich selbst den Namen „*Andrea*" und begründet es mit der Namensbedeutung „*die Tapfere*".

Als ihre Eltern sieht Andrea ihre Adoptiveltern an, auch wenn sie das Verhältnis zu ihnen inzwischen teilweise als distanziert beschreibt. Dennoch erkennt sie, dass ein großer Teil ihres Werdegangs mit dem Aufwachsen in der Adoptivfamilie zusammenhängt: „*Dadurch, dass ich in einem Pfarrhaus aufgewachsen bin, da wird viel gesprochen, also es wird sich viel unterhalten, es wird auch öfter mal diskutiert. Auch in der Schule, was den mündlichen und schriftlichen Ausdruck angeht, das waren immer meine Stärken. Das hab ich, denke ich, vor allem auch durch meinen Vater mitbekommen. So war meine, meine Kindheit im Grunde.*" Trotzdem ist bei ihr im Gespräch immer wieder eine unbewusste Konfusion bezüglich der Benennung der leiblichen oder der Adoptiveltern zu erkennen: „*Und dann bin ich zu meinen leiblichen Eltern gekommen, ähm, zu, zu mei.., Entschuldigung, zu meinen Adoptiveltern gekommen, nach sechs oder sieben Tagen, glaube ich. Also richtig noch als kleiner Säugling.*" Unbewusste Vermischungen bezüglich der Benennung der leiblichen bzw. der Adoptiveltern sind ein Anzeichen dafür, dass das Individuum in zwei Ebenen denkt und empfindet, sich beiden Eltern zugehörig fühlt und somit Ansätze hybrider Identität für sich entwickelt.

Andrea gelang es, das Verhältnis zur leiblichen Familie (bzw. zur Familie des leiblichen Vaters) positiv zu gestalten Beide Seiten schienen die Kontakte gewinnbringend zu erleben. Diese Kontakte dauern aktuell (Zeitpunkt des Interviews) an, sie plant sogar, den leiblichen Vater nebst Familie zu ihrer Hochzeit einzuladen, wie sie im Nachgespräch berichtete. Damit beschreibt sie einen Versuch, ihre beiden lebensgeschichtlichen Stränge miteinander zu verknüpfen. Wie die meisten Interviewten spricht Andrea ihren leiblichen Vater mit dem Vornamen an. Sie bezeichnet die Beziehung und ihre eigene Rolle innerhalb der leiblichen Familie als „*freundschaftlich*". Es wurde von beiden Seiten eine Beziehung aufgebaut, die zwar auch familiären Charakter hat, aber nicht auf Eltern-Kind-Verhältnis basiert. Sie entstand, weil beide Seiten es wollten, sich sympathisch fanden und in die Beziehung ungefähr zu gleichen Teilen investierten. Sowohl optisch als auch charakterlich erkennt sich Andrea in ihren leiblichen Eltern wieder. Unter solchen Voraussetzung kann sich ein fruchtbares, für beide Seiten positives Verhältnis mit den leiblichen Eltern gestalten, welches nicht zwingend mit einer Abgrenzung von den Adoptiveltern einhergeht.

Andrea sagt aus, dass sie überwiegend ihre Ziele der biografischen Aneignung ihrer Adoptionsgeschichte erreicht hat: „*Intellektuell die Erkenntnis darüber, wer ich bin, woher ich komme, die hab ich. Ich weiß, wer meine Eltern sind, ich kenne alle Fakten. Ich hab so viel rausgefunden, wie, wie möglich war. Es gibt allerdings viele Dinge, wo ich sagen kann: Also dadurch, dass meine leibliche Mutter gestorben ist, komme ich nicht an mehr Informationen. Also bestimmte Dinge, den eigentlichen Grund, warum sie mich zur Adoption freigegeben hat, den werde ich nie erfahren.*

Den hat sie mit ihrer Familie nicht geteilt, den hat sie meinem leiblichen Vater nicht gesagt – der wusste ja noch nicht mal, dass sie schwanger war. Den hat sie niemandem hinterlassen, auch mir nicht: In Form eines Briefes in der Akte etwa." Sie empfindet noch verschiedene Lücken, die sich aber nicht mehr füllen lassen. Schwerpunkt ist dabei, dass sie die ursprüngliche Frage nach den Gründen der Adoptionsfreigabe nicht beantworten kann. Es bleibt auch ein gewisser Rest-Vorwurf an die leibliche Mutter bestehen. Andrea hat für sich jedoch durch den regelmäßigen Besuch des Grabes der leiblichen Mutter eine Form gefunden, mit diesem Teilwissen umzugehen und sich mit ihrer Geschichte zu versöhnen. Bezüglich ihres leiblichen Vaters berichtet sie, dass sie im hohen Maße Ruhe und Kohärenz für ihre Biografie gefunden hat.

3.2 Beate

Beate ist zum Zeitpunkt des Gespräches 32 Jahre alt. Sie studiert momentan Sozialpädagogik und nähert sich der Diplomphase. Seit ihrer Geburt ist sie blind. Sie kam als Frühgeburt zur Welt. Schon vor der Geburt hatte die Mutter sich über die Adoption informiert und dann auch schnell in diese eingewilligt. Da es jedoch nach Aussage des Jugendamtes keine Vermittlungsmöglichkeiten an Adoptiveltern gab, verbrachte Beate ihre ersten 1 ½ Lebensjahre in einem Heim. In dieser Zeit bekam sie häufig Besuch von ihrer Großmutter und auch ihre Mutter besuchte sie gelegentlich. Schließlich ergab sich doch eine Möglichkeit, von einem Lehrerehepaar adoptiert zu werden. Auch wenn der leiblichen Mutter wohl eine Pflegschaft lieber gewesen wäre, willigte diese schließlich in die Adoption ein. So wuchs Beate in einem kleinen Dorf in Norddeutschland auf. Die Adoptiveltern nahmen noch ein weiteres sehbehindertes Adoptivkind und ein Pflegekind auf.

Beate berichtet von einer großen Distanz gegenüber ihren Adoptiveltern: „*Also, ich hab zu diesen Leuten einfach keine Bindung aufgebaut. Wie soll ich das jetzt sagen? Ich habe zu Freunden, die ich zum Beispiel hier habe, eine wesentlich engere Bindung, als ich zu denen habe. Also, für mich ist es auch nicht so, dass ich sie hasse, dass ich sage, ich hasse die wie die Pest und ich ... so, ne?*" Sie hat sich inzwischen von ihrer Adoptivfamilie fast vollständig gelöst. Die Verbindungen aus der Kindheit akzeptiert sie und nimmt sie zur Kenntnis. Rückblickend meint sie, „*dass alles so ein bisschen - holprig lief.*" Sie unterscheidet deutlich zwischen ihrer (leiblichen) Mutter und ihren Adoptiveltern: „*Das ist wie so eine - ja, wie so eine Patenfamilie gewesen. Meine Mutter, die konnte mich halt nicht großziehen. Und ich finde das auch nett, dass sie sich um mich gekümmert haben und sie haben mir ja auch einiges ermöglicht. Und dafür bin ich auch in gewisser Weise dankbar. [...] Es ist irgendwie, ich weiß nicht, wie ich das sagen soll, also: Ich find die nett, wie ich jeden andern zu dem ich kein so enges Verhältnis hab, auch - ganz nett finde. Das ist so, wie eine Zwischenstation für mich gewesen so. Komisch, irgendwie. Aber ist so.*" Der Ausdruck „*Zwischenstation*" weist darauf hin, dass in ihrer Interpretation daraus keine längeren und intensiven Bindungen entstehen konnten. Auf einer Reise werden in Zwischenstationen meist nicht einmal die Koffer vollständig ausgepackt, man ist bemüht, sich den Aufenthalt so angenehm wie möglich zu gestalten. Es ist aber klar, dass die Zwischenstation nur kurzfristig und nur vorübergehend notwendig ist, um zum eigentlichen Ziel der Reise zu gelangen. Sie sieht ihre Adoptiveltern als die Menschen, die ihr halfen, die Zeit, die sie nicht mit ihrer Mutter zusammen sein konnte zu überbrücken. Sie fühlte sich in der Adoptivfamilie deplatziert und nicht als Teil der Familie, was sich unter anderem in Kommunikationsproblemen, aber auch in fehlender emotionaler Nähe ausdrückte: „*Ja, schwierig, distanziert und - wenig emotional, würde ich sagen. Oder gar nich. [...] Ich glaube, dass einfach irgendwie die Chemie nicht stimmt. Es passt einfach nicht.*" Wenn „die Chemie nicht stimmt" kann es zu einer unerwünschten chemischen Reaktion im Experiment kommen, etwa einer Verpuffung, übermäßiger Hitzeentwicklung oder einer Explosion. Es ist aber auch möglich, dass die Stoffe gar nicht miteinander reagieren, also nur nebeneinander existieren und aus der Vermischung keinerlei Folgen entstehen. In diesem Sinne scheint Beate das Verhältnis zu ihren Adoptiveltern zu interpretieren.

Gute Kontakte pflegte Beate hingegen zur (Adoptiv-) Großmutter und auch zu einer Kinderfrau, die die Geschwister während der Arbeitszeit der Adoptiveltern betreute. Beate sagt aus, dass sie als Kind nur wenige Freundschaften entwickeln konnte, da ihre Adoptivfamilie kaum am allgemeinen sozialen Leben teilnahm: *„Die lebten dann fast sehr isoliert. Oder wir lebten dann sehr isoliert.*" Hinzu kam bei ihr, dass sie durch ihre Sehbehinderung strukturell mehr Schwierigkeiten hatte, Freunde im Alltagskontext kennen zu lernen: *„Ich bin auf diese Blindenschule gegangen. Hatte da zwar irgendwie auch Freunde, aber mit Freundschaften auf Blindenschulen ist es halt sehr problematisch, weil die Leute doch meist relativ weit auseinander wohnen. Und dann ist auch die Frage, ob man mit den Leuten immer zusammenpasst. Das sind ja nur kleine Klassen von fünf bis sechs Leuten. Da ist die Auswahl auch nicht so riesengroß. [...] Das war halt auch für mich irgendwie ein Problem, man ist dann doch als Behinderter in so einem kleinen Dorf relativ isoliert.*" Hier deutet Beate bereits an, dass Alleinsein und Einsamkeit bei ihr immer Themen waren. Ihr Leben sieht sie, als von schwierigen Umständen bestimmt, was sowohl mit ihrer Behinderung als auch mit ihrer Adoption erklärt wird: *„Es waren halt, also so sehe ich das heute, immer extrem schwierige Umstände, unter denen wir so gelebt haben.*"

In Beates Familie wurde offen mit dem Fakt der Adoption umgegangen. Sie berichtet mehrmals, dass auch ihre gesamte Umgebung über die Adoption Bescheid wusste, was sie auch retrospektiv nicht als Problem betrachtet. Obwohl sie mehrfach das Gefühl formuliert, dass in ihrer Adoptivfamilie nicht offen miteinander umgegangen wurde (*„Es wurden die Probleme in der Familie auch überhaupt nicht geklärt, in dieser Adoptivfamilie"*), kann zumindest für die Aufklärung über die Adoption gesagt werden, dass die Adoptiveltern für die damalige Zeit ausgesprochen modern gedacht haben. Das frühzeitige Gespräch darüber war nicht unbedingt üblich, obwohl die Adoptionsrechtsreform zu Beates Geburt bereits in der Diskussion war. So war die Aufklärung über den Adoptionsstatus für Beate kein einschneidendes Erlebnis, da sie bereits von Kindheit an mit diesem Wissen aufwuchs.

In Beates Familie gab es, wie aus den obigen Ausführungen zu sehen ist, starke innerfamiliäre Schwierigkeiten. Die Adoptiveltern regten die Begegnung mit der leiblichen Mutter an, nachdem eine vorher stattgefundene Therapie nicht erfolgreich war. Beate war etwa 11 Jahre alt und hatte schon mehrere Therapien hinter sich. Hier kann man nicht von einem typischen biografischen Übergang reden, wie in vielen anderen Interviews. Es war eine von Seiten der Adoptiveltern herbeigeführte Krisenintervention mit dem Ziel, sowohl Beates Identitätsarbeit als auch die innerfamiliären Verhältnisse zu stärken.

Beates Adoptiveltern brachten bestimmte Erwartungen zum Ausdruck, die Beate jetzt allerdings zurückweist: *„Meine Adoptiveltern hatten schon konkrete Vorstellungen. Zumindest meine Adoptivmutter, wie das mit meiner richtigen Mutter laufen sollte. Sie hatten a) die Hoffnung, dass es mir dann besser geht und b) Sie wollten ein freundschaftliches Verhältnis zu meiner Mutter aufbauen. Was ich aber nicht wollte, weil sie auch wollten dass ich so ein Verhältnis zu ihr aufbaue. Ich wollte so ein Verhältnis aber gar nicht. Denn meine Mutter ist ja nun nicht meine Freundin!*"

Die Adoptiveltern versuchten, die Adoption zu einer offenen Adoption zu machen. Die leibliche Mutter sollte Teil des Lebens von Beate und somit auch ein Teil des Familienlebens werden. Beate widersetzt sich diesem Ansinnen mit einem klaren Bekenntnis der Zugehörigkeit zur leiblichen Mutter: *„Meine Mutter ist ja nun nicht meine Freundin!"*

Das erste Treffen beschreibt Beate als ergreifendes, durchweg positives Erlebnis, das die Richtung ihres gesamten Lebens veränderte. Sie erzählt von einer kindlichen Sehnsucht nach Kontakt zur leiblichen Mutter, die wohl mit ihrem Deplatzierungsgefühl in der Adoptivfamilie zu begründen ist. Schon beim ersten Telefongespräch fühlt sie sich zur leiblichen Mutter hingezogen und zugehörig. Diese Tendenz wurde durch die spätere Begegnung noch verstärkt. Es ist nicht klar, welche Anteile die leibliche Mutter an dieser Entwicklung hatte. Jedoch ist bei Beate eine deutliche *genetische Sympathie* erkennbar, die sie als Kind so interpretierte, dass sie nun endlich ihre eigentliche Mutter wiederhabe und eine gemeinsame Zukunft mit ihr aufbauen könne. Von diesen Empfindungen war sie selbst überrascht und wird davon gewissermaßen überwältigt, was sie als prägendes Glücksgefühl erlebte: *„In dem Moment, als ich mit meiner Mutter dann sprach, war für mich eigentlich von dem an Augenblick klar, dass ich zu meiner* <u>*Mutter*</u> *gehöre. Warum, weiß ich nicht, das kam dann so auf, das hätte ich auch vorher nie geahnt. Wenn mir das jemand vorher gesagt hätte, hätte ich geantwortet: Ich kenne sie doch überhaupt nicht!"* Hier ist der Augenblick erkennbar, in dem für sie die Interpretation des Wortes „Mutter" eine neue Bedeutung bekam. Sie fühlte sich der leiblichen Mutter völlig zugehörig, zu ihr hingezogen und entsprechend von ihren Adoptiveltern noch deutlicher distanziert. In Beates Interpretation begann mit dem Telefongespräch ein neuer Lebensabschnitt. Wie in einem Märchen schien die gute Mutter zurückzukommen und Beate zu abzuholen, nachdem diese lange Jahre bei Stiefeltern gelebt hatte. Die Empfindung erinnert daran, was Freud als „Familienroman" beschreibt. Beate war mit elf Jahren auch tatsächlich von der Phase, in der solche Phantasien bei vielen Kindern stattfinden, nicht weit entfernt. Sie bemerkte, dass ihre spontane emotionale Reaktion hin zur leiblichen Mutter innerhalb der Adoptivfamilie Probleme aufwerfen könnte. Bei der ersten tatsächlichen Begegnung setzt sich diese Tendenz fort. Beate, die am liebsten mit ihrer leiblichen Mutter allein gewesen wäre, berichtet, dass sie versuchen musste (im Alter von elf Jahren!), zwischen ihren Emotionen und den Erwartungen der Adoptiveltern bzw. der leiblichen Mutter zu vermitteln: *„Weil ich mich dann so* <u>*dermaßen*</u> *gefreut hab, also sie dann endlich kam. Das hat man natürlich gemerkt. Und da dachte ich: Das darfst du jetzt eigentlich [den Adoptiveltern gegenüber] nicht so zeigen."* Dieses Gefühl, allseitig vermitteln zu müssen, wird auch in den folgenden Interviews mit anderen Adoptierten noch mehrfach erkennbar sein.

Der weitere Verlauf des Treffens wird von Beate folgendermaßen erzählt: *„Dann sind wir irgendwo hin gegangen. Ich glaub, einen Kaffee trinken und noch spazieren gegangen und haben dann noch eine Bekannte getroffen. Der hab ich das dann auch direkt erzählt, meine Mutter vorgestellt und so."* Beate, als Kind, war von ihren Gefühlen überwältigt, hocherfreut und wollte ihr neues Glück mit anderen teilen. Es macht den Eindruck, als suchte sie bei ihrer leiblichen Mutter die Geborgenheit, die sie bei Adoptivfamilie und im Heim vermisste, als suchte ein elternloses Kind verzweifelt nach der Mutter, die es so in keiner Konstellation wirklich gab. Allerdings scheint die Reaktion der leiblichen Mutter nicht ganz auf derselben Wellenlänge gewesen zu sein. Beates Erwartungshaltung war riesig, die der leiblichen Mutter eher vorsichtiger oder distanzierter. Das kann auch an der Konstellation liegen. Ihre Rolle im Geflecht zwischen Adoptiveltern, Kind und Adoptionsfreigabe ist äußerst ambivalent. Da kam plötzlich ihr leibliches Kind, das sie vor mehreren Jahren zur Adoption freigab, stürmisch und mit großen Kind-Mutter-Emotionen auf sie zu. Sie kam jedoch aus einer völlig anderen Lebenswelt und war in der Situation zunächst wohl eher als Gast vorgesehen. Es ist jedoch zu erkennen, dass sie sehr schnell einem Treffen zustimmte und vorher bereits durch verschiedene Informationen (Bilder und Berichte) über Beates Entwicklungsstand informiert war. Sie scheint demzufolge nicht völlig unvorbereitet gewesen zu sein. Im Interview wird jedoch von ihrem Agieren oder Reagieren während des ersten Treffens nichts berichtet. Offensichtlich war sie jedoch empfänglich für vermehrte und auch engere Begegnungen mit Beate.

In ihrer Reflexion über den damaligen Verlauf des Geschehens interpretiert Beate die Ereignisse aus ihrer aktuellen Weltsicht, in der die leibliche Mutter zur engen Bezugsperson geworden ist. Diese Entwicklung hatten die Adoptiveltern nicht vorausgesehen und auch nicht vermutet, so dass nach dem ersten Treffen ihre Unterstützung wohl etwas nachließ, wobei immer noch sehr häufige Kontakte, bis zu 2x wöchentlich, möglich waren. Dies ist innerhalb aller im Kontext dieser Studie geführten Interviews bei weitem die dichteste Frequenz. Es ist aus dem Interviewtext auch nicht zu erkennen, dass Beates Adoptiveltern sich über die leibliche Mutter diskreditierend geäußert hätten. Dennoch befürchtete Beate, dass ihre Adoptiveltern die Kontakte unterbinden oder reduzieren könnten und fühlte sich ihnen diesbezüglich ausgeliefert. Als sie bemerkte, dass sie sich zu ihrer leiblichen Mutter stark hingezogen fühlte, begann sie relativ schnell damit, ihren Adoptiveltern dies zu verheimlichen oder sie zumindest nicht vollständig ins Vertrauen zu ziehen.

Nach ihrer Grund- und Realschulausbildung absolvierte Beate die Fachoberschule. Dafür zog sie allein in eine andere Stadt. Anschließend begann sie ihr Studium in einer westdeutschen Universitätsstadt und wohnte in einer Studenten-WG. Dieses Studium steht nun kurz vor dem Abschluss. Inzwischen lebt sie in einer eigenen Wohnung in ihrer Geburtsstadt. Dort hat sie sich einen Freundeskreis – u.a. in der Kirchgemeinde, in der sie aktiv ist, aufgebaut. Ihre leibliche Mutter wohnt in der Nähe und sie haben regelmäßig Kontakt, der Beate sehr wichtig ist. Trotz ihrer Behinderung und einiger Schwierigkeiten schaut sie selbstbewusst und optimistisch in die Zukunft. Sie nimmt ihr Leben in beeindruckender Art und Weise selbst in die Hand. Dabei begleitet sie das Thema „Adoption“ immer wieder, z.B. durch Kontakte zu einer Selbsthilfegruppe. Auch in ihrer Diplomarbeit möchte sie dieses Thema bearbeiten.

In Beates Interview finden sich immer wieder Sequenzen, in denen die leibliche Mutter idealisiert, mögliche Fehler entschuldigt und ihre positiv empfundene Rolle bezüglich der Adoption stark betont wird. Auch die schwierigen Umstände, mit denen die leibliche Mutter damals zu kämpfen hatte, werden mehrfach angesprochen. Das beginnt bei dem Bericht über das Adoptionsgeschehen, direkt zu Beginn des Interviews: *„Ich bin dann in ein Kinderheim hier in der Nähe gekommen, weil meine Mutter ja noch Studentin war und nur ein ganz kleines Zimmer hatte, zudem auch krank war, was damals noch keiner so genau wusste, sie hatte damals also extr-e-m-e Kopfschmerzen, was eigentlich nie jemand ernst genommen hat. Bis sie dann [Jahr] eine starke Gehirnblutung bekommen hat.“* Das Jahr, in dem die leibliche Mutter die Gehirnblutung bekam, liegt etwa 11 Jahre nach Beates Geburt und damit in zeitlicher Nähe der ersten Begegnung. Beate erklärt die Adoptionsfreigabe also unter anderem mit einem Ereignis, dass etwa ein Jahrzehnt nach der Freigabe stattfand. Im auf das Zitat folgenden Text tauchen mehrere weitere Aussagen auf, die die komplizierten Umstände der Adoptionsfreigabe beschreiben und die leibliche Mutter von jeder Verantwortung nahezu lossprechen. Offensichtlich steht das Thema oft auf der Tagesordnung der gemeinsamen Interaktion. Im Zentrums steht die Aussage: *„Ja, also diese Umstände waren halt sehr schwierig.“* Dieses Erklärungsmuster macht ausschließlich den jeweiligen Lebenskontext oder andere Personen für die entsprechende Situation verantwortlich. Eigenbeteiligung oder Beteiligung der leiblichen Mutter werden völlig ausgeblendet. Schmerz oder Ärger über die Trennung von der Mutter in der frühesten Kindheit lässt Beate kaum zu. Jegliche negativen Gedanken oder Schuldzuweisungen diesbezüglich werden von vornherein abgewehrt: *„Diese Umstände waren halt sehr schwierig.“* Beate ist mit ihrer leiblichen Mutter viel im Gespräch. So entstand für Beate ein Stück ihrer Lebens-Landkarte neu, das sie selbst als kohärent empfindet. Dennoch wirkt, auch aus der Erinnerung an die Freude über das erste Zusammentreffen gespeist, die leibliche Mutter immer noch als fast märchenhafte Gestalt in Beates Biografie, so dass eine Entmystifizierung, wie sie in Andreas Interview deutlich wurde, bei ihr kaum zu entdecken ist.

Zum leiblichen Vater, der im Ausland lebt, möchte sie momentan keine Kontakte aufbauen.

Beate macht während des Interviews manchmal einen unruhigen, getriebenen Eindruck. Für sie hat es durch die Begegnung mit der leiblichen Mutter an vielen Stellen eine Beruhigung gegeben. Jedoch scheinen andere Bereiche dadurch noch mehr aufgewühlt zu sein. Jedoch hat dieses Getriebensein nicht unbedingt, auf keinen Fall aber ausschließlich mit der Adoption und der Herkunftssuche zu tun. Es sind noch einige andere „Geister“, die in ihrem Leben Unruhe verursachen. Diese sind durch die biografische Aneignung der Adoptionsgeschichte nur zum Teil beruhigt. Beate war seit ihrer Kindheit immer wieder in therapeutischer Behandlung, was für sie ein Problemlösungsmodell geworden ist, das sie auch weiterhin in Anspruch nehmen will. Bei ihr kann nur zum Teil davon gesprochen werden, dass sie ihre unbeendeten Sinn- und Handlungskonzeptionen abschließen konnte. Sie sagt selbst, dass es noch weiteren Klärungsbedarf gibt. Eine Sache ist jedoch für Beate nach ihrer Herkunftssuche vollständig klar. Etwas, dass sie vorher beunruhigt und umgetrieben hatte, nämlich die Frage, wo sie denn eigentlich hingehört. Hier gibt sie, resultierend schon aus dem ersten Telefongespräch, eine eindeutige Antwort: *„Für mich war von dem Augenblick an klar, dass ich zu meiner Mutter gehöre.“*

3.3 Christian

Christian war zum Zeitpunkt des Interviews 55 Jahre alt. Er wurde Anfang der 50er Jahre in der damaligen DDR geboren. Seine leibliche Familie bestand zu dem Zeitpunkt noch aus Vater, Mutter und zwei weiteren Schwestern. Die Beziehung der Eltern ging jedoch auseinander. Als er drei Monate alt war, floh seine leibliche Mutter nach Westdeutschland und ließ die Familie zurück. Der Vater gab Christian dann sehr schnell zur Adoption frei. Die nächsten zwei Jahre verbrachte Christian in einem Kinderheim, bis ihn seine Adoptiveltern in Pflege nahmen. Zu einer formalen Adoption kam es damals nicht, da auch die Eltern Ende der 50er Jahre über Westberlin in die damalige BRD flohen. Dieses Fluchterlebnis, sagt er, hat ihn nachhaltig geprägt: *„Und dann kam dieser Einschnitt, als meine Eltern mit mir das erste Mal eine größere Reise gemacht haben*

– *zunächst. Ich wusste gar nicht, worum es geht. Es war einfach eine Fahrt vom Osten von Deutschland nach Westberlin. Aber das sollte dann so eine Fahrt sein, wo man eben nie wieder zurückkommt.*" Nach einer Odyssee über verschiedene Auffanglager bekam die Familie schließlich eine Wohnung im Randgebiet einer Großstadt in Süddeutschland zugewiesen, wo sie schnell Fuß fasste.

Einer Geschichte aus seiner frühen Kindheit misst Christian eine besondere Bedeutung bei, weil sie die emotionale Verbundenheit zu seiner Mutter illustriert: *„Ich war draußen spielen mit andern Kindern. Und ein Kind hat mich ein bisschen – das hab ich damals nicht gewusst, aber heute weiß ich es – auf den Hebel nehmen wollen und hat mir gesagt, das Haus würde zusammenbrechen: ‚Schnell, lauf weg! Das Haus bricht zusammen!' Und da dachte ich: Um Gottes Willen! Ich war wirklich völlig außer mir in dem Moment und hab mir gesagt: Weglaufen kannst du nicht, wenn deine Mutter im Haus ist. Und bin ich reingerannt, hab geklingelt und wie der Wilde und an die Tür geklopft. Meine Mutter hat gedacht: Na, was ist denn jetzt los? Und ich: ‚He, komm raus, komm raus!' […] Also das ist so eine Geschichte, von der ich sag: Die hat eine bestimmte Bedeutung.*" Als Kind hat er so große Angst um seine Mutter, dass er, aus seiner kindlichen Sichtweise unter Einsatz des eigenen Lebens, diese zu retten versuchte. Die Mutter konnte ihn trösten und versichern, dass das Haus nicht einstürzt und ihm so Bindungssicherheit bieten. Christian beschreibt seine Bindung zu den Adoptiveltern als überwiegend sicher und legt schon in den allerersten Sätzen des Interviews großen Wert darauf, dass diese seine richtigen Eltern sind und dass seine Familie eine *„ganz normale Familie"* gewesen sei. Diese ausdrückliche Betonung kommt in anderen Interviews ansatzweise auch vor, jedoch fällt die Konstatierung von Normalität bei Christian besonders stark aus.[91]

Christian hatte als Kind keinerlei Diskreditierungen bezüglich seines Adoptiertseins zu erdulden, da dies außerhalb der Familie nicht bekannt war. Innerhalb der Großfamilie war es allerdings so, dass alle darüber Bescheid wussten, auch schon bevor er selbst mit 19 Jahren darüber aufgeklärt wurde. Hier war das Geheimnis um die Adoption als Familientabu sehr ausgeprägt. Über unausgesprochene Wirkungen, wie z.B. von Jung[92] oder Tisseron (2001) beschrieben, kann an dieser Stelle nur spekuliert werden.[93] Er besuchte die Schule bis zum Abitur und wollte danach als Zeitsoldat zur Bundeswehr gehen. Bei dieser Gelegenheit erfährt er erstmals, dass er nicht das leibliche Kind seiner Eltern ist: *„Ganz klar: Der Moment, wo man das hört, das ist zunächst ein Riesenschreck. Ich würde sagen: Freier Fall, 50 Meter! (lacht kurz). Und bis man sich dann wirklich sortiert. Aber da war das, was ich vorhin sagte – ich hab dann einfach überlegt: Was wäre denn anders jetzt für dich? Wenn deine Eltern deine Eltern wären oder wenn du das früher gewusst hättest?"* Christian beschreibt den Moment der Aufklärung aus der Sicht seiner späteren Reflexionen und seiner Einordnungen, die er kognitiv getroffen hat. Er wechselt dabei mehrmals die Ebenen zwischen Erzählung des Momentes der Aufklärung und späteren Bewertungen. In der Narration kommen seine ursprünglichen Emotionen wieder zum Vorschein. Er spricht von Schock, blitzartigem Vertrauens- und Kohärenzverlust bezüglich seiner bisher erarbeiteten Identitätskonstruktion. Er geht an diesen Stellen das ein-

[91] Die Formel „ganz normal" kommt in Christians Interview 14 Mal vor, das Wort „normal" 24 Mal. Dieser Wert wird nur von Jörg überboten, der die Vokabel „normal" 37 Mal verwendet. In allen Interviews taucht das Wort insgesamt 98 Mal auf.

[92] „Nichts beeinflusst Kinder mehr, als nie ausgesprochene Hintergründe" (Jung 1995, 94).

[93] Vgl. Kapitel 1.3

zige Mal im Interview von der sonst von ihm klar vertretenen Identifikation der Adoptiveltern als „richtige" Eltern ab: „D*ass die Eltern, von denen man immer glaubte, es seien die richtigen Eltern, wenn sie es dann nicht sind.*" Seine Metapher vom 50 Meter tiefen Fall drückt die Gefühlslage bildlich aus. 50 Meter nach unten zu fallen dauert recht lange und ist nicht nur ein kurzer Schockmoment. Der Sturz endet normalerweise tödlich und es scheint auch etwas in Christian erstorben zu sein. Er erzählt dass er durch kognitives Bearbeiten der Situation versuchte, sich selbst wieder aufzufangen. Auch die Eltern halfen durch ihre Reaktion, den „freien Fall" etwas abzubremsen. Die Aufklärung über den Adoptionsstatus war auch für seine Adoptiveltern mit vielen Emotionen und wahrscheinlich auch mit Schuldgefühlen verbunden. Er selbst verarbeitete den Schreck, den „freien Fall" kognitiv und kam für sich zu der Feststellung, dass er in seinem Umfeld wohl *„die schönste Kindheit"* gehabt habe und er eine emotional starke Beziehung zu seinen Eltern aufbauen konnte. Das Angebot der Eltern, sofort auf Herkunftssuche zu gehen, nahm er nicht an. Möglicherweise fürchtete er auch, durch die Suche noch mehr an Sicherheit zu verlieren. So spielte für ihn die biografische Aneignung seiner Adoptionsgeschichte in den nächsten gut 30 Jahren kaum eine Rolle.[94] Durch die überwiegend sichere Bindung zu seinen Adoptiveltern und die positiv erlebte gemeinsame Geschichte konnte Christian den Vertrauensbruch des Verschweigens, dieses tiefe Fallen, für sich selbst verarbeiten. Die späte Aufklärung führt bei ihm nicht zu formulierten Vorwürfen an die Eltern. Er sagt, dass dieser Fakt am Verhältnis zu seinen Eltern nichts geändert hat: *„Hab eigentlich mein weiteres Leben dann gelebt, die nächsten paar Jahre, ohne, dass da irgendwas zwischen meinen Eltern und mir anders war. Außer dem Wissen als solches."* Anlässlich seiner Hochzeit holte er mit seinen Eltern die formale Adoption nach. Ihm lag daran, dass sein Status als normales Kind der Familie auch formal gesichert sei. *„Im Familienstammbuch steht es jetzt ganz normal drin: Meine Name so, wie ich ihn führe."*

Christian arbeitet seit langer Zeit als Ingenieur für ein Unternehmen in Süddeutschland. Er lebt mit seiner Frau und seinen 3 Söhnen in einem Reihenhaus im Randgebiet der Stadt, in deren Nähe sie damals nach der Flucht gezogen sind. Er beschreibt sich eher als technisch-pragmatischen Typ, denn als Gefühlsmenschen. Auslöser für den Beginn seiner aktiven biografischen Aneignung der Adoptionsgeschichte, die für ihn erst nach dem Tod seiner Adoptiveltern denkbar wurde, waren Gespräche mit seiner Frau und verschiedene Fernsehbeiträge. Er setzte seine Erwartungen relativ niedrig an, nach dem Motto: Einfach mal probieren. Als er dann tatsächlich anfing, sich mit seiner Herkunft und Geschichte zu beschäftigen, entwickelte er einen starken Forscherdrang, der sich aber mehr auf intellektuelles Interesse, als auf aufkommende Emotionen bezog. Er benutzt die Metapher eines Puzzles, welches sich allmählich zusammensetzt und zu dem jetzt die Teile der Herkunftsgeschichte hinzukommen. Ihm ging es nicht um Schuldzuweisungen an die leiblichen Eltern, sondern um Verständnis, Klärung der Vergangenheit, der eigenen Wurzeln. Der Aufbau einer gemeinsamen Zukunft war nicht sein Thema, sondern es standen Neugier und Forscherdrang im Vordergrund. Er betont mehrfach, dass die emotionale Beteiligung nicht ausschlaggebend war. Das passt zu dem, wie er seine eigene Persönlichkeit beschreibt: *„pragmatisch"*.

Die leibliche Mutter wollte bei der ersten Begegnung vor allem ihre Version der gemeinsamen Geschichte erzählen können. Sie suchte für sich und ihr leibliches Kind

[94] Dazu kam, dass er aufgrund der Fluchtgeschichte seiner Familie nicht mit den DDR Behörden zusammenarbeiten wollte und konnte, sodass eine Auseinandersetzung mit der eigenen Herkunft erst nach der politischen Wende 1989 in den Rahmen des Denkbaren gerückt wurde.

eine stimmige Erklärung war bemüht, eigene unbeendete Sinn- und Handlungskonzeptionen zu Ende bringen. Nach über 50 Jahren hat sie durch den direkten Kontakt mit Christian erstmals eine Möglichkeit dazu. Auch eine emotionale Nähe seiner leiblichen Mutter registriert er. Für sie setzte sich die lange unterbrochene gemeinsame Geschichte nun fort und sie wollte emotional daran anknüpfen. Ihre Emotionen waren positiv gestimmt und entsprangen ihren immer noch vorhandenen Muttergefühlen, wenn auch mit Unsicherheit und Vorsicht. Christian bringt seine Sicht auf das Verhältnis zur leiblichen Mutter sehr prägnant zum Ausdruck, indem er die ungleichen Ausgangpunkte beschreibt: *„Es ist mit Sicherheit bei ihr eine ganz andere emotionale Empfindung, denn ich bin für sie immer noch ihr Sohn. Auch wenn sie mich lange Zeit nicht gesehen hat. Für mich dagegen ist sie eigentlich eine ganz neue Person."* Ich bin ihr Sohn, aber sie ist nicht meine Mutter! Christian beschreibt mit wenigen Worten die emotionale Konfusion und Absurdität, die zwischen Adoptivkind und leiblicher Mutter manchmal vorherrschen. Sie hatte Muttergefühle, während ihr Sohn versuchte, seine Vergangenheit sachlich aufzuarbeiten und möglicherweise auf einer anderen Ebene wieder eine Kommunikation oder eine Beziehung herzustellen.

Der leiblichen Mutter schien der Besuch und der erste Kontakt sehr nahe zu gehen. Christian beschreibt das Treffen als *„ganz nett"*, *„wirklich amüsant"* und positiv. Er berichtet nicht über entdeckte Ähnlichkeiten optischer oder charakterlicher Art. Möglicherweise hat er diese auch gar nicht gesucht. Die leibliche Mutter war ihm sympathisch, ohne dass er eine tiefere Verbindung spürte oder hineininterpretierte. Er fühlte sich mit seiner Frau, die bei dem Besuch dabei war, bei der leiblichen Mutter gut und herzlich aufgenommen. Wahrscheinlich war es für die Mutter ein deutlich emotionalerer Moment als für Christian, was sie hinterher in einem Telefongespräch zum Ausdruck brachte: *„Ja und ganz zum Schluss dann hat man sich so ganz leicht umarmt. Und am Telefon später sagte sie: ‚Ja, eigentlich hätt' ich dich am liebsten ja mal umarmt.' Hab ich gesagt: ‚Ja, hättest du es doch gemacht.' (lacht) Aber das war dann mehr so ihr Wunsch als mein Empfinden."* Die leibliche Mutter hätte gern mehr Nähe gehabt, was Christian nicht grundsätzlich ablehnt, jedoch nicht forciert. Hier zeigen sich Unsicherheiten vor allem auf Seiten der leiblichen Mutter, mit dieser ungewöhnlichen Situation der Begegnung nach etwa 50 Jahren umzugehen. Sie suchte emotionale, auch körperliche Nähe zu ihrem weggegebenen Sohn, traute sich aber nicht so recht. Vielleicht waren auch Scham oder immer noch unverarbeitete Schuldgefühle mit im Spiel.

Der leibliche Vater war zum Zeitpunkt Christians Suche nach der leiblichen Familie bereits verstorben. Zu seiner leiblichen Mutter und einigen Halbgeschwistern hält er mittlerweise losen Kontakt durch gelegentliche Telefonanrufe oder Besuche. Während des gesamten Prozesses der biografischen Aneignung seiner Adoptionsgeschichte war Christian darauf bedacht, das Geschehen selbst zu steuern und möglichst auf der rationalen Ebene zu kommunizieren. Eine Begründung dafür könnte eine gewisse Unsicherheit seinerseits sein, die das Zusammentreffen mit der leiblichen Mutter auslösen könnte. Diese Verunsicherung war einerseits auf seine leiblichen Eltern bezogen. Andererseits bezieht er es aber auch auf sich selbst. Vor dem ersten Treffen überlegte er sich, was denn sein Ziel sei, wie viel Nähe er zulassen oder suchen wollte. Für ihn war anfangs eine gewisse (emotionale) Distanz wichtig: *„Ich wollt einfach nur mal sehen: Welchen Ursprung hast du? Wie sehen sie aus? Wer sind sie? Und einfach um sich ein bisschen zu unterhalten."* Christian ging die Suche sachlich nüchtern, aber durchaus neugierig und interessiert an. Er suchte nicht eine neue Familie und klärte das für sich (und wahrscheinlich auch in verbalen und nonverbalen Signalen der leiblichen Mutter gegenüber) von Anfang an. Er entwickelte keine familiären Emotionen im Zusammenhang mit der leiblichen Familie: *„Das ist vielleicht jetzt auch noch ein wichtiger Punkt: Eine Familienbande jetzt daraus zu schließen ist für mich im Moment emotional nicht möglich. Ich geh gerne zu ihr. Hab meine leibliche Mutter jetzt inzwischen drei Mal besucht, ja? [...] Aber gefühlsmäßig her ist das jetzt nicht, wie ein Familienmitglied, sondern eher wie eine gute Bekannte. Mehr hab ich bisher emotional noch nicht geschafft. Ob das mal anders wird? Ich weiß es nicht. Keine Ahnung.*" Das *„noch"*, oder auch das weiter vorn formulierte *„im Moment"* deuten die Option an, dass das Verhältnis enger werden könnte. Dass Christians Sohn in die Nähe des Wohnortes der leiblichen Mutter (ca. 500 km von Christians Wohnort entfernt) ziehen wird, erhöht die Wahrscheinlichkeit häufigerer Kontakte. Für den Moment spürt er jedoch keine Zugehörigkeitsgefühle zur leiblichen Familie. Es stehen in Christians Augen einerseits praktische Gründe dagegen, dass die Beziehung sich momentan nicht enger gestaltet. Auf der anderen Seite liegt es auch an persönlichen Prioritäten, die beide Seiten für sich setzen. Christian sagt, dass es von ihm zwar keine innerliche Gegenwehr gebe, aber eben auch kein gesteigertes Interesse, die Verbindung zur leiblichen Familie zu intensivieren. So ist die Beziehung zu ihr vor allem als freundliches Nebeneinander und gelegentliches Miteinander zu beschreiben: Man weiß voneinander, man schätzt sich, ist sich sympathisch – aber das reicht dann auch. Die leibliche Mutter ist *„wie eine gute Bekannte"* für ihn.

Er unterscheidet klar zwischen der Beziehung zur leiblichen Mutter und dem Verhältnis zu seinen Adoptiveltern. Nachdem er bereits in den ersten Sätzen des Interviews klarstellt, dass seine richtigen Eltern die Adoptiveltern seien, folgen unmittelbar im Anschluss drei Belegerzählungen dazu. Auch in der weiteren Erzählung, als es um Adoption und seine traumatische Aufklärung darüber geht, nimmt er stets seine Eltern in Schutz, versucht zu verstehen, zum Teil abzuwiegeln. So erscheint es stimmig, dass er die Herkunftssuche erst nach dem Tod der Eltern beginnt. Damit ist der größtmögliche Wert des Heraushaltens der Adoptiveltern aus der Herkunftssuche erreicht. An dem Eltern-Kind-Verhältnis zu seinen Adoptiveltern möchte er um keinen Preis rütteln oder die Beziehung in irgendeiner Weise gefährden. Auch jetzt noch hält er seine Kontakte zur leiblichen Familie vor den anderen Verwandten (seitens der Adoptivfamilie) geheim. Hier könnte eine Unsicherheits- oder Antizipationsmaßnahme zu erkennen sein. Da in seinem Fall die gesamte Verwandtschaft über die Adoption Bescheid wusste, nur er selbst nicht, hält er selbst jetzt das ursprüngliche Tabu weiterhin aufrecht. Er erspart sich durch das Aufrechterhalten des Interaktionstabus antizipativ Rückfragen und Vorwürfe. Die Möglichkeit, dass die Herkunftssuche auf Seiten der Adoptivfamilie eventuell positiv oder mindestens anerkennend-neutral aufgenommen werden könnte, zieht er nicht in Betracht. Eventuell ist für ihn das Thema aber auch nicht wichtig genug, als dass er es mit der gesamten Verwandtschaft besprechen müsste, zu der er ohnehin nicht viel Kontakt hat.

Sein Fazit seiner Adoptionsgeschichte lautet: *„Obwohl ich jetzt das Schicksal hatte, dass ich nicht bei meinen leiblichen Eltern, bei meinen leiblichen Geschwistern leben konnte, hab ich den Eindruck, im Nachhinein, nachdem ich jetzt die Gesamtsituation kenne, da ich meine leibliche Mutter heute kenne und meine Geschwister sehe, wie sie leben, wie sie ihr Leben verbracht haben, aus den Erzählungen heraus, muss ich sagen: Das ist das Beste, was mir passieren konnte. Insofern bin ich nach wie vor sehr froh mit meinem Leben. Und zufrieden und eigentlich auch jederzeit ganz intensiv dankbar meinen Eltern."*

3.4 Daniela

Daniela war zum Zeitpunkt des Zusammentreffens mit den leiblichen Eltern 14 Jahre alt und wurde von ihren Adoptiveltern dabei begleitet. Die Initiative zum Treffen ging von einer Familienberaterin des Jugendamtes aus, zu der die Familie Kontakt hatte. Nach einer ersten Interviewanfrage für die vorliegende Studie und einer kurzen Rückantwort ihrerseits meldete sich Daniela über sechs Monate nicht mehr. Dann kam das Interview nach einer erneuten Anfrage des Verfassers jedoch innerhalb von zehn Tagen zustande. Sie sagte am Rande des Interviews, dass sie in der Zwischenzeit andere Prioritäten in ihrem Leben hatte (Wechsel des Ausbildungsplatzes), die Adoptionsgeschichte in diesem Zeitraum weniger relevant war. Im Interview sind im Verhältnis zu den anderen Interviews recht wenige Erzählanteile zu finden, häufiger sind Argumentationen oder Beschreibungen. Daniela war mit 18 Jahren die jüngste Interviewpartnerin. Sie präsentierte sich als selbstbewusste, kommunikative junge Frau.

Daniela wurde schon wenige Wochen nach ihrer Geburt von ihren Eltern adoptiert und wuchs in einer ostdeutschen Großstadt auf. Ihre Geburt fiel mitten in die Zeit der politischen Umbrüche in der damaligen DDR. Zu ihren Eltern hat sie nach eigener Beschreibung ein positives, vertrauensvolles Verhältnis, auch wenn sie sich mit ihrer Mutter häufig und heftig streitet. Sie bekennt sich klar als Kind ihrer Adoptiveltern und beschreibt ihre *„Kindheit – war alles ziemlich glücklich. Ich hab auch immer viel Liebe von meinen Eltern erfahren."* Auch der erweiterte Familienkreis ist für sie wichtig. So pflegte sie z.B. eine intensive Beziehung zu ihrer Großmutter, welche 2 Jahre vor dem Interview verstorben war. Einen großen Schwerpunkt in ihrer Lebensgestaltung bildet ihr umfangreicher und teilweise langjähriger Freundeskreis. Sie erlebt Freundschaft als gegenseitiges Füreinander-Dasein und ist selbst auch bereit, Freundinnen und Freunden in Notsituation zur Seite zu stehen. Im Vergleich mit den Familien ihrer Freunde findet sie, dass sie es in ihrer Familie besonders gut getroffen habe. Dies wird ihr auch von den Freunden so gespiegelt. Von ihrer Adoption weiß sie von Anfang an. Sie hat diese als Bestandteil ihres Lebens akzeptiert und eingeordnet und empfindet das nicht als Problem. Im Nachgespräch des Interviews betont sie nochmals, dass sie Adoption generell positiv interpretiert und froh ist, bei ihren Adoptiveltern aufgewachsen zu sein. Dies kommt bereits in der Eingangssequenz des Interviews zum Ausdruck: *„Ich wurde als Adoptivkind von meiner Mutter abgegeben, war dann anscheinend zwei Wochen im Krankenhaus – ohne Eltern. Dann haben meine Eltern, also meine jetzigen Eltern, mich als Pflegekind in die Familie geholt und im [Datum: ca. 3 Monate nach Geburt] irgendwann war dann das Adoptionsverfahren abgeschlossen und ich somit richtig ein Teil dieser Familie."* Diese Textstelle ist die einzige im Interview, in der sie von ihrer leiblichen Mutter explizit und nur als *„Mutter"* spricht, ohne weiter Spezifizierungen wie „leibliche Mutter". Später verwendet sie die Vokabeln „Mutter" oder „Mutti" fast ausschließlich für ihre Adoptivmutter. Sie wurde *„abgegeben"*, war also Objekt fremden Handelns. Diese Vokabel zeigt bereits eine aktuelle Bewertung durch Daniela: Abgegeben werden Dinge, die man nicht mehr braucht, derer man sich entledigen will. Das Wort ist negativer gestimmt als z.B. „überlassen", jedoch deutlich positiver als z.B. „wegwerfen". Daniela wertet, dass das Kind (also sie selbst) offenbar nicht gebraucht oder nicht gewollt war, also *„abgegeben"* wurde – immerhin von der Person, die sie hier *„Mutter"* nennt. Die zukünftigen Adoptiveltern *„holen"* das *„abgegebene"* Kind. Mit dem letzten Satz dieses Abschnittes definiert sie klar und deutlich ihre Zugehörigkeit als *„richtiger Teil dieser Familie."* Familie ist ein wesentliches Thema dieses Interviewgesprächs. Davon nimmt jedoch nur einen minimalen Teil das Thema

Adoption und Herkunftsfamilie ein. Wenn Daniela das Forschungsinteresse des Interviewers nicht zumindest in groben Zügen bekannt gewesen wäre, wäre dieses Anliegen vermutlich noch wesentlich kürzer gekommen. Doch auch so liegt der Textanteil deutlich unter 10%. Das zeigt die geringe Relevanz dieses Themenbereiches für Danielas Biografieerzählung. Die Adoptivfamilie wird von Daniela ganz selbstverständlich bereits in den ersten Sätzen des Interviews als die richtige Familie identifiziert. Über ihre Kindheit und das Leben in der Familie sagt sie gleich zu Anfang des Interviews aus: *„Meine Kindheit, also es war alles ziemlich glücklich. Ich hab auch immer viel Liebe von meinen Eltern erfahren. Also: Ich wurde nie benachteiligt. Ich hab keine Geschwister, bin deswegen auch ausgesprochenes Wunsch- und Einzelkind. Vielleicht auch ein bisschen verwöhnt immer gewesen. Meine Mutti ist ziemlich streng. Dadurch hab ich auch eigentlich gute Benimmregeln und weiß halt, wo es lang geht so. Sie ist auch eine sehr intelligente Frau. Also ich hab auch immer viel vorgelesen bekommen und es wurde halt viel Wert auf Bildung gelegt.“* Sie legt sich gleich am Anfang des Interviews auf eine Bewertung ihrer Familie und Eltern fest. Damit verschafft sie sich eine sichere Ausgangsbasis, von der aus sie ihre Lebenserzählung gestalten will. Gleichzeitig ist es eine historische Verortung der Identität – von dieser Familie aus hat sie auch ihre kulturellen Wurzeln, die sie mit einem kurzen Hinweis auf *„gute Benimmregeln“* andeutet. Ohne diese positive Grundstimmung zu verlassen, weist sie auch gleich zu Anfang auf das Konfliktfeld Mutter-Tochter hin. Aus dem familiären Kontext entspringt auch die hohe Wertschätzung von Bildung, die im Interview immer wieder zum Vorschein kommt – besonders in Bezug auf Schule und Lehrausbildung. Im Folgenden bestätigt sie immer wieder, dass sie sich an eine glückliche Kindheit erinnert und als Einzelkind eine exponierte Stellung innerhalb der Familie innehatte.

Die Grundschulzeit und die ersten Jahre auf dem Gymnasium verliefen nach ihrer Erzählung recht harmonisch und spannungsfrei. In der achten Klasse wechselt Daniela vom Gymnasium auf die Realschule. Das wird von ihr als Niederlage und diese Zeit generell als sehr schwierig interpretiert. Sie befand sich in der Phase der Pubertät. In der neuen Schule erfuhr sie zunächst Ablehnung, fand sich dann aber doch gut in die neue Situation hinein. Ungefähr in dieser Zeit besucht die Familie gemeinsam eine Familienberatung, da die Streitigkeiten, insbesondere zwischen Mutter und Tochter, an Intensität stark zugenommen haben. Im Zusammenhang mit dieser Therapie finden auch die ersten Begegnungen mit der leiblichen Mutter und dem leiblichen Vater im Jugendamt, in Anwesenheit ihrer Adoptiveltern, statt: *„Ich kam zur fünften Klasse aufs Gymnasium, da gingen dann die Schulproblem so ein bisschen los. Gerade Mathematik und solche Fächer. Fiel mir nicht so leicht. In der siebten Klassen, also bis zur siebten ging es noch und ich bin dann zum Halbjahr Achte auf die Realschule gewechselt. Das war eine nicht einfache Zeit. Da waren meine Eltern auch nicht besonders glücklich mit mir. Wir haben uns auch sehr viel gestritten. Gerade dann noch an der Realschule [...] Und deswegen sind wir dann [...] zu dieser Familientherapie ins Jugendamt gegangen. [...] Und [dort wurde der] Denkanstoß gegeben: Ja, wie wäre es denn, wenn die Daniela mal ihre richtigen Eltern kennen lernt.“*

Sie sieht das Nachlassen ihrer schulischen Leistungen als Auslöser für die damaligen Probleme und Schwierigkeiten, wie man zum Beispiel an der verstärkenden Äußerung *„gerade dann noch an der Realschule“* ablesen kann. Daniela erwähnt nicht, dass sie sich mitten in der Pubertät befand und entsprechenden hormonellen, körperlichen und psychischen Veränderungen ausgesetzt war, was als unvermittelt von außen kommende Ursache ein naheliegendes Erklärungsmuster wäre. Sie bleibt bei sich und ihrem Handeln innerhalb der Familie, der Schule und im Freundeskreis.

Gemeinsam mit ihren Eltern geht sie zur Familienberatung im örtlichen Jugendamt, die sie, wie sich später herausstellen wird, negativ in Erinnerung behält. Sie spricht von „Therapie“, identifiziert also den damaligen Zustand zumindest in Teilen als „Krankheit“, die durch die Therapie geheilt werden kann – analog möglicherweise zur Psychotherapie. Durch die Beraterin wird das Thema Herkunftssuche in diesem Zusammenhang als „therapeutische Maßnahme“ ins Gespräch gebracht. In der Zwischenzeit, also von der Geburt bis zur Pubertät, scheint das Thema Adoption keine signifikante Rolle gespielt zu haben und auch jetzt wird es von außen als „Problem“ in die Biografieerzählung hineingetragen.

Dennoch beschreibt sie die Erwartung an das Treffen, sich selbst im anderen wiederzuerkennen, zu spiegeln, eigene Charakterzüge zu entdecken. Gegen Ende des Interviews wird ihr konkret diese Frage gestellt. Sie antwortet mit einer Mischung von Erzählung über sich selbst und eigenen Theorien über die biografische Aneignung der Adoptionsgeschichte: *„Ja, die Frage hab ich mir selbst wirklich schon oft gestellt. Und darauf noch nie eine Antwort gefunden. […] Vielleicht, weil man immer irgendwie denkt, ja – etwas Besseres? Weiß ich nicht. Vielleicht hofft man, sich irgendwo selbst wiederzusehen. Weil: Wir suchen ja alle nach Menschen, die und von der Seele her ähnlich sind. Vertraut oder verwandt, oder wie man das auch immer nennen mag. […]Man wünscht sich jemanden, der dann auch da sein muss. Der jetzt nicht einfach weggehen kann, egal was ist. Auch wenn die das vorher gemacht haben. Aber vielleicht – die Leute, die anfangen zu suchen, die hoffen einfach, sich selbst zu finden?“* Die Idee, etwas Besseres als die Adoptivfamilie zu finden, lehnt sie ab oder bezweifelt sie zumindest für sich selbst. Das optische, habituelle und charakterliche Wiedererkennen schien eher eine Rolle zu spielen. Auch wenn sie in der unpersönlichen Form von „man“ spricht, meint sie hier auch sich selbst. Sie zieht einen Vergleich mit den Erfahrungen, die sie zuhause macht, wo sie sich als von ihrer Mutter in vielen Punkten als vollkommen unterschiedlich erlebt. So suchte sie auch ein Stück identitäre Spiegelung in der leiblichen Familie. Mit der Aussage: *„Der jetzt nicht einfach weggehen kann, egal was ist“* drückt sie aus, dass sie sich ein Stück Verlässlichkeit und Halt jenseits der Adoptivfamilie erhofft hatte. Allerdings grenzt sie diese Erwartung sofort wieder damit ein, dass bei ihr ja beide Eltern weggegangen sind, als sie gerade erst geboren wurde: *„Auch wenn die das vorher gemacht haben.“* Mit dem letzten Satz wird sie wieder etwas allgemeiner und redet von *„den Leuten, die anfangen zu suchen“.* Sie schließt ihre Gedanken mit in einer allgemeinen Vermutung ab: *„die hoffen einfach, sich selbst zu finden.“* Es ist wahrscheinlich, dass dieser Gedanke auch bei ihrer Herkunftssuche eine Rolle spielte.

Die faktische Begegnung mit ihrer leiblichen Mutter beschreibt sie aus der Retrospektive wenig euphorisch. Bereits zu Anfang des Interviews stellt sie ihre Prioritäten noch einmal deutlich dar: *„dass ich dann meine neue Mutter, also faktisch ja meine richtige – ich würde sie jetz mal C nennen, einfach weil: Ich sag nicht ‚Mutti‘ zu der“* Ab diesem Moment ist die Vokabel „Mutter“ im Interview wieder eindeutig der Adoptivmutter zugeordnet. Die Beschreibung der leiblichen Mutter klingt distanzierend: *„Sie ist aus einfachen Verhältnissen. Und der Familienzusammenhalt bei denen ist* auch *nicht so gut. Also kein Vergleich zu dem, was ich kenne. Aus meiner Adoptivfamilie.“* Sie bekennt sich erneut deutlich zu ihrer Adoptivfamilie und grenzt sich ebenso deutlich von der Familie der leiblichen Mutter ab.

Direkt im Anschluss erzählt sie von der Begegnung mit ihrem leiblichen Vater, die sie deutlich positiver interpretiert. Die beiden fanden schnell einen Draht zueinander, Daniela entdeckte sich in seinem Charakter, seinem Aussehen und seinem Habitus wieder. Dennoch entwickelte sich auch zu ihm kein dauerhaft enges Verhältnis, was sie mit seinen jetzigen Lebensumständen und der aktuellen Lebenspartnerin, die eine Beziehung zwischen den beiden sehr kritisch sieht, begründet: *„Ich glaub, er würde sich das wünschen, aber er steht halt unter ihrer Fuchtel."* Aus diesem Satz spricht auch ein wenig ihre eigene Hoffnung auf mehr Kontakt, aber sie kann sich auch so mit der Situation abfinden, wie sie ist. Auch einige leibliche Halbgeschwister hat sie getroffen. Jedoch haben auch diese Begegnungen sie eher enttäuscht und keinen relevanten Einfluss auf ihre Lebensgestaltung und -interpretation ausgeübt. Resümierend sagt sie: *„Es hat, die ganze Geschichte, das hat mich jetzt, also ich hab mich einfach gefreut, dass es, wie als würde sich das ein Stück alles zusammenfügen da in dem Puzzle des Lebens, wenn man dann seine richtigen Eltern noch kennen lernt. Aber ich kann nicht sagen, also es hat mich jetzt nicht wirklich weiter gebracht."* Durch die Metapher des Puzzles ihres Lebens, das sich durch die Begegnung mehr zusammenfügt, sagt sie aus, dass sie sich in ihrer Identität durch die Begegnung mit den leiblichen Eltern vollständiger fühlt und sie so ihre Identitätskonstruktion besser sortieren kann. Sie hat auf diese Weise eine bisher unklare Lücke ihrer Biografie auffüllen können und so eine unbeendete Sinn- und Handlungskonzeption zu Ende führen können. Zum Abschluss des Interviews sagt sie: *„Auf Eltern leg ich persönlich jetzt einen ziemlich großen Wert. Aber man erkennt dann wahrscheinlich auch, dass das zuhause halt die Eltern sind. Und nicht das Biologische."* Daniela hat zumindest teilweise gefunden, was sie suchte. Sich selbst zu finden war vielleicht ihr ursprünglicher Anspruch, aber sie kann auch mit den jetzigen Ergebnissen der Herkunftssuche gut leben. Sie hat sich ihre eigene Geschichte angeeignet, sich ihrer bemächtigt und durch die Begegnung mit ihren leiblichen Eltern *„in dem Puzzle des Lebens"* fehlende Stücke einsetzen können. Für die Klärung der Vergangenheit waren die Begegnungen wichtig, jedoch haben sie für ihre Gegenwart und die Zukunft momentan wenig Relevanz.

Ein zentrales Ereignis in ihrem bisherigen Leben war dagegen der oben erwähnte Schulwechsel. Sie berichtet, dass dadurch, neben dem Statusverlust, ihr im sozialen Bereich große Probleme entstanden. Sie wurde in der neuen Schule ausgegrenzt, gemobbt und musste sich erst wieder eine Position erkämpfen, was ihr jedoch mittelfristig gelang: *„Nach einem halben Jahr haben die auch gemerkt, dass ich ein ganz netter Mensch bin. Und ich dann auch da eigentlich gute Freunde gefunden. Aber meine Gymnasialfreunde hab ich trotzdem behalten. Also die hab ich jetzt wirklich seit der fünften Klasse. Das ist halt so mein Freundeskreis."* Freundschaften sind für Daniela zentrale Bausteine ihres sozialen Lebens und ihrer Identität, was als alterstypisch anzusehen ist. Mit ihrem umfangreichen Freundeskreis erlebt sie intensiv Höhen und Tiefen, taucht als Teenager in das Partyleben eines Szeneviertels ein, kommt mit legalen und illegalen Drogen in Kontakt. Immer stehen ihr jedoch verlässliche Freunde zur Seite und auch sie ist bereit, in Freundschaften viel zu investieren. An den sozialen Kontakten innerhalb ihrer Peergroup liegt ihr sehr viel und Freundschaft bedeutet für sie auch Treue und Vertrauen, nicht nur Oberflächlichkeit: *„Freunde und Familie stehen bei mir auf einer Stufe, weil halt beide wichtig sind. Ich könnte jetzt nicht sagen, was mir mehr wert wäre. Meine Freunde haben in einer gewissen Zeit meines Lebens einfach mehr mit mir geteilt, als meine Eltern. Das ist ja auch klar, wenn man jung ist."* Sie spricht sehr ausführlich über ihre Freundschaften (fast 20% des gesamten Interviewtextes). Dabei porträtiert sie mehrere der ihr nahe stehenden Freunde, beschreibt Konflikte oder Momente, in denen sie diesen hilfreich zur Seite stand. Die Menge und auch der verhältnismäßig hohe Anteil an Erzählelementen innerhalb dieser Sequenz deuten darauf hin, dass dieses Thema für Daniela eine zentrale Bedeutung hat.

Nach dem Realschulabschluss begann sie eine Lehre als Verkäuferin bei einem großen Lebensmitteldiscounter. Dieser Übergang von der Schule zur Lehre wird von ihr als Schritt zum Erwachsensein interpretiert und sie beobachtet an sich selbst eine Entwicklung zu mehr Ernsthaftigkeit und Selbstkontrolle. Stets beschreibt sie sich als aktiv Handelnde und interpretiert auch Niederlagen nicht fatalistisch oder systemgegeben. *„Und da [hat] man erst mal wirklich gemerkt, so als Sechzehnjährige mit ganz vielen Flausen im Kopf, wie die Arbeitswelt ist. Wahrscheinlich war ich damals noch ziemlich unbedarft. Aber man bekommt dann wirklich Disziplin eingeprügelt. Gerade in so einem Unternehmen wie [Discounter-Name]. Da muss man dann spuren. Da wird man auch selbstbewusst bei sowas. Weil man einfach lernt, nach außen hin zwar zu tragen, dass man die Anforderungen erfüllt, aber was dann in einem drin passiert, ist ja dann noch mal was anderes. Da denkt man sich dann seinen Teil. Aber das muss man auch erst mal lernen. Ich bin auch so ein Typ, ich trag mein Herz eigentlich ziemlich auf der Zunge. Und das fällt mir immer schwer, gegenüber Vorgesetzten nicht laut und offen meine Meinung rauszubrüllen und dort einen Aufstand zu machen.“* Sie interpretiert Selbstdisziplin als Selbstbewusstsein bzw. wird durch die retrospektive Beobachtung, dass sie sich in entsprechenden Situationen im Zaume halten konnte, ihr Selbstbewusstsein gestärkt. An dieser Stelle ist gut zu sehen, wie durch die Erzählung der Lebensgeschichte Ereignisse uminterpretiert werden können: Nachdem sie *„Disziplin eingeprügelt“* bekam, was nicht unbedingt ein positives Selbstbewusstsein bewirkt, interpretiert sie ihren Umgang damit sowie ihr Bestehen in diesem System aus aktueller Sicht als Stärke. Sie transformiert die ursprüngliche Demütigung ihres Selbstbewusstseins oder ihres Identitätsempfindens in eine Stärkung desselben. Die folgende Evaluationssequenz zeigt, dass ihr dieser Lernprozess nicht leicht gefallen ist. Es ist nicht sicher, ob sie ihre Eigenschaft, ihr *„Herz eigentlich ziemlich auf der Zunge“* zu tragen als Stärke oder als Schwäche sieht – vermutlich interpretiert sie dies wertneutral und einfach als zu ihr gehörig. Mindestens hat sie erreicht, dass sie in bestimmten Problemsituationen kopfgesteuert reagieren kann und nicht sofort emotional reagiert. Diesen Entwicklungsprozess nimmt sie positiv wahr. Schließlich berichtet sie von dem Zwischenerfolg, dass sie den schulischen Teil ihrer Ausbildung mit „sehr gut“ abgeschlossen hat und wendet sich dann dem Lehrstellenwechsel zu. Zum Zeitpunkt des Interviews war sie am Ende des dritten Ausbildungsjahres als Fachverkäuferin. Das dritte Lehrjahr absolviert sie in einem Szene-Modeladen eines Bekannten, nachdem sie bei dem Discounter nicht ins dritte Jahr übernommen wurde: *„Die Ausbildung an sich, das Arbeiten, das hat bei [Firmenname] einfach keinen Spaß gemacht. Kassieren wird nie mein Lebensinhalt und war es halt auch nicht. Das wurde leider von meinem Vorgesetzten bemerkt. Was heißt: Leider? Im Nachhinein wahrscheinlich: Zum Glück. Nach der Prüfung bin ich halt arbeitslos geworden, weil ich das dritte Lehrjahr nicht bekommen habe. Aufgrund dessen, dass ich nicht ins Unternehmen gepasst hätte. Und jetzt habe ich durch Zufall von einem Freund erfahren, der halt in diesem Hip-Hop-Laden tätig ist, dass die noch jemanden suchen. Und mit ganz viel Glück und Engagement wurde ich da noch auf ein drittes Lehrjahr eingestellt.“*

Zu diesem Lebensabschnitt (der aktuell noch gar nicht lange zurückliegt, sondern sich zum Zeitpunkt des Interviews fortsetzte) bringt sie eine rückblickende Einschätzung: *„Da hab ich mich in der Hinsicht wirklich richtig verbessert, auch durch die Ausbildung. Dass man dann vielleicht auch mal mitbekommt, wie viel der Mond wiegt und dass es nun mal nicht alles nur Friede-Freude-Eierkuchen ist. Also ich hab auch auf jeden Fall im Freundeskreis da viele schlimme Szenen miterlebt und gesehen, die vielleicht auch für das Alter damals noch nicht gemacht waren. Deswegen denke ich eigentlich, dass ich mit meinen achtzehn Jahren relativ reif bin und vielleicht schon ein bisschen mehr mitbekommen hab, als andere in meinem Alter. Was mir inzwischen zum Vorteil* *wird. Aber damals halt nicht so. Ich ärgere mich im Nachhinein, dass ich mein Gymnasium verdaddelt und das Abitur nicht gemacht hab. Weil – ich wäre auch gern in die psychologische Richtung gegangen. Hätte vielleicht auch etwas mit Kindern und Jugendlichen gemacht. Aber Handel ist auch okay. Ist jetzt zwar nur die zweite Wahl, aber man kann sich da ja auch weiter entwickeln.“*

Sie zieht, trotz manch erlebter Niederlage, eine positive Bilanz der gesamten Ausbildungsgeschichte und erkennt an, dass einige Weichen in eine bestimmte Richtung gestellt sind, was sie nur noch schwer rückgängig machen kann. Aufschlussreich ist, dass sie weniger über die formalen Lerninhalte reflektiert, sondern darüber resümiert, was sie aus dem Verlauf für sich selbst und für ihre Persönlichkeitsentwicklung gelernt hat: *„Und so hat sich halt alles stabilisiert und ist ein bisschen erwachsener geworden und ruhiger.“* Unklar ist für Daniela noch, wohin sie sich beruflich weiterentwickeln will. *„Und beruflich hab ich wirklich noch keine Ahnung. Also überhaupt nicht.“* Mit dieser Aussage, die völlig altersgemäß ist, schließt sie das Thema Bildung und Beruf im Interview ab. Unmittelbar vorher sagt sie im selben Abschnitt, dass die Arbeit und der Beruf für sie nicht zentrale Lebensinhalte sind, sondern eher individuelle, beziehungsbezogen Themen für sie schwerer wiegen: *„Ich glaube, das ist einfach bei mir wichtig, dass ich mich wohl fühle und dass ich immer weiß, dass ich jemanden habe, auf den ich mich verlassen kann. Dem ich vertraue. Dass ich jetzt nie allein dastehe. Ich glaube, die Menschen, die mir nahe stehen, die sind mein Lebensinhalt. Das würde ich sagen. Also jetzt nicht aufopfernd oder so, sondern dass ich einfach wissen muss, dass ich nicht alleine bin.“*

Daniela entwickelt ihre Identität vor allem entlang der Interaktionen in den Bereichen Familie, Bildung und Beruf bzw. Freundschaften. Sie sagt von sich selbst, dass sie eine Kämpferin sei, die Widerstände und Probleme offensiv angeht: *„Nee, da muss ich dann durch und das mach ich dann auch. Also ich geb nicht so schnell klein bei.“* Sie möchte die Gestaltung ihres Lebens selbst in die Hand nehmen und schöpft die Kraft dafür aus einem sicheren Identitätsgefühl heraus. Diese Sicherheit speist sich zu großen Teilen aus dem starken Zugehörigkeitsgefühl und dem Vertrauensverhältnis – trotz aller Schwierigkeiten – in ihrer Adoptivfamilie.

Daniela interpretiert sich selbst als initiativ und aktiv handelnde Persönlichkeit, die den Konflikt nicht scheut und Schwierigkeiten am liebsten selbst überwindet, auch wenn sie hierfür die Hilfe ihrer Freunde oder ihrer Eltern annehmen kann. Ihr Status als Adoptierte ist für sie momentan eher ein Randthema, welches sich in das große Rahmenthema „Familie“ einfügt. So entwickelt Daniela eine stimmige und kohärente Evaluation ihrer Biografie.

3.5 Elisabeth

Elisabeth wurde Mitte der 70er Jahre in einer Kleinstadt Mitteldeutschlands geboren, in deren Nähe sie bis heute lebt. Zum Zeitpunkt des Interviews war sie 32 Jahre alt.

Nachdem sie aufgrund von Kindeswohlgefährdung durch Vernachlässigung von der Jugendfürsorge als Säugling von ihrer Mutter getrennt wurde, lebte sie lange Zeit in verschiedenen Kinderheimen. Im Alter von 9 Jahren wurde sie von einem Ehepaar adoptiert, die einige Zeit zuvor ihren leiblichen Sohn bei einem schweren Verkehrsunfall verloren hatten. *„Die haben mich im Prinzip als Ersatz geholt, auch wenn sie es vielleicht jetzt nicht so würden hören wollen. Aber letztendlich war es ja doch irgendwie ein Ersatz.“* Diese Rolle als *„Ersatz“* konnte die Neunjährige kaum auszufüllen. Sie begegnete einerseits starken Erwartungen, andererseits einer Überängstlichkeit ihrer Adoptiveltern. Dennoch berichtet sie von einer überwiegend positiv geprägten Kindheit, was teilweise im Gespräch durch Belegerzählungen untermauert wird. Über ihren Adoptionsstatus wusste sie von Anfang an Bescheid, so dass sich kein Geheimnis oder Tabu in der Familie aufbauen konnte. Ob über die leibliche Mutter oder ihre Herkunft in der Familie gesprochen wurde, ist aus dem Interview nicht zu entnehmen. Trotz einiger Eingewöhnungsschwierigkeiten sind die Adoptiveltern für sie fraglos die richtigen Eltern. In diesem Bekenntnis schwingt häufig auch Dankbarkeit mit: *„Wer weiß, was aus mir geworden wäre, wenn, sie mich nicht adoptiert hätten?"*

Über konkrete Kindheitserlebnisse berichtet Elisabeth relativ wenig. Durch die häufigen Ortsveränderungen – sie lebte in den ersten neun Lebensjahren in drei verschiedene Heimen und bei einer Pflegefamilie – gab es viele Brüche im sozialen Gefüge, so dass es ihr in der Kindheit kaum gelang, verlässliche Freundschaftsbeziehungen aufzubauen: *„Ich war immer fast wie ein kleiner Außenseiter."* Sie berichtet häufig von Erfahrungen des Alleinseins, des Kämpfen- und Aushaltenmüssens: *„Geärgert wurde ich auch oft (lacht bitter)."* Freundschaften oder verlässlichere soziale Kontakte entwickelten sich bei ihr erst später: *„Und hier [ihre momentane Situation] hab ich gute Freunde gefunden. Das ist eigentlich immer schön. Aber, wie gesagt, aus meiner Schulzeit, da leg ich auch gar keinen Wert drauf."* Wichtige Kontaktmedien sind für Elisabeth die Web 2.0-Communities. Hier findet sie alte Bekannte wieder – auch längst verschollen geglaubte Beziehungen aus den Heimzeiten. Diese Kontakte bleiben jedoch meist auf der virtuellen Ebene.

Vermutlich durch die vielen Wechsel der Bezugspersonen und des sozialen Umfeldes hat Elisabeth für ein Verhaltensmuster des Einpassens und „Funktionierens" im Gesamtsystem von Heim, Gesellschaft, Schule und Familie entwickelt. Ihr kindliches Bindungsmuster, soweit es sich aus dem Interview erahnen lässt, hatte viele unsichere Anteile, was aufgrund der Situation schlüssig erscheint: Leistung und Gehorsam/Funktionieren waren in einem Heim der 70er Jahre in der DDR (wohl auch in der damaligen Bundesrepublik) gute Wege, um das Leben dort erfolgreich zu gestalten. In ihrer Erzählung ist eine Tendenz zu beobachten, negative Kindheitserfahrungen und Erlebnisse zu versachlichen. Sie betrachtet und bearbeitet diese von der Metaebene her.

Als sie im Alter von 19 Jahren von zuhause auszieht, löst das eine starke familieninterne Krise aus: *„Ich weiß, dass sie [die Mutter] viel geweint hat." „Sie hat gedacht, sie verliert mich jetzt, in dem Moment. Aber das ist ja nicht so, oder? Also das war für <u>mich</u> auch so schwer. In der Zeit. Ich habe auch lange gebraucht, bis ich wieder ein normales Verhältnis zu meinen Eltern hatte."* Der Auszug wird von Elisabeth als *„Befreiung, atmen können"* erlebt. Ohne es direkt mit diesem Ereignis in Verbindung zu bringen, nimmt sie an sich selbst in der Folge eine positive, selbstbewusstere Entwicklung wahr: *„Ich hab mich dann auch erst so mit zwanzigeinundzwanzig auch vom Wesen her, einfach von der Art her ein bisschen verändert. Ich bin aufgeschlossener geworden, lockerer geworden. Wie gesagt, durch die anderen Freunde dann. Also so, wie ich jetzt so bin, war ich früher nicht (lacht)."* Ihr Selbst- und Weltbild beruht auf Selbstverantwortung: *„Ich sag immer: Es ist jeder selber schuld." „Das muss auch jeder selber für sich entscheiden."* Sie beschreibt sich selbst als initiativ und zielstrebig, insbesondere was die Zeit nach der Schulausbildung betrifft.

Nach ihrem Auszug und den damit verbundenen Schwierigkeiten entwickelte sich später wieder ein positives, entspanntes Verhältnis zu ihren Eltern. Beruflich orientierte sie sich im Verwaltungsbereich und absolvierte eine Ausbildung in der Kommunalverwaltung. Mit einigen Unterbrechungen arbeitete sie bis heute in verschiedenen Ämtern, bildete sich regelmäßig weiter und definiert sich stark über ihren Beruf, in dem sie weiterkommen möchte. Sie arbeitet in einem Amt und hegt viel Vertrauen in amtliche Aussagen, interpretiert diese relativ fraglos als Wahrheit. Aus diesem Zusammenspiel von Struktursicherheit und Selbstverantwortung für das eigene Leben gewinnt sie Sicherheit und Entwicklungsperspektiven.

Ihre Herkunftssuche begann Elisabeth ein Jahr vor dem Interview im Alter von etwa 30 Jahren eher zufällig und durch äußere Umstände befördert. Im Rahmen eines Praktikums in einer anderen Stadt wurde sie durch eine Mitarbeiterin auf die Möglichkeit gestoßen, ihre leibliche Familie kennen zu lernen. Sie verschaffte sich Akteneinsicht. Da sie den Namen ihrer leiblichen Mutter kannte, gelang dies recht problemlos. Durch eine andere Kollegin fand sie heraus, dass es wohl auch noch mehrere leibliche Geschwister gibt. Diese Information war zusätzlicher Anstoß für Elisabeth, sich mit ihrer Herkunftsfamilie zu beschäftigen. Die Intensität, mit der sie die Suche begann, war dennoch relativ gering. Es passierte eher beiläufig und wurde durch Zufälle befördert. Genau genommen ergriff nicht einmal Elisabeth selbst die Initiative, sondern die Kollegin, die über die notwendigen Verbindungen verfügte, so dass schnell alle Informationen parat waren. Ihr Desinteresse an der Herkunftsfamilie begründet Elisabeth damit, dass sie als Kind den Adoptionsprozess schon sehr gut mitbekommen hatte, es also kein großes Geheimnis um die Adoption in der Familie gab. Sie lebte die ersten Jahre in verschiedenen Heimen. Fremdplatziert zu werden, war für Elisabeth von Geburt an normaler Alltag. Dazu gehörte auch, möglichst keine zu engen Bindungen zu entwickeln, da diese ständig in Gefahr standen, wieder gekappt zu werden. So war auch die Herkunftssuche für sie nicht mit großen Emotionen besetzt, zumindest was die leibliche Mutter aus ihrer retrospektiven Betrachtung heraus betrifft. Spannender und faszinierender fand sie dagegen, den Kontakt zur selben Generation, also zu ihren leiblichen Halbgeschwistern herzustellen. In dieser Hinsicht ging sie später mit größerer Intensität an die Kontaktaufnahme heran.

Für Elisabeth stand vor allem Forscherdrang (ihr boten sich innerhalb der Verwaltung gute Möglichkeiten, an Informationen zu gelangen) im Vordergrund. Aber auch die Klärung ihrer Vergangenheit bzw. eine selbstempfundenen Unvollständigkeit in ihrer Identität spielten eine Rolle. Es ging um die Frage nach dem „Warum?“ des Weggegebenseins und der anschließenden Zeit im Heim. Elisabeth fühlte sich mehrfach weggegeben: zuerst von der leiblichen Mutter, wobei sie das eher als rettendes Herausgenommenwerden interpretiert. Danach fand sich keine Pflege- oder Adoptivfamilie für sie, was wieder als Zurückweisung gedeutet werden kann. Für sie war die Frage nach dem „Warum?“ mindestens unbewusst wichtig für ihre biografische Aneignung der Adoptionsgeschichte. Themen waren daneben fehlende Kohärenz der eigenen Lebenserzählung, Unverständnis und möglicherweise ein individuelles Minderwertigkeitsempfinden, gegen das sie sich auflehnte. Außerdem ging es ihr darum, ihre biografische Erzählung vervollständigen zu können, ihre eigene Geschichte zu verstehen und sich so emotional, kognitiv, sozial und historisch verorten zu können. Für sie spielte zunächst stärker als eine persönliche Begegnung, das Wiederentdecken der Orte, an denen sie gelebt hat, eine große Rolle. So besuchte sie z.B. das Haus, in dem früher ihr Kinderheim untergebracht war. Mit den Augen der Erwachsenen die Plätze der Kindheit zu sehen bedeutet einerseits, die damaligen Emotionen zu reaktivieren, sich an schöne Erlebnisse zu erinnern, die alte Verbundenheit wieder zu spüren. Auf der anderen Seite heißt es auch, die eigene Geschichte anhand der Orte neu zu sehen, diese vielleicht auch neu zu deuten oder zu erzählen. Narration wirkt identitätskonstruierend.

Bezüglich ihrer leiblichen Mutter wollte sie den Kontakt langsam und gut dosiert aufnehmen. Ihr Interesse war, zunächst noch recht distanziert, *„bloß wissen, wie sie aussieht"* und zu *„schauen, was aus ihr geworden ist."* Elisabeth lag sehr daran, dass sie das Tempo des Geschehens und des Kennenlernens steuert. Aus den Akten hatte sie herausgelesen, dass sie in ihrer Kindheit von der leiblichen Mutter vernachlässigt worden war und deshalb von Amts wegen zur Adoption freigegeben wurde. Hier sind Verletzungen bei Elisabeth deutlich und es kommt auch immer wieder zu Schuldzuweisungen an die leibliche Mutter, auch wenn sie ihre Heimzeit als *„nicht schlimm"* beschreibt: *„Ich weiß, dass ich [...] aus dieser sozialen, unsozialen – oder wie sagt man das? In einer nicht so richtig wirklich sozialen Familie aufgewachsen bin. Meine leibliche Mutter war, soweit ich das herausfinden konnte, mehr oder weniger eine Trinkerin. Und wahrscheinlich mehr auf sich bedacht. Also verheiratet war die auch nicht. Und da bin ich halt vom Jugendamt entfernt worden aus dieser Wohnung, weil ich dort wohl mit nur so einer kleinen Gardine zugedeckt war. Naja, war alles nicht so toll. Da ist auch viel, das ich aus den Akten des Jugendamtes erfahren habe."* Im ersten Teil des Zitates ist zu bemerken, wie sie sich scheut, das Wort „asozial" auszusprechen. Vermutlich ist ihre Adoption aufgrund des § 249 DDR-StGB, des sogenannten „Asozialenparagrafen" zustande gekommen. Dort wurde „asoziale Lebensweise", z.B. nicht zu arbeiten oder keinen festen Wohnsitz zu haben usw., als Straftatbestand gesehen, aufgrund dessen das Erziehungsrecht entzogen werden konnte. „Asozial" ist heute als Begriff nicht mehr politisch korrekt und gilt allgemein als Schimpfwort und starke Diskreditierung. Elisabeth windet sich in ihrer Aussage um dieses Wort herum, vielleicht auch, um nicht selbst mit dem Begriff in Verbindung gebracht zu werden. Die leibliche Mutter wird in erster Linie als Trinkerin gesehen, die sich nicht um ihre Tochter kümmerte. Dafür gibt es auch Belege in den Akten. So wurde Elisabeth *„halt vom Jugendamt aus dieser Wohnung entfernt."* Diesen Schritt interpretiert sie als Rettung. So ging sie recht nüchtern, fast schon distanziert an den ersten Kontakt mit ihrer leiblichen Mutter heran. Ihre Erwartungen waren nicht auf die Zukunft, eher auf die Klärung der Vergangenheit und der Vervollständigung der eigenen Biografie gerichtet. Bezüglich ihrer Ursprünge und der leiblichen Mutter waren bei Elisabeth manche schmerzenden Fragen offen, die sie mit der Herkunftssuche angehen wollte.

Als Elisabeth die aktive Aneignung ihrer Adoptionsgeschichte begann, zog sie ihre Adoptiveltern von Anfang an ins Vertrauen. Sie wurde von deren Seite her unterstützt und begleitet. Ihre Adoptivmutter war (auf Elisabeths Angebot hin) bei der ersten Akteneinsicht dabei. Für sie war dieser Schritt emotional sehr schwierig, sie hatte mit eigenen Verlustängsten zu kämpfen, wohl auch aufgrund des möglicherweise nicht vollständig verarbeiteten Traumas des tödlich verunglückten Sohnes. Elisabeth versuchte, sie zu beruhigen und der Situation die emotionale Schärfe zu nehmen, indem sie selbst sehr sachlich die Akteneinsicht anging und entsprechend ihrer Mutter gegenüber kommunizierte. Elisabeth gelang es, die Balance zwischen den Ängsten der Mutter sowie den eigenen Vorbehalten auf der einen Seite und ihrem Forscherdrang sowie eigenen Bedürfnissen auf der anderen Seite so zu halten, dass das Verhältnis zu den Adoptiveltern dadurch möglichst wenig belastet wurde. Durch die direkte Beteiligung der Adoptiveltern bei der ersten Akteneinsicht schaffte sie eine zusätzliche Vertrauensgrundlage.

Elisabeth bereitete die ersten Kontakte sehr vorsichtig vor. Sie informierte sich in den Akten über alles, was über die leibliche Mutter zu finden war. Daraus formte sich bei ihr eine Vorstellung über diese. Aufgrund dieses negativ gefärbten Bildes war sie von

Anfang an sehr darauf bedacht, die Kontaktfrequenz und auch das Tempo nach Möglichkeit selbst zu bestimmen. So versuchte sie es zuerst auf dem postalischen Weg. Ihre leibliche Mutter jedoch reagierte mit einem Telefonanruf, was Elisabeth völlig durcheinander brachte und in diesem Moment überforderte. Diese direkte Kontaktaufnahme der leiblichen Mutter wirkte auf Elisabeth abstoßend: *„Dann habe ich einen Brief an sie zurückgeschrieben. Und da hat sie mich dann gleich angerufen! Und das fand ich furchtbar, muss ich sagen. Denn ich sag mal so: Dreißig Jahre kann man nicht einfach mit ‚Ach naja, hallo', und ‚hihi' und so hinwegwischen. Das war für mich nichts. Das war für mich ein Überfall. Ich hab gedacht, man kann ja erstmal so langsam mit Briefkontakt beginnen. Nicht gleich kontinuierlich aber so immer mal wieder."* Elisabeth fühlte sich durch das Telefongespräch überrannt. So schnell wollte sie so viel Nähe nicht herstellen, ihr Plan der sukzessiven Annäherung ging nicht mehr auf und die Fäden des Geschehens drohten ihr zu entgleiten. Sie thematisiert auf der einen Seite, dass sie sich ja völlig fremd wären und es eine langsame Kontaktanbahnung gebraucht hätte. Auf der anderen Seite stand für Elisabeth die Schuldfrage immer noch im Raum, sowie Wut – sowohl über die damalige Vernachlässigung, als auch über die aktuelle Vereinnahmung.

Hinzu kam, dass die Kommunikationsebenen nicht kompatibel waren. Während es Elisabeth um Klärung der Vergangenheit und Aufarbeitung identitärer Lücken ging, versuchte die leibliche Mutter relativ belanglos ein Gespräch zu beginnen, ohne die Vergangenheit zu thematisieren: *„Ja, aber hat so getan, als würden wir wie, ach, ach, ja. Das, das war für mich so, so, so – ich kann nicht mit einer Frau reden, die ich dreißig Jahre nicht gesehen oder gehört hab! Von der ich weggenommen worden bin, ja?! Dass ich dann gleich auf normalem Wege mit ihr umgehe, das war für mich so – ja ich meine, sie weiß ja überhaupt gar nicht, wie ich bin, was ich mache, wie ich aufgewachsen bin oder so, ja? Und sie hat ja selber ihr Leben ihr Leben nicht wirklich auf de Reihe gekriegt!"* Elisabeth war wütend auf die leibliche Mutter, fühlt sich als Person nicht ernst genommen: *„Sie weiß ja überhaupt gar nicht, wie ich bin!"* Daneben deutet Elisabeth immer wieder auf deren Schuld oder Versagen hin. Die leibliche Mutter jedoch interpretiert die Situation völlig anders und so kommt es zu keiner befriedigenden Kommunikation. Beide Seiten checkten den Sozialstatus der jeweils anderen ab. Elisabeth fragte, ob die leibliche Mutter arbeitet, was diese verneint. Elisabeth definiert sich selbst stark über ihre Tätigkeit und hat sich stets initiativ um Arbeit bemüht, obwohl sie in einer strukturschwachen Gegend wohnt. Für sie ist die langjährige Arbeitslosigkeit (fast 20 Jahren) ein deutliches Zeichen sowohl eines schwachen Sozialstatus, als auch mangelnden Einsatzwillens. Für die leibliche Mutter hingegen scheinen der Führerschein und ein PKW (wie in DDR-Zeiten) Zeichen eines gehobeneren Milieus zu sein. Gegenüber dem Jugendamt (offensichtlich nicht ihrer leiblichen Tochter gegenüber) hatte die Herkunftsmutter angegeben, dass die Adoption eine Zwangsadoption gewesen wäre, vermutlich nach dem oben benannten §249 StGB der DDR („asoziale Lebensführung"). Das lehnt Elisabeth kategorisch ab, verweist auf Kindeswohlgefährdung (sie war das Kind!) und spricht deutlich von persönlicher Schuld. Eine anhaltende Wut gegenüber der leiblichen Mutter ist erkennbar. Elisabeth gewann die Erkenntnis, dass aufgrund dieser Ausgangslage ein näheres Kennenlernen für sie nicht wünschenswert sei. Es spielte das Bedürfnis mit hinein, sich nicht erneut verletzen zu lassen, also eine Schutzreaktion. Deshalb fuhr sie die postalische Taktfrequenz herunter und lässt keine weiteren persönlichen Kontakte zu. Das oben beschriebene Telefongespräch blieb das einzige. Es verlief für Elisabeth völlig unbefriedigend,

„furchtbar“. Sie fühlt sich überhaupt nicht in ihren Anliegen verstanden oder angenommen, findet keine Kommunikationsebene mit der Herkunftsmutter und spürt auch nicht, dass diese die Vergangenheit in irgendeiner Form mit Elisabeth gemeinsam aufarbeiten wolle. Elisabeths Erwartungen waren von vornherein nicht besonders hoch gesteckt. Es ging ihr nur um ein kurzes Sehen, Kennenlernen und den Abgleich von optischen Ähnlichkeiten. Durch den empfundenen *„Überfall“* des Telefonanrufes und die relativ belanglose Kommunikation der leiblichen Mutter fühlte sich Elisabeth abgeschreckt und reagierte mit Wut und Beschuldigungen bezüglich der Vergangenheit und der Gegenwart. Sie verweist immer wieder auf die unterschiedlichen sozialen Milieus und die mangelnde Eigeninitiative der leiblichen Mutter. Im Rahmen aller dieser Forschungsarbeit zugrundeliegenden Interviews ist Elisabeth die einzige, die sich überwiegend negativ zu den ersten Kontakten mit der leiblichen Mutter äußert. Der leibliche Vater war bereits einige Jahre zuvor verstorben, so dass mit ihm kein Treffen stattfand.

Intensiven Kontakt hat sie jedoch zu ihren leiblichen Geschwistern aufgebaut: *„Ich hab mich auch schon getroffen. Mit dem Jüngsten vor allem, der wohnt auch in D [Kleinstadt], wo ich auch wohne. Also ist man quasi in der gleichen Stadt groß geworden.“* Der Kontakt ist ihr sehr wichtig und sie pflegt ihn von ihrer Seite so gut es geht. Die ebenfalls adoptierten Brüder sind sogar genetisch vollständig ihre Geschwister, alle haben anscheinend denselben Vater (oder *„Erzeuger“*, wie es Elisabeth ausdrücken würde). Von Anfang an war Elisabeth stärker an den Brüdern als an der leiblichen Mutter interessiert: *„Mich hat dann schon mehr interessiert so: Ach, da sind ja noch ein paar Kinder nach mir gekommen. Ich bin auch die Älteste. Einziges Mädchen auch. Und hab dann halt erfahren, dass, äh, ja nach mir dann noch drei Kinder kamen. Drei Jungs, die auch alle adoptiert wurden. Gleich aber als Säugling. Ja und da hatte ich schon so mehr Interesse so, dass man sich auch mal dann persönlich trifft.“* Sie hatte in der Adoptivfamilie keine Geschwister, allerdings im Heim schon Erfahrungen im Umgang mit Gleichaltrigen gemacht. Hier kommt dazu, dass sie eine exponierte Stellung im System der leiblichen Geschwister hat: sie ist a) die Älteste, b) das einzige Mädchen und c) diejenige, die die nötigen Informationen zur Kontaktaufnahme in der Hand hält. Planvoll und vorsichtig suchte sie den Kontakt und hatte auch weitgehend Erfolg damit. Elisabeth findet im Geschwisterkontakt Kompensation zu den unglücklichen Kontakten mit der leiblichen Mutter. Besonders mit E, dem Jüngsten, trifft sie sich regelmäßig oder sie kommunizieren über Internet/SMS. Sie genießt die Rolle der großen Schwester mit mehr Erfahrung in vielen Dingen. Auch zu einem anderen Bruder, der weit entfernt wohnt, entwickelte sich – aufgrund der Entfernung mehr per Internet und Telefon – ein vertrauensvolles Verhältnis. Hier hat sie eine neue Beziehungswelt für sich entdeckt, die sie gern auslebt, ohne sich in ihr zu verfangen, oder nur noch auf die leiblichen Geschwister fixiert zu sein. Es ist ein neuer, unerwarteter Baustein in ihrem Leben, der ihr und den Brüdern offensichtlich gut tut. Elisabeth freut sich sehr über die entstandenen Beziehungen zu ihren Brüdern. Es entwickelt sich mindestens zu E ein vertrauensvolles, nahes Verhältnis, das für Außenstehende schon fast familiär wirkt. Bei dieser Zuschreibung ist Elisabeth allerdings vorsichtig: *„Freundschaftlich auf jeden Fall, ja. Aber ich weiß ja nicht, wie dieses Bruder-Schwestergefühl ist. Das weiß ich ja nicht! Ich meine, wir verstehen uns gut und wir können uns vertrauen. Ich denke, das ist wichtig. Das ist wie in einer guten Freundschaft.“* Da sie ein geschwisterliches Verhältnis nie erlebt hat und auch im Heim die anderen Kinder nicht unbedingt als Geschwister interpretierte, vergleicht sie die Beziehung mit *„einer guten Freundschaft,“* bei der für sie vor allem Vertrauen und

Verständnis wichtig sind. Im Auffinden ihrer Brüder und in der auflebenden Beziehung zu ihnen haben sich für Elisabeth zwar nicht die ursprünglichen Erwartungen an die Herkunftssuche erfüllt, jedoch haben sich andere positive Perspektiven aufgetan. Die Kontakte sind ihr wichtig und wertvoll und dieses Gefühl beruht offensichtlich auf Gegenseitigkeit. So hat sie zwar keine Befriedigung bezüglich der leiblichen Mutter gefunden, aber dennoch ihren leiblichen Familienkreis positiv wahrnehmen können.

3.6 Friederike

Friederike wurde Anfang der 60er Jahre in einer ostdeutschen Großstadt geboren und war zum Zeitpunkt des Interviews 47 Jahre alt. Über ihre ersten Lebensmonate weiß sie wenig. Sie wurde im Alter von acht Monaten adoptiert und lebt seither im sehr ländlichen Milieu in ihrem Elternhaus. Ihr Verhältnis zu den Adoptiveltern ist von Dankbarkeit geprägt. Dies wurde von deren Seite auch befördert: *„Da lag wie so eine Spannung manchmal in der Luft: ‚Wir haben dich doch, [...] wir geben dir ja ein gutes Leben. Aber bitte enttäusch uns nicht.' Also jetzt nicht mit Druck und auch nicht fordernd. Aber so ein bisschen, es lag schon in der Luft. [...] Und ich hab ihnen dann auch überall, wo ich konnte, unterstützt oder geholfen."* Diese Aussage der Eltern hat sie regelrecht internalisiert: *„Du stehst irgendwo in ihrer Schuld."* Es scheint manchmal so, als wolle sie ihre Adoptiveltern verteidigen – vor sich, dem Interviewer und allen anderen.

Friederike erzählt, dass sie das Gefühl hatte, immer besser sein zu müssen als andere oder mindestens immer so zu handeln, dass andere zufrieden waren. Sie bringt das in direkten Zusammenhang mit ihrem Adoptionsstatus und mit Diskreditierungserfahrungen: *„Also im Dorf war es ja auch wirklich so. Ich hab auch mal so eine Aussage gehört: ‚Da können deine Eltern froh sein, dass die solches Glück mit dir hatten, dass du so in Ordnung bist! Denn da gibt's ganz andere Beispiele von solchen adoptierten Kindern.' Ja. Und da war gleich das auch wieder da: Also du kannst dir keine Fehler erlauben! Du kannst (atmet tief), möchtest in der Schule gut sein. Also ich glaub, da ist das auch dann so gewachsen. Also alles richtig zu machen und zur Zufriedenheit anderer, niemanden enttäuschen. Und selbst, wenn man selber schon mit der Kraft am Limit ist: Macht nichts. Du musst ja irgendwie gut sein.* Leistung wird als Kompensationsstrategie zu einer empfundenen Minderwertigkeit als adoptiertes Kind beschrieben. Zumindest wird das Streben nach Leistung sowie eine Unterordnung, ein Nicht-negativ-auffallen-wollen mit Adoption in Verbindung gebracht. Dennoch berichtet Friederike von einer positiv erlebten Kindheit.

Im Grundschulalter wurde Friederike auf sehr traumatische Art und Weise von einem anderen Kind darüber aufgeklärt, dass sie nicht die leibliche Tochter ihrer Eltern sei. Dieses Ereignis hat sie bis heute nicht endgültig verwinden können, der Schock wirkt nach. In einem Satz während der Erzählung des Aufklärungsereignisses fällt sie von der Vergangenheitsform in den Präsens: *„Also von da ab war, komme ich gar nicht damit zurecht."* Dadurch deutet sie an, wie stark die Verletzung war und wie sie bis heute noch wirkt. Offensichtlich war der Umstand der Adoption allgemein in ihrem Heimatdorf bekannt, nur ihr gegenüber wurde das Geheimnis streng gehütet, bis eben dieses andere Kind es (vielleicht im Streit?) aussprach. Ihrer Mutter, bei der sie in der oben beschriebenen Situation sofort Schutz und Hilfe suchte, gelang es nur bedingt, ihr die verlorene Sicherheit wiederzugeben. Friederike beschreibt im Interview, dass ihr neues Wissen bei ihr einen grundlegenden Wandel der individuellen Sicht auf sich selbst und die Umwelt bewirkte: *„Das war die Stunde, von der an alles für mich anders war."* Während des Interviews deutet sie immer wieder an, dass dieser Moment der traumatischen Aufklärung und die zurückhaltende Reaktion ihrer Adoptivmutter ihr weiteres Leben prägten. Das Geheimnis wird anschließend von der Adoptivmutter zwar teilweise gelüftet, jedoch unausgesprochen sofort wieder mit einem Bann belegt, den das Kind intuitiv erspürt: *„Und ich hab das schon als Kind damals gespürt. Ich dachte: Daran rührst du nicht gleich wieder. Also da fragst du nicht weiter nach."* Das Tabu wurde von da ab gewissermaßen auch von Friederike geschützt. Von den Adoptiveltern kamen Signale, dass das Thema in Gesprächen nicht gewünscht sei und Friederike hielt sich daran. Sie unterdrückte ihre kindlichen Fragen aus Rücksicht auf die Adoptiveltern. Durch die weitgehende Wahrung des Tabus in der Familie auch nach der erfolgten Aufklärung entwickelten sich bei Friederike ausgeprägte Phantasien bezüglich der leiblichen Mutter.

An verschiedenen Stellen erzählt sie von erlebter starker Einsamkeit. Das beginnt mit der bedauernden Aussage, Einzelkind zu sein und wird von ihr häufig mit dem Adoptionsstatus in Verbindung gebracht. Schon als Kind identifizierte sie sich, noch bevor sie von ihrer Adoption wusste, mit Prinzessin Schneewittchen aus den Märchen der Brüder Grimm: *„Also mein Märchen war immer – eigenartigerweise haben sie das schon im Kindergarten schon zu mir gesagt: Schneewittchen. Wegen der Haarfarbe und so. Und dann habe ich mir so gedacht: Das ist tatsächlich mein Märchen. Die böse Mutter, die die Schönste sein will und das arme Kinde in den Wald schickt. Also da hab ich – es ist eigenartig – so hab ich oft gefühlt."* Friederike entwickelte auch später sehr bildhafte Vorstellungen der leiblichen Mutter. Sie legte in deren Person hinein, was sie in der aktuellen Lebenslage sich erträumte oder was sie vermisste: *„Ich bin das Kind von dieser anderen Frau. Und sie ist für mich immer ein bisschen die Frau vom Schloss gewesen."* Die leibliche Mutter als einerseits anziehende Gestalt, allerdings in der Ambivalenz, von ihr *„in den Wald"* geschickt worden zu sein, was, wenn man die ländliche und idyllische Lage von Friederikes Heimatdorf betrachtet, fast wörtlich zu nehmen ist. Sie fühlte sich von der leiblichen Mutter verstoßen, aber dennoch ihr und ihrer Welt zugehörig. Als Heranwachsende erträumte sie sich die leibliche Mutter in der Großstadt als modern und dynamisch, was sie bei ihren Adoptiveltern, die in einem kleinen Dorf wohnten, vermisste.

Sie pflegte als Jugendliche gute Verbindungen zur lokalen Kirchgemeinde und rekrutierte aus diesem Milieu einen Großteil ihrer Freundschaften. Der aktive christliche Glaube und die Kirche sind für sie nach wie vor wichtige Fixpunkte des Lebens. Nach ihrem Schulabschluss absolvierte sie eine Ausbildung zur Krankenschwester. In diesem Beruf arbeitete sie mehrere Jahre. Daneben besuchte sie eine kirchliche Weiterbildung und ist jetzt in der Arbeit mit Kindern ihrer Kirchgemeinde aktiv.

Im Interview überwiegen quantitativ die unsicheren Selbstzuschreibungen und Identitätsgefühle. Generell scheint ihr Lebensgefühl zum Zeitpunkt des Interviews sehr von der Adoptionsgeschichte bestimmt zu werden. Vernachlässigt man die adoptionsspezifischen Aussagen im Interview, kommt man quantitativ und qualitativ nämlich auf deutlich stärkere Selbstsicherheitswerte gegenüber den unsicheren Aussagen. Sie beschreibt sich als sehr sensibel, dennoch kämpferisch, stark und im gewissen Sinne auch exponiert, dabei dennoch kooperativ, gesellig und vielseitig interessiert. Sie findet in ihrem Mann, mit dem sie seit vielen Jahren verheiratet ist, ein starkes Gegenüber und bringt in die Partnerschaft ihre Stärken und Schwächen selbstbewusst ein. Ihr Mann und ihre Familie mit teils schon erwachsenen Kindern geben ihr Kraft und Halt. Dennoch resümiert sie – auch mit Blick auf ihren Adoptionsthema. *„Ja und eigentlich steht über meinem ganzen Leben: Mir fehlt etwas Entscheidendes. Oder: Mir hat etwas gefehlt, obwohl ich* *es gut hatte."* Die biografische Aneignung ihrer Adoptionsgeschichte wurde für sie schließlich ein wichtiger Baustein zur Selbsterkenntnis und Identitätskonstruktion.

Zu ihren Beweggründen sagt sie ganz klar: *„Und hab's [...] für mich gemacht."* Sich auf den Weg zu machen, war nach ihren Worten weder von Angst noch von Euphorie geprägt, sondern *„mehr so Entdeckerlust. War schon wie ein Traum."* Mit dem fast schwärmerischen Nachsatz deutet sie an, wie wichtig ihr die Herkunftssuche für sich selbst war. Sie formuliert wenig konkrete Erwartungen an das erste Treffen. Trotzdem war ihre Haltung positiv gestimmt. Aber auch bei ihr spielten Schmerz über das Weggegebensein bis hin zur Todes- oder Verlustangst eine große Rolle. Diesen schmerzlichen Gedanken wollte sie sich trotzdem stellen und so weitere Puzzlestücke ihrer Lebensgeschichte finden. Schwerster Gedanke war für sie der Fakt einer möglichen Abtreibung ihrer selbst während der Schwangerschaft. Diese Angst spielt auch bei einer potenziellen Begegnung mit ihrer leiblichen Mutter eine Rolle. Der Gedanke ist für Friederike eine nachträgliche Todesdrohung.[95] Während ihrer medizinischen Ausbildung hatte sie selbst bei Schwangerschaftsabbrüchen mitarbeiten müssen und damit immer schwer zu kämpfen. Die Begegnung mit der leiblichen Mutter war für sie auch eine Möglichkeit, sich diesen Urängsten zu stellen. In Ansätzen erhoffte sie sich auch den Aufbau einer neuen gemeinsamen Zukunft, im Prinzip eine zweite Lebenswelt in der Stadt (ihre leibliche Mutter wohnt in einer Großstadt), in der sie vielleicht auch einmal andere Rollen spielen könne, als in ihrer Adoptivfamilie in ihrem Dorf, *„weil ich eigentlich ein Stadtmensch bin. Ich bin gern in der Stadt – Kultur und so."* So war eine ihrer Erwartungen oder Hoffnungen, gemeinsam mit ihrer leiblichen Familie möglicherweise zumindest zum Teil einen Neuanfang zu wagen. Dieser Wechsel zwischen zwei Welten wird von ihr einerseits positiv-spannend, aber auch anstrengend beschrieben. Friederike wollte mit der biografischen Aneignung ihrer Adoptionsgeschichte in erster Linie allein etwas für sich tun und diesen Prozess auch selbstbewusst zu Ende bringen. Dabei ging es ihr um Selbsterkenntnis und um die Suche nach festem Grund unter den Füßen. Die eigene Entdeckerlust spielte ebenfalls eine Rolle. Es war für sie die Realisierung eines lange geträumten Traumes. *„Also weil ich auch, die ganzen Jahre war das ja so ein Ziel! Oder fast eine Vision, dass man da hin will."* Dass dieser Traum Tatsache wird ist für sie *„wie ein Märchen fast"*. (Da sie Schneewittchen als „ihr" Märchen sieht, kann die Herkunftssuche in diesem Kontext als Ausstieg aus dem gläsernen Sarg, als Teil einer persönlichen Befreiung verstanden werden, nachdem ihr unter anderem durch einen zu engen Gürtel, den sie anlegen musste, die Luft zum Atmen manchmal wegblieb. Ihre Hoffnung war, dass sich die „böse Stiefmutter", die ihr ans Leben wollte und sie verstoßen hatte, doch als gut erweisen würde. Ihre Herkunftssuche war fast mystisch-märchenhaft belegt – aber mit einem positiven und optimistischen Grundton und ohne naive Schwärmerei. Sie hat die Suche gründlich und sachlich-fachlich vorbereitet, eventuelle Widerstände und Schwierigkeiten antizipiert und ging ausgesprochen planvoll und überlegt vor.

[95] Zum Zeitpunkt ihrer Geburt war jedoch auch in der DDR die Abtreibung noch gar nicht erlaubt. Das Gesetz zur 12-Wochen-Fristenregelung wurde von der Volkskammer der DDR erst 1972 beschlossen.

Vierzig Lebensjahre[96] sind für Friederike der Abschluss eines Abschnittes ihrer Biografie und der Beginn eines neuen. Sie hat in ihrem früheren Leben stark ein Handlungsmuster des Funktionierens und des Anpassens an vorgegebene Strukturen bis hin zu einem (eingeforderten) Gehorsams entwickelt, welches sie mehr und mehr abstreift, um ein sichereres, selbstbestimmtes Identitätsgefühl zu gewinnen. In den Jahren vorher war der Wunsch, die leiblichen Eltern zu suchen, immer wieder präsent. Er wurde aber, vor allem aus Rücksicht auf die Adoptiveltern, nie näher verfolgt. *„Und mit 40 fragte ich mich: Was willst du? Du hast jetzt deinen Beruf, du hast einen Mann, du hast Kinder. Du bist fest eingebaut in vielen Ämtern und Aufgaben. Alles ziemlich solide und konstant. Und was möchtest du denn nun machen? Man sagt ja dann immer so, dass man schaut: Die ersten grauen Haare oder Falten. Das war für mich jedoch nicht das Wichtigste. Aber ich dachte: Das willst du mal. Dass wolltest du immer schon machen. Und das tust du jetzt! Also das war richtig klar für mich. Und da war ich auch nicht mehr wie auf dem Seil. Da wusste ich, ich gehe jetzt los (klopft mit dem Finger auf den Tisch), ich will das. Und dann ging das ja auch sehr gut, Schritt für Schritt."*

In der Mitte des Lebens zog Friederike Resümee. Wichtige Stationen des Familienlebens und der beruflichen und sozialen Identitätsentwicklung liegen hinter ihr bzw. sind gefestigt. Das Bild des Seiltänzers, das sie gebraucht, beschreibt ihre Gefühle, als sie ihr bisheriges Leben betrachtete: Balance halten, ausgleichen, auf Schwingungen reagieren, gut und elegant aussehen, um den Ansprüchen anderer zu genügen und immer in der Gefahr, abzustürzen. Diese Rolle der Seiltänzerin legte sie ab, indem sie eine Entscheidung traf, die erst einmal nur sie persönlich und ihre Bedürfnisse berücksichtigte. Biografische Aneignung dient auch hier als Teil des Emanzipationsprozesses und der Ablösung von alten Strukturen hin zu einem mehr und mehr selbstbestimmten Leben. In dem obigen Zitat ist zu erkennen, wie der Entschluss in ihr lange gearbeitet hat, immer mehr reifte und schließlich zur Handlung transformiert wurde: *„Was willst du? Und was möchtest du denn nun machen?"*, sind die Ausgangsfragen, wobei die erste noch in der Vorstellungs- und Gedankenebene bleibt, während die zweite Frage mit stärkerer Handlungstendenz das „machen" impliziert. Sie spürte, dass für sie die Zeit für eine Entscheidung reif ist. *„Das willst du mal."* klingt noch relativ unverbindlich, nicht besonders stark und durchaus auch mit der Möglichkeit, sich schnell wieder zurück zu ziehen. *„Das wolltest du immer schon machen."* bezieht die Vergangenheit mit ein. Die Idee, auf Herkunftssuche zu gehen, war bei ihr schon lange Zeit latent vorhanden. Dieser Satz ist auch ein Ergebnis ihres Lebensresümees zur Lebensmitte. Sie merkte, dass sie jahrelang ihre eigenen Bedürfnisse zurückgesteckt hatte und fasste den Beschluss, dies jetzt zu ändern. Die Selbstaufforderung: *„Und das tust du jetzt!"* war dann die Konsequenz dieser Überlegungen, die hier schon kurz vor einer Transformation in aktive Handlung stehen. Das bestätigt sie mit dem Satz: *„Also das war richtig klar für mich."* Als das für sie so richtig klar wurde, spürte sie (möglicherweise zum ersten Mal?), dass sie festen Boden unter die Füße bekam, vom Seil absteigen und stehen konnte, ohne dass der Boden schwankt, ein Absturz ständig einkalkuliert werden oder sie immer die ausgleichende Balance halten musste. Schon der Entschluss, sich aktiv auf die Suche zu begeben, bedeutete für sie, Bodenhaftung zu bekommen und sicherere Schritte zu gehen. *„Da wusste ich, ich gehe jetzt los (klopft mit dem Finger auf den Tisch), ich will das."* Dieser Entschluss, dessen Sicherheit sie möglicherweise selbst überraschte, wird durch eine

[96] In Analogie zur biblischen Zahl 40 für einen langen Zeitraum oder einen abgeschlossenen Abschnitt vor dem Übergang zu einem neuen. Z.B. vierzig Jahre der Wüstenwanderung des Volkes Israel im Buch Exodus oder die vierzig Tage, die Jesus nach dem neuen Testament in der Wüste verbrachte.

deutliche Geste (auf den Tisch klopfen) unterstrichen, um zu zeigen, wie ernst es ihr damit war. Sie machte anschließend die Erfahrung, dass dieser Weg von Erfolg begleitet wird: *„Und dann ging das ja auch sehr gut, Schritt für Schritt."* Für Friederike war die biografische Aneignung ein Stück Selbstbefreiung, Selbstwahrnehmung und möglicherweise ein erster bewusster Schritt in die zweite Lebenshälfte, die sie selbstbestimmter und befreiter gestalten wollte, als es ihr bisher möglich war.

Die Suche nach ihrer genealogischen Verwurzelung war für sie mit einem Kampf um inneren Frieden verbunden, gegen das Gefühl der inneren Zerrissenheit: *„Also zerrissen war ich schon oft. So ein richtig tiefer innerer Friede, muss ich sagen, eher wenig. Also eher immer wie so ein Seiltänzer."* Etwas Zerrissenes ist gewaltsam in zwei Teile getrennt. Entweder hat es dem Druck nicht standgehalten (z.B. wenn eine Hochspannungsleitung reißt), oder es wurde bewusst zerstört, um weggeworfen zu werden (z.B. alte Rechnungen). Für Friederike wurde die unklare Abstammung zur inneren „Zerreißprobe." Sie empfand eine identitäre Lücke, die sie dringend füllen wollte, um sich selbst besser verstehen und ihr Leben sicherer gestalten zu können. Das Gefühl, von der leibliche Mutter nicht gewollt gewesen zu sein, beschäftigte sie immer wieder. Auf der anderen Seite standen Loyalitätsbestrebungen und psychische Barrieren im Hinblick auf die Adoptiveltern.

Nach intensiver Rücksprache und Beratung mit ihrem Mann fiel bei Friederike der Entschluss, nun tatsächlich Kontakt mit dem Jugendamt und schließlich mit der leiblichen Mutter aufzunehmen. Ihr Mann bestärkte sie darin, dies trotz der Abwehr durch die Adoptiveltern zu tun. Auch ihre Zweifel bezüglich der Ehrlichkeit im Kontext des christlich-pietistischen Elternbildes und Glaubensverständnisses nahm er auf und stellte die praktikable Möglichkeit des Verschweigens und der Rücksicht auf ihre eigenen Rechte und Ansprüche gegenüber. Schritt für Schritt bereitete sie das erste Treffen vor. Sie las viele Bücher zum Thema Adoption, telefonierte mit dem zuständigen Jugendamt, sprach mit ihrem Mann darüber, sorgte dafür, dass ihre Adoptiveltern nichts erfuhren und handelte, als sie einmal allein in der Nähe ihrer Geburtsstadt war. So war für Friederike die biografische Aneignung ihrer Adoptionsgeschichte einerseits Zielpunkt eines lange währenden und vorbereiteten Prozesses zur Selbstidentifikation, auf der anderen Seite Teil einer bewussten Loslösung von jahrelang gelebten Strukturen des Funktionierens und Gehorchens. Heraus aus abhängig empfundenen Mustern hin zu mehr Selbstbestimmtheit und Identitätssicherheit.

Das erste Telefonat mit der leiblichen Mutter, deren Kontaktdaten sie über das Jugendamt erhalten hatte, erlebt sie noch ambivalent. Dennoch vereinbaren die beiden Frauen ein persönliches Treffen: *„Ja und da haben wir dann ein Date ausgemacht und überlegt: Wir müssen uns ja auch bisschen beschreiben, wie wir aussehen. Und da kamen wir auch schon drauf. Sie sagt: Ich hab [Farbe] Haare, [Beschreibung] Haarschnitt. (geflüstert bis *) Und da hab ich so, das hat mich fast umgehauen. Ich dachte: Wie jetzt? (*) [Beschreibung lässt auf große Ähnlichkeit zu Friederike schließen] Haben wir gleich […] einen markanten Treffpunkt ausgemacht. Und es war für mich dann schließlich fast wie zu einem Rendezvous, wirklich. Was zieh ich an? Und was, ja, wie sehe ich vorteilhaft aus? Das war alles sehr aufregend."* Das Bild vom *„Date"* oder *„Rendezvous"* wird aufgegriffen. Ein Rendezvous ist mit viel innerer und äußerer Aufregung verbunden und wird durch eine ausschließlich positive Erwartungshaltung bestimmt. Man ist bemüht, sich selbst möglichst vorteilhaft zu präsentieren und unnötige Missverständnisse Störungen zu vermeiden. Unter solchen Vorzeichen bereitete sich Friederike auf die Begegnung mit ihrer leiblichen Mutter vor. Die ersten Ambivalenzen traten offensichtlich in den Hintergrund. Die positive Spannung ist fast mit Händen zu greifen.

Ihr war die leibliche Mutter beim ersten persönlichen Treffen sofort sympathisch. Sie entdeckte viele optische, aber auch charakterliche Züge von sich in ihr wieder. Das war für sie ein beglückendes, fast euphorisches Erlebnis. Es entwickelte sich sehr schnell eine Vertrautheit miteinander: *„Dort sah ich [sie] schon vom Weiten stehen, diese Dame. Ja und ich dachte: Es ist wirklich wie eine ältere Schwester [...] Ja und dann hat sich auch rausgestellt, dass wir viele gemeinsame Interessen haben. Da habe ich gestaunt und dachte: Das kann ja einfach nicht sein! Also ganz tolle Frau. Wir haben gemeinsam viele Bilder angeschaut und erzählt, erzählt, erzählt. Ja und als ich dann wieder heimgefahren bin, muss ich sagen, da war ich wirklich – also ich dachte immer wieder, ich träume das alles."* Beide Frauen entdecken bei sich viele Gemeinsamkeiten. Sie tragen einen fast gleichen Haarschnitt, einen ähnlichen Kleidungsstil und sehen auch optisch aus, wie aus dem Gesicht geschnitten. In keinem der anderen Interviews wurde ein derart hohes Maß an optischer, habitueller oder charakterlicher Übereinstimmung wahrgenommen. Dieses Spiegeln ihrer selbst in der Person der leiblichen Mutter wird von Friederike positiv überrascht und beglückend erfahren. Hier zeigt sich, dass zwar die soziale Umgebung, Bindung und Kultur ausgesprochen prägend für einen Menschen sind, es darüber hinaus aber auch eine Art *genetische Sympathie* gibt, die Friederike hier erlebte und die sie die Verbindung zu ihrer leiblichen Mutter auch immer wieder suchen ließ und lässt.. Sie fühlte sich von der leiblichen Mutter gut aufgenommen, es entstanden spontan auch tiefgehende Gespräche, sie entdeckten gemeinsame Interessen und äußerlich war die leibliche Mutter *„wie eine ältere Schwester"* , der erste Eindruck ist der einer *„Dame"*. Friederikes Beschreibung der ersten Begegnung ist beinahe durchweg positiv, fast schon verklärend Einziger Kritikpunkt für Friederike ist, dass die leibliche Mutter nicht genug von der Vergangenheit und der Adoptionsfreigabe preisgab. Dennoch interpretiert sie die Begegnung als einen Wendepunkt in ihrem Leben.

Das Treffen verlief so positiv, dass Folgetreffen und die Gestaltung einer Beziehung in irgendeiner Form wahrscheinlich wurden. Friederike merkte jedoch schon bei einem der ersten Treffen, dass sie sich klar machen müsse, wie die Beziehung weitergehen soll: *„Zwei Mütter geht schlecht."* Sie definiert das Verhältnis zur leiblichen Mutter jenseits des klassischen Mutter-Tochter-Verhältnisses und entwickelte dennoch eine starke hybride Identität. In ihrem Interview erzählt sie von zwei „Welten": *„Ich war da mit öffentlichen Verkehrsmitteln und hatte auf der Rückfahrt ein paar Stunden Zeit. Und das war gut so. Weil ich muss da immer wieder von einer Welt zurück in die andere, in meine Welt zurückgehen."* Als ihre leibliche Mutter sie später einmal mit ihrem ursprünglichen Namen ansprach (ihre Adoptiveltern hatten ihr einen neuen Namen vorangestellt), erlebte sie das hautnah: *„Da waren wir im Geschäft und ich war hinter so einer Säule und auf einmal ruft sie, <u>meinen</u> Namen, den ich damals hatte. Also das war auch ein Punkt, an dem ich dachte: Das bin ich ja gar nicht mehr! Ich bin ja jemand anderes."* Sie verspürt eine doppelte Identität, die sogar mit zwei verschiedenen Namen zusammenhängt. Zwar entscheidet sie sich für ihre hauptsächlich gelebte Teilidentität, jedoch nimmt sie sehr bewusst die „beiden Welten" wahr. Sie stellt fest, dass sie emotional sich an dieser Stelle neu sortieren und zwischen beiden Welten doch wieder ausbalancieren muss. Friederike erlebt die Entfaltung dieser zweiten Seite ihrer Identität als Aufgabe, die sie als Bereicherung ihrer Persönlichkeit ansieht. Der Rollenwechsel zwischen der leiblichen- und der Adoptivwelt kostet zwar Kraft, ist für sie aber den Aufwand immer wieder wert.

In diesem anderen Bezugsrahmen, in einer anderen Rolle, in einer anderen Funktion spürte Friederike, dass sie auch eine andere Identität lebt. An dieser Stelle sei noch einmal betont, dass hybride Identität ein völlig normales Phänomen ist und kultursoziologisch an verschiedenen Stellen beobachtet und beschrieben wurde. Hier zeigt sich aber, dass dieses Phänomen auch bei Adoptierten, die mit ihrer leiblichen Familie in näheren Kontakt kommen, möglich ist. Allerdings kann sich die hybride Identität erst nach dem tatsächlichen Zusammentreffen entfalten. Vorher bleiben teils nebulöse Nicht-Dazugehörigkeitsgefühle oder Phantasien, so dass diese zweite Identität oder die andere Seite der Selbstkonstruktion ebenfalls nebulös und unbeschreibbar bleiben muss.

Die Treffen mit der leiblichen Mutter waren für Friederike auch im späteren Verlauf überwiegend beglückend und angenehm, aber stets auch mit emotionaler Arbeit verbunden, vor allem der Übergang von der Welt ihrer Adoptivfamilie in dem kleine Dorf zur Welt der leiblichen Mutter in der Stadt. Die Ambivalenz zwischen Vorfreude und Unsicherheit blieb auch während der folgenden Jahre immer erhalten. Auch ihre Verletzung wegen des Weggegebenseins in Verbindung mit Wut kommt manchmal zum Tragen, was Friederike selbst aber kaum zulassen will. Schon beim ersten Treffen spürte sie eine *genetische Sympathie* gegenüber der leiblichen Mutter und dieses Gefühl hielt über die Jahre an. Inzwischen treffen sich die beiden Frauen seit sieben Jahren mindestens einmal jährlich und haben etwa monatlich telefonischen Kontakt miteinander.

Friederike hat später auch ihre Halbgeschwister kennen gelernt, die bei der leiblichen Mutter aufgewachsen sind. Diese gewannen jedoch bislang keine große Bedeutung für sie. Ihren leiblichen Vater hat Friederike nicht aktiv gesucht. Sie ist sich nicht sicher, ob sie nicht ein weiterer Suchprozess und die neuen Beziehungen emotional überfordern würden bzw. ob sie beim leiblichen Vater vielleicht eine intakte Familiensituation stören würde. Sie hat von ihm lediglich ein Foto und sagte im Nachgespräch des Interviews: *„Toller Mann. Wie Elvis Presley fast!"*

Nach wie vor ist sie mit Eifer darauf bedacht, den Kontakt mit der leiblichen Mutter, vor allem ihrer Adoptivmutter gegenüber, geheim zu halten. Lediglich ihr Mann, zum Teil ihre Kinder und einige gute Freunde sind eingeweiht. Entsprechend vorsichtig war sie auch bei der Interviewzusage. Sie hält sich damit an das unausgesprochene Tabu und pflegt von ihrer Seite her das Geheimnis weiter. Diese Tendenz war auch bei anderen Interviewten zu beobachten, allerdings mit weniger Intensität.

Friederike stellt, unabhängig von der Herkunftssuche, fest, dass sich das Verhältnis zu den Adoptiveltern in ihrem Alter stark verändert hat, was sie jedoch als normalen Entwicklungsprozess beschreibt. Auf die Nachfrage des Interviewers, ob sich die Beziehung zu den Adoptiveltern durch die Suche irgendwie verändert habe, kommt von ihr ein kurzes, fast formelhaftes Treuebekenntnis zu ihrem Adoptivelternhaus, das allerdings auch nicht frei von Ambivalenzen ist: *„Ja, dass sie mir noch wertvoller sind. Und dass mir bewusst ist, wie viel Zeit und Geduld sie investierten. Und noch um so mehr, dass sie auch ein großes Stück mutig sind. Sie wussten ja nicht, wen sie kriegen und wie das wird."* Mit dem letzten Satz setzt sie selbst die Rolle des Adoptivkindes hinter der Rolle eines leiblichen Kindes zurück und drückt so wieder ein Stück empfundene Minderwertigkeit aus. Hier spielen auch ihre erlebten und erlernten Bindungsmuster und -repräsentationen hinein, die in Teilen unsicher ausgeprägt sind. Es steht eine mehr oder weniger irrationale Angst dahinter, ihre Adoptiveltern wieder zu verlieren. So drückt dieser Satz zwar eine Verbesserung des Verhältnisses zu den Adoptiveltern vordergründig aus, gleichzeitig zeigt aber der Fakt, dass auf die externe Frage nur dieses Bekenntnis und keine weiteren

Belegerzählungen folgen, dass es eher das Postulat einer verbesserten, wertvolleren Beziehung ist. Aus der Narration ist ersichtlich, dass das Verhältnis zur Adoptivmutter (der Adoptivvater, zu dem Friederike eine besonders enge emotionale Beziehung hatte, ist bereits verstorben) sich durch die Herkunftssuche nicht verbessert, allerdings auch nicht signifikant verschlechtert hat, wenn man einmal von dem Geheimnis um die Suche absieht.

Friederike sagt, dass für sie durch die Begegnung mit der leiblichen Mutter viel mehr Frieden und Ruhe innerlich eingekehrt sei, sie viele fehlende Linien auf ihrer inneren Landkarte des Lebens vervollständigen konnte: *„Und das war immer, sag ich mal, wenn ich in den Spiegel geschaut habe, immer so: Ja, das bist du. Aber da fehlt noch etwas. Und jetzt muss ich sagen, seit ich die Mutter auch optisch gesehen hab, bin ich in diesem Punkt zur Ruhe gekommen. Und wenn ich irgendwo Wurzeln sehe, da ich gern und viel fotografiere, dann ist das für mich so ein Bild: Wurzeln, die hast du jetzt.“* Auch wenn ihr die innere Beruhigung noch nicht vollständig gelungen ist, so ist sie doch ihrer eigenen Vollständigkeit durch das Schließen dieser Lücke – und damit einem sichererem Identitätsgefühl – erheblich näher gekommen. Sie sagt selbst dazu aus, dass *„ich jetzt ein Stück erleichtert bin und sage: Es war gut so, wie es ist.“*

3.7 Gudrun

Gudrun ist zum Zeitpunkt des Interviews 49 Jahre alt. Sie ist eine selbstbewusste, kommunikative Frau, die ihre Meinung kämpferisch und argumentativ einbringt. Dennoch beschreibt sie sich als als schüchternes und zurückhaltendes Kind. Ihre ersten 18 Lebensmonate verbrachte sie in einem Säuglingsheim. Aus dieser Zeit verfügt sie über kaum Informationen, was sie sehr bedauert. Im Alter von 1½ Jahren wird sie in ihre Adoptivfamilie aufgenommen. Sie beschreibt ihre Lebensverhältnisse im Norden Deutschlands als dörflich und einfach. Die Ehe der Eltern verlief nicht harmonisch, sie als Kind stand häufig dazwischen: *„Und da haben sie sich dann gegenseitig angeschrien. Also das war schon eine schwierige Situation, so eine Position zu finden zwischen Vater und Mutter. Weil mir klar war: Meine Mutter ist die Stärkere in dieser Beziehung und wenn ich mich auf die Seite meines Vaters stelle, ziehe ich auch den Kürzeren. Also das habe ich schon relativ früh gemerkt, wie ich da zu ticken habe.“* In ihrer Selbstbeschreibung im Interview ist eine starke Gehorsamstendenz festzustellen, die Gudrun sogar als *„Hörigkeit“* definiert.

Trotz vieler Schwierigkeiten und Probleme konstatiert sie ihre primäre Zugehörigkeit zur Adoptivfamilie, wenn auch mit Einschränkungen (sie hat den direkten Kontakt inzwischen abgebrochen). Besonderen Schwerpunkt legt Gudrun auf die Beziehung zu ihrem Adoptivvater: *„Und mein Vater, der hat mich wirklich geliebt. Er wollte immer ein kleines Mädchen haben und er war auch sehr liebevoll und hat mich nie geschlagen. Und er war einfach durch seine sensible Art mir immer sehr zugewandt.“* Die Beziehung zur Adoptivmutter war deutlich konfliktbehafteter und schwieriger. Bereits als Kind spürte sie, dass sie den Zweck zu erfüllen hatte, für die Eltern, besonders für die Mutter, da zu sein. Die Mutter hatte sie *„ganz für ihr eigen genommen,“* ein Zustand forcierter emotionaler Abhängigkeit, der an mehreren Stellen von Gudrun beschrieben wird: *„Indem sie mich zwar sehr bemuttert hat, aber auch immer wieder signalisierte, dass, wenn ich nicht so funktioniere, wie sie es gerne möchte, ich wieder ins Heim zurück könnte.“* Dennoch interpretiert sie ihre Kindheit überwiegend positiv: *„Und trotzdem muss ich sagen, hab ich eine sehr schöne Kindheit gehabt. Die hatten ein Haus und einen Garten. Es gab Kinder dort. Es gab Verwandte mit Kindern und wir haben recht viel draußen gespielt im Sommer. Also ich hatte richtig eine schöne Kindheit.“*

Gudrun wusste von Anfang an über ihren Status als Adoptivkind Bescheid und in ihrer Familie konnte über Adoption gesprochen werden. Sie konnte zumindest in der Kindheit Fragen dazu stellen, die ihr von den Eltern auch beantwortet wurden, wobei sie sich nicht sicher ist, dass diese Antworten vollständig und wahrheitsgemäß waren. Über die leibliche Mutter wurde von der Adoptivmutter dabei überwiegend negativ gesprochen: *„Das wäre eine Hure gewesen."*

Schulisch hatte sie kaum Probleme, war im guten Kontakt mit einem vielfältigen Freundeskreis, engagierte sich bei den Pfadfindern. Frühzeitig lernte sie, sich allein durchzukämpfen, da sie, z.B. in schulischen Dingen, von ihren Eltern kaum Unterstützung bekommen konnte: *„Also ich musste mir das schon selber erarbeiten."* Dieses Motto zieht sich durch ihr gesamtes Leben.

Gudrun beschreibt sich als sehr kommunikativ und kontaktfreudig: *„Ich hatte eben immer viele Freunde. Also das passte immer."* Sie sagt von sich selbst, sie habe sich *„ganz viel nach außen hin orientiert. So immer bei Freunden und deren Familien"* Nach Daniela berichtet sie am intensivsten über freundschaftliche Beziehungen. Sie erlebt positive soziale Kontakte sowohl in der Schule als auch in einem Pfadfinderstamm, dem sie lange Jahre angehörte und in dem sie schließlich auch eine Gruppe jüngerer Pfadfinder anleitete. *„Das war sehr prägend."* Gudrun suchte sich Kontakte außerhalb der Adoptivfamilie als Ausgleich zur zuhause erlebten partiellen Unsicherheit. Sie findet Kompensation und Selbstsicherheit, durch die Kontakte und die Spiegelungen ihrer Identität, die sie in Freundeskreisen erlebt und machte die Erfahrung, dass sie in anderen Kontexten anders agieren konnte, als im Elternhaus und dass dies von ihrem Umfeld überwiegend positiv wahrgenommen wurde.

Auf der anderen Seite erlebte sie dennoch Ausgrenzung und Alleinsein. *„Ich war immer sehr sensibel, sehr ruhig, sehr, sehr, sehr schüchtern. Hatte immer Angst (lacht kurz) vor den großen Jungs, die mich geärgert haben als Kind."* Sie entwickelt aus dieser Situation und den Verhältnissen im Adoptivelternhaus heraus eine Kämpfermentalität und ein hohes Maß an Durchsetzungsvermögen: *„Also mit jeder Herausforderung wurde ich dann auch selbstbewusster."* Gudrun ist klar und überlegt in Entscheidungen und trägt diese auch mit allen Konsequenzen: *„Also entweder-oder."* Sie hat trotz teilweise widriger Umstände ein starkes, positiv gestimmtes Identitätsgefühl entwickelt.

Auch für Gudrun sind Erwerbsarbeit und Leistungstreben, neben ihrer eigenen Familie, wichtige Bausteine der Selbstkonstruktion. Sie bringt den Leistungsdrang mit einem gewissen Druck von Seiten der Adoptiveltern in Zusammenhang: *„Also meine Adoptivmutter hat dann oft gesagt: ‚Du bist ja auch nicht das eigene Kind.' Also sie hat immer sich so eine Tür offen gehalten, mich ein bisschen schlecht zu machen und nicht so hinter mir zu stehen. Nur, das fällt einem als Kind nicht bewusst auf. Man spürt das irgendwie. Und ich hatte so das Gefühl, aufgrund dessen muss ich noch besser sein als alle anderen. Also ich muss mich noch mehr wohlverhalten, als andere das müssen."*

Nach ihrem Schulabschluss begann sie eine Ausbildung als Krankenschwester. In diesem Beruf, der sie sehr ausfüllt, ist sie bis heute tätig. Für die Ausbildung zog sie in ein Schwesternwohnheim in die nächste Stadt. Mit ca. 18 Jahren lernte sie ihren jetzigen Ehemann kennen. Diese Beziehung wurde von den Adoptiveltern abgelehnt und boykottiert. Das Verhältnis zu ihnen geriet immer mehr in die Krise, so dass sie im Zusammenhang mit einer schweren Krankheit und einem Krankenhausaufenthalt den Kontakt zu den Adoptiveltern im Alter von 20 Jahren erstmals vollständig abbrach. In diese Phase fiel auch ihr Entschluss, sich auf die Suche nach der leiblichen Mutter zu machen.

Gudrun hatte ihr ganzes bewusstes Leben mehrfach daran gedacht, ihre leiblichen Eltern kennen zu lernen. Der konkrete Impuls dafür kam schließlich vom zukünftigen Ehepartner. Er war an der leiblichen Herkunft seiner zukünftigen Frau sehr interessiert, wobei aus dem Interview nicht ersichtlich ist, ob dieses Interesse seinem eigenen, leiblich geprägten Familienbild entsprang, oder dem Wunsch, Gudrun umfassender kennen zu lernen, oder auch der Beobachtung, dass sie durch die unvollständige Kenntnis ihrer Herkunft und das frühkindliche Trennungstrauma beunruhigt und umgetrieben wurde. Auch wenn der Impuls von außen kam, traf er doch auf empfangsbereite innere Haltungen und Wünsche ihrer selbst. Ihr Partner weckte den Impuls in ihr wieder auf. Seine positive Grundhaltung und seine aktive Unterstützung gaben Gudrun zusätzlichen Halt. Der konkrete Schritt zur aktiven biografischen Aneignung ihrer Adoptionsgeschichte ging also einher mit der sich festigenden Partnerschaft und damit mit einer zunehmend eigenverantwortlichen Lebensgestaltung außerhalb des Adoptivelternhauses.[97]

Warum war ihr die Suche nach den leiblichen Eltern wichtig? Es ging ihr um eine Art Selbstvergewisserung, gerade in diesen Zeiten biografischer Umbrüche und Übergänge. Gleich zu Anfang des Interviews beschreibt Gudrun eine empfunden Lücke in ihrer Biografie, die sie bisher nicht befriedigend füllen konnte. Sie kommt am Schluss des Gespräches darauf noch einmal zurück, so dass diese Lücke und der Umgang damit das Interview rahmt. Sie setzt die Metapher eines Puzzles aktiv ein, welche immer wieder in Beziehung mit der biografischen Aneignung der Adoptionsgeschichte gebracht wird. Ein Puzzle, in dem Teile fehlen, erfüllt seinen Zweck nur begrenzt. Je nachdem, wie groß der Anteil der fehlenden Teile ist, wird das Bild, das es ergibt, verfälscht, unvollständig, manchmal ist es nicht mehr erkennbar. Selbst wenn nur wenige Teile eines Puzzles fehlen, bringt es wenig Befriedigung, es zusammenzusetzen. Mit der biografischen Aneignung der Adoptionsgeschichte wollen die Adoptierten die fehlenden Teile ihres Lebenspuzzles ergänzen, um ein vollständigeres Bild von sich zu erhalten. In Gudruns Leben nehmen die fehlenden Teile sowohl die Geburt, als auch die ersten 18 Lebensmonate ein. Diese Lücken möchte sie schließen.

Sie ging zielstrebig, organisiert und offensiv bei der Suche vor. Gemeinsam mit ihrem Freund und zukünftigen Ehepartner wandte sie sich an das zuständige Einwohnermeldeamt und hatte innerhalb weniger Stunden die aktuelle Adresse ihrer leiblichen Mutter. Diese hat sie dann auch sofort persönlich aufgesucht. Zwischen erster aktiver Suchbewegung und dem ersten Zusammentreffen lagen ca. 12 Stunden. Dies ist zeitlich die schnellste erfolgreiche Suche aller Interviews.

Gudrun berichtet vom ersten Zusammentreffen mit ihrer leiblichen Mutter sehr nüchtern. Durch das Verhalten und die wahrgenommenen Erwartungen ihrer leiblichen Mutter ging sie von Anfang an mehr auf Distanz und achtete darauf, dass das Verhältnis nicht zu eng würde. *„Was mir gefallen hat war, dass sie sehr sauber und sehr ordentlich war. Also die Wohnung war pikobello aufgeräumt. Das fand ich sehr toll. Und ansonsten hab ich mich gar nicht wiedergefunden bei ihr. Optisch nicht und vom Charakter her war das irgendwie nicht so meins.*“ Von ihrer Seite war das erste Treffen mit der leiblichen Mutter nicht von großen Emotionen geprägt: *„Da war sie [die leibliche Mutter] sehr aufgeregt und hat geweint. Und ich*

[97] Bei Gudrun schließlich verbunden mit dem vorläufigen Abbruch aller Kontakte

war irgendwie sehr cool so." Von Seiten der Mutter gab es Erwartungen und viele Emotionen bezüglich einer Reintegration in die Ursprungsfamilie. Allerdings waren diese Hoffnungen mehr auf die Zukunft gerichtet, vielleicht auch mit Blick auf Versorgung und Unterstützung. Hier waren von Gudruns Seite andere Erwartungen vorhanden, welche die leibliche Mutter nicht erfüllen konnte oder wollte. Es stellte sich ein freundliches Miteinander, aber keine enge Vertraulichkeit ein. Als Gudrun bei späteren Treffen bemerkte, dass sie von ihrer leiblichen Mutter immer mehr als jemand, *„der nun für sie da ist"* gesehen wird und sie auch keine Informationen über den leiblichen Vater bekommen würde, brach sie den Kontakt nach etwa zwölf Monaten vorerst ab.

Die aktive Suche nach dem leiblichen Vater begann sie erst gut 20 Jahre später, da sie durch verschiedene Umstände vorher der Meinung war, dass dieses Ansinnen erfolglos bleiben würde. Erst durch einen zufälligen Kontakt mit ihrem zuständigen Jugendamt und einem engagierten Mitarbeiter dort wurde dieser zweite Suchprozess angestoßen. Gudrun, die bei ihren ersten Schritten auf der Suche nach der leiblichen Mutter recht direkt und schnell ergebnisorientiert vorging, verhielt sich 20 Jahre später bei der Kontaktherstellung zu ihrem leiblichen Vater deutlich behutsamer. Ihr erstes Telefongespräch mit der Familie des leiblichen Vaters hatte in der Form und vom Inhalt her große Ähnlichkeit mit der ersten Kommunikation Andreas mit der Familie ihres leiblichen Vaters. Sie ging sehr vorsichtig und behutsam vor und bemühte sich, ihn nicht direkt zu konfrontieren. Dieses Vorgehen steht im direkten Gegensatz zur Suche nach ihrer leiblichen Mutter, die innerhalb weniger Stunden zur direkten Begegnung führte. Sie selbst nimmt diesen Unterschied im Interview wahr und bringt ihn mit ihrer inzwischen gemachten Lebenserfahrung in Verbindung. Auch der Kontakt zum leiblichen Vater war jedoch auf Dauer für Gudrun nicht befriedigend, vor allem deshalb, weil sie nie Gelegenheit fand, mit ihm allein ein tieferes Gespräch, gerade über die Umstände der Adoption, zu führen. Kontakte zu den leiblichen Eltern per Brief, Telefon oder auch persönlich gibt es momentan höchstens zwei bis drei Mal im Jahr, an Geburtstagen oder zu Weihnachten, sonst hat sich die Beziehung verflüchtigt. Das wird von Gudrun zwar bedauert, aber prinzipiell akzeptiert. Sie selbst setzt auch die Prioritäten in ihrem Leben anders.

Gudrun ist, wie die meisten Adoptierten, in der Adoptivfamilie als Einzelkind aufgewachsen. Aus Kontakten zu ihren leiblichen Geschwistern entwickelte sich jedoch keine engere Beziehung, wie das etwa bei Elisabeth der Fall war. Sie hat von mütterlicher Seite noch eine Schwester und einen Bruder und von (leiblicher) väterlicher Seite drei Schwestern: *„Und ich hab ja auch meine Geschwister kennen gelernt. Das ist alles nett und freundlich, aber letztlich weiß ich nicht, was ich mit ihnen reden soll. Weil sie ein ganz anderes Leben haben als ich. Sie sind einfach komplett anders als ich. Und uns fehlen ja auch diese Jahre des Zusammenlebens. Du hast 38 oder 40 Jahre nicht miteinander gelebt. Und du lernst fremde Leute kennen."*

Etwas, das Gudrun stark mit ihrer leiblichen Familie verbindet, ist ihr Vorname. Diese Verbindung ist für sie sehr wichtig und sie legt großen Wert darauf, ihren ursprünglichen Namen behalten zu haben. *„Das ist mir ganz wichtig. Mein Name ist von meiner leiblichen Mutter. Der ist mir geblieben und das ist für mich eigentlich so das Wichtigste, was ich behalten durfte. Das finde ich ganz elementar, den Namen behalten zu dürfen und ich bin da sehr glücklich darüber."* Die Namensgebung ist, in alten Kulturen noch mehr als heute, mit einem Auftrag oder einem Segenswunsch verbunden. Gudrun zeigt, dass für sie der Name mehr als eine bloße Bezeichnung ihrer selbst ist. Für sie wird dadurch eine Verbindung zu ihrer Ursprungsfamilie hergestellt, die ihr ihren Platz in der genealogischen Abstammungslinie sichert.

Auch wenn sie sich nach einigem Überlegen im Interview sich primär als Kind ihrer Adoptiveltern bekennt, sagt sie letztlich von sich: *„Ich stehe zwischen den Stühlen. Ich bin so nicht das Kind meiner Adoptiveltern und auch nicht das Kind meiner leiblichen Eltern. Wo stehe ich eigentlich?“* Der Ausdruck *„zwischen den Stühlen“* weist darauf hin, dass es keinen festen Platz gibt, den sie als den ihren annehmen kann oder will. Auf Stühle setzt man sich, kann ausruhen. Zwischen den Stühlen ist nur Stehen möglich, was weitere Unruhe und Anstrengung während der Suche nach einem geeigneten Platz notwendig macht. Momentan steht Gudrun weder mit der leiblichen, noch mit der Adoptivfamilie im Kontakt. Sie steht *„zwischen den Stühlen“*.

Gudrun erzählt vom Prozess der Ablösung von ihrem Adoptivelternhaus unmittelbar im Zusammenhang mit ihrer Herkunftssuche und dem Auffinden ihrer biologischen Ursprünge. Dabei wird aber nicht nur Ablösung, sondern eine zunehmende Distanzierung beschrieben, die mit dem Verhalten der Adoptiveltern und einem eigenen Schutzbedürfnis vor diesem Verhalten begründet wird. Das erste Mal, dass sie den Kontakt zu ihren Adoptiveltern abbrach, tat sie das nicht im Zusammenhang mit der Herkunftssuche, sondern während eines Prozesses, bei dem sie das Gefühl hatte, sich zwischen eigener Partnerschaft und dem Kontakt zu den Eltern entscheiden zu müssen. Sie war zu diesem Zeitpunkt schwer krank und lag im Krankenhaus. Der Abbruch des Kontaktes hatte zur Folge, dass ihre Adoptiveltern nicht einmal bei ihrer Hochzeit dabei waren. Nach mehreren Versuchen von Gudruns Seite glückte die Wiederherstellung der Beziehung schließlich, nachdem sie eines Tage mit ihrem Sohn bei den Adoptiveltern auftauchte. Gudrun erzählte ihren Adoptiveltern erst in dieser Phase der relativen Entspannung davon, dass sie ihre leiblichen Eltern kennen gelernt hatte (20 Jahre nach dem Finden der leiblichen Mutter!). Die Adoptivmutter reagierte zunächst freundlich und interessiert, was Gudrun so nicht erwartet hatte. Ein Versuch Gudruns, ihre beiden Elternpaare einmal zusammen zu bringen, endete in einer Eskalation. Dennoch scheint es Gudrun wichtig gewesen zu sein, ihren Adoptiveltern gegenüber eine gewisse Offenheit über das Thema zu behalten.

Die Kommunikation der Adoptierten mit ihren Adoptiveltern über die Herkunftssuche nach deren Abschluss kann einerseits ein Vertrauensbeweis sein, möglicherweise auch ein „Beweis“, dass das Eltern-Kind-Verhältnis nicht gelitten hat. Denkbar wäre auch, dass die doppelte Kindschaft für die Adoptierten inzwischen so zur Normalität geworden ist, dass die Kommunikation zumindest von ihrer Seite weniger emotionsgeladen ist. Auch ein Nachweis der Modifikation oder Umkehr von Machtstrukturen innerhalb des Familiensystems ist denkbar: Ihr habt versucht, die Suche zu blockieren, ich habe es trotzdem getan und hier sind die Ergebnisse. Diese Vermutung liegt schon deshalb nahe, weil die Herkunftssuche mit einem Emanzipations- und Loslösungsprozess von den Adoptiveltern hin zu einem eigenständigen Leben einhergeht, so dass Macht- und Bemächtigungsfragen naturgemäß in dieser Lebensphase eine größere Rolle spielen als in Phasen, in denen keine großen Umbrüche zu bewältigen sind. An biografischen Übergängen oder „Brückenzeiten“ geht es immer auch um Selbstbestimmung, Selbstdefinition und eben auch Selbstbemächtigung. Macht- und Machtverteilungsfragen sind wichtige Faktoren in diesem Prozess. Dennoch ist eine Mischung von mehreren Motiven festzustellen, so dass z.B. auch „Vertrauen“ und „Normalitätsstreben“ eine Rolle spielen.

Nach abgeschlossener biografischer Aneignung ihrer Adoptionsgeschichte suchte Gudrun sich eine lokale Selbsthilfegruppe für Adoptierte. Sie machte dort erstmals die Erfahrung, mit ihren Fragen und Problemen bezüglich der Adoption nicht allein zu sein. Für sie war die Selbsthilfegruppenarbeit eher die Konsequenz ihrer abgeschlossenen Herkunftssuche, nicht Unterstützung während des laufenden Prozesses. Diesen hatte sie im Großen und Ganzen mit ihrem Ehemann allein bewältigt und bemerkte erst hinterher, dass es viele andere Betroffene gibt, die sie vielleicht auch hätten unterstützen können. Sie war fasziniert und nahm sich aus dem Austausch viel mit, gab aber auch ihre eigenen Erfahrungen weiter. Zum Zeitpunkt des Interviews, ist Gudrun hochengagiert in der Selbsthilfegruppenarbeit und -vernetzung. Durch dieses Engagement verschlechterte sich jedoch wieder das Verhältnis zu ihren Adoptiveltern, die sich dadurch in Misskredit gebracht fühlten, da Gudrun auch in der Öffentlichkeit Teile ihrer Lebensgeschichte erzählte. Schließlich kam es wieder zu einem weitgehenden Kontaktabbruch, der zum Zeitpunkt des Interviews immer noch anhielt.

3.8 Hannelore

Hannelore war mit 60 Jahren die älteste Interviewpartnerin. Sie gehört zur unmittelbaren Nachkriegsgeneration und ein Teil ihrer Geschichte ist aus diesem Kontext heraus zu verstehen. Unmittelbar nach ihrer Geburt lebte sie ein halbes Jahr bei ihrer Großmutter, *„als die Verlobung meiner Mutter mit ihrem zukünftigen Mann, also dem Kindesvater auseinander ging.“* Eine alleinerziehende Mutter mit einem unehelichen Kind war in der damaligen Zeit kaum vorstellbar. Nach der Zeit bei der Großmutter kam sie in ein Heim, von dort aus in eine Pflegefamilie, aus der sie aber auch wieder herausgenommen wurde. Mit 1½ Jahren wurde sie dann in die Adoptivfamilie aufgenommen. Sie beschreibt ihre Familie ausgesprochen distanziert, redet von *„diesen Eltern“* oder *„dieser Familie“*. Durch eine schwere Krankheit musste sie nach gut einem Jahr für 18 Monate in eine Klinik, so dass sie wieder eine Trennung als kleines Kind erlebte: *„Also, diese Geschichte anfangs war nicht ganz einfach. Ich hab auch in der Zeit überhaupt keinen, keine Bezugsperson gehabt. Weil wahrscheinlich, wenn ich mich grad hatte, war ich wieder weg.“*

Ihre Kindheit bezeichnet sie als *„grauenvoll“* und sich selbst als *„angepasstes Kind“*, das auch in der Schule nicht auffiel. Hannelore berichtet von einer nebulösen Ahnung in der Kindheit, nicht wirklich zur Familie zu gehören, welche sich durch Kommentare der Nachbarn verfestigte.[98] Sie wurde erstmals durch ein Kind von außen über ihren Adoptionsstatus unterrichtet. Ihren Eltern gelang es jedoch nicht, dieses Ereignis aufzugreifen und zumindest von diesem Zeitpunkt an mit offenen Karten ihrer Adoptivtochter gegenüber zu spielen. Erst in der Zeit der Pubertät wurde von Seiten der Adoptiveltern die Aufklärung in Angriff genommen. Dieses Anlügen, der Vertrauensverlust, wirkt emotional bei Hannelore bis heute nach: *„Und dann erfuhr ich es quasi mit 13 vor der Konfirmation. Da war – ja! Ich wusste es ja eigentlich, nicht? Nur dann kam diese Bestätigung und man hatte mich die ganzen Jahre angelogen!“* Während dieser Aussage kämpfte Hannelore

[98] Offensichtlich wussten auch in ihrem Fall die Nachbarn, Großfamilie und Bekannte mehr über den Adoptivstatus des Kindes, als Hannelore selbst. Jedoch sandten sie durch ihre Körpersprache, versteckte Andeutungen usw. Signale, die durch das Kind sehr wohl aufgenommen und interpretiert wurden. So berichten es, neben Hannelore, mehrere Adoptierte. Möglich ist aber auch eine Re-Konstruktion der Lebensgeschichte und Erinnerungen im Licht später erlangten Wissens.

mit den Tränen. Die damalige traumatische Erfahrung hinterlässt weiterhin ihre Spuren.

Hannelore wuchs im Nachkriegsdeutschland auf, so dass die damalige Zeit, das Bild von Familie und der „Wert“ eines Adoptivkindes (als uneheliches Kind, das noch dazu nicht blutsverwandt ist) mit beachtet werden müssen. Sie berichtet generell von negativen und fast emotionslosen Erfahrungen in der Adoptivfamilie. Sie konnte, auch aufgrund ihrer vielen in der Kindheit erlebten Wechsel, kein verlässliches Bindungsverhalten gegenüber ihren Adoptiveltern entwickeln. Die Art der Aufklärung über die Adoption wird von ihr in eine Reihe mit den übrigen Erfahrungen in der Kindheit gestellt. Im weiteren Verlauf wurde die leibliche Mutter von den Adoptiveltern pauschal diskreditiert, ohne die näheren Umstände der Adoptionsfreigabe zu kennen oder auch nur Interesse dafür zu zeigen. Durch eine Abwertung der leiblichen Familie wurde eine Abwertung des Adoptivkindes begründet. Dabei spielte möglicherweise eine übernommene Rassen- oder Vererbungstheorie eine Rolle, die kurz nach dem Krieg noch im Allgemeinwissen der Bevölkerung wirksam war.

Kontakte zu Schulfreunden oder Spielkameraden wurden von den Adoptiveltern restriktiv begrenzt oder verhindert. Die Kindheit war generell von Verboten und Einschränkungen geprägt: *„Ich war noch 13, da musste ich jeden Tag mit ihr mit zum Einkaufen. Ich durfte nicht mit andern irgendwo zusammen sein und spielen. Denn: Ich war ja so gefährdet, ich hatte ja diese Gene meiner schlechten Mutter in mir.“* Ihr wurde deutlich gemacht, dass sie ein Kind zweiter Wahl sei und sie in jedem Fall auf einer niedrigeren Stufe stand, als ihre Adoptiveltern sich selbst sahen. Diese Haltung der Adoptiveltern war in der damaligen Zeit leider keine Seltenheit. In Hannelores Geschichte ist sie allgegenwärtig.

Immer wieder versucht sie, aus diesen Strukturen auszubrechen, zu rebellieren, zu kämpfen, *„Revoluzzerin“* oder *„Protestlerin“* zu sein. Sie suchte immer wieder Kontakte mit Gleichaltrigen – auch auf die Gefahr elterlicher Bestrafung hin und wagte immer wieder Ausbruchsversuche aus dem Familiensystem, die auch mit pubertärer Ablösung vom Elternhaus zusammenfielen.

Mit etwa 16 Jahren wurde sie von den Adoptiveltern in ein Erziehungsheim gegeben. Während dieser Zeit versuchten diese, die Adoption rückgängig zu machen. In dem Heim herrschten die katastrophalen Zustände und erniedrigenden Methoden, die in den 60er Jahren in der Bundesrepublik große Protestbewegungen gegen die Heime auslösten. Als Hannelore ihren Adoptiveltern davon erzählte, bemühten sich diese immerhin, sie aus dem Heim wieder herauszuholen, was aber erst nach 18 Monaten gelang. Auch im Heim versuchte Hannelore, durch eine Mischung von Rebellion und Leistung ihre Würde zu bewahren, sich nicht unterkriegen zu lassen.

Mit achtzehn Jahren vollzieht Hannelore einen starken Abbruch der Beziehung zu den Adoptiveltern: *„Ich bin zum Jugendamt gegangen und hab gesagt: ‚Ich will hier weg.‘“* Sie zog in eine andere Stadt, um eine Ausbildung zu machen. Dort lernte sie ihren ersten Mann kennen und ihre Tochter wurde geboren. Deshalb brach sie die Ausbildung ab. In diesem Zeitraum machte sie sich das erste Mal auf die Suche nach ihren leiblichen Eltern, aber das zuständige Jugendamt verwehrte ihr alle Informationen. Ihr war eine Klärung, oder eine Gegenüberstellung mit der leiblichen Mutter dringendes Bedürfnis: *„Das war eben nach C's Geburt, dass ich gesagt hab, also du möchtest diese Frau gerne kennen lernen, die es fertig gebracht hat, ein Kind wegzugeben! Warum hat sie das getan?“* Aus diesen Sätzen, die erst gegen Ende des Interviews geäußert werden, kann die Motivation genauer analysiert werden. Es war die Spannung zwischen dem Fakt, selbst Mutter zu werden und dem Gefühl, als Kind weggegeben worden zu sein, sowie Unverständnis oder Wut darüber. Es sind auch Schuldzuweisungen gegenüber der leiblichen Mutter feststellbar. Allerdings stellt sie direkt im Anschluss an das obige Zitat klar, dass es ihr nicht um Schuld ginge, sondern um Aufklärung der Umstände ihrer Weggabe und um Verständnis dafür. Es halten einerseits die emotionale Verletzung und andererseits kognitiv-reflexives Bemühen um Verständnis die Spannung. Für Hannelore war die Herkunftssuche vor allem auf die Vergangenheit gerichtet, die sie für sich klären und verstehen wollte, um mit den Verletzungen in der Adoptivfamilie oder durch die spätere Trennung von ihren Kindern abzuschließen. Es spielte auch der Versuch einer charakterlichen und optischen Verortung in der Herkunftsfamilie eine Rolle. Sie hatte fast alle Kontakte zur Adoptivfamilie (auch zur Großfamilie) abgebrochen. Dadurch war sie auch für eine Gestaltung weiterer und tieferer persönlicher Kontakte mit der leiblichen Familie offen. Auch hier kann man sagen, dass die biografische Aneignung der Adoptionsgeschichte einen Teil der Emanzipationsarbeit und der Lösung von der Adoptivfamilie darstellte. Diese Erwartung wurde von ihr nicht ausdrücklich ausgesprochen, klingt jedoch im Interview immer wieder durch.

Einige Jahre später zog die Familie wieder in Hannelores Heimatstadt in Norddeutschland. Nach ca. vier Jahren Ehe ging ihr Ehemann ohne Vorankündigung mit den beiden Kindern ins Ausland. Dieses Trauma begleitete sie fast 30 Jahre, in denen sie zu ihren Kindern keinen Kontakt hatte. Sie zog anschließend in ein Szeneviertel einer Großstadt, arbeitet in der Gastronomie und versuchte, ihren Schmerz durch Arbeit zu vergessen: *„Ich hab ganz, ganz viel gearbeitet, damit ich schlafen konnte.“* Eineinhalb Jahre hatte sie zu ihren Adoptiveltern keinen Kontakt. Rückblickend sagte sie zusammenfassend über die Beziehung zu ihren Adoptiveltern: *„Es gab keinen Bezug. Bezugslos. Emotional wie – ich mochte mich auch nicht von ihr anfassen lassen. Also wenn sie wirklich mal so den Arm um mich legte: Uouououh! (schnieft und lacht kurz) Da bekam ich so schon als Kind das Schütteln. Weil ich wusste ja irgendwie – das war nur unbewusst – dass sie das nicht ernst meint.“*

Mit 35 Jahren heiratete sie erneut. Diese Beziehung gab ihr Halt und Heimat und hat nun schon über sehr vielen Jahren Bestand. Hannelore und ihr jetziger Ehemann begegneten sich in einer Zeit, als es beiden nicht gut ging: *„Und da lernte ich dann meinen jetzigen Mann kennen. Und dann sagen wir immer: Wir haben uns gegenseitig gerettet.“* Ihr Mann trägt ihre Lebensgeschichte mit, gibt ihr Sicherheit auch in Fragen der Adoptivfamilie und der Herkunftssuche.

Ein einschneidendes positives Erlebnis war, als sich nach 28 Jahren der Trennung ihre älteste Tochter wieder meldete und sich langsam eine Beziehung zwischen Mutter und Tochter neu aufbauen konnte. Hannelore empfindet, dass dadurch eine lange, schmerzhafte Geschichte zur Ruhe kommen konnte: *„Inzwischen habe ich ein ziemlich normales Verhältnis zu den Kindern und Enkelkindern. Ist ja auch nicht einfach, wenn man sich so lange nicht gekannt hat, ganz fremd. Aber bei mir ist das wie so ein Kreis: Selber weggegeben worden, Kinder irgendwann nicht mehr da. Ich kann durchaus in beide Richtungen denken. Einmal: Die Kinder weg. Und einmal: Ich weggegeben.“* Immer wieder bringt sie während des Gespräches ihr Schicksal mit ihrer Adoption in Verbindung.

In dieser Lebensphase begann sie das zweite Mal, die biografische Aneignung ihrer Adoptionsgeschichte anzugehen. Der wiederauflebende Kontakt mit der Tochter nach 28 Jahren war für sie so etwas wie eine „zweite Geburt“. Dadurch rollte sich für sie die

Sehnsucht oder der innere Druck, die biografische Aneignung in Angriff zu nehmen, wieder neu auf: *„Als C [die Tochter] dann kam, habe ich gedacht: Also du musst unbedingt. Es ist jetzt das Wichtigste. Ich glaube, die leiblicher Mutter war damals etwa 73. Und da hab ich gedacht, vielleicht lebt sie ja auch gar nicht mehr? Und dann beeil dich mal ein bisschen!"* Hannelore räumte der Begegnung mit ihrer leiblichen Mutter sehr schnell höchste Priorität ein. Sie geriet in einen inneren Druck, der auch durch die fortgeschrittene Lebenszeit ihrer leiblichen Mutter begründet wird. Sie forderte sich selbst auf, das Tempo zu erhöhen. In dem Interview teilt sie als Begründung dafür mit, dass dieses starke Bedürfnis mit der Re-Union mit ihrer Tochter zusammenhing. Von diesem Erlebnis aus ging der Impuls weiter zu ihrer eigenen leiblichen Mutter, der sie ebenfalls begegnen wollte. Von diesem Moment an betrieb Hannelore die Herkunftssuche sehr intensiv und mit viel emotionaler Beteiligung.

Hannelore berichtet während des Interviews sehr verdichtet von der ersten Begegnung. Nachdem sie über Eigeninitiative die Adresse herausfand, fuhr sie nach einer Dienstreise zum Wohnort der leiblichen Mutter. Zunächst spürte sie eine kurze Zurückhaltung: *„Da war auf der linken Hand so ein kleines Hochhaus. Sechs Stockwerke vielleicht. Und das sah nicht so toll aus. Und da hab ich gedacht: Na, ob sie da wohl in so einem Einzimmer-Appartement lebt? Hängt vielleicht an der Flasche oder so?"* Trotz dieser Gedankenoptionen hielt sie an der Aneignung ihrer eigenen Geschichte fest. Auch negative Phantasien oder Vorstellungen konnten sie nicht davon abhalten, in diesem Moment sich ihrer Herkunft und Vergangenheit zu stellen. Wie es ihrer direkten Art entspricht, stand sie letztlich unangekündigt vor der Tür der leiblichen Mutter: *„Ja und dann lernte ich meine Mutter kennen. Eigentlich ganz nett. Wir haben uns dann auch häufig getroffen."* Die Aussage: *„Eigentlich ganz nett"*, ist ihre kurze Zusammenfassung des ersten Treffens. Diese drei Worte beschreiben die Begegnung zwar als positiv, jedoch mit Vorbehalten und Einschränkungen. Wahrscheinlich ist es auch Ergebnis der Reflexion biografisch späterer Ereignisse. Hannelores Bericht ist nicht euphorisch und sie erzählt an dieser Stelle auch keinerlei Details. Auf Nachfragen des Interviewers im Anschluss an die freie Erzählung wird sie etwas ausführlicher, geht aber auch dann kaum in die Tiefe. Sie stellt allerdings Ähnlichkeiten sowohl im Äußerlichen als auch bei Hobbys und Interessen fest. Am Ende bleibt sie bei ihrer allgemeinen Aussage, dass ihre leibliche Mutter *„eigentlich ganz nett"* sei. Im Interviewtext wird deutlich, dass bei Hannelore durchaus einige Unsicherheiten mit im Spiel waren, als sie plötzlich vor der Haustür ihrer leiblichen Mutter stand. Es bleibt unklar, ob sie selbst auch wirklich geklingelt hätte, aber diese Entscheidung wird ihr durch eine bemühte Nachbarin abgenommen. Die leibliche Mutter schien nicht besonders schockiert von dem fast überfallartigen Zusammentreffen zu sein. Wie sich später herausstellt, hatte vor einigen Jahren schon Hannelores Halbbruder, der ebenfalls adoptiert war, zu ihr Kontakt aufgenommen. Hannelore wurde freundlich empfangen, das Gespräch scheint jedoch inhaltlich nicht so einen Tiefgang bekommen zu haben, dass sie es im Interview für berichtenswert hielt. Eine genetische Sympathie stärkeren Ausmaßes ist an dieser Stelle nicht zu bemerken: *„Und wie gesagt, also es war im Grunde genommen war sie eine ganz angenehme Person. Ziemlich clever auch. Aber, ich glaube, ihr Leben lang auch fremdbestimmt."* Über die Art der Fremdbestimmung wird in diesem Zusammenhang nichts berichtet. Diese beiden Sätze können als Gesamtevaluation ihres Blickes auf die leibliche Mutter interpretiert werden. Diese versuchte, relativ nahtlos an der ursprünglichen Mutter-Kind-Beziehung anzuknüpfen. Allerdings ging es ihr nur hintergründig um Rechtfertigung, eher um die positiven Seiten der neu aufgelebten

Beziehung zu ihren drei leiblichen Kindern, die alle zur Adoption freigegeben wurden. Tiefere Gespräche über die Vergangenheit lehnte sie ab und legte den Fokus vor allem auf die schwierige Nachkriegszeit und ihr persönliches Schicksal. Auch wenn die Beziehung zur leiblichen Mutter anfangs sehr angenehm und anregend war, brach Hannelore gut ein Jahr vor dem Interview die Kontakte wieder ab, da die leibliche Mutter nicht bereit war, mehr aus der Vergangenheit zu berichten. Hannelore fühlte sich zum wiederholten Male nicht mit ihren Bedürfnissen ausreichend ernst genommen. Das Gefühl, vor allem Objekt der Entscheidungen und des Handelns anderer zu sein, stieg in ihr wieder auf und erzeugt Wut und Rückzug. Dennoch meint Hannelore, wenn sie die Vokabel „Mutter“ gebraucht, überwiegend die leibliche Mutter.

Hannelore baute dagegen einen intensiven Kontakt zu ihrem leiblichen Bruder auf. Hier spielt genetische Sympathie eine große Rolle. Bereits bei ihrem ersten Treffen fanden die beiden einen guten Draht zueinander. Diese Beziehung ist Hannelore sehr wertvoll und hält bis heute an. In diesem Verhältnis zum Halbbruder fand Hannelore zumindest teilweise das, was sie mit ihrer biografischen Aneignung der Adoptionsgeschichte gesucht hat: Nähe, Verständnis, gleiche Wellenlänge, Austausch über Vergangenheit sowie Gestaltung von Zukunft. Auch wenn sie es nicht mit Verwandtschaft gleichsetzt (in dieser Hinsicht hatte sie ja auch kaum positive Erfahrungen), so beschreibt sie das Verhältnis doch als *„unwahrscheinlich eng verbunden.“* Sie erlebte auf diese Weise eine Kompensation zu dem aus ihrer Sicht unbefriedigenden Herkunftsmutterkontakt. Auch ihre leibliche Halbschwester traf sie, allerdings gestaltet sich diese Beziehung nicht in so einer intensiven Art und Weise, wie beim Halbbruder. Die genetische Sympathie zu ihrem Bruder beschreibt sie in Andeutungen später noch einmal deutlicher: *„Was ganz schlimm ist an der Geschichte ist eigentlich, dass mein Bruder und ich die gleichen Anlaufstellen in unserem Leben hatten. Also wir haben ganz viel Zeit an gleichen Plätzen verbracht. Wir hätten uns kennen lernen können! Und so gut, wie wir uns heute verstehen, wenn wir nicht gewusst hätten, dass wir Bruder und Schwester sind, weiß ich gar nicht, was da mal hätte passieren können.“* Hier wird wieder klar, warum eine Aufklärungspflicht der Adoptiveltern verbindlich geregelt werden muss: Die beiden hätten sich kennen lernen können und aufgrund ihrer genetischen Sympathie möglicherweise ein Paar werden können, ohne dass sie wüssten, dass sie leiblich Schwester und Bruder sind! Das ist aber in diesem Fall nicht passiert und so genießt es Hannelore, in ihrem Halbbruder ein Gegenüber aus der leiblichen Familie gefunden zu haben, mit dem sie sich gut versteht, auf gleicher Ebene kommunizieren kann und der ihre Geschichte, ihre Ängste und ihre Hoffnungen auch in Bezug auf die Adoptionsgeschichte teilt. Inzwischen hat sie auch Kontakt zu weiteren leiblichen Verwandten, auch aus der Familie des leiblichen Vaters, zu denen sie losen, aber freundschaftlichen Kontakt pflegt, der bis heute fortbesteht.

Für Hannelore begann die Klärung und Beruhigung eines Teiles ihrer unbeendeten Sinn- und Handlungskonzeptionen mit der erneuten Kontaktaufnahme ihrer Tochter nach 28 Jahren. Dieser Moment war für sie ein entscheidender, positiver Wendepunkt in ihrem Leben. Sie beschreibt im Interview ausführliche und bewegend, wie durch diesen erneuerten Kontakt zur Tochter eine klaffende Wunde in ihr Stück für Stück verheilte, wie große Unruhe sich allmählich löste. Auch jetzt, acht Jahre nach diesem Ereignis, bricht sie noch in Tränen aus, wenn sie davon erzählt. Im Fahrwasser dieses Großereignisses, dieses Wendepunktes in ihrem Leben, fühlte sie sich nun in der Lage, auch die Herkunftssuche und die eigene Trennung von ihrer leiblichen Mutter aufzuarbeiten. Sie empfand, dass sich jetzt ein Kreis geschlossen habe. Und so begann sie die biografische Aneignung ihrer Adoptionsgeschichte. Vor dem Hintergrund der Wiedervereinigung mit ihren Kindern (wobei sie immer nur von der anwesenden Tochter in diesem Zusammenhang spricht) war die Herkunftssuche zwar ein wichtiger Baustein für ihr biografisches Kohärenzempfinden, scheint jedoch fast zu verblassen. So kann sie auch besser mit der empfundenen erneuten Zurückweisung durch die leibliche Mutter umgehen.

Hannelores Selbstzuschreibungen im Interview benennen das Gefühl oder den inneren Drang, besser sein zu müssen als andere, Leistung zu erbringen und so möglicherweise ein empfundenes Minderwertigkeitsempfinden zu kompensieren. Dieser empfundene Leistungsdruck wird von ihr direkt mit dem Adoptionsstatus in Verbindung gebracht. Sie entwickelt daraus eine Theorie: *„Man versucht als Adoptierter irgendwann besser zu sein als andere. Man möchte zeigen, dass man etwas wert ist, weil man das so bisschen als Makel empfindet: Warum hat man mich weggegeben? Warum hat man mich nicht behalten? Es gibt ja auch viele Familien, in denen es vorher schon Kinder gab, danach Kinder gab aber dieses Kind ist nun eben weggegeben worden. Warum? War man minderwertig? War man nicht hübsch genug? War man zu klein, zu groß, zu dick, zu was-auch-immer? Die Adoptierten, die ich bisher kennen gelernt habe, haben auf unterschiedlichem Niveau alle gut etwas geleistet. Mitunter mehr, als man es vielleicht erwartet hätte.“* Hannelore spricht hier in der unpersönlichen „man“-Form. In ihrem Interviewtext kommt das Wort „man“ über 150 Mal vor, was der Spitzenwert innerhalb der hier geführten Interviews ist. Das zeigt eine Form der Externalisierung eigener Fragen und Problemstellungen auf eine allgemeine – und damit unpersönliche Ebene. Thema ihrer privaten Theorie, die sie hier beschreibt, ist vor allem Leistung als Kompensationsstrategie. Adoptierte versuchen nach ihrer Theorie, aufgrund eines empfundenen *„Makels“* oder des Gefühls, *„minderwertig“* zu sein, besondere Leistungen zu vollbringen. Ursache sei das unerklärbare Trauma, als Kind *„weggegeben“* worden zu sein. Hannelore betont später zwar, dass sie diese Theorie nicht auf sich beziehen würde, die Intensität, mit der sie ihre Argumentation vorbringt, deutet dennoch auf eine hohe emotionale Eigenbeteiligung. Auch in ihrer eigenen Geschichte kommt Leistungsstreben immer wieder zum Vorschein. Als ihr erster Mann mit den Kindern ins Ausland geht, beschreibt sie Leistung und viel Arbeit sogar konkret als persönliche Kompensationsstrategie.

Hannelores Leben ist bislang von vielen Schicksalsschlägen und Verletzungen bestimmt gewesen. Sie konnte aufgrund schwierigster Lebensumstände nie eine sichere Bindungsrepräsentation entwickeln. Dennoch meistert sie in beeindruckender Art und Weise ihr Leben. Auch eine Therapie, die vor allem die Kindheitsgeschichte zum Thema hatte, verhalf ihr dazu, obwohl es ihr nicht möglich war, auch nur posthum mit ihrer Adoptivmutter und der Kindheitsgeschichte Frieden zu schließen. Es gelang ihr jedoch, immer wieder aufzustehen und nach vorn zu schauen. Sie zeigt ein erstaunliches Maß an Resilienz: *„Was ich gut an dieser Sache finde ist, dass man mich nicht klein gekriegt hat.“* So kann sie sich immer wieder neu aufrappeln, sozial engagieren, dem Leben trotz allem positiv gegenüberstehen. Neben ihrer Arbeit in der Gastronomie engagiert sie sich in einer politischen Partei, sowie in der lokalen Selbsthilfegruppe für Adoptierte, zu der sie nach dem ersten Treffen mit der leiblichen Mutter Kontakt knüpfte. Durch ihren starken Willen, ihre teils kämpferische Handlungsorientierung und auch durch Anerkennung von außen gewinnt sie das für sich notwendige Maß an Sicherheit, so dass sie inzwischen positiv auf ihre Lebenssituation schauen kann, wie sie zu Anfang und am Ende des Interviews konstatiert: *„Ich bin mit meinem Leben zufrieden. Ich wüsste gar nicht, was ich zurzeit ändern möchte oder sollte oder könnte. Das find ich schon ganz toll."*

3.9 Ines

Ines wurde Anfang der 70er Jahre in einer ostdeutschen Großstadt geboren und im Alter von drei Wochen von ihrer Mutter adoptiert. Eine Besonderheit ist, dass die Mutter alleinstehend war und Ines sich auch an keine feste Partnerschaft der Mutter erinnert. Zum Zeitpunkt des Interviews war sie 38 Jahre alt.

Als Ines etwa zehn Jahre alt war, starb ihr Großvater, der mit in der Wohnung wohnte. Er war für sie Vaterersatz und männliche Bezugsperson. Die beiden verband eine sehr enge Beziehung. *„Und meine Mutter meinte dann: ‚Jetzt haben wir beide nur noch uns beide'. Und so war es letzten Endes auch."* Dazu merkt sie noch an: *„Ich glaube ich hab weniger dann auch ne Kinderrolle gespielt sondern mehr so ne Partnerrolle. In manchen Dingen zu mindestens."* Ines beschreibt eine erlebte Parentifizierung, sie wird von ihrer Mutter zum Teil als Partnerersatz behandelt. Es entwickelt sich ein fast symbiotisches Verhältnis zwischen den beiden. Das Verhältnis war von einer Haltung der (eingeforderten) Dankbarkeit geprägt, wie Ines im Interview formuliert: *„Erwartungsvoll, oder dankbar auf jeden Fall. Nicht im Sinne von Leistungsdruck oder so. Aber ich hatte schon den Wunsch ihr irgendwie gefällig zu sein und Dinge zu tun, die sie erfreuen. Oder es ihr recht zu machen. Und ich glaube auch, dass das irgendwo erwartet wurde. Also schon vielleicht eine Art Erwartungsdruck."*

Ines erzählt von der Situation, in der sie als Kind erfährt, dass sie adoptiert ist. Dabei beschreibt sie eine in den Interviews mehrfach anzutreffende Facette des Aufklärungsgespräches zwischen Adoptiveltern und Adoptivkind: *„Dann hat sie mir das halt erzählt, dass ich adoptiert bin, dass meine Mutter mich nicht haben wollte. Und damit ich nicht im Kinderheim aufwachsen musste, hat sie mich adoptiert. Und ich floss natürlich über vor Dankbarkeit, wie man sich da so (lacht bis *) einen Klotz ans Bein binden kann. (*) Oder halt ein Kind adoptieren kann."* Hier ist die dargebotene Schrittfolge der Aufklärung durch die Adoptivmutter interessant: 1.) Die leibliche Mutter wird einseitig diskreditiert: *„dass meine Mutter mich nicht haben wollte."* 2.) Die unheimliche Bedrohung des Kindes dadurch wird ausgemalt: *„damit ich nicht im Kinderheim aufwachsen musste."* 3.) Rettung geschieht fast märchenhaft durch die Adoption – natürlich durch die heldenhaften Adoptiveltern: *„hat sie mich adoptiert."* 4.) Das gerettete Kind bedankt sich: *„ich floss natürlich über vor Dankbarkeit."* 5.) Es diskreditiert sich selbst und steht von nun an in einer Bringschuld: *„wie man sich so einen Klotz ans Bein binden kann."* Diese Beschreibung ist möglicherweise sehr pointiert. Aber Ines erlebte, auch wenn sie es heute differenzierter einschätzt, ihre Adoption als Rettung. Es wird kein Wort von elterlichem Eigeninteresse, oder von Kinder- und Familienwunsch erwähnt. Die beiden werden auf diese Art eng und abhängig aneinander gebunden oder gekettet. Ein „Klotz am Bein" behindert in der Bewegung, erinnert an den Umgang mit Gefangenen, ist auf jeden Fall grundsätzlich hinderlich und wirkt störend, freiheitsbehindernd. So interpretiert Ines ihre eigene Adoption, zumindest in der Erinnerung an diesbezügliche Gespräche mit ihrer Adoptivmutter.

Ines Lebenswelt als Kind war vor allem von weiblichen Erwachsenen geprägt. *„Also im Nachhinein, das war nichts, was ich damals so empfunden habe, oder was ich damals so hätte benennen können, aber jetzt ist es so, dass ich mich von (lacht bis *) alten Tanten umstellt fühlte (*)."* Ines berichtet, dass sie in der Kindheit und Jugendzeit eher Einzelgängerin war, wenige Kontakte außerhalb ihrer Kernfamilie hatte. Aus ihrer Kindheit berichtet sie wiederholt, dass sie sich einsam und verlassen fühlte. Zwei besonders eindrückliche Erlebnisse sollen hier angeführt werden. Das erste Mal erzählt sie von einem massiven Gefühl des Alleinseins, als ihr Großvater starb: *„Und ich saß da draußen und es wurde kalt und ich dachte ‚Warum kümmert sich eigentlich keiner um mich? Ich bin doch noch da, ich lebe noch!' Und ich hätte es irgendwie nötig, dass ich auch mal getröstet werde. Ich weiß nicht, ich hab mich da schon sehr alleine gefühlt."*

Eine weitere Begebenheit, die sie berichtet, ist, dass zu ihrem Kindergeburtstag niemand aus der Klasse oder Umgebung sie besuchte: *„Dass ich ja immer in den Winterferien Geburtstag hatte, das war immer schwierig mit irgendwelchen Geburtstagsfeiern, weil die Kinder dann halt nicht da waren. Woran ich mich da erinnere, dass es mehrere Geburtstage gab, wo dann irgendwie Kuchen gekauft worden war oder sogar gebacken, und der Tisch war eingedeckt und kein Mensch kam zu Besuch, weil keiner richtig eingeladen war. Weil wir uns gesagt haben: ‚Naja sie wissen ja alle, dass du Geburtstag hast und dann kommt schon einer.' Und dann kam dann eben manchmal doch keiner. Das war sehr frustrierend, da haben wir dann beide immer heulend im Wohnzimmer gesessen."* Solche Erlebnisse banden Mutter und Tochter in der Folge noch enger aneinander. Bezüglich sozialer Beziehungen außerhalb der Adoptivfamilie schätzt Ines ein, *„dass es sehr wenig eigenständige Kontakte gab, von meiner Seite."* Sie berichtet lediglich von losen Schulkontakten, die aber nicht besonders intensiv waren oder in den außerschulischen Alltag hineinreichten.

Alles Schulische fiel ihr leicht. Sie lernte Klavierspielen und war als Jugendliche in der kirchlichen Jugendarbeit aktiv, was in der DDR mit einer gewissen Oppositionshaltung zum System in Verbindung gebracht wurde. Dennoch blieb eine Spannung zwischen Selbstbehauptung und Anpassung, die Ines in ihrer Familie erlebte. *„Also gegenüber Behörden, Autoritäten oder so. Die waren irgendwie wichtiger als ich, denen gegenüber hat sie meine Interessen, oder auch ihre Interessen, irgendwann nicht mehr vertreten, also hat dann irgendwann einfach beigegeben."* Ein schlimmes Erlebnis war für sie, als sie als Jugendliche während eines sportlichen Trainings von ihrem Übungsleiter sexuell belästigt wurde und ihre Mutter sie dagegen nicht in Schutz nahm: *„Wo ich schon sehr vermisst habe, sich, sich, sich sozusagen vor mich zu werfen (lacht bis *) wenn sich die Löwen auf mich stürzen wollen (*)."*

Nach dem Schulabschluss bekam sie trotz guter Noten ihre angestrebte Lehrstelle nicht. *„Jedenfalls haben sie mich abgelehnt, mit der Begründung, ich hätte ja Westkontakte und dann käm ich da leider nicht in Frage."* Während der Zeit der politischen Wende in der DDR war Ines sehr aktiv und emanzipierte sich in diesem Sog gleichzeitig von ihrer Mutter. In dieser Zeit änderte sich nicht nur das politische System, sondern auch viel in Ines Leben. Sie zog in ihre erste eigene kleine Wohnung, holte auf dem Abendgymnasium das Abitur nach, es begann eine bis heute andauernde feste Partnerschaft mit einem Mann. Anschließend studierte sie in einer anderen Stadt und verbrachte ein Jahr im Ausland. Sie ist inzwischen Selbständige im Baubereich und wohnt mehrere hundert Kilometer von ihrer Heimatstadt entfernt. Ihr Verhältnis zur Adoptivmutter, die sie fraglos als ihre Mutter ansieht, ist inzwischen von ihrer Seite her distanziert und primär von Pflichtgefühl oder Dankbarkeit geprägt.

Als Ines mit 18 (!) Jahren ihrer Adoptivmutter gegenüber äußert, dass sie interessiert sei, nach ihrer biologischen Herkunft zu forschen, blockiert diese jedes Gespräch, bis hin zu körperlichen Krankheitssymptomen (Herzrhythmusstörungen): *„Und hab dann meiner Mutter gesagt: ‚Du, ich wüsste eigentlich ganz gerne mal, wer meine leiblichen Eltern sind.' Und bei ihr ging ‚pfff' die Jalousie runter. Sie hat also wochenlang geheult. Also ich hatte sie wirklich nur mit rotverheulten Augen gesehen, sie ist krank geworden. Und ich dachte: Oh Gott, die kriegt* *einen Herzinfarkt, wenn ich das Thema nochmal anspreche. Ich hab das also fallengelassen, wie eine heiße Kartoffel, und dachte: ‚Naja, vielleicht ist es auch nicht so wichtig und überhaupt. Ich hab ja noch Zeit und vielleicht später mal?'"* Die Jalousie, die bei ihrer Adoptivmutter symbolisch *„runtergeht"*, zeigt, dass Ines eine starke Abschottung ihrer Mutter zum Thema der biologischen Abstammung erlebte. Wenn eine Jalousie heruntergelassen wird, ist der dahinterliegende Raum abgedunkelt, es gibt keinen optischen Kontakt nach außen. Auch der Wärmeaustausch wird minimiert. Eine Kommunikation durch eine geschlossene Jalousie hindurch ist nahezu unmöglich. Von der massiven Abwehr durch die Adoptivmutter scheint Ines zunächst völlig überrannt gewesen zu sein und sie schob das Thema vorerst beiseite. Dabei stand für sie nicht unbedingt im Vordergrund, die Adoptivmutter zu verstehen oder zu schonen. Ines Reaktion ist zunächst eine Selbstschutzreaktion. Die Metapher von der *„heißen Kartoffel"* deutet in Richtung des Grundbedürfnisses nach Nahrungsaufnahme, mit dem die Herkunftssuche hier verglichen wird. Eine Kartoffel ist ein Grundnahrungsmittel, kein Luxuslebensmittel. Wenn man sie in die Hand nimmt, will man sie wahrscheinlich essen. Ines sagt, sie ließ *„das Thema, wie eine heiße Kartoffel fallen."* Das bedeutet, sie verschob es, ihr zum Vorschein gekommenes Bedürfnis zu befriedigen und wartete, bis „die Kartoffel abgekühlt wäre", also sich die Adoptivmutter wieder beruhigt hätte. Sie hatte keinerlei Verständnis für deren abwehrende Reaktion. Die Herkunftssuche war für Ines ein normaler, nicht einmal besonders emotional aufgeladener Schritt. Das wurde sie erst durch die Reaktion der Adoptivmutter. Dadurch war das Thema vorläufig „zu heiß". Es brauchte bei Ines eine lange Zeit, bis es „abgekühlt" war. So kam es erst acht Jahre später, bei Ines Wegzug aus ihrer Heimatstadt, wieder zu einem Versuch, der schließlich in ein erstes Treffen münden sollte.

Ines ging zuerst zum zuständigen Jugendamt und erlebte die Beratung dort nach anfänglicher Zurückweisung (die Adoptivmutter sollte informiert werden) nur teilweise angemessen und legte sich schon im Vorhinein Strategien zurecht, die für sie notwendigen Informationen gegebenenfalls auch auf einem nichtoffiziellen Weg zu bekommen: *„Dann bin ich am Montag wieder hingegangen, schon mit dem Vorsatz im Kopf, irgendwie einen Blick auf diese Akte zu erhaschen und mir die Adresse zu merken, wo meine leibliche Mutter mal gewohnt hat, um dann halt auf eigene Faust im Zweifelsfall weiterverfolgen zu können."* Den behördlichen Strukturen misstraute sie grundlegend. Möglicherweise war das auch ein Resultat ihrer DDR-Vergangenheit. Sie fasste einen Plan, wie sie trotz des vermuteten Widerstandes durch das Amt an die gewünschten Informationen käme. Allerdings erlebte sie, dass diese Strategie nicht nötig war, da sie schließlich doch alles erfuhr, was sie wissen wollte. In der Folgezeit beauftragte sie einen Anwalt mit der Recherche und nahm später mehrfach Kontakt zum Jugendamt, Einwohnermeldeamt und zum Vormundschaftsgericht auf, um die Suche am Laufen zu halten.

Vom ersten (und bis zum Zeitpunkt des Interviews einzigen) direkten Zusammentreffen mit der leiblichen Mutter wurde Ines positiv überrascht. Sie hatte emotional wenige Erwartungen an diese Begegnung. Ihr ging es vor allem um Informationen und um ein Verstehen der Vorgänge rund um ihre Geburt. Umso mehr war sie vom Auftreten der genetischen Sympathie und vom eigenen Wiedererkennen in der leiblichen Mutter erstaunt: *„Sie stand da am Tresen, also es standen noch etliche andere Leute, aber ich wusste sofort: die ist es. Weil wir uns äußerlich auch ein bisschen ähnlich sehen, und, weil im Gespräch auch so Gestik, also es war so viel Vertrautheit irgendwie da, das hat mich völlig überrascht, (mit Tränen in den Augen bis *) weil das war ich überhaupt nicht gewöhnt gewesen. Hab das auch nie irgendwie* *gesucht oder erwartet, weil ich wusste ja, ich bin adoptiert, und da gibt es nichts mit äußerlichen Ähnlichkeiten oder so. (*)"* Ines ist von ihren eigenen Emotionen überwältigt. Möglicherweise wurde ihr hier zum ersten Mal klar, was sie bisher vermisst hatte. Sie spricht von großer emotionaler Nähe und Vertrautheit und fühlte sich eng mit ihrer leiblichen Mutter verbunden. Aus der Retrospektive und in der Folge war der Kontakt für Ines dennoch unbefriedigend. Ines leibliche Mutter schien zu viel Nähe abzulehnen. Sie reagierte nach dem ersten Treffen reserviert und sachlich. Auf emotionale und positiv gestimmte Anfragen ihrer leiblichen Tochter folgte ein maschinegeschriebener Brief, der Ines Anliegen nach Information und Aufarbeitung zurückwies. Über die Gründe kann nur spekuliert werden: Es könnten Scham, Angst vor Ansprüchen oder auch einfach nur ein Ruhenlassen der Vergangenheit oder Verdrängung gewesen sein. Hier wurde das Geheimnis/Tabu, welches in Ines Leben immer wieder auftauchte, durch die leibliche Mutter zementiert. Ines fühlte sich dadurch erneut zurückgewiesen. Diese Zurückweisung, dieses Zurückhalten von Informationen und das Verweigern von Kontakt macht sie wütend, zumal es inzwischen über zehn Jahre anhält. So sucht sie auch den Kontakt zur leiblichen Mutter nur sporadisch und dann vor allem mit dem Gedanken, möglichst weitere Informationen zu bekommen. Dies wird ihr aber konsequent verweigert, auch bei der letzten Kontaktaufnahme einen Monat vor dem Interviewtermin. Das ewig schwebende Geheimnis ist in Ines Geschichte besonders ausgeprägt. Es wird auch von Seiten der leiblichen Mutter gehütet und dadurch noch mehr aufgebauscht. Ines empfindet sich dem gegenüber hilflos, zumal ihre Adoptivmutter ganz ähnlich handelt.

Klare Erlebnisse einer Entmystifizierung ihrer Adoptionsgeschichte formuliert Ines dennoch gegen Ende des Interviews, obwohl bei ihr durch das Vorenthalten von Informationen durch die leibliche und die Adoptivmutter immer ein nebulöser Anteil an Spekulationen oder Phantasien blieb. Dieser wird durch die Aufrechterhaltung des Tabus am Leben erhalten und schwingt immer wieder hintergründig mit. Dennoch zeigen die unten zitierten Texte, dass Entmystifizierung auch ein noch deutlicheres Bekenntnis zur Adoptivfamilie bewirken kann. Dass es in der Mutter-Tochter-Beziehung aktuell dennoch schwierig läuft, hat mit der biografischen Aneignung der Adoptionsgeschichte nur am Rande zu tun. In Bezug auf ihre leibliche Mutter hat Ines in ihrer Bewertung und biografischen Einordnung einiges geklärt, wenn auch, wie oben erwähnt, noch nicht alles. *„Das war einfach gut, und das reicht auch. Ich müsste jetzt gar nicht unbedingt noch Kontakt mit ihr haben. Wenn sie das möchte okay, das wäre in Ordnung. Ich hab nicht das große Bedürfnis danach. Das ist gegessen und für mich ist das Thema erledigt. Da hat es auch eine große Beruhigung gegeben."* Wenn etwas *„gegessen"* ist, wird es verdaut und ist danach in der vorigen Form nicht mehr vorhanden. Essen (möglicherweise die *„heiße Kartoffel"*) liefert dem Körper Energie, die nicht benötigten Reste werden ausgeschieden. Danach braucht der Mensch neue, andere Nahrungsmittel. Dass sowohl die leibliche als auch die Adoptivmutter ihr weiterhin nicht die ganze Wahrheit sagen und immer noch Geheimnisse um das Adoptionsgeschehen aufrecht erhalten, macht Ines dennoch hilflos und wütend. Sie fühlt sich in ihrer Person und ihrem Anliegen nicht richtig ernst genommen, verspürt ein Anrecht auf ihre eigene Geschichte und hat hart damit zu kämpfen, dass ihr diese vorenthalten wird. Gern würde sie noch mehr klären, offenlegen, verstehen. Aber diese Möglichkeit wird ihr nicht gewährt: *„Was mich wirklich wütend macht, ist: Ich hab den Eindruck, dass meine beiden Mütter einfach mehr wissen, als sie sagen. Und das macht mich wahnsinnig wütend, das Wissen nicht zu bekommen. Also die Informationen, die mich betreffen. Also ich bin davon überzeugt, dass Informationen da sind, und sie mir vorenthalten* *werden, aus welchen Gründen auch immer. Ich meine, das ist nun wirklich nun fast 40 Jahre her, also das sollte eigentlich lange genug sein, dass – ja, meine beiden Mütter, das irgendwie verarbeitet haben, oder darüber reden können!"* Die erneute Zurückweisung bei ihrer Suche nach Klärung der Vergangenheit wird von ihr als starke Verletzung erlebt, der sie sich hilflos ausgeliefert fühlt. Dadurch werden Teile der Adoptionsgeschichte schon wieder in fast mystische Zusammenhänge gestellt und ihr ist es nicht möglich, diese an der Realität zu prüfen. Ein endgültiger Abschluss ihrer Suche und eine Beruhigung der Emotionen um ihre Ursprungsgeschichte sind ihr so nicht möglich.

Ihr leiblicher Vater ist inzwischen verstorben, so dass sie ihn nicht mehr kennen lernen konnte. Sie bekommt die Kontaktdaten ihrer Halbschwester unaufgefordert durch das Jugendamt zugespielt. Mit diesem Wissen kann Ines nicht viel anfangen, so dass sich die Beziehung nach einem ersten kurzen Kontakt nicht weiterentwickelt.

Zu ihrer Adoptivmutter hält sie aktuell eher sporadisch und vor allem telefonischen Kontakt. Motivation für die Kontakte sind bei ihr vor allem Verantwortung und Pflichtgefühl. Direkte Besuche sind selten: *„Ich bin auch schon seit Jahren nicht in A-Stadt gewesen. Das letzte Mal dass ich da war, hab ich auch nicht bei ihr zu Hause gewohnt. Also erstens fahre ich nur mit meinem Freund dort hin, ich fahre da nicht alleine hin und zum anderen, ähm, wohn ich auch nicht bei ihr in der Wohnung, das hab ich inzwischen gelernt. Ich bin da ein, zwei Stunden und dann - dann muss ich da irgendwie raus, ich bekomme sonst Beklemmungen, es schnürt mich richtig am ganzen Körper zu und ich muss irgendwie raus und Luft kriegen. Ich halte das einfach nicht aus."* Die Besuche sind offensichtlich angstbesetzt. Sie kehrt zurück in ein familiales System, dem sie sich bewusst entzogen hatte. Ines reagiert ähnlich körperlich auf die direkten Kontakte mit ihrer Adoptivmutter, wie diese es getan hatte, als Ines im Alter von 18 Jahren erstmals von ihrer Herkunftssuche sprach. Es scheinen noch Spannungen zwischen den beiden Frauen zu existieren, die unaufgearbeitet sind. Einen ausschließlichen Zusammenhang mit der biografischen Aneignung sieht Ines jedoch nicht, eher eine Kombination mit dem normalen Ablösungsprozess von den Eltern.

Während des Interviews erzählt sie ihre Lebensgeschichte teils sehr sachlich und reflektiert, phasenweise auch stark emotional, mit Wut oder Trauer in der Stimme, was durch die Körpersprache noch unterstützt wird. Letztlich zieht sie dennoch ein sehr positives Resümee, welches durch eine differenzierte Selbstbeobachtung gespeist wird: *„Und bin so eigentlich sehr zufrieden mit meiner Lebenssituation. Also ich hab eine glückliche Beziehung, das ist mit sehr wichtig, ist auch sehr innig und sehr vertraut. Ich hab einen Job der mir Spaß macht. Ich hab einen kleinen Freundeskreis, also ich hab immer ein bisschen Schwierigkeiten so mit Kontaktanbahnungen, neige eher zu Misstrauen, also ich brauch eher so eine größere Schnupperphase."* Sie sieht ihr Leben, trotz mancher zu verarbeitenden Schwierigkeiten, grundlegend positiv und gibt sich selbst, auch in Bezug auf Adoption und ihren Prozess der biografischen Aneignung, Maximen auf, die auf Offenheit und gegenseitiges Verständnis weisen. *„Ich mag das nicht so mit verdeckten Karten da zu spielen, oder solche Geheimnisse halt zu haben, ist einfach Unsinn!" „Ich denke, wenn man irgendwas versteht, versteht, warum jemand etwas so gemacht hat, wie er es gemacht hat, dann ist es leichter, das auch zu akzeptieren, zu sagen: Ja, gut, ist in Ordnung."* Diese Textpassagen deuten auf ein überwiegend sicheres Identitätsgefühl hin.

Gegen Ende des Interviews gibt sie anhand eines Erlebnisses eine eindruckliche Zusammenfassung ihres bisherigen Lebensweges: *„Ich hatte lange Zeit das Gefühl, nicht so richtig mit beiden Füßen auf dem Boden zu stehen. Das habe ich erst gemerkt mit Anfang 20, da habe ich angefangen Qi Gong zu machen. Und die erste Stunde, die wir hatten, haben wir nur im*

Kreis gestanden, hatten so eine bestimmte Fuß- und Körperstellung und so weiter, und haben halt geredet und über den Kurs gesprochen. Und als ich danach, nach einer Stunde weggegangen bin, hab ich sogar mein Gewicht gefühlt und dachte: Ist das toll! Also so richtig auf dem Boden zu stehen, das fand ich ganz klasse. Ich hatte vorher nicht das Gefühl gehabt wirklich so richtigen Bodenkontakt zu haben. Ich hatte eher das Gefühl, irgendwie so ganz knapp über dem Boden zu schweben, also ein bisschen Luft dazwischen. Aber ich kannte es ja auch nicht anders. Aber die Bodenhaftung, die fehlte einfach. Und das entwickelt sich jetzt, da bin ich auch recht froh darüber, also wirklich einfach ein Standing so zu haben. Also wirklich stehen zu können und zu sagen: Ja! Jetzt stehe ich halt! Und das ist auch in Ordnung so.“[99]

3.10 Jörg

Jörg ist zum Interviewtermin 40 Jahre alt. Er beginnt seine biografische Narration damit, dass er sein Stammbuch zeigt und erklärt. In diesem sind die Namen und Daten seiner leiblichen Eltern eingetragen sowie sein ursprünglicher Vorname, der im Alter von zwei Jahren von den Adoptiveltern geändert wurde: *„Irgendwann hat meinem Adoptivvater mein Name nicht mehr gefallen. Und da hat er das ändern lassen in Jörg. Ich habe im Grunde genommen die ersten zwei Jahre einen anderen Vornamen getragen, als danach.“* Mit seinem ursprünglichen Vornamen hat er ein stärkeres *„Identifikationspotenzial“*, als mit seinem aktuellen Vornamen. Dies kann als Ausdruck dafür gedeutet werden, dass er sich nie vollständig in die Adoptivfamilie integriert gefühlt hat. Er wurde bereits in seinem ersten Lebensjahr in Adoptionspflege genommen, wobei er berichtet, dass seine leiblichen Eltern ihn nach der Entscheidung über die Adoptionsfreigabe zurückholen wollten: *„Es gab einen Riesentrouble bei denen, weil meine leibliche Mutter und mein Vater im alkoholisierten Zustand dem zugestimmt haben, mit der Adoptionsurkunde, und hinterher wieder alles rückgängig machen wollten.“*

Seine Kindheit verbrachte er in den 70er Jahren in einem westdeutschen Flächenland, welches überwiegend protestantisch geprägt ist. Da seine Adoptiveltern streng katholisch waren, erlebte er sich bereits im Grundschulalter in der Rolle eines *„Sonderlings“*[100]. Seine Adoptiveltern beschreibt er als traditionell und streng, besonders den Vater. Seine Kindheit war hierarchisch geordnet und teilweise mühevoll. Eine enge emotionale Beziehung zu den Eltern entstand nur spärlich, zur Mutter noch eher als zum Adoptivvater. Resümierend stellt er fest: *„Ich bin ihnen dankbar, dass sie mich so erzogen haben, wie sie es gemacht haben. Sie konnten es halt nicht besser, aber es war halt auch nicht so schlimm.“*

Nach dem Abitur begann Jörg zunächst eine Lehre, die seine Adoptiveltern für ihn ausgesucht hatten. Diese brach er jedoch nach wenigen Wochen ab und ging zur Bundeswehr. Dort erlitt er einen Nervenzusammenbruch und erzählte im Rahmen der folgenden Therapie erstmals seine Geschichte. Von da an begann er, über sein Leben zu reflektieren, es vermehrt selbst zu steuern und sich vom Elternhaus zu emanzipieren: *„Dadurch bin ich erst langsam darauf aufmerksam gemacht worden bin: Erstens: nicht alles lag an mir, dass es so ist, wie es ist. Und zweitens: Es ist auch alles gar nicht schlimm.“* Später verzog er

[99] Diese Erfahrung erinnert an die Metapher von der Seiltänzerin, die vom Seil absteigt, welche Friederike gebrauchte. Beide entwickelten recht ähnliche Bindungs- und Verhaltensmuster in ihrer Kindheit.

[100] Jörg über sich an mehreren Stellen des Interviews

in die nächste Großstadt, studierte einige Semester auf geisteswissenschaftlichem Gebiet und absolvierte schließlich eine Ausbildung im Finanzwesen. In dieser Branche arbeitet er bis heute.

Über seinen Adoptionsstatus wurde er frühzeitig – und nur bedingt freiwillig – von seinen Adoptiveltern aufgeklärt. Anlass war die Offenlegung des Adoptionsstatus eines Schulkameraden: *„Ich hab das zuhause erzählt: ‚Er ist gehänselt worden. Er wäre adoptiert.' Was das sei? Und da hat mir meine Mutter, meine Adoptivmutter, das erklärt und dann hat sie auch gesagt, dass das bei mir genauso sei. Da musste ich natürlich heulen. Weil da zerbrach eine Welt für mich. Aber ich hab schon immer irgendwie das Gefühl gehabt, dass bei mir irgendwas anders ist als bei andern. Das war irgendwie so eine tiefe innere Überzeugung. Und die hat sich da eigentlich nur bestätigt.“* Er formuliert, dass er als Kind schon eine Ahnung gehabt hätte, dass er nicht das leibliche Kind seiner Eltern sei. Hier können natürlich spätere Erinnerungskonstruktionen hineinspielen, die sich um das Ereignis lagerten. Aber auch an anderen Stellen berichten Adoptierte vor ihrer Aufklärung über die Adoption von unklaren, nebulösen Ahnungen, dass irgendetwas in ihrer Familie nicht stimmen würde. Die Sätze: *„Da musste ich natürlich heulen. Weil da zerbrach ne Welt für mich.“* klingen im Gesamtkontext aller Interviews nicht besonders stark. Bei Beschreibungen vergleichbarer Situationen in anderen Interviews wirkte der emotionale Schlag deutlich heftiger und traumatischer. Auch in Jörgs Interview werden andere Situationen mit erheblich mehr emotionaler Beteiligung beschrieben. So ist davon auszugehen, dass es zwar tatsächlich einen Schock und Trauer gab, dies jedoch nicht grundlegend an der bis dahin entstandenen Eltern-Kind-Beziehung rütteln konnte. Dieses Wissen entwickelte sich dennoch für ihn zu einem zusätzlichen Unsicherheitsfaktor und war materielle Basis häufiger, ambivalenter Phantasievorstellungen, die an Freuds „Familienroman“ erinnern: *„Ist mein Vater en Kinderschänder, oder ist es ein ganz normaler Mensch?“ „Um das Gefühl, nicht das Kind meiner Eltern zu sein zu übertünchen, hab ich mir dann immer tolle Gedankenwelten aufgebaut. Welche berühmten, tollen Leute meine leiblichen Eltern gewesen sein könnten.“* Hinzu kam, dass in seiner familiären Umgebung über die Adoption immer unter *„vorgehaltener Hand“* gesprochen wurde und ansonsten das Thema *„begraben“* war. Es war also ständig präsent, jedoch – um in der Metapher zu bleiben, nur als gepflegtes oder verwildertes Grab, das außer den in Stein gemeißelten Daten und Informationen keine weiteren Erkenntnisse an Jörg preisgab. Die Adoptiveltern signalisierten, dass sie sich auch nicht weitergehend mit ihm diesbezüglich kommunizieren möchten.

Jörg versuchte als Kind, stets erwartungsgemäß zu funktionieren, wenig aufzufallen und es den Eltern möglichst recht zu machen. Grundlage dafür war eine innere Unruhe durch eine diffuse, aber sehr präsent empfundene Angst, von den eigenen Eltern wieder weggegeben werden zu können: *„Ich bin nicht euer wirklicher Sohn. Ich musste mich beweisen. Ich bin ja vielleicht was Schlechteres?“* Hier sind unbeendete Sinn- und Handlungskonzeptionen deutlich erkennbar. Jörg sagt zweimal im Interview, dass seine Adoptiveltern mit ihm als Adoptivkind eine *„Katze im Sack gekauft“* hätten und diese Verbindung möglicherweise schneller hätten lösen können, als das bei einem leiblichen Kind möglich wäre. Die Metapher *„Katze im Sack“* für die Adoption bzw. für sich als Adoptivkind deutet die erlebte Unsicherheit seines Status sehr klar an. Das Sprichwort kommt von daher, dass auf Märkten in früheren Zeiten gelegentlich ein Kaninchen in einem Sack angeboten wurde, das sich am Ende als Katze entpuppte.[101] Also eine sehr unüberlegte

[101] Quelle: http://www.redensarten.net/Katze.html (18.04.13, 9:00 Uhr)

Handlung des Käufers, bei der er letztlich betrogen wurde. Hinzu kommt, dass in manchen Gegenden Deutschlands junge Katzen in einen Sack gesteckt und ersäuft wurden. In diesem Fall könnte die Aufnahme der „Katze im Sack" auch auf ein lebensrettendes Moment hindeuten. Beides sind dennoch sehr bedrohliche Szenarien, welche in der Metapher stecken. Eine offene Kommunikation über die Adoption war weder mit den Eltern noch mit anderen Verwandten möglich. Das Thema wurde weitgehend tabuisiert und nur versteckt besprochen – am wenigsten mit Jörg selbst. Dieses Muster hat Jörg in seiner Kindheit übernommen: *„Wenn die Eltern nicht darüber sprechen, sprechen die Kinder auch nicht darüber. Das ist dann verdrängt worden."* Jörg sagt von sich selbst, dass das *„Stigma Adoption"* ihn über viele Jahre *„gebeutelt"* habe. Er berichtet von regelmäßigem Nachdenken über seine Herkunft, besonders nachdem sein leiblicher Vater erstmals versucht hatte, brieflich Kontakt zu ihm aufzunehmen. Jörg war damals etwa 14 Jahre alt. *„Und dann war das aber so unterschwellig immer noch da. Da kam dann zwar nichts mehr, aber ich wusste, da hat jemand versucht, Kontakt zu mir aufzunehmen. Das konnte ich nicht so wirklich verdrängen. Und diese Adoptionssache, man denkt bestimmt immer ein Mal am Tag darüber nach." „Das ist schon eine ziemlich tiefgründige Grübelei: Wo komme ich her? Wo gehe ich hin? Und das hat bei mir relativ früh eingesetzt."* Allerdings konnten diese Gedanken keine Bindung an die Realität finden und blieben *„unterschwellig"* – unter der Schwelle – versteckt: unsichtbar, aber stets präsent; an einer Tür gelegen, die in einen Raum hinein oder aus ihm hinausführt. Der Ausdruck *„tiefgründige Grübelei"* weist auf Einsamkeitserfahrungen, selbstreferentielles Nachdenken, ohne Korrekturmöglichkeit durch Kommunikation mit anderen Individuen. So baute sich eine private Weltsicht auf, welche kaum durch Fremdreflexion nivelliert wurde. Weitergehende Informationen über seine Herkunft waren Jörg nicht verfügbar und er wagte nicht, tiefer nachzufragen, als die Adoptiveltern ihm formelhaft und kanalisiert von sich aus berichteten.

Seine schrittweise Ablösung von der Adoptivfamilie, sein selbstbestimmter beruflicher Werdegang, seine biografische Aneignung der Adoptionsgeschichte und vor allem die Gründung einer eigenen Familie und die Geburt eigener Kinder lassen Jörg mehr und mehr zu einem sichereren Selbstbewusstsein finden: *„Dass ich mal eigene Kinder hab! (lacht) Und dann hat das geklappt. Und nach 19 Monaten kam schon das nächste Kind. Da hab ich mich ja unheimlich gefreut, dass ich diesen Bann durchbrochen habe? Eigene Familie, eigene Kinder. Das war wichtig für mein Selbstbewusstsein, fürs Ego. Und da ging es mir dann richtig gut. Da hab ich dann auch gesagt: Ja Mensch, was soll dir jetzt noch passieren? Jetzt kannst, hast du selber eigene Kinder. Hast diesen Adoptionsbann durchbrochen. Gehörst zur normalen Gesellschaft."* Dieses Zitat zeigt, dass die Adoptionsgeschichte für ihn ständiger Begleiter war. Die Erlangung von Normalität für die eigene Geschichte ist bei Jörg ein Thema, dass sich durch das gesamte Interview, und so wohl auch durch sein gesamtes Leben, zieht. Das Wort „normal" kommt in seinem Interview 37x vor.[102] Durch seine leiblichen Kinder ist für ihn ein großes Stück der angestrebten Normalität erreicht. Von dieser Basis aus gelingt es ihm immer besser, sein Leben selbstbewusst zu steuern und anstehende Fragen konkret anzugehen. Dazu gehört auch, dass die Beschäftigung mit der Adoptionsgeschichte bei ihm schließlich eine neue Qualität gewinnt.

[102] Dieser Wert wird nur von Christian annähernd erreicht (24x). In allen zehn Interviews zusammen sind es knapp 100 Erwähnungen, so dass es in diese beiden Interviews über 60% sind.

Die Herkunftssuche verlief bei Jörg zunächst andersherum, als bei den anderen Interviewten. Nicht er suchte und fand seine leiblichen Eltern, sondern er wurde als Jugendlicher zwei Mal von seinem leiblichen Vater gesucht und gefunden. Einmal in Form des oben erwähnten Briefes im Alter von 14 Jahren, ein weiteres Mal kurz vor den Abiturprüfungen persönlich. Sein leiblicher Vater stand plötzlich in der Schule und ließ Jörg aus der Klasse herausholen. Beide Kontaktversuche wies er zurück: *„Ich hatte bis dato meine Adoption verdrängt. Und als Pubertierender auf Identitätssuche wollte ich eigentlich ein vernünftiges Elternhaus, so hatte ich mir das vorgestellt. Vor meinen Freunden und Schulkollegen gut da stehen. Und der Sohn meiner Eltern sein und nicht so eine wirre Vorgeschichte haben.“* Insbesondere das persönliche Aufsuchen seines leiblichen Vaters überforderte ihn sichtlich, was aufgrund der Situation gut nachvollziehbar ist. Auf einen dritten Kontaktversuch, diesmal von der Lebensgefährtin seines leiblichen Vaters, ging er schließlich ein. Er war inzwischen 25 Jahre alt und gerade dabei, von seinen Adoptiveltern weg in ein eigenes Zuhause zu ziehen. Er begegnet sowohl seinem leiblichen Vater, als auch später der leiblichen Mutter und seinem Halbbruder. Die Aufnahme und die Erwartungen sind herzlich, aber auch vereinnahmend: *„Die wollten mich alle gleich in die Familie wieder aufnehmen (lacht kurz). Wie der verlorene Sohn, ja? Und anstatt mich damals darüber zu freuen, war ich eigentlich furchtbar überfordert.“* Dieser Vereinnahmung entzieht sich Jörg, indem er den Kontakt zur leiblichen Familie zwischenzeitlich mehrere Jahre aussetzt: *„Ich bin nicht der verlorene Sohn! Ich hab da eine Adoptivfamilie, bei der ich auch wohne. Ich will da im Moment auch nicht raus. Ich hab meine eignen Freunde hiere. Ich brauche erst mal eure nicht. Und da habe ich erst einmal wieder zu gemacht.“*

Aus seinem eigenen Lebenskontext heraus wird für ihn das Thema seiner Abstammung wieder vordergründig, als er selbst eine eigene Familie gegründet hatte: *„Da wurde unser Sohn geboren und ich habe gedacht: Da war doch noch was? Das gehört zu dir. Eigentlich hast du eine Verpflichtung auch gegenüber den Kindern. Und wer weiß, was da die Kinder, irgendwelche Krankheiten und so was. Das gehört genauso dazu. Mittlerweile bist du so aufgeklärt, dass du damit umgehen kannst. Und wenn es zu Verwicklungen führt mit meinen Adoptiveltern, dann ist es eben so.“* Im Zusammenhang der Nachwuchsrekrutierung durch Filiation erwacht das Interesse an seinen genealogischen Wurzeln. Im eigentlichen Sinne muss dieser Moment als der Beginn seiner aktiven Herkunftssuche interpretiert werden. Hier ist erstmals eine intrinsische Motivation beschrieben, während die vorhergehenden Kontakte überwiegend auf Initiative der leiblichen Eltern zurückgehen. Dies gilt, obwohl er bereits einige Zeit vorher aktiv nach seiner leiblichen Mutter geforscht hat, da diese Aktivität im Sog des extrinsisch initiierten Treffens mit dem leiblichen Vater vollzogen wurde. Wie aus dem Interview zu sehen ist, interpretiert Jörg die Geburt seiner Kinder als entscheidende, positive Wendung in seinem Leben, die ihm auch eine endgültige Ablösung vom Adoptivelternhaus ermöglichte. In diesem Zusammenhang ist es ihm ein Anliegen, auch mit seiner Adoptionsgeschichte Frieden zu finden. Dazu kommt die Sorge um vererbbare Krankheiten, da er seine leibliche Familienanamnese nicht kennt und auch diesbezüglich eine Verantwortung gegenüber seinen Kindern sieht. Der Schwerpunkt aber ist die Freude über den eigenen Nachwuchs. Damit verbunden wird eine Versöhnung mit seiner eigenen Abstammungsgeschichte – und damit auch mit seiner leiblichen Familie, der er nun mit mehr Selbstsicherheit gegenüberstehen kann. Den erwarteten Widerstand seiner Adoptiveltern hält er für überwindbar bzw. will sich ihm bewusst stellen. Dabei war für ihn, neben den oben bereits beschriebenen Motivationen, besonders wichtig, dass er ein positives Bild seiner Herkunft zeichnen konnte, das ihm Selbstachtung und Selbstwertgefühl vermittelte. Ihm lag daran, sich von negativen Selbst- und Fremdzuschreibungen aufgrund seiner Herkunft und seines Adoptionsstatus abgrenzen zu können bzw. diese in positive, sichere Gefühle und Kognitionen zu transformieren: *„Und da auch mein Selbstbewusstsein wieder daran aufzubauen. Und nicht mit dieser Unsicherheit zu leben: Ich komme aus einer beschissenen Familie mit beschissenen moralischen Vorstellungen und blöden Leuten. Um das wieder für mich selber gutzumachen, für mein eigenes Ego."*

Inzwischen haben sich mehrmals jährlich regelmäßige Kontakte entwickelt und es hat sich eine durchaus emotionale Beziehung aufgebaut, während er die emotionale Distanz zu seinen Adoptiveltern als sich verstärkend beschreibt. Durch die Kontakte mit der leiblichen Familie kann er die Empfindungen aus seiner Kindheit (die er nicht pauschal als schlecht, sondern als *„normale Kindheit"* beschreibt) von einem anderen Standpunkt aus reflektieren und bewerten: *„Da sind bei der leiblichen Familie so viele Gemeinsamkeiten, die ich entdecke. Oder so viel, womit ich mich mit identifizieren kann. Und dadurch ist die Kluft zu meinen Adoptiveltern natürlich immer größer geworden."*

Jörg machte nach seiner biografischen Aneignung der Adoptionsgeschichte gute Erfahrungen durch die Begegnung mit anderen Adoptierten: *„Ich war sehr froh und glücklich, das erste Mal andere getroffen zu haben, die auch adoptiert sind. Das war wichtig. Meine Frau hat mich zwar verstanden. Aber die ist ja nicht adoptiert. Und das war so das letzte Puzzleteilchen, was mir noch gefehlt hat. Das hat mir mehr als gut getan. Einfach mal zu sehn: Aha, das sind normale Leute. Und die sind alle unterschiedlich. Und dass dieses Stigma ‚Adoption' vielleicht gar keins ist."* Durch die Begegnung mit anderen Adoptierten gelang es Jörg, seine eigene Geschichte in größere und positivere Zusammenhänge zu stellen und den empfunden Makel, adoptiert zu sein, Stück für Stück nicht mehr als solchen zu interpretieren. Diese Konstatierung von Normalität ist ein wichtiges Ergebnis der biografischen Aneignung der Adoptionsgeschichte und auch der Solidarisierung mit anderen Adoptierten.

Jörg lebt heute mit seiner Frau und den beiden Kindern in einer Kleinstadt in dem Gebiet, in dem er selbst auch aufgewachsen ist. Dort wohnen auch seine Adoptiveltern und die leibliche Familie. Er baute recht kontinuierlich das Verhältnis zu seinen leiblichen Eltern und deren Familien aus. Sie haben beinahe monatlich Kontakt miteinander, meist per Telefon. Er spricht, wie die meisten Adoptierten, seine leiblichen Eltern mit Vornamen an. Es entwickelte sich eine *„Herzlichkeit miteinander,"* jedoch keine Eltern-Kind-Beziehung. Das konnte wohl auch gar nicht geschehen, da sich erwachsene Menschen gegenüberstanden, die erst einmal in keinem Abhängigkeits- oder Verantwortungsverhältnis zueinander sind. Sie treffen sich regelmäßig zu Familienfeiern und Festen, etwa drei bis vier Mal im Jahr. Selbst für die großen Familienfeste hat sich eine Tradition gebildet: *„Wir feiern nicht mit ihnen Weihnachten zusammen, dass machen wir mit meinen Schwiegereltern und meinen Adoptiveltern. Aber wir feiern es dann nach. Ein zweites Mal. Und die Kinder wissen das auch, sagen das auch jedem, wenn die Sprache drauf kommt: Ich habe aber drei Großeltern."* Wie seine Kinder mit dem Adoptivstatus ihres Vaters umgehen zeigt, wie stark in der Familie der damit Umgang Selbstverständlichkeit geworden ist. Schrittweise entwickelte sich eine Form der Nähe, eine „Normalität eigener Art"[103], die mit kaum einer anderen Form der bei uns bekannten zwischenmenschlichen Beziehungen

[103] Hoffmann-Riem (1989) bezieht diesen Terminus auf die Adoptivfamilien, in denen durch den Adoptionsstatus eine „Normalität eigener Art" mit den Besonderheiten einer Adoptivfamilie entstehen kann. Aber auch im Verhältnis zu den leiblichen Eltern kann sich eine eigene Art von Normalität entwickeln, wie hier mehrere Beispiele zeigen.

verglichen werden kann. Es ist ein Verhältnis zwischen Freundschaft und Familie, basierend auf einer gemeinsamen Ursprungsgeschichte, die sich in verschiedenen Kontexten unterschiedlich fortgeschrieben hat und nun sich wieder zusammenfügt. Trauer und Vertrauen können Bausteine eines solchen Verhältnisses sein. Jörg beobachtet, dass die empfundene Nähe zu ihnen im Laufe der Zeit stärker wird, während die Distanz zu den Adoptiveltern zunimmt: *„Obwohl es jetzt in den letzten zehn Jahren vielleicht nur dreißig Treffen waren, reicht das aus. Es war so intensiv und auch der Austausch war so intensiv, dass sie mehr wirken, als zehn Jahre Tagesgeschäft bei meinen Adoptiveltern. Zehn Jahre Leben.*" Jörg gleicht durch die Treffen mit seinen leiblichen Eltern empfundene Defizite an Zugehörigkeit, Sicherheit und Nähe aus. Resümierend meint er am Ende des Interviews: *„Wenn ich es rein emotional betrachte, bin ich mehr das Kind meiner leiblichen Eltern.*" Die Hinwendung zur leiblichen Familie ist mit einer Relativierung des Verhältnisses zur Adoptivfamilie verbunden, auch wenn diese Beziehung weiterhin erhalten bleibt.

4 Erkenntnisse

Die zehn exemplarisch vorgestellten Interviews wurden in den Jahren 2006-2011 geführt. Die die Interviewpartner waren überwiegend in der sozialen Mittelschicht beheimatet. Städtisches und ländliches Milieu waren jeweils vertreten, sie wuchsen über ganz Deutschland verteilt auf. Der Anteil der Männer ergibt sich ungefähr aus dem Anteil der Adoptierten, die sich über die Wege des Jugendamtes oder anderer behördlicher Stellen an die biografische Aneignung ihrer Adoptionsgeschichte machen. Diese Heterogenität der Interviewten lässt eine große Bandbreite bezüglich der eingangs formulierten Fragestellung nach Motiven und lebensgeschichtlichen Zeitpunkten der biografischen Aneignung der Adoptionsgeschichte erwarten. Im Folgenden soll nun eine erste Strukturierung der Erkenntnisse vorgenommen werden.

Zusammenfassend kann festgestellt werden, dass sowohl Adoptierte mit sicheren Bindungserfahrungen als auch solche mit unsicheren Bindungserfahrungen in der Adoptivfamilie auf die Suche nach ihrer Herkunft gehen. In den Interviews hält sich beides ungefähr die Waage. So kann der Prozess der biografischen Aneignung der Adoptionsgeschichte nicht allein mit der Qualität der Bindungserfahrungen in der Adoptivfamilie erklärt werden. Dies erscheint schlüssig, da die individuellen Geschichten deutlich vielfältiger sind, im späteren Alter weitere Eindrücke und Erlebnisse dazu kommen und jede Person individuelle Entscheidungen trifft, die ihren Lebensweg unabhängig von den Bindungserfahrungen in der Kindheit in die eine oder andere Richtung lenkt. Bindungsmodelle[104] entstehen in aufeinander aufbauenden, miteinander verwobenen, quasi-evolutionären Prozessen. Für diese gibt es einen fixen Ausgangspunkt und eine historisch einmalige, nicht mehr zurückzudrehende Geschichte. Dazu gehören die grundlegenden, familieninternen Bindungs-, Sicherheits- oder Zurückweisungserfahrungen. Die weitere Entwicklung ist jedoch in verschiedene Richtungen offen und kann – im jeweiligen persönlichen, kulturellen und sozialen Rahmen, unterschiedliche Verläufe nehmen. Bindungserfahrungen legen eine Grundlage für spätere Entwicklungen, mentale Bindungsmodelle und Identitätskonstruktionen, ohne diese endgültig zu fixieren. Die als Kind in der Adoptivfamilie erlebte Bindungs(un)sicherheit stellt eine Ausgangsbasis dar, die sich im Verlauf des Lebens durch eigene Entscheidungen, weitere Bezugspersonen (z.B. in der eigenen Partnerschaft) weiterentwickelt. Über die Hälfte der Interviewten verfügte zum Zeitpunkt des Interviews über ein weitgehend sicheres internales Arbeitsmodell. Dieser Anteil liegt deutlich über der Zahl derer, die von überwiegend sicheren Erfahrungen und Bindungsmustern in der Adoptivfamilie erzählten. Die Frage nach dem Selbstwert- und Identitätsgefühl korreliert mit den berichteten Bindungserfahrungen aus der Kindheit, jedoch sind auch hier keine einfachen kausalen Zusammenhänge auszumachen wie: unsichere Kindheit – unsicheres Identitätsgefühl. Sichere Erfahrungen in der Adoptivfamilie stärken ein positives Identitätsgefühl. Unsichere Erfahrungen bedingen jedoch nicht zwangsläufig ein negatives Selbstbild und Identitätsgefühl, wie die verschiedenen Interviews zeigen, die trotz eher unsicherer Erfahrungen in der Familie ein starkes Selbstwertgefühl entwickeln konnten. Allgemein gesagt kann festgestellt werden, dass ein (selbst-) sicheres, positives Identitätsgefühl zu einem sicheren Bindungsmodell führt. Das Gleiche gilt umgekehrt, beides bedingt und beeinflusst einander.

[104] Ebenso Identitätskonstruktionen

An vielen Punkten haben die interviewten Personen ihre Geschichte selbst in die Hand genommen und sich aus unsicheren Verstrickungen zu befreien versucht, was mit unterschiedlichem Erfolg auch gelang. Es kann festgestellt werden, dass der überwiegende Teil der Interviewten sich aus einem eher sicheren Identitätshorizont heraus an den Prozess der biografischen Aneignung macht. Ebenfalls ist zu verzeichnen, dass das Ergebnis des Prozesses und auch der Prozess selbst zu mehr Sicherheit der eigenen Identität beitragen. Die Menschen, die auf die Suche nach ihrer biologischen Herkunft gehen und den individuellen Vorgang der biografischen Aneignung ihrer Adoptionsgeschichte in Angriff nehmen, agieren überwiegend sicher, überlegt, strukturiert und antizipativ. In keinem Interview wurde auch nur angedeutet, dass es ein Fehler gewesen sei, sich dieser seiner Vergangenheit zu stellen. Das gilt auch, wenn der Kontakt zu der leiblichen Familie wenig zufriedenstellend verlief oder inzwischen wieder abgebrochen wurde. Die Interviewten erlebten den Prozess in unterschiedlichen Abstufungen alle als Sicherheitsgewinn für die eigene Identität. Keiner verwies auf eine nachhaltige Verunsicherung, trotz teilweise hoher Emotionswellen während der Suche und speziell beim ersten Kontakt. Darauf wird weiter unten noch einzugehen sein.

Ob das Geheimnis/Tabu um das Adoptionsthema innerhalb der Adoptivfamilie einen Einfluss auf die Sicherheit der Bindungsrepräsentationen oder des Identitätsgefühls hat, kann aus den vorliegenden Daten nicht eindeutig ermittelt werden, trotz teilweiser traumatischer Form der Aufklärung über den Adoptionsstatus von außen. Allerdings wurde es von allen Betroffenen als Belastung des Vertrauensverhältnisses zwischen den Adoptiveltern und den Adoptierten empfunden. Die Entwicklungsrichtung wird dadurch bestimmt, inwieweit diese Belastung durch sonstige Stabilität und Sicherheit aufgefangen werden konnte.

4.1 Die Ausgangssituation der Adoptierten

Jetzt wird sich konkret dem Augenblick der aktiven biografischen Aneignung der Adoptionsgeschichte zugewandt. Dabei geht es speziell um den Moment, in dem die Vorstellungen, Gedanken und Wünsche, die die Adoptierten bezüglich ihrer leiblichen Familie hegen, in konkretes Handeln, also in die aktive Herkunftssuche, münden.

Warum passiert das, was passiert, genau so und nicht anders? In der vorliegenden Studie geht es um den Moment, in dem die biografische Aneignung der Adoptionsgeschichte bei den Adoptierten aus der Gedanken- und Vorstellungswelt in aktive Handlung transformiert wird. Also der Augenblick, in dem das Individuum sich nicht nur innerlich, sondern auch äußerlich nachvollziehbar auf die Suche nach der leiblichen Familie macht. Aktives Handeln heißt, dass das Agieren vom Subjekt mit einem subjektiven Sinn belegt ist – also intentional geschieht. Dieser biografische Augenblick leitet eine grundsätzliche Veränderung der Situation für das Individuum im Zusammenhang mit seiner Lebensgeschichte als Adoptierter ein. Das kann einen Wendepunkt bei der eigenen Gesamt-Biografieinterpretation bedeuten, muss es aber nicht zwangsläufig, da der Status als Adoptierte nur einen Teilaspekt der Identitätskonstruktion der Individuen betrifft. Wie stark sich das Wissen um die eigene Herkunft und letztlich die Begegnung mit der leiblichen Familie auf die Selbstinterpretation und die weitere Lebensgestaltung einwirkt hängt davon ab, welchen individuellen Stellenwert diesem Punkt eingeräumt wird.

Wenn dieses Phänomen betrachtet wird, geht es zunächst um eine genaue Beschreibung der Handlungen der Person: Wie geht das Individuum vor? Ist es ein eher zögerliches Agieren, oder wird schnell, zielstrebig und mit innerem Druck vorgegangen? Unter welchen Vorzeichen macht sich der Mensch auf die Suche? Sind seine Erwartungen und Hoffnungen eher positiv oder negativ gestimmt? In welcher zeitlichen Frequenz werden welche konkreten Schritte unternommen?

Grundsätzlich ist es notwendig, dass die Adoptierten, die auf die Suche nach ihren Wurzeln gehen, über ihren Status als solchen Bescheid wissen. Andernfalls bleibt vielleicht ein unklares Ahnen, dass in ihrer Biografie irgendetwas anders sei, als bei anderen Individuen. Erst nach der bewussten Realisierung ist eine Wahrnehmung des eigenen Seins als Adoptivkind möglich. Daraufhin kann eine kognitive und mentale Einordnung dieser Tatsache folgen. Der Fakt der Adoption kann als unwichtig beiseitegeschoben oder verdrängt werden. Oder er wird in die Identitätskonstruktion eingebaut.

Die zu klärende Frage bleibt: Wie kommen die Individuen darauf, diesem Teilaspekt ihrer Identitätskonstruktion zumindest temporär eine hohe Priorität einzuräumen? Was ist der konkrete Anlass, dass sich diese Menschen an die biografische Aneignung ihrer Adoptionsgeschichte machen? Manchmal kann es ein Gespräch mit einem vertrauten Menschen sein, eine Fernsehdokumentation oder das zufällige Auffinden von bestimmten Papieren in einer Schublade der Eltern. Auch wenn das die auslösenden Momente sind, sind diese nicht mit den tieferen Ursachen zu verwechseln. Oft wirken diese Impulse jedoch als letzte Tropfen, die das sprichwörtliche Fass zum Überlaufen bringen.

Als Indikatoren für eine Situation, die die Entscheidung für den Beginn der aktiven biografischen Aneignung der individuellen Adoptionsgeschichte wahrscheinlich macht, können nach Auswertung der Interviews zunächst folgende Punkte betrachtet werden:

- Die Person befindet sich in einer Bilanzierungs- und Neuorientierungsphase oder an einem biografischen Übergang, der häufig mit Abschied oder Lösung von den Adoptiveltern zu tun hat. Das kann den Auszug vom Zuhause betreffen, möglicherweise den Tod der Adoptiveltern, die eigene Hochzeit, Geburt eigener Kinder, der Abschluss eines Studiums usw. Stets sind es Ereignisse, die den Übergang von einer biografischen Phase zur nächsten begleiten.
- Die Adoptierten sind bereits über einen längeren Zeitraum mit der eigenen Abstammung bzw. der Herkunftsfamilie beschäftigt. Fast nie ist die biografische Aneignung der Adoptionsgeschichte ein spontaner Entschluss, der nicht gedanklich durch die Adoptierten mehrfach vorbereitet, bedacht und wieder verworfen wurde.
- Die Begegnung mit der leiblichen Familie ist überwiegend mit positiven Erwartungen besetzt.
- Die Person lebt in beruflich und persönlich relativ sicheren Rahmenbedingungen.
- Durch fortgeschrittene Zeit entsteht ein gewisser Druck, da die leiblichen Eltern irgendwann verstorben sein könnten: Jetzt – oder nie mehr!
- Die Adoptiveltern unterstützen entweder die Herkunftssuche oder es werden Mittel und Wege gesehen, die tatsächlichen oder vermuteten Widerstände bzw. befürchteten Verletzungen auszuschalten oder zu umgehen.

- Andere Widerstände (z.B. Ämter) erscheinen überwindbar oder wurden beiseite geräumt

Je nachdem, in welchem Ausmaß und in welchem Zusammenspiel diese Voraussetzungen bestehen, entscheidet sich, ob der aktive Beginn der Herkunftssuche als situationsangemessen betrachtet wird sowie ob und in welchem Maße ein individueller Nutzen, etwa in Form von biografischer Verortung, Klarheit oder Persönlichkeitsstärkung durch die Adoptierten erwartet wird.

Die Möglichkeit, nach den leiblichen Eltern zu suchen, war Mitte des vorigen Jahrhunderts nur sehr eingeschränkt gegeben. In der DDR war sie gar nicht möglich, in der ehemaligen Bundesrepublik zumindest nicht auf der Tagesordnung. Das lockerte sich erst in den 70er Jahren etwa um die große Reform des Adoptionsrechtes im Jahr 1977. Die Gesetzeslage und der institutioneller Rahmen begrenzten den Handlungsspielraum. Ein weiterer Punkt ist, ob und in welcher Form die Adoptierte über ihren Status als Adoptivkind überhaupt aufgeklärt wurde, in welchem Rahmen und unter welchen Vorzeichen das stattfand. Denn es kann nur auf die Herkunftssuche gehen, wer überhaupt davon weiß, dass er adoptiert ist und wem es die familiären Rahmenbedingungen erlauben. Entscheidend ist auch, in welcher Weise von der Herkunftsmutter oder –familie gesprochen wird. Gelegentlich wurde in Adoptivfamilien die Legende verbreitet, die leiblichen Eltern seien gestorben oder diese wurden in anderer Weise derart diskreditiert, so dass der Impuls zur Suche klein gehalten wurde. Oder die Adoptierten wollen ihren Adoptiveltern die Herkunftssuche nicht zumuten und befürchten, sie damit zu verletzen. Auf jeden Fall bestimmt das familiäre Umfeld den Handlungsspielraum mit. Nicht zuletzt steckt jedoch auch der kulturelle Kontext, der gesellschaftliche Blick auf Familie, uneheliche Kinder und Adoption den Rahmen für die Herkunftssuche ab.[105]

Gleichzeitig gilt, dass in Zeiten des Internet und der Kommunikationsgesellschaft es erheblich leichter ist als in früheren Zeiten, an Informationen zu kommen bzw. diese sich schrittweise in entsprechenden Dosen zu verschaffen oder sich in Foren miteinander auszutauschen. Damit können die Widerstände und Risiken möglicherweise vermindert werden bzw. man kommt leichter an erprobte Lösungsstrategien, um diesen Widerständen zu begegnen.

Intervenierende Bedingungen für die Transformation in aktives Handeln und Suchen nach der Herkunftsfamilie kann man anhand des Adoptionsvierecks beschreiben. Die *Adoptierten* stehen im Zentrum des Geschehens. Die Herkunftssuche ist für sie ein hochsensibler, persönlicher und oft auch angstbesetzter Prozess. Häufig sind die Adoption und die Beschäftigung mit der Herkunftsfamilie durch Geheimnisse, Halbwahrheiten und Phantasien emotional stark aufgeladen. Die Suche entspringt selten einer spontanen Laune, sondern häufig ging ein langer Prozess des Beschäftigens mit der Herkunftsfrage voraus.

Genauer zu betrachten ist weiterhin das direkte, engste soziale Umfeld: die eigene Partnerschaft und Familie sowie ihr Umgang mit dem Adoptionsstatus. Daneben sind das individuelle Identitätssicherheitsempfinden und die im vorherigen Abschnitt beschriebenen Bindungsrepräsentationen zu beachten. Das führt zur *Adoptivfamilie*. Hier steht

[105] Vgl. Kapitel 2.5.5

die Frage des Umgangs besonders der Adoptiveltern mit der Suche sowie die Kommunikation über die leiblichen Eltern im Vordergrund. Auf Seiten der *leiblichen Familie* ist die Reaktion auf den Kontaktversuch ebenfalls nicht vorhersagbar. Es kann zu einer strikten Ablehnung kommen, es ist aber auch denkbar, dass „die verlorene Tochter/der verlorene Sohn" lange zurückerwartet wurde und ein starker Inklusionsdruck zu spüren ist. Es scheint eine gewaltige Schwierigkeit bei der Herkunftssuche zu sein, die gegenseitigen Erwartung zwischen leiblicher Familie und den Adoptierten so miteinander abzustimmen, dass eine gemeinsame Interaktionsebene möglich wird. Gesellschaftlich-kulturell gibt es keine vorgegebenen Muster, wie solche Kontakte ablaufen können. Es gibt nicht einmal sprachliche Formen, die eine Trennung von sozialer und biologischer Elternschaft angemessen beschreiben, so dass sogar von einem „begrifflichen Notstand" (Geller 1992, 197) gesprochen werden kann. So muss das Verhältnis in jedem Fall individuell gedeutet und konstruiert werden. Wie die beiden Beispiele von Jörg und Gudrun zeigen, kann bei stark differierenden Erwartungshaltungen eine Interaktion nahezu unmöglich werden. Schließlich spielt bei der Suche nach der biologischen Herkunft immer auch das *Jugendamt* oder ein anderes Amt (Einwohnermeldeamt) eine Rolle und kann den Prozess der Suche nachhaltig beeinflussen.

4.2 Das erste Treffen

Auf das erste Treffen oder mindestens den ersten Kontakt zu den leiblichen Eltern laufen alle Bemühungen, Handlungs- und Interaktionsstrategien, alles Geheimhalten oder die Suche nach Verbündeten hinaus. An diesem Punkt treffen Phantasien und präfigurierte Bilder auf die Realität. Mit dieser ersten Begegnung hat ein häufig jahrelanges Kreisen um das Thema die erste Erfüllung gefunden. Emotional kann dieser Moment für viele Adoptierte, die auf der Herkunftssuche sind, gar nicht hoch genug eingeschätzt werden. In fast allen Interviews wird das Eintreffen der ersten Nachricht (meist ein Brief eines Amtes mit den Kontaktdaten der leiblichen Mutter) als tiefgreifendes Erlebnis geschildert, nur noch gesteigert durch den tatsächlichen Kontakt per Telefon oder durch ein persönliches Treffen.

Durch das ursprüngliche Nicht-Wissen des Adoptivkindes, eventuell durch ein nebulöses Ahnen, durch ein mehr oder minder von der Adoptivfamilie gepflegtes Geheimnis und die Tabuisierung des Adoptionsgeschehens, welche in manchen Interviews schon den Charakter gemeinschaftlichen Verdrängens hat, entwickeln sich kindliche (oder auch adulte) Phantasien bezüglich der leiblichen Eltern. Dies wurde nicht nur in den Interviews deutlich, sondern ist auch in der Adoptionsliteratur und in Betroffenenberichten deutlich wahrnehmbar (Harms 1997, Dean 1995 u.a.). Durch das erste gemeinsame Treffen entsteht bei den Adoptierten – sicher auch bei der leiblichen Familie – eine Art Entmystifizierung. Das meint im Kontext dieser Studie, wenn ein ursprünglich magisch-mystisches Bild, das Adoptierte von ihren leiblichen Eltern hatten, an der Wirklichkeit gemessen wird und durch Begegnung ein realitätsnahes Bild der Herkunftsfamilie geformt wird. Magisch-mystische Bilder entstehen durch ein stark gehütetes Geheimnis oder Tabu.[106] Dadurch, dass nicht darüber gesprochen wird, malt sich das Kind oder die Adoptierte die leiblichen Eltern in phantasievollen Farben aus. Dabei spielen immer auch empfundene Defizite und Wunschvorstellungen, aber auch schlimme Befürchtungen und grundlegende Ängste eine Rolle. Es entwickelt sich teilweise ein fast mystisches Bild der leiblichen Eltern, das sich zwischen den beiden Polen

[106] Um im Bild der Märchen zu bleiben: ein Drache bewacht den sagenhaften Schatz oder die Prinzessin.

„Prinzessin“ oder „Serienmörder“ bewegen kann. Durch ein Zusammentreffen mit konkreten Personen (die in aller Regel keines von beiden sind), wird dieses mystische Bild korrigiert. Die leiblichen Eltern nehmen konkrete Gestalt an, die aufgrund von Begegnung und Kommunikation für die Adoptierten erlebbar wird. Dies trägt immer zu einer Beruhigung und Versachlichung des Adoptionsgeschehens bei. Die empfundene Lücke der Lebensgeschichte kann gefüllt, kognitiv bearbeitet und in das Selbstkonzept eingebaut werden. Die eigene Biografieerzählung erhält so mehr Kohärenz.

Entmystifizierung heißt aber auch, dass die Adoptierten ihr einmal gemachtes Wissen nicht rückgängig machen können, also mit der Entzauberung ihrer Vorstellungen leben müssen. Und das unabhängig davon, ob die Begegnung mit der leiblichen Familie überwiegend positiv oder eher negativ verlief. Der Prozess der Entmystifizierung kann auch in mehreren Schritten oder Abstufungen geschehen. Hier schließt sich die Beschäftigung nach den unbeendeten Sinn- und Handlungskonzeptionen an. Am Ende bleibt die Frage, ob sich durch den Prozess der biografischen Aneignung etwas dahingehend bewegt hat, die „Geister“ zu beruhigen, Vollständigkeit und Ruhe zu finden. Haben sich die Erwartungen erfüllt? Haben die Individuen gefunden, wonach sie gesucht haben? Letztlich: In welchem Maße war die biografische Aneignung der Adoptionsgeschichte subjektiv erfolgreich und zufriedenstellend?

4.3 Typische Verläufe biografischer Aneignung der Adoptionsgeschichte

Im Folgenden werden Ergebnisse der Zusammenführung aller Interviews beschrieben. Dabei werden vier verschiedene typische Verläufe herausgearbeitet, sowie deren Handlungs- und Deutungsmuster miteinander in Beziehung gesetzt.

4.3.1 Biografische Aneignung als Teil der Emanzipationsarbeit und des Übergangs zum Erwachsenenleben

Bei einem Teil der Interviewten fällt der Moment des aktiven Losgehens und Suchens nach der biologischen Herkunft mit Ereignissen zusammen, die Loslösungsprozesse von der Adoptivfamilie in Form emanzipatorischer Schritte markieren. Dies kann die erste eigene Wohnung, der Wegzug aus der Heimatstadt, die bevorstehende Hochzeit, die Geburt eigener Kinder oder eine beginnende feste Partnerschaft im Alter von gut zwanzig Jahren sein. Diese Beobachtung lässt sich insbesondere bei Andrea, Gudrun und Ines machen. Jörg wird ebenfalls dieser Gruppe zugeordnet, obwohl bei ihm die erste Begegnung mit seinem leiblichen Vater schon im Alter von 18 Jahren passierte, als er noch Abiturient war und bei seinen Adoptiveltern wohnte. Jedoch kam die Initiative damals nicht aus ihm selbst heraus, sondern er „wurde gefunden“ und von seinem leiblichen Vater damals aus dem Unterricht herausgeholt und mit seiner leiblichen Vergangenheit konfrontiert. Diesen Kontaktversuch wies er jedoch ebenso zurück, wie einige Jahre vorher dasselbe Anliegen, welches in brieflicher Form an ihn herangetragen wurde. Eigene Initiative zur Klärung seiner Ursprünge ergriff er erst, als er sich von seinem Adoptivelternhaus zu lösen begann und durch Ausbildung bzw. Studium sich ein selbstständiges Leben aufbaute. Alle in diese Gruppe eingeordneten Interviewpartner verfügen über ein eher sicheres internales Bindungsmuster in verschiedenen Abstufungen. Ebenfalls bei allen vieren verbindet sich der aktive Prozess der biografischen Aneignung mit einer sich stabilisierenden festen Partnerschaft. Auch wenn das aktive Losgehen und Suchen zum Teil schon viele Jahre her ist, sind alle vier noch mit ihrem damaligen Partner verheiratet oder sie leben in einer festen Beziehung mit ihm. Bemerkenswert ist, dass bei allen vieren die Aufklärung über den Adoptionsstatus recht frühzeitig und in einer weitgehend angemessenen Form ablief. Nach dieser ersten Aufklärung waren jedoch vertiefende Informationen kaum noch zu bekommen.

Die Globalevaluationen über sich und ihr Identitätsgefühl sind vor allem bei den drei Frauen überwiegend sicher einzustufen, wobei bei Gudrun und Ines ein Prozess von eher unsicheren Selbstwahrnehmungen hin zu deutlich mehr Sicherheit in der Selbstzuschreibung mit zunehmendem Alter festzustellen ist. Auf diesem Weg ist auch Jörg, der allerdings von sich selbst sagt, dass das *„Stigma Adoption"* ihn über viele Jahre *„gebeutelt"* hat, bis er merkte, dass Adoptiertsein gar kein Stigma sein muss. Durch diese Erkenntnis und durch die Gründung seiner eigenen Familie sowie seine berufliche Entwicklung gewinnt er stetig ein höheres Maß an Identitätssicherheit.

Es werden in den vier Interviews kaum dezidierte Erwartungen an das Ergebnis der Suche geäußert. Das Ziel ist vor allem, die Vergangenheit und die Umstände der Adoption zu klären und zu verstehen. Außerdem empfinden die Adoptierten, dass durch die Suche ihre Person oder Identität ein Stück vollständiger wird.

Christian, der auch als sicher eingestuft wurde, lebt ebenfalls in einer langjährigen Partnerschaft, begann aber mit der Suche erst, nachdem die Eltern verstorben waren. Er wurde allerdings sehr unsanft über den Adoptionsstatus aufgeklärt. Daniela, die ebenfalls über ein sicher-autonomes mentales Bindungsmodell verfügt und auch in einer positiven Weise über die Adoption informiert wurde ist noch zu jung (18), als dass über eine feste Partnerschaft Aussagen getroffen werden können. Bei ihr kam der Impuls zur Suche von außen. Beide Interviews weisen dennoch einige Parallelen zu den gerade genannten Biografieerzählungen auf.

Die Erwartungen der Adoptierten an die Herkunftssuche werden in den Interviews oft erst auf den zweiten Blick sichtbar. Andrea gibt jedoch eine reflektierte Begründung ab. Großteils geht es um Klärung der Vergangenheit und Vervollständigung selbst empfundener Identitätslücken. Erst später kommen das Wiedererkennen eigener Eigenschaften und habitueller Besonderheiten in der leiblichen Familie hinzu. Gudrun, Jörg und Andrea berichten von einer wellenförmigen Suchbewegung, die sie schon ihr ganzes Leben lang begleitet. Impulse zur Herkunftssuche kommen in biografischen Übergängen, wie z.B. Pubertät oder Schulabschluss. Die Amplituden der Suchwellen sind unterschiedlich hoch. Sie sind während der Emanzipationsphase vom Adoptivelternhaus so stark, dass die Gedanken in Handlung transformiert werden. Ines berichtet nicht davon, dass sie sich ihr Leben lang schon mit der Herkunftssuche beschäftigt hätte, wobei sie das auch nicht ausdrücklich negiert. Ihr Entschluss, die biografische Aneignung der Adoptionsgeschichte in Angriff zu nehmen wird zum ersten Mal um den 18. Geburtstag herum erzählt. Er wird von der Mutter abgeblockt und zunächst *„fallen gelassen wie eine heiße Kartoffel"*.

Die drei Frauen suchen mit hoher Intensität, zielstrebig und zielgenau. Bei aller Vorsicht sich selbst, den Adoptiveltern oder anderen Menschen gegenüber gehen sie sehr planvoll vor und bemühen sich, die Fäden des Geschehens immer in der Hand zu behalten. Mit viel Selbstbewusstsein und auch dem selbst empfundenen Recht auf die Kenntnis der eigenen Herkunft gehen sie ihre biografische Aneignung der Adoptionsgeschichte an. Da sie sich in der Phase der Ablösung von den Adoptiveltern befinden, gehen sie diesen Schritt, der mit vielen anderen Emanzipationsschritten einhergeht, überwiegend positiv gestimmt an. Dies gilt auch für Jörg. Seine Vorgeschichte lässt sich jedoch nur partiell mit den der anderen Adoptierten vergleichen, da er bereits als Jugendlicher, von ihm nicht intendiert oder gewollt, erste Begegnungen mit seinen leiblichen Eltern hatte. Wichtige Rahmenbedingung ist in den vier Geschichten die Zukunftsplanung im Kontext einer sich festigenden Partnerschaft oder Familiengründung.

In den Adoptivfamilien wurde die Adoption zwar von Anfang an thematisiert, jedoch immer nur bis zu der Schwelle, solange es um die positive Rolle der Adoptiveltern und das Zustandekommen der Familie ging. Die leiblichen Eltern wurden entweder diskreditiert oder blieben außen vor. Tiefergehende Informationen z.B. über deren Identität waren für die Adoptierten über die Adoptiveltern nicht zu bekommen. Dennoch wurden spätestens nach der erfolgreichen Suche die Adoptiveltern über den Prozess der biografischen Aneignung der Adoptionsgeschichte informiert bzw. in diesen einbezogen. In allen vier Interviews wird darüber berichtet, dass das Verhältnis zu den Adoptiveltern inzwischen distanzierter geworden ist, wobei nicht deutlich wird, ob das ein Ergebnis der Herkunftssuche oder eines normalen Ablösungsprozesses ist. Zeitlich fallen beide Ereignisse jeweils ungefähr zusammen, so dass sich keine klare Aussage ablesen lässt.

Geäußerte Erwartungen an die Suche bezogen sich vorrangig auf die Klärung und Kohärenz der eigenen Lebensgeschichte. In Teilen ging es auch um ein optisches, charakterliches oder habituelles Wiedererkennen ihrer selbst im Gegenüber der leiblichen Familie. Beides lässt sich mit dem Konzept von unbeendeten Sinn- und Handlungskonzeptionen verknüpfen, welche deutlich zu beobachten sind. Die Herkunftssuche wird zum Teil sehr behutsam und mit Rücksicht auf die Adoptiveltern, sich selbst und die Herkunftsfamilie durchgeführt. Der erste Kontakt mit den leiblichen Eltern verlief in zwei Fällen positiv und informativ. In beiden Interviews wird auch über Folgetreffen berichtet, die allerdings bei Gudrun im Laufe der Zeit im Sand verliefen. In Ines Fall reagierte die leibliche Mutter recht reserviert und sachlich und gab auch nicht alle erhofften Informationen preis. Dennoch wird auch von Ines ausgesagt, dass sie das Treffen (bzw. den Fakt an sich, dass man sich getroffen hat) positiv bewertet. Jörgs erste Begegnungen mit den leiblichen Eltern waren von ihm selbst nicht intendiert und wirkten eher verstörend auf ihn. Als er selbst den richtigen Zeitpunkt für ein Treffen gekommen sah und die Initiative dafür ergriff, gestalteten sich die Kontakte und Treffen für ihn in einer sehr positiven Art und Weise. Die vier Interviewpartner berichten, dass durch den Kontakt mit der leiblichen Familie einerseits eine Entmystifizierung aller vorangegangenen Phantasien und Vorstellungen stattfand, andererseits durch ein eigenes Wiedererkennen im Gegenüber aber auch ein Stück der Identifikation mit der eigenen Herkunft. Der weitere Fortgang während und nach dem ersten Treffen hing auch von den Reaktionen, Erwartungen und Haltungen der leiblichen Eltern ab, so dass hier unterschiedliche Abläufe logisch erscheinen. Wenn auch durch den Kontakt mit der leiblichen Familie nicht alle Fragen gelöst werden konnten, wurden doch unbeendete Sinn- und Handlungskonzeptionen weitgehend abgeschlossen. So sagen alle aus, das Thema Adoption für sich bearbeitet und geklärt zu haben. Sie empfinden ihren Lebensweg inzwischen als weitgehend kohärent und haben den Adoptionsstatus für sich integriert.

In Stichpunkten können die Erkenntnisse für diese Gruppe der Interviewten so zusammengefasst werden:

Bezogen auf die Adoptivfamilie

- Die aktive Herkunftssuche beginnt bei der emanzipatorischen Ablösung vom Elternhaus
- Frühzeitige Aufklärung über den Adoptionsstatus
- Geheimnis oder Tabuthema Adoption in der Adoptivfamilie zumindest ab dem Punkt der Identifikation der leiblichen Eltern. Es gab seitens der Adoptiveltern nahezu keine Unterstützung bei der Herkunftssuche.
- Einbeziehung der Adoptiveltern nach erfolgreicher Herkunftssuche
- Tendenziell eher eine Verschlechterung der Beziehung zu den Adoptiveltern nach der Herkunftssuche, was aber nicht zwingend mit der biografischen Aneignung der Adoptionsgeschichte in Verbindung gebracht wird.

Bezogen auf die Adoptierten selbst

- Kindliche Phantasievorstellungen der leiblichen Familie sind überwiegend von Empathie geprägt.
- Teilweise ist eine ausgeprägte hybride Identität erkennbar.
- Internalisierte Handlungsstrategie: Externalisierung, Leistung, Gehorsam und Funktionieren und Flucht/Kampf
- Leben in einer festen und stabilen Partnerschaft.

Bezogen auf die Herkunftssuche

- Hohe Intensität der Suche
- Starkes Achten auf Handlungshoheit im Suchprozess, planvolles, zielstrebiges und antizipatives Handeln sowie teilweise behutsames Vorgehen bei der Suche
- Sicherer Umgang mit Amtsstrukturen und aktive Suche nach Helfern bei der Informationsgewinnung
- Erwartungen werden vor allem im Sinne eine Klärung der Vergangenheit, der eigenen Herkunftsgeschichte und der Vollständigkeit der persönlichen Biografieerzählung geäußert
- Unbeendete Sinn- und Handlungskonzeptionen sollen zu Ende gebracht, befriedet werden und dies gelang in großen Teilen auch

Bezogen auf die leibliche Familie

- Entmystifizierung der leiblichen Familie und Identifikation mit der eigenen Herkunft
- Genetische Sympathie für die leibliche Familie wird wahrgenommen
- Unterschiedliche Fortgänge der Beziehung zur leiblichen Familie
- Kein engerer Kontakt zu leiblichen Geschwistern

Mit dieser vorläufigen Ergebnissicherung soll diese Gruppe der Interviewten verlassen und sich der Auswertung der nächsten Interviews zugewandt werden.

4.3.2 Herkunftssuche in der zweiten Lebenshälfte

Es fiel bei der Auswertung der Interviews auf, dass die biografische Aneignung der Adoptionsgeschichte in einer lebensgeschichtlich späten Phase begonnen wurde, wenn die Aufklärung über die Adoption in einer unangemessenen, unsanften oder traumatischen Art und Weise passierte. Damit ist noch nicht nachgewiesen, dass es einen kausalen Zusammenhang gibt. Jedoch trifft diese Aussage auf drei der Interviews zu. Christian, Friederike und Hannelore machen sich erst mit über 40 Jahren auf den Weg,[107] ihre genealogischen Ursprünge zu ergründen. Alle drei sind mit dem Fakt ihrer Adoption unerwartet, teils ungeplant und ausgesprochen unsanft konfrontiert worden. Christian beschreibt diesen Moment als „freier Fall, 50 Meter!" Es fällt auch auf, dass diese drei am konsequentesten ihre Adoptiveltern aus der Herkunftssuche heraushalten: Diese sind entweder vor Beginn der Suche verstorben oder die Suche wird mit viel Aufwand vor ihnen geheim gehalten. Offenbar reicht das Vertrauensverhältnis zu den Adoptiveltern nicht bis zu diesem Punkt, obwohl in zwei der Interviews ausdrücklich und sehr stark auf ein gutes Verhältnis zu den Adoptiveltern verwiesen wird. Möglicherweise wirkten aber auch die traumatische Aufklärung und das große Tabu, dass plötzlich und überfallartig freigesetzt wurde, an dieser Stelle noch so sehr nach, dass die Angst und Unsicherheit besonders groß waren. Diese Besonderheiten zeigen, dass es sinnvoll ist, die drei Interviews gemeinsam zu betrachten, auch wenn es im Detail große Unterschiede gibt.

Alle drei Interviewten begannen ausgesprochen zögerlich mit der Herkunftssuche. Bei den beiden Frauen ist es allerdings so, dass, nachdem sie einmal begonnen hatten, der Prozess auch sehr schnell und mit großer emotionaler Beteiligung vorangetrieben wurde. Alle drei berichten ebenfalls, dass für sie die Herkunftssuche mit einem wichtigen biografischen Übergang verbunden war. Bei Christian war es der Tod der Adoptiveltern, bei Hannelore der wiedergefundene Kontakt zu ihren Kindern und bei Friederike ein Lebens-Zwischenresümee mit 40 Jahren, als ihre Familie, ihr Beruf und auch ihre Kinder als Lebensthemen in gesicherten Bahnen zu verlaufen schienen. An diesem Punkt hatte sie Zeit, Ruhe und Kraft, sich über ihre Herkunft, Abstammung und die Adoption Gedanken zu machen und verband diesen Schritt mit dem Ausprobieren einer neuen, verstärkt selbstbestimmten Lebensgestaltung. Christian, Friederike und Hannelore erzählten während des Interviews, dass die Herkunftssuche bei ihnen im Kontext einer stabilen Partnerschaft stattfand, die immer auch Rückzugs- und Kommunikationspunkt für sie war.

Während bei Christian zwischen dem Moment der Aufklärung über die Adoption und dem tatsächlichen Losgehen und Suchen aus dem Interviewtext keine weiteren „Suchwellen" feststellbar sind, wurden diese Wellen von Hannelore bewusst oder unbewusst unterdrückt. Es legten sich andere Dinge wie ein Ölteppich darüber, so dass sie nicht wirksam wurden. Bei Friederike ist eher ein langsames und stetiges Anschwellen der Wellen bei gleichzeitiger Verkürzung der Frequenz zu verzeichnen, bis die Wellen groß genug waren, den Damm der eigenen Vorbehalte, Rücksichtnahmen auf die Adoptiveltern und Unsicherheiten zu überspringen.

Friederike, Christian und Hannelore haben teilweise unsichere Bindungserfahrungen in der Kindheit gemacht. Bei der Entwicklung von internalisierten Handlungsmustern, die hier vor allem „Gehorsam/Funktionieren", „Externalisierung", aber auch „Leistung" sind, gibt es Parallelen untereinander, allerdings auch signifikante Unterschiede. Vergleichbar sind die Interviews jedoch darin, dass alle die Herkunftssuche unter Aus-

[107] Wobei Hannelore schon einmal mit 20 Jahren den ersten Versuch startete

schluss der Adoptiveltern vornehmen. Hannelore ist dabei wohl eher der Ausnahmefall, da sie bereits mit 20 Jahren den ersten Versuch der Herkunftssuche unternahm. Zum Zeitpunkt ihrer zweiten Suche sind die Adoptiveltern bereits seit längerem verstorben. In den anderen beiden Fällen wurden die Adoptiveltern vor, während und nach der Suche komplett aus diesem Prozess herausgehalten. Christian schloss bewusst aus, dass er die leiblichen Eltern vor dem Tod der Adoptiveltern gesucht hätte, Friederike hält ihre Kontakte zur leiblichen Mutter nach wie vor ihren Adoptiveltern strikt geheim. Bei beiden liegt die Vermutung nahe, dass es einerseits um eine Fürsorgemaßnahme gegenüber den Adoptiveltern ging, auf der anderen Seite jedoch auch die Sicherung des bestehenden Eltern-Kind-Verhältnisses im Fokus stand. Die dort gewonnene Sicherheit, die lokale und familiäre Verankerung, sollte um keinen Preis gefährdet werden.

Alle drei versuchen ebenfalls, stets das Heft des Handelns in der Hand zu behalten, gehen aber ausgesprochen zögerlich an die Herkunftssuche heran. Das hängt vielleicht auch damit zusammen, dass sie auch in anderen Lebenslagen eher re-agieren, als offensiv agieren. Es wirkt fast, als hätten sie zum Teil ein schlechtes Gewissen dabei, als täten sie etwas Unrechtmäßiges. Dennoch gingen sie planvoll, strategisch und überlegt vor.

In den Adoptivfamilien wurde das Thema Adoption weitgehend umgangen und tabuisiert. Wenn über die leiblichen Eltern gesprochen wurde (außer in Christians Interview), dann nur stark abwertend und diskreditierend. Christian und Friederike beteuern, dass durch die Herkunftssuche und den Kontakt zur leiblichen Familie ihre Beziehung zu den Adoptiveltern nicht gelitten habe, sondern diese von ihnen eher als noch wertvoller interpretiert werde. Allerdings klingen diese Aussagen etwas formelhaft.

Friederike beschäftigte sich schon über einen längeren Zeitraum in ihrer Phantasie mit ihrer Abstammung und der leiblichen Familie, meist in Phasen biografischer Übergänge. Die kindlichen oder adulten Phantasievorstellungen der leiblichen Familie sind bei ihr fast märchenhaft-mystisch, bei Hannelore nur schwach ausgeprägt und vor allem mit Fluchtgedanken in der Kindheit zusammenhängend. Christian berichtet gar nicht davon, hat allerdings auch erst im Alter von 19 Jahren von seiner Adoption erfahren. In zwei der Interviews ist eine hybride Identität der Befragten zu erkennen, die möglicherweise mit diesen Phantasien einhergeht.

Geäußerte Erwartungen an die Suche bezogen sich vorrangig auf die Klärung und Kohärenz der eigenen Lebensgeschichte und Bewältigung des Schmerzes, fortgegeben worden zu sein. In Teilen ging es auch um ein optisches, charakterliches oder habituelles Wiedererkennen ihrer selbst im Gegenüber der leiblichen Familie. Beides lässt sich mit dem Konzept von unbeendeten Sinn- und Handlungskonzeptionen verknüpfen, welche zum Teil deutlich zu beobachten sind. Die Herkunftssuche wird einerseits sehr behutsam, andererseits aber auch sehr zielstrebig und durchdacht durchgeführt.

Der erste Kontakt mit den leiblichen Eltern verlief jeweils positiv und informativ, in zwei Fällen aber ohne große Euphorie: *„Eigentlich ganz nett" (Hannelore)*. Bei Friederike verlief das erste Treffen deutlich emotionaler und es stellt für sie die Erfüllung eines lange gehegten Traumes dar. Sie baute sich regelrecht eine zweite Welt auf, in der sie mit der leiblichen Mutter in Kontakt tritt und kommuniziert. Ihr bedeuten diese Kontakte sehr viel. In allen Fällen ergaben sich Folgetreffen und -kontakte, zum Teil auch mit leiblichen Geschwistern. Hannelore hat inzwischen eine gute Beziehung zu ihrem leiblichen Halbbruder, während der Kontakt zur leiblichen Mutter momentan unterbrochen ist. Christians Kontakt zur leiblichen Mutter ist freundlich, aber nicht euphorisch und er hält sich die Option, eine engere Beziehung aufzubauen, offen. Alle drei Befragten berichten, dass durch den Kontakt mit der leiblichen Familie einerseits eine Entmystifizierung aller vorangegangenen Phantasien und Vorstellungen stattfand (soweit vorhanden), andererseits durch ein eigenes Wiedererkennen im Gegenüber aber auch ein Stück der Identifikation mit der eigenen Herkunft. Der weitere Fortgang nach dem ersten Treffen verlief individuell sehr verschieden, so dass hier nicht weiter darauf eingegangen wird. Mindestens bei Friederike und zum Teil bei Hannelore kann von einer deutlichen Beruhigung und inneren Befriedung im Kontext der biografischen Aneignung der Adoptionsgeschichte gesprochen werden. Bei Christian waren die unbeendeten Sinn- und Handlungskonzeptionen nicht so stark wahrnehmbar. Alle drei sind in jedem Fall zufrieden, dass sie den Kontakt zur leiblichen Familie gesucht und gefunden haben. In allen drei Fällen zeigten die Befragten einen sicheren Umgang mit Ämtern, behördlichen Strukturen. Ebenfalls schöpften alle drei Kraft, Halt und Energie für die biografische Aneignung ihrer Adoptionsgeschichte aus einer stabilen, langjährigen Partnerschaft. Weitere Personen werden nur marginal in die Herkunftssuche einbezogen.

In Stichpunkten zusammengefasst sehen die Erkenntnisse für diese Gruppe der Interviewten so aus:

Bezogen auf die Adoptivfamilie

- Die aktive Herkunftssuche beginnt in der zweiten Lebenshälfte, nachdem die Adoptiveltern verstorben sind bzw. unter völligem Ausschluss dieser, sind aber jeweils mit einem biografischen Übergang verbunden.
- Die Aufklärung über den Adoptionsstatus wurde unangemessen, traumatisch erlebt und kam teilweise von außerhalb der Adoptivfamilie.
- Das Geheimnis oder Tabuthema Adoption war in der Adoptivfamilie stark ausgeprägt.
- Auch wenn die Adoptierten ihre Eltern aus der Suche heraushielten, deuten sie an (Christian und Friederike), dass ihre Beziehung durch die Herkunftssuche nicht negativ belastet wäre, sondern eher positiver von ihnen interpretiert würde. Allerdings scheint auch die Angst vor Beziehungs- oder Sicherheitsverlust durch eine potenzielle Verschlechterung des Verhältnisses zu den Adoptiveltern eine Rolle zu spielen.

Bezogen auf die Adoptierten selbst

- Die kindlichen oder adulten Phantasievorstellungen der leiblichen Familie sind unterschiedlich stark ausgeprägt: von märchenhaft-mystisch, fast euphorisch bis hin zu keinen im Interview verbalisierten Phantasien.
- Teilweise ist eine ausgeprägte hybride Identität erkennbar.
- Adoptionsstatus wird zumindest in zwei Fällen (Hannelore und Friederike) als lebensbestimmend wahrgenommen.
- Internalisierte Handlungsstrategie: Externalisierung, Gehorsam und Funktionieren; in einem Fall (Hannelore) auch: Flucht/Ausbruch
- Alle drei leben in einer festen und stabilen Partnerschaft.

Bezogen auf die Herkunftssuche

- Langes Zögern, dann aber zum Teil hohe Intensität der Suche
- Starkes Achten auf Handlungshoheit im Suchprozess, planvolles, zielstrebiges und antizipatives Handeln sowie teilweise behutsames Vorgehen bei der Suche
- Sicherer Umgang mit Amtsstrukturen, jedoch kaum zusätzliche Helfersuche bei der Informationsgewinnung
- Erwartungen werden vor allem im Sinne einer Klärung der Vergangenheit und der Vollständigkeit der persönlichen Biografieerzählung geäußert. Dazu kommen die Bearbeitung des Schmerzes, weggegeben worden zu sein sowie die Suche nach Ähnlichkeiten (äußerlich, charakterlich, habituell).
- Unbeendete Sinn- und Handlungskonzeptionen sind zum Teil deutlich wahrnehmbar (außer bei Christian) und bestimmen die Herkunftssuche

Bezogen auf die leibliche Familie

- Entmystifizierung der leiblichen Familie und Identifikation mit der eigenen Herkunft
- Die leiblichen Eltern hoffen auf Entschuldung, Katharsis und wollen an ursprüngliche Mutter-Kind-Beziehung wieder anknüpfen
- Genetische Sympathie für die leibliche Familie wird wahrgenommen
- Aktuell andauernde Beziehung mindestens zu Teilen der leiblichen Familie in unterschiedlicher Intensität
- In einem Fall enger Kontakt zu leiblichen Geschwistern

Auch hier soll dies zur vorläufigen Ergebnissicherung erst einmal ausreichen. Eine weitere Bearbeitung erfolgt weiter hinten, so dass wir uns jetzt den folgenden beiden Interviews zuwenden können.

4.3.3 Zusammentreffen mit den leiblichen Eltern als Interventionsmaßnahme der Adoptiveltern im Kinder- und Jugendalter der Adoptierten

Das Zusammentreffen der Adoptierten in der Phase der Pubertät oder Vorpubertät wurde bei Beate und Daniela als Maßnahme zur Bewältigung innerfamiliärer Schwierigkeiten von den Adoptiveltern herbeigeführt. Die beiden äußerten den Wunsch oder dieses Bedürfnis nur ansatzweise selbst, der hauptsächliche Impuls kam von außen. Die beiden Interviews zeigen, dass das Ergebnis einer solchen Intervention grundverschieden sein kann, je nachdem, wie sich die anderen Rahmenbedingungen gestalten. In einem Fall führte der Weg zur innerlichen Trennung von der Adoptivfamilie und einer Hinwendung zur leiblichen Mutter. Im anderen Fall ist eine Verbesserung und Festigung des Verhältnisses zu den Adoptiveltern zu beobachten. Grundlegende Unterschiede der Ausgangslage ergaben sich aus den vorhandenen Bindungsrepräsentationen und den Bindungsmustern zu den Adoptiveltern sowie aus der Sicherheit der Identitätskonstruktionen. Die beiden interviewten Frauen sind zum Zeitpunkt des Interviews 18 bzw. 22 Jahre alt. Das Zusammentreffen mit den leiblichen Eltern liegt jeweils schon mehrere Jahre zurück.

Bei den beiden jungen Frauen geschah das Zusammentreffen im Zusammenhang mit massiven innerfamiliären Problemen. Es wurde von den Adoptiveltern als therapeutische Interventionsmaßnahme angeschoben. In beiden Fällen gelang die Kontaktaufnahme relativ schnell und die Adoptiveltern begleiteten diesen Schritt ihrer Kinder persönlich. Signifikante Unterschiede gibt es in den jeweiligen Vorgeschichten der Adoptivfamilie. Während Daniela einen sicheren familiären Kontext erlebte, hat Beate nie eine verlässliche Bindung zu den Adoptiveltern aufbauen können. Von daher war für sie die Herkunftssuche eher eine Sicherheits- und Bindungssuche, während Daniela sie als normalen Schritt der gemeinsamen Problemlösung in der Adoptivfamilie betrachtete. Dadurch war Beate erheblich stärker emotional in die Suche involviert als Daniela und die Intensität oder das innere Bedürfnis waren bei ihr deutlich höher. In beiden Adoptivfamilien war die Adoption ein Fakt, über den offen gesprochen wurde. Es gab in dieser Beziehung also grundsätzlich kein Geheimnis. Beate erlebte dann später, als die Herkunftssuche sie mehr an die leibliche Mutter band, dass in der Adoptivfamilie nachträglich ein Geheimnis installiert wurde, um die Treffen z.B. vor ihrer Adoptivschwester zu verbergen. Zum Zeitpunkt des aktiven Losgehens und Suchens war davon jedoch noch nichts zu spüren.

Erwartungen an die Suche werden von Daniela nur wenige, teilweise erst auf Nachfrage, erwähnt. Neben Forscherdrang und Neugier hoffte sie, eine Spiegelung ihrer selbst in der leiblichen Familie zu erkennen. Ganz vorsichtig geht es ihr auch um Klärung der Vergangenheit und Aufarbeitung des Trennungstraumas der Adoptionsfreigabe. In diesem Zusammenhang deutet sie an, dass sie sich möglicherweise auch ein Stück Halt und Sicherheit jenseits ihrer Adoptivfamilie erhofft hat. Dies ist aber kein Hinweis auf etwaige Pläne des Aufbaus einer gemeinsamen Zukunft im Sinne einer Zweitfamilie oder einer Ersatzfamilie. Nicht viel anders sieht es bei Beate aus. Auch bei ihr standen Neugier und Forscherdrang im Vordergrund. Es ging ihr daneben um die Klärung ihrer Ursprünge und in diesem Zusammenhang um ein besseres Verständnis ihrer selbst. Die Tendenz, mit der leiblichen Mutter eine gemeinsame Zukunft aufzubauen, war vor dem ersten Treffen noch nicht vorhanden.

Daniela hat einen großen Freiheitsdrang und lebt diesen im Rahmen ihrer Möglichkeiten voll aus, pflegt dabei aber viele soziale Kontakte und enge Freundschaften. Bei ihr ist jedoch eine starke Rückbindung in die Adoptivfamilie zu beobachten. Dies ist bei Beate kaum der Fall, sie fühlt sich in ihrer Familie fremd und kann keine verlässlichen Bindungen zu den Adoptiveltern aufbauen. Bei ihr ist ein vorherrschendes Handlungsmuster Flucht/Rückzug, was zum Teil bis hin zu Suizidphantasien, Krankheit und Aufbau einer eigenen, inneren Welt führt. Die Handlungs- und Interaktionsstrategien der beiden sind aufgrund ihres Alters begrenzt. Zu bemerken ist dennoch, dass beide versuchten, soweit wie möglich die Fäden des Geschehens in der Hand zu haben. Bei Daniela passierte das in Absprache mit ihren Adoptiveltern, was bei Beate nur eingeschränkt möglich schien. Weder Ämter noch andere Menschen spielten in ihrer Erzählung der Herkunftssuche eine wesentliche Rolle, wenn man von der Kinderpflegerin aus Beates ehemaligem Heim absieht. Im Vorfeld der Suche wurden von beiden keine Schutzmechanismen sich selbst, der leiblichen Mutter oder den Adoptiveltern gegenüber eingebaut, wie das bei anderen Interviews wiederholt zu beobachten ist. Die Herkunftssuche wurde durch die Adoptiveltern begleitet, initiiert und teilweise auch gesteuert, was altersentsprechend ist. So blieb der Spielraum für selbstgesteuertes Agieren im Kontext der Herkunftssuche überschaubar.

Besonders bei jüngeren Adoptierten scheint die biografische Aneignung von Therapeuten und Beratern gelegentlich angeschoben zu werden, auch wenn der Bedarf gar nicht von den Betroffenen oder deren Eltern geäußert wird. Über die Sinnhaftigkeit solcher Vorschläge soll hier nicht referiert werden. Die Ausgangssituation der beiden Interviewten ist mit denen der anderen Interviews kaum vergleichbar, da die Initiative für die Begegnung mit den leiblichen Eltern nicht von den Adoptierten selbst, sondern von den Adoptiveltern bzw. von Therapeuten ausging, um innerfamiliäre Problemsituationen zu bewältigen. Im Rahmen ihrer Möglichkeiten als Kind bzw. Jugendliche versuchten die beiden jungen Frauen dennoch, den Suchprozess bzw. die weiteren Begegnungen mit der leiblichen Familie planvoll zu steuern.

In den Adoptivfamilien war das Thema Adoption nicht tabuisiert, beiden war von Anfang an klar, dass sie in einer Adoptivfamilie leben und das wurde auch nicht als Problem angesehen. Allerdings gab es signifikante Unterschiede, was das Verhältnis der Kinder zu den Adoptiveltern betrifft. Während Daniela auf eine sichere Bindung zu den Adoptiveltern verweist, berichtet Beate, sie hätte nie eine Bindung zu den Adoptiveltern aufgebaut. Ihr Interview deutet auf unsichere Bindungsrepräsentationen hin, die im Schwerpunkt distanzierend sind. Für Beate entwickelte sich die Herkunftssuche eher zur Sicherheits- und Bindungssuche. Dadurch war sie erheblich stärker emotional in die Suche involviert als Daniela. Sie berichtet auch häufiger über eine unbestimmte innere Unruhe, die sich mit dem Konzept der unbeendeten Sinn- und Handlungskonzeptionen in Verbindung bringen lässt. Daniela erzählt zumindest bezüglich der Herkunftssuche davon nichts.

Nach den ersten Treffen mit den leiblichen Eltern änderte sich aus Danielas Sicht an der Beziehung zu den Adoptiveltern nichts – sie interpretierte sie vorher und hinterher als sicher und positiv. Bei Beate wurde das ohnehin nicht besonders gute Verhältnis noch abgekühlter. Die beiden Frauen berichten über keine kindlichen Phantasievorstellungen bezüglich der leiblichen Eltern – weder in positiver noch in negativer Hinsicht. Es sind auch keine Anzeichen einer hybriden Identität erkennbar. Allerdings empfindet sich Beate als ihrer leiblichen Mutter zugehörig, während Daniela sich in der Adoptivfamilie verortet. Beide entscheiden sich also für eine Seite der Elternschaft: Beate für die leibliche, Daniela für die soziale.

Bei der Herkunftssuche bzw. bei der Einwilligung dazu standen Neugier und Forscherdrang im Vordergrund. Es geht daneben um die Klärung der Vergangenheit und in diesem Zusammenhang um ein besseres Verständnis ihrer selbst. Die Herkunftssuche wurde (altersentsprechend) zielstrebig und durchdacht angegangen, wobei natürlich dem Handlungsspielraum Grenzen gesetzt waren. Die ersten Kontakte zu den leiblichen Eltern wurden positiv-aufgeregt wahrgenommen. Die Adoptiveltern waren bei den Treffen jeweils mit anwesend. Bei Beate löste die Begegnung eine komplette emotionale Zuwendung zur leiblichen Mutter aus. Genetische Sympathie und vermutlich auch die Suche nach einem festen Halt wirkten überwältigend. Daniela dagegen blieb mehr auf Distanz. Sie empfindet der leiblichen Mutter gegenüber auch heute keine genetische Sympathie. Ihrem leiblichen Vater dagegen fühlt sie sich näher. Die leiblichen Eltern kamen mit unterschiedlichen Erwartungen: Während Danielas leibliche Mutter den Kontakt nicht zu intensiv werden lassen wollte, suchte ihr leiblicher Vater schon eher die Nähe, wird aber von seiner Ehefrau daran gehindert. Bei Beate ist es so, dass die leibliche Mutter auch nach der Begegnung in vielen Punkten idealisiert wird und weiterhin fast märchenhafte Züge trägt - eine Entmystifizierung also nur in Teilen durch die Begegnung eintrat. Bei Daniela waren vorher solche Wahrnehmungen kaum vorhanden. Aber auch sie nahm das Wiedererkennen besonders im leiblichen Vater sehr positiv wahr und sagt aus, dass sie sich jetzt vollständiger fühle, das Lebenspuzzle sich Stück für Stück zusammensetze. Bei ihr fand die Entmystifizierung und damit Versachlichung der Begegnung mit den leiblichen Eltern nahezu vollständig statt.

Der weitere Fortgang während und nach dem ersten Treffen verlief in komplett entgegengesetzter Richtung. Die leibliche Mutter von Beate hat seit dem ersten Treffen regelmäßigen Kontakt gehalten und wohl auch eine Art Mutterrolle für sich angenommen. Sie wird von Beate vollständig als Mutter interpretiert. Bei Daniela sind die Kontakte eher unbefriedigend verlaufen, so dass sie sie momentan nicht intensiviert. Auch von der Seite der leiblichen Eltern kommt kaum Initiative diesbezüglich. Sofern unbeendete Sinn- und Handlungskonzeptionen bezüglich der Adoption vorhanden waren, konnten diese beendet oder zumindest bearbeitet werden. Beide empfinden es retrospektiv positiv, dass sie den Kontakt zur leiblichen Familie gesucht und gefunden haben. Bei Beate wurde durch diesen Prozess ein völlig neuer Lebensabschnitt eingeleitet.

Auch wenn diese beiden Interviews in der Ausgangsposition und auch im Ergebnis sehr viele signifikante Unterschiede aufweisen, soll hier dennoch versucht werden, die Ergebnisse in Stichpunkten zusammenzufassen:

Bezogen auf die Adoptivfamilie

- Die aktive Herkunftssuche wird von den Adoptiveltern initiiert, um innerfamiliäre Konflikte zu bearbeiten. Die beiden Frauen sind zu diesem Zeitpunkt 11 bzw. 14 Jahre alt.
- Der Adoptionsstatus wurde nie geheim gehalten und war von Anfang an Teil des familiären Zusammenlebens.
- Die erlebten Bindungsmuster in den Familien sind extrem unterschiedlich. Daniela kann auf sichere Bindung bauen, Beate entwickelt eine stark unsichere Bindung.
- Danielas Verhältnis zu den Eltern ändert sich nicht und bleibt weiterhin zwar spannungsgeladen, aber doch vertrauensvoll. Beate wendet sich immer mehr der leiblichen Mutter zu und von den Adoptiveltern ab.

Bezogen auf die Adoptierten selbst

- Von kindlichen Phantasievorstellungen der leiblichen Familie wurde in beiden Interviews nicht berichtet.
- Es sind keine Anzeichen einer hybriden Identität erkennbar. Allerdings empfindet sich Beate als ihrer leiblichen Mutter zugehörig, während Daniela ihre Zugehörigkeit bei der Adoptivfamilie verortet.
- Der Adoptionsstatus ist in das Identitätskonzept integriert.
- Die internalisierten Handlungsstrategien sind sehr verschieden. Bei Daniela ist es neben Flucht/Ausbruch vor allem der Aufbau eines stabilen sozialen Netzwerkes, zu dem sie auch die Adoptivfamilie zählt. Bei Beate geht es eher in die Richtung: Flucht/Rückzug.

Bezogen auf die Herkunftssuche

- Während Daniela die Suche nach ihren leiblichen Eltern retrospektiv als normalen Baustein eines Problemlösungsversuches innerhalb ihrer Adoptivfamilie betrachtet, ist es bei Beate eher eine Sicherheits- oder Bindungssuche.
- Im Rahmen ihrer Möglichkeiten als Kind oder Jugendliche versuchen sie den Suchprozess bzw. die weiteren Begegnungen planvoll zu steuern.
- Erwartungen an die Suche sind vor allem (kindliche) Neugier und Forscherdrang, Selbsterkenntnis und in Teilen die Suche nach Halt außerhalb der Adoptivfamilie.
- Unbeendete Sinn- und Handlungskonzeptionen, sofern sie mit der Adoption zu tun haben, werden in Teilen bearbeitet oder zu Ende gebracht.

Bezogen auf die leibliche Familie

- Entmystifizierung der leiblichen Familie geschieht teilweise.
- Wahrnehmung und Identifikation mit der eigenen Herkunft
- Die leiblichen Eltern haben ganz unterschiedlich ausgeprägte Erwartungen und Wünsche nach Kontakt.
- Genetische Sympathie für die leibliche Familie wird mit unterschiedlicher Intensität wahrgenommen.
- Beate baut einen engen und regelmäßigen Kontakt zur leiblichen Mutter auf, die für sie die eigentliche und richtige Mutter ist. Daniela hat inzwischen kaum noch Kontakte.
- Es entsteht kein enger Kontakt zu leiblichen Geschwistern (Beate hat keine).

Die Ergebnisse werden in den folgenden Kapiteln in die Theoriebildung und Schlussfolgerungen einfließen. Jetzt geht es zunächst um die vertiefte Auswertung des Phänomens des aktiven Beginns der biografischen Aneignung der Adoptionsgeschichte im letzten verbliebenen Interview. In diesem sind einige gravierende Unterschiede zu den bisherigen Geschichten festzustellen.

4.3.4 Die Suche nach Kontakten innerhalb der eigenen Generation

Das Interview mit Elisabeth steht recht singulär in Bezug auf die verglichenen Indikatoren. Hier ist der Satz von Eigenschaften und Rahmenbedingungen so sehr von den anderen Interviews verschieden, dass dies die spezielle Betrachtung ohne Zuordnung zu anderen Interviews rechtfertigt. Elisabeth wurde erst mit neun Jahren adoptiert, hat also den Prozess der Integration in die neue Familie bewusst erlebt. Hier ist sicherlich der größte Unterschied zu den anderen Interviews. Hinzu kommt, dass sie als einzige die leiblichen Eltern nie persönlich getroffen hat, sondern lediglich telefonisch mit der leiblichen Mutter im Kontakt war. Dafür hegt sie eine intensive Beziehung zu ihren leiblichen Halbgeschwistern. Ihre aktive Herkunftssuche beginnt im Alter von etwa 30 Jahren.

Elisabeth hat vor ihrer Adoption im Alter von neun Jahren viele Wechsel hinter sich und mehrere Stationen durchlaufen: von der leiblichen Mutter durch verschiedene Heime, eine andere Pflegefamilie, zurück in ein Heim und schließlich zu ihrer Adoptivfamilie. Die Adoptiveltern hatten kurz zuvor ihren Sohn bei einem Unfall verloren. Sie hat den Prozess der Adoption bewusst miterlebt. Ihre aktive Herkunftssuche wurde durch einen Zufall, eine günstige Gelegenheit, ausgelöst, als sie etwa 30 Jahre alt war und hat nichts mit familiären Bedingungen innerhalb der Adoptivfamilie zu tun. Sie bezog ihre Adoptiveltern in den Suchprozess mit ein bzw. informierte sie ausführlich darüber. Eine Kollegin initiierte die Kontaktvermittlung zur leiblichen Familie, ermöglichte Akteneinsicht und beschleunigte die Suche, indem sie Elisabeth einige Schritte abnahm.

Sie berichtet, dass sie die Herkunftssuche irgendwann zukünftig angehen wollte. Es ist also anzunehmen, dass sie sich gelegentlich mit ihrer Herkunft beschäftigt hatte, wobei die Aussagen zumindest in Bezug auf die leibliche Familie nebulös bleiben. Allerdings hat sie in den letzten Jahren davor verschiedene Stationen ihres früheren Lebens, speziell mehrere Heime, in denen sie gelebt hat, aufgesucht. Das Bild, das sie aus den Akten von ihrer leiblichen Mutter bekam, war negativ geprägt und mit Vorstellungen wie „Trinkerin", „asozial" und „Vernachlässigung" belegt. Dadurch bestehen bei ihr starke Schuldzuschreibungen ihr gegenüber. Dennoch geriet Elisabeth durch die Initiative der Kollegin gewissermaßen in einen Sog, der ihren Forscherinstinkt weckte und die Intensität der Suche langsam erhöhte, besonders als sie von leiblichen Geschwistern erfuhr. Auch wenn der erste Impuls zur Suche nach der leiblichen Mutter nicht aus ihr selbst kam, entwickelte sie ein planvolles und strategisches Handeln, um den Suchprozess zu steuern. Ein Beleg dafür ist, dass sie den Kontakt zur leiblichen Mutter unterband, als diese sich nicht an das vorgegebene Tempo hielt. Dies ist auch ein Indiz dafür, dass sie recht vorsichtig an den Prozess heranging, um sich nicht selbst zu überfordern. Ähnlich planvoll, initiativ und trotzdem vorsichtig und antizipativ agierte sie, als es um die Geschwister ging. Dort bemüht sie sich, den Kontakt als Angebot zu formulieren, ohne sich ihnen aufzudrängen. Geäußerte Erwartungen an die Suche bezogen sich vorrangig auf ihren Forscherdrang und die Klärung der Vergangenheit. Bei den Geschwistern ging es auch um Aufbau aktueller Kontakte.

Es sind auch bei ihr Anzeichen einer hybriden Identität erkennbar, die sich aber kaum auf die leibliche Mutter, sondern auf die Heime oder die leiblichen Geschwister sowie die Adoptivfamilie beziehen. Als internalisierte Handlungsstrategie sind bei ihr vor allem das Einordnen und Funktionieren auszumachen. Möglicherweise stammt dieses Handlungsmuster noch ihren frühen Heimerfahrungen mit vielen Abbrüchen und Wechseln der Bezugspersonen. Daneben entwickelte sich bei ihr ein Streben nach Freiheit und Unabhängigkeit. Außerdem ist eine Tendenz zur Externalisierung festzustellen.

Ihr Kontaktversuch zur leiblichen Mutter wurde von dieser mit einem sofortigen Telefonanruf beantwortet, was Elisabeth als Überfall empfand. Daraufhin brach sie den Kontakt weitgehend ab und konnte so die sie bewegenden Fragen nicht aufarbeiten. Es fand keine Entmystifizierung statt, da die beiden Frauen keine sachliche Kommunikationsebene entdecken konnten. Anders sieht es bei ihren leiblichen Geschwistern aus, zu denen sie zumindest teilweise enge Kontakte aufbaute und auch eine gewisse genetische Sympathie für sie empfindet. Sie ist froh, die Herkunftssuche angegangen zu haben und freut sich besonders über die guten Kontakte zu ihren leiblichen Geschwistern.

Stichpunktartig können die Ergebnisse der Auswertung für dieses Interview so zusammengefasst werden:

Bezogen auf die Adoptivfamilie

- Die aktive Herkunftssuche beginnt durch eine günstige Gelegenheit im Alter von 30 Jahren, unabhängig von der familiären Situation.
- Bewusstes Erleben des Adoptionsvorgangs im Alter von 9 Jahren, vorher verschiedene Stationen, z.B. in Heimen
- Fühlt sich als „Ersatz“ für den verstorbenen Sohn der Adoptiveltern
- Einbeziehung der Adoptiveltern in die Herkunftssuche
- Keine Veränderung des Verhältnisses zu den Adoptiveltern durch die Herkunftssuche

Bezogen auf die Adoptierten selbst

- Durch Informationen aus den Akten negative Einstellung zur leiblichen Mutter
- Hybride Identität ansatzweise erkennbar
- Internalisierte Handlungsstrategien: Gehorsam und Funktionieren, Externalisierung Flucht/Ausbruch
- Lebt beruflich und persönlich in sicheren Verhältnissen

Bezogen auf die Herkunftssuche

- Anfangs geringe Intensität bei der Suche – sie wird höher, als es um die leiblichen Geschwister ging.
- Versuchte, den Suchprozess antizipativ zu steuern, was ihr bei der leiblichen Mutter misslang
- Vorsichtiges Herangehen, um sich nicht selbst zu überfordern oder verletzen zu lassen
- Keinerlei Probleme im Umgang mit Amtsstrukturen
- Die Herkunftssuche befördert Elisabeths Forscherdrang. Erwartungen scheinen auf den ersten Blick gering und gingen in Richtung Klärung der Vergangenheit; bezüglich der leiblichen Geschwister auch in Richtung aktueller Beziehungen.

Allerdings ist auch erkennbar, dass manche bohrenden Fragen bezüglich ihres Lebensanfangs offen bleiben (Vernachlässigung).
- Unbeendete Sinn- und Handlungskonzeptionen sollen zu Ende gebracht, befriedet werden, was aber nur ansatzweise gelingt (ohne Beteiligung der leiblichen Mutter)

Bezogen auf die leibliche Familie

- Starke Schuldzuschreibungen und Wut gegenüber der leiblichen Mutter aufgrund der Akteninformationen
- Kein direkter Kontakt zu leiblichen Mutter, nur sporadisch über Post
- Entmystifizierung der leiblichen Mutter geschieht nicht
- Genetische Sympathie für die leiblichen Geschwistern in Ansätzen
- Enger Kontakt zu leiblichen Geschwistern

Nach dieser Zusammenfassung der Auswertung der Interviews gilt es dennoch die Frage abschließend zu beantworten: Was ist der Grund, dass Adoptierte sich auf die Suche nach ihren biologischen Wurzeln machen? Welche Motive leiten sie? Was ist der konkrete Zweck, der Nutzen, den sie damit für sich erreichen wollen? Was sind dagegen die befürchteten Risiken, Schwierigkeiten und unerwünschten Nebeneffekte, die sich einer biografischen Aneignung der Adoptionsgeschichte in den Weg stellen können? Darauf soll im folgenden Kapitel eingegangen werden.

5 Ergebnisse

Aufgabe dieser Untersuchung ist, Ursachen und Verlauf der Herkunftssuche Adoptierter, also der biografischen Aneignung ihrer Adoptionsgeschichte,[108] verstehen und erklären zu können. Bisher wurden der Prozess der vorliegenden empirischen Forschung detailliert beschrieben und deren Einzelergebnisse dargestellt. Jetzt geht es darum, diese miteinander zu verbinden und sie zu theoretischen, abstrakten Aussagen zu verdichten. Dadurch wird das erreichte neue Erkenntnisniveau abgebildet und der Ertrag der Forschung auf eine abstraktere Ebene gehoben. Um dies angemessen tun zu können, soll zunächst die Forschungsfrage wieder aufgegriffen werden, welche am Beginn der Studie stand: *Was motiviert Adoptierte für die Suche nach ihrer Herkunftsfamilie und aus welchen lebensgeschichtlichen Zusammenhängen heraus beginnen sie mit dieser Suche? Wie verarbeiten und bewerten sie die sich daraus ergebenden Prozesse bezüglich ihrer Identitätskonstruktion und ihres familiären Zugehörigkeitsgefühls?* Daraus abgeleitet ergibt sich folgende Zielstellung: *Es gilt, eine Theorie zu entwickeln, die Motive, Hintergründe und Verläufe des Suchens nach der leiblichen Familie bei Adoptierten belegt und erklärt.* Die Forschungsfrage drückt das Erkenntnisinteresse und die Hauptblickrichtung der vorliegenden empirischen Untersuchung aus. Zentrales Ziel der Forschungsfrage sind die Motive, Erwartungen, Ziele und Barrieren für die Adoptierten bei der biografischen Aneignung ihrer Adoptionsgeschichte. Diese werden zuerst in den Fokus genommen. Dabei wird als zentrales Ergebnis ein, anhand der empirischen Ergebnisse dieser Studie entwickeltes, feldtheoretisches Modell vorgestellt, dass diesen Prozess erklärt. In einem zweiten Schritt werden die Voraussetzungen, der Prozess und die Ergebnisse der biografischen Aneignung der Adoptionsgeschichte aufgezeichnet. Dabei wird auf die anderen Seiten des Adoptionsvierecks[109] und deren Beziehung zur Herkunftssuche der Adoptierten eingegangen. Anschließend werden die statistischen Ergebnisse bezüglich der Adoptionszahlen und Herkunftssuchen dargestellt. Diese Zahlen wurden im Rahmen der vorliegenden Forschungsarbeit teilweise erstmals erhoben oder recherchiert, so dass auch für die weitere Adoptionsforschung die quantitative Grundlage verbreitert wurde.

Die Präsentation der Ergebnisse der Forschung erfolgt zweigliedrig: Zuerst steht eine prägnante Aussage zum einzelnen Ergebnis. Diese *Essentials* fassen den jeweiligen Unterpunkt in verdichteter Form zusammen. Im Anschluss folgen eine Ausführung und Beschreibung dazu. Dabei wird, als Erkenntnisgrundlage, der Rückbezug auf den empirischen Teil in den vorherigen Kapiteln hergestellt. Im abschließenden Kapitel werden schließlich schlaglichtartig mögliche wissenschaftliche, fachliche und rechtspolitische Konsequenzen aufgezeigt.

[108] Zum Begriff: vgl. Kapitel 4.2.2
[109] Vgl. Kapitel 1.4

5.1 Motive, Erwartungen, Ziele und Barrieren der biografischen Aneignung der Adoptionsgeschichte

Es wurde zu Beginn dieser Arbeit betont, dass es für viele Adoptierte schwer sei, rational zu begründen, was die eigentliche Motivation für die Suche nach ihrer leiblichen Familie gewesen sei. In der qualitativ-empirischen Auswertung der Interviews wurden jedoch wesentliche Erwartungen an die Herkunftssuche deutlich. Dabei fiel auf, dass etwa bei der Hälfte der Interviews der konkrete Impuls zur Herkunftssuche überwiegend von den Adoptierten allein ausging. Bei den anderen waren zusätzliche extrinsische Impulse, zum Beispiel durch die Adoptiveltern, die Partnerin, eine Therapeutin oder Kollegen von Bedeutung. Diese Impulse trafen jedoch auf fruchtbaren Boden bei den Adoptierten, so dass von einer Addition intrinsischer und extrinsischer Motive für die biografische Aneignung der Adoptionsgeschichte ausgegangen werden kann

5.1.1 Intrinsische Motive für die biografische Aneignung der Adoptionsgeschichte

➢ *Intrinsische Motive für die biografische Aneignung der Adoptionsgeschichte sind:*
   a) *Die Suche nach Vollständigkeit und Selbsterkenntnis. Dabei geht es um das Verständnis der eigenen Geschichte.*
   b) *Das Streben nach Ausgleich empfundener Defizite. Dies kann auch die Kompensation von unsicheren Erfahrungen in der Adoptivfamilie bedeuten. Im Schwerpunkt geht es jedoch um das optische, habituelle und charakterliche Wiedererkennen in der leiblichen Verwandtschaft.*
   c) *Die Erlangung von Handlungsmacht und Deutungshoheit über die eigene Biografie. Adoptierte streben danach, den Prozess der biografischen Aneignung der Adoptionsgeschichte selbst zu steuern und zumindest anfangs Zeitpunkt, Form und Frequenz der Kontakte zur leiblichen Familie selbst zu bestimmen.*
   d) *Verstärkt wird der Drang zur biografischen Aneignung durch Forscherdrang und Neugier.*

Die erstgenannte Motivation, die *Erlangung von Vollständigkeit und Selbsterkenntnis,* beinhaltet die Fragen nach Vergangenheit, Gegenwart und Zukunft der individuellen Selbstbeschreibung und der Identität. Andrea fokussiert in einer bereits zitierten Passage diesen Punkt recht deutlich, weshalb diese hier noch einmal stellvertretend dargestellt wird: „*Ich würde gerne wissen, woher ich komme. Und würde gerne abklären, wer ich bin. Weil nur dann, wenn ich weiß, wer ich eigentlich bin und was meine Herkunft is, hab ich ein vollständiges Bild von mir und kann damit dann erst was Neues beginnen.*" Dieser Text wurde im Kapitel 3.1 ausgelegt und eine Schrittfolge der Argumentation identifiziert, welche auf die zugrundeliegenden Fragen hindeuten, welche hier anhand aller Interviews und Auswertungsergebnisse gestellt werden, nicht nur auf Andrea bezogen:

1. Woher komme ich?
    - Erkennen der Ursprünge und damit Verortung der Herkunft als körperlichen, geistigen und emotionalen Startpunkt des Lebens
    - Körperliche und charakterliche Ähnlichkeiten werden gesucht
    - Aufarbeitung der eigenen Lebensgeschichte
    - Selbstwert: Warum wurde ich als Kind von der Mutter weggegeben? (Stigma- oder unklares Minderwertigkeitsempfinden)
    - Vergangenheitsklärung
2. Wer bin ich?
    - Herkunft als Verständnisschlüssel des eigenen Seins und (mindestens eines Teiles) der Identität
    - Definitionshoheit über die eigene Identität
    - Gegenwartsklärung
3. Wohin gehe ich?
    - Vergangenheit und Herkunft werden als Grundlage für die Zukunftsplanung interpretiert.
    - Vergangenes braucht einen Abschluss (unbeendete Sinn- und Handlungskonzeptionen müssen erledigt werden), um frei für Neues, darauf Aufbauendes zu sein
    - Zukunftsklärung

Diese grundlegenden menschlichen Fragen erhoffen sich die Adoptierten, durch die Begegnung mit ihren leiblichen Eltern zumindest ansatzweise angehen und klären zu können. Damit ist auch die Frage nach der Definitionshoheit über die eigene Geschichte angesprochen. Es wird sich die Deutungshoheit über die persönliche Biografie zu eigen gemacht. Eine treffende Metapher für die biografische Aneignung der Adoptionsgeschichte kam unabhängig voneinander in vier verschiedenen Interviews:[110] fehlende Puzzleteile der Biografie sollen gefunden werden. Eine weitere Metapher, die in fünf Interviews genannt wird, ist das Bild von den Wurzeln[111] der eigenen Existenz, die gesucht werden sollen. Eine Pflanze ohne Wurzeln wird nur eine begrenzte Zeit in der Vase überleben, es sei denn, es gelingt ihr, neue Wurzeln auszubilden. Wurzeln dienen der Verortung, dem Halt der Pflanze sowie der Nahrungsaufnahme. Die Suche nach Wurzeln impliziert also die Suche nach Halt, einem festen Ort der Zugehörigkeit, nach grundlegender Versorgung.

Es geht vor allem um das innerpsychische Befinden. Ungelöste Probleme „nagen“ am Individuum, oder „liegen im Magen“, wie der Volksmund sagt. Diese Wahrnehmung zeigt den somatischen Niederschlag psychischer Arbeit. Aber auch ein weiterer Punkt darf nicht vernachlässigt werden, welcher im alltäglichen Lebensvollzug der Individuen

[110] Christian, Daniela, Gudrun, Jörg
[111] Christian, Friederike, Hannelore, Gudrun, Jörg

regelmäßig auftaucht: In vielen verschiedenen Situationen werden Menschen nach ihrer Herkunft, Familie, Eltern befragt, sei es beim Arzt, in der Schule oder bei der Erarbeitung eines Stammbaumes. Hier wirkt es verstörend, wenn darauf keine befriedigende Antwort gegeben werden kann.

Diese grundlegenden menschlichen Fragen hoffen die Adoptierten, durch die biografische Aneignung der Adoptionsgeschichte angehen und klären zu können. Sie versuchen, das Adoptionsgeschehen für sich abzurunden, ungeklärten Fragen nachzugehen, um für die eigene Identitätskonstruktion mehr Sicherheit und ein reales Fundament zu finden.

Der *Ausgleich von tatsächlichen oder empfundenen biografischen Defiziten* ist ebenfalls als mögliche Motivation für die Herkunftssuche Adoptierter beschrieben worden. Dieser Punkt kann die Abgrenzung von der Adoptivfamilie beinhalten. Dies gilt besonders, wenn dort kaum positive Erfahrungen gemacht und wenig Wärme und Zuwendung erlebt wurden. Da man sich selbst von der Adoptivfamilie distanziert, werden Ähnlichkeiten, Nähe und Übereinstimmung im Bereich der leiblichen Familie gesucht. Meist ist die Herkunftssuche Adoptierter jedoch einfach ein entwicklungsgemäßer Schritt im Emanzipationsprozess der Individuen. Häufig werden optische, charakterliche oder habituelle Identifikationsmöglichkeiten in der leiblichen Familie gesucht. Diese Fragen nach Ähnlichkeit und damit Zugehörigkeit bedürfen expliziter Beachtung. In der Hinsicht kann auch die Kontaktsuche nach leiblichen Geschwistern gedeutet werden. Es geht um Kontakte auf der Ebene derselben Generation – also Schicksalsgenossen, die die Person möglicherweise besser verstehen können, als die Elterngeneration. Die im Raum stehenden Fragen sind also: Wohin gehöre ich? Wer gehört zu mir? Wem bin ich ähnlich? Die Möglichkeit, eine gemeinsame Zukunft aufzubauen, wird bei verschiedenen Interviewten zumindest anfangs impliziert, wobei das nicht heißen muss, sich von den Adoptiveltern loszusagen. Eine gute innerfamiliäre Beziehung in der Adoptivfamilie kann durch die Herkunftssuche eher gestärkt als geschwächt werden.

Wie und in welcher Form diese potenzielle gemeinsame Zukunft aussehen kann, ist in vielen Fällen zunächst offen. Diese Frage beantwortet sich erst mit und nach dem ersten Treffen. Im Moment betrachten wir aber zunächst die Phase, in der der Entschluss zur Herkunftssuche fällt.

Der dritte Bereich intrinsischer Motivationen heißt: *Handlungsmacht und Deutungshoheit über die eigene Biografie.* Die Adoptierten, die die biografische Aneignung ihrer Adoptionsgeschichte in Angriff nehmen, fühlen sich in ihrer Selbstbeobachtung häufig als Objekt des Handelns anderer und damit der Handlungsmacht über ihre eigene Biografie beraubt. Mehrfach stellten die Interviewpartnerinnen in ihrer biografischen Selbstreflexion fest, dass im Adoptionsgeschehen Entscheidungen über sie hinweg von den anderen drei Seiten des Adoptionsvierecks getroffen wurden. Dies beginnt bei der Trennung von der leiblichen Mutter, dem Verweigern von Informationen durch die

Adoptiveltern bis hin zu unvollständiger Akteneinsicht im Jugendamt bei der Herkunftssuche, oder einer Ablehnung von Kontakten durch die leibliche Familie.[112] Adoptierte erleben, dass sie häufiger als Nichtadoptierte den Interessen anderer Menschen ausgeliefert sind, vor allem den Interessen der leiblichen Eltern (bei der Adoptionsfreigabe) und der Adoptiveltern. In einer Nachricht an den Verfasser[113] hat ein Betroffener diesen Zustand auf drastische Weise folgendermaßen ausgedrückt: „Waren die gesellschaftlichen Werte bei der Betrachtung von Adoption vor ‚68' eher materieller Wohlstand und soziale Stellung, verschiebt sich das aktuell zum Konsumgut Kind, was die Berücksichtigung des Adoptivkindes als Person noch weiter reduziert." Das adoptierte Kind ist in dieser Sicht nicht vordergründig als Subjekt wichtig, sondern als Baustein für die Lebensplanung der Adoptiveltern, die ein Anrecht auf Familienleben und Kind empfinden, möglicherweise ihre ungewollte Kinderlosigkeit nicht aufgearbeitet haben und vom Jugendamt bei der Kompensation dieses Makels durch die Vermittlung eines Second-Hand-Kindes unterstützt werden sollen. Auch wenn solche Szenarien heutzutage bei der professionellen Adoptionsvermittlung nicht mehr anzutreffen sein sollten, spielten und spielen diese Gedanken in der westlichen Welt, die von Konsum und Wachstum geprägt ist, in der Wahrnehmung von Adoption durchaus eine Rolle.

Die Gründe, warum potenzielle Adoptiveltern ein Kind adoptieren möchten, liegen in der Regel nicht in der Person des Kindes (das sie noch gar nicht kennen), sondern sind in großen Teilen in den eigenen Bedürfnissen zu finden. Das ist auch legitim. Dennoch muss das Wohl des Kindes im Zentrum des Adoptionshandelns stehen. Darüber zu wachen ist eine zentrale Aufgabe der Adoptionsvermittlungsstellen. Es werden Eltern für elternlose Kinder gesucht, nicht umgekehrt. Es gibt keinen „Anspruch" auf ein Kind. Dennoch wird das Kind in der Regel nicht gefragt, sondern es wird über es hinweg entschieden. Dies mag am Anfang, wenn der Mensch noch ein Säugling oder Kleinkind ist und seine eigenen Bedürfnisse nicht kommunizieren kann, noch verständlich sein. Doch auch im Stadium des Erwachsenseins erleben Adoptierte häufig immer noch, dass das Geheimnis und Interaktionstabu über den Adoptionsstatus von den anderen Seiten des Adoptionsvierecks aufrechterhalten wird und ihre Interessen als unmittelbar Betroffene gering gewichtet werden. Dem Individuum, das seine eigene Biografie aufarbeiten und verstehen möchte, bleibt der dafür notwendige Handlungsspielraum verschlossen. Oft wird das noch mit einer Erwartung von Dankbarkeit gegenüber den Adoptiveltern, die das Kind „gerettet" haben, verbunden. Es bleibt das Gefühl, handlungsohnmächtiges Objekt in Bezug auf die eigene Geschichte zu sein. Dem wollen sich die herkunftssuchenden Adoptierten entgegenstellen. Das Streben nach Handlungsmacht und Deutungshoheit ist eine Reaktion des Individuums auf das

[112] Als Beispiel aus den Interviewtexten kann Hannelores erster Versuch der biografischen Aneignung der Adoptionsgeschichte im Alter von 20 Jahren und die Zurückweisung durch das Jugendamt ebenso dienen, wie eine mysteriöse Frau, von der Friederike erzählte, die immer wieder in der Adoptivfamilie auftauchte und indirekt ständigen Kontakt zur leiblichen Mutter gehabt haben soll, oder die Geheimnisse der leiblichen Mutter und der Adoptivmutter bezüglich der Abstammung von Ines.

[113] Per Email, 12/2010

Ohnmachtsgefühl, als Adoptierter vor allem Objekt des Handelns und der Interessen anderer zu sein. Es ist als emanzipatorischer Schritt zu bewerten.

Es lässt sich beobachten, dass die Adoptierten im Prozess der Herkunftssuche jederzeit die Fäden des Geschehens in der Hand behalten und möglichst wenig dem Zufall überlassen wollen. Die Handlungen scheinen zwar emotional intendiert, werden jedoch meist rational, planmäßig und in jede Richtung antizipativ durchgeführt. Diese Beobachtung lässt sich selbst dann machen, wenn die Personen sonst stark emotional gesteuert sind. Das liegt daran, dass durch die Wellenform der Suchbewegung der Gedanke an die Herkunftssuche immer wieder auftaucht, bedacht und bearbeitet wird, um anschließend in einem „Wellental" wieder zu verschwinden. Es ist der Herkunftssuche meist ein langfristiger Prozess der kognitiven und emotionalen Vorbereitung vorausgegangen. Emotionale Wellen und Spannungen werden dabei von den Adoptierten einkalkuliert. Durch die Kontrolle des Verlaufs des Prozesses der biografischen Aneignung ihrer Adoptionsgeschichte wird antizipativ auf potenzielle neue Verletzungen und emotionale Überforderungen eingegangen. So ist der Wille zur Steuerung des Prozesses der Herkunftssuche als individuelle Schutzmaßnahme sich selbst gegenüber zu interpretieren. Auch das Tempo der Herkunftssuche wollen die Adoptierten selbst bestimmen. Übereifriger Aktionismus von Freundinnen, Partnern, Adoptiveltern oder Behörden greifen ungebührlich und kontraproduktiv in die Entwicklung des Suchprozesses ein.

Forscherdrang und Neugier sind häufig Komponenten, die die Herkunftssuche initiieren – oder besser gesagt: diese begleiten. Neugier und Forschung sind dem Menschen von vornherein eingepflanzt. Schon als kleines Kind erobert sich der Mensch die Welt durch Exploration[114], erweitert ständig den eigenen Horizont, will Neues entdecken. Für diesen Bereich soll wieder exemplarisch ein Interviewzitat stehen: *„Ach ich bin jetzt 18, ne, ich bin jetzt erwachsen, ähm, ich wüsste eigentlich ganz gerne mal, wer meine leiblichen Eltern sind" (Ines).*

Durch den Adoptionsstatus – besonders dann, wenn die Individuen diesen problemlos in ihre Identität integrieren konnten, gibt es eine Menge Geheimnisse aufzudecken, Neues zu erforschen oder eigene Horizonte zu erweitern. Herkunftsforschung kann auch Spaß machen, sofern man auf mögliche Folgen (s.u.) vorbereitet ist. Adoptierte sind auch ein Stück Exoten. Es gibt einen Teil der individuellen Geschichte, die im Verborgenen liegt und durch den angeborenen Forscherdrang kann es reizvoll sein, diesen zu entdecken. Zumal, wie oben beschrieben, die gesellschaftliche Akzeptanz von Adoption und unehelichen Kindern in den letzten Jahren enorm zugenommen hat. Dazu hat das Bundesverfassungsgericht 1989[115] geurteilt, dass jede Person das Recht auf Kenntnis der eigenen Abstammung habe. Selbst im Fernsehen wird über

[114] Bindungsverhalten und Explorationsverhalten sind in der Bindungstheorie komplementäre Verhaltensmuster

[115] BVerfGE 79, 256

Herkunftssuchen offen debattiert und werden diese sogar vermarktet. Die Hürden erscheinen also recht niedrig – warum dann dem eigenen Forscherdrang nicht nachgeben? Möglicherweise sind tolle, interessante Leute anzutreffen, mit denen die Adoptierte sich gut versteht und die gute Freunde werden könnten.

Allerdings ist zu bezweifeln, dass Forscherdrang und Neugier allein ausreichend sind, sich auf den Weg der biografischen Aneignung zu machen. Spätestens beim näheren Nachdenken über mögliche Folgen im familiären oder sozialen Bereich, mögliche Enttäuschungen und Zurückweisungen wird die Forschereuphorie etwas gebremst und die Hürden wieder höher. In keinem der Interviews kommt zum Ausdruck, dass es allein Neugier war, sich auf den Weg zu machen. Die Allermeisten (zumindest die, die diesen Schritt aus eigener Initiative gegangen sind) haben einen Reflexionsprozess und eine längere Zeit des Nachdenkens über ihre Herkunftssuche hinter sich. So wirken Forscherdrang und Neugier vor allem als Verstärker bei dem Entschluss, die biografische Aneignung der Adoptionsgeschichte anzugehen.

Im nächsten Schritt sollen die extrinsischen Motivationen für die Inangriffnahme der biografischen Aneignung der Adoptionsgeschichte in Augenschein genommen werden.

5.1.2 Extrinsische Motive für die biografische Aneignung der Adoptionsgeschichte

- *Neben den intrinsischen Motiven für die Herkunftssuche wirken sich extrinsische Motive auf aktive Inangriffnahme der biografischen Aneignung der Adoptionsgeschichte aus. Diese entstehen entweder durch einen Impuls aus dem (persönlichen oder kulturell-gesellschaftlichen) Umfeld der Adoptierten, oder haben eine therapeutischen Hintergrund.*

In einigen Fällen wird die aktive biografische Aneignung der Adoptionsgeschichte von außen angestoßen, wie auch aus dem vorliegenden empirischen Material zu sehen ist. Dies kann zum Beispiel durch den Lebenspartner oder Gespräche mit Freunden geschehen. Zum anderen ist es möglich, dass die Adoptierten nicht selbst suchen, sondern gewissermaßen von der leiblichen Familie „gefunden" werden. In so einem Fall ist es wahrscheinlich, dass eine eingehende Beschäftigung mit der Herkunft dennoch erst passiert, wenn biografisch der richtige Zeitpunkt (aus Sicht des Individuums) gekommen ist. Gelegentlich hat die Begegnung mit der Herkunftsfamilie einen therapeutischen Hintergrund und wird so von außen initiiert. Auch ein offener Umgang mit dem Adoptionsthema und eine gezielte Ermutigung zur biografischen Aneignung der Adoptionsgeschichte durch die Adoptivfamilie können als extrinsische Motivationen verstanden werden. Ein weiteres mögliches extrinsisches Motiv ist, dass sich die Umstände der Herkunftssuche so sehr vereinfachen, dass der Aufwand und das Risiko überschaubar bleiben. Das ist beispielsweise möglich, wenn ein naher Bekannter die leiblichen Eltern persönlich kennt, oder wenn der Zugang zu Informationen extrem erleichtert ist.[116] Gelegentlich ist auch zu beobachten, dass sich durch die öffentliche Thematisierung des Adoptionsthemas durch mediale Präsenz o.ä. ein innerer Druck aufbaut, die Herkunftssuche anzugehen, bzw. das Individuum von anderen bedrängt oder stark ermutigt wird, diesen Schritt zu gehen, obwohl es selbst noch gar nicht dazu bereit ist oder das Bedürfnis verspürt.

Eine weitere Möglichkeit extrinsischer Motivation ist, dass die Herkunftssuche von den Adoptiveltern angestrebt wird, solange das Kind noch nicht volljährig ist. Über deren Beweggründe kann nur indirekt etwas aus den Aussagen der Interviewpartner herausgelesen werden. Dennoch sollen an dieser Stelle einige Andeutungen dazu gemacht werden: Die innerfamiliäre Situation wird in diesen Fällen von den Adoptiveltern als unbefriedigend bewertet. Aus verschiedenen Gründen ist die Kommunikation mit dem Adoptivkind gestört, durch das Zusammentreffen mit den leiblichen Eltern wird sich erhofft, dass diese sich verbessert. Es wird angenommen, dass das Kind sich vollständiger fühlt und damit ausgeglichener wird. Durch die Begegnung mit der leiblichen Familie hoffen die Adoptiveltern, ihr Kind besser verstehen und entsprechend mit ihm umgehen zu können. Es wird zum Teil auch davon ausgegangen, dass das Kind sich nach der Begegnung mehr zur Adoptivfamilie hingezogen und dort heimisch fühlt. Ob und inwieweit sich diese adoptivelterlichen Erwartungen erfüllen, muss im Rahmen dieser Studie offen bleiben.

Nachdem die Motive und Ziele der Herkunftssuche Adoptierter beschrieben wurden, soll jetzt der Blick auf Widerstände und Hindernisse gerichtet werden, die ebenfalls durch die Auswertung des empirischen Materials herausgearbeitet werden konnten. Auch hier gibt es Barrieren intrinsischer und extrinsischer Natur.

5.1.3 Intrinsische Barrieren der biografischen Aneignung der Adoptionsgeschichte

Etwa die Hälfte der Interviewten berichtete davon, dass sie mit großen Widerständen und Schwierigkeiten bei der Herkunftssuche zu kämpfen hatten. Die in den Interviews formulierten Vorbehalte und Gefahren der Herkunftssuche lassen sich in drei Gruppen unterteilen. Diese Darstellung stellt auch ungefähr eine Reihenfolge der Gewichtungen der Vorbehalte dar:

- *Intrinsische Barrieren bei der biografischen Aneignung der Adoptionsgeschichte sind vor allem:*
  - *a) Die Angst, die Adoptiveltern zu verletzen.*
  - *b) Die Angst, sich selbst mit der Begegnung zu überfordern oder die Fäden des Geschehens aus der Hand zu geben.*
  - *c) Die Angst, in das Leben der leiblichen Eltern ungebührlich einzugreifen, diese zu überfordern oder zu überrennen.*

[116] Vgl. Interview von Elisabeth

Der *Schutz der Adoptiveltern,* bzw. die Angst, diese verletzen zu können, ist dabei das bedeutendste Hindernis für Adoptierte, die an ihrer Herkunft interessiert sind. Natürlich könnte auch andersherum formuliert werden, dass die Intensität des Kontaktwunsches so gering ist, dass sich dafür die Auseinandersetzung mit den Adoptiveltern nicht lohnen würde. Auch diese Tendenz war in einigen Interviews wahrzunehmen. In der Mehrzahl aber standen das schlechte Gewissen gegenüber den Adoptiveltern und das Bedürfnis, diese vor den eigenen Wünschen (welche möglicherweise als illegitim betrachtet wurden) zu schützen, im Vordergrund. Die Adoptierten wiesen darauf hin, dass sie mit der biografischen Aneignung die Adoptiveltern nicht verletzen oder belasten wollen.

Auf der anderen Seite schwingt oft die Angst vor emotionalem Druck der Adoptiveltern mit, dem man sich nicht aussetzen will. Daneben treten Elemente einer diffusen Dankbarkeit oder Schuldigkeit hervor, dass die Adoptiveltern das Kind vor dem Heim gerettet haben und sich für es aufopfern. Diese Dankbarkeitsforderung kann versteckt oder offen von den Adoptiveltern auf das Kind übertragen worden sein. Möglicherweise ist sie aber auch durch eigene Reflexion entstanden.

An zweiter Stelle steht der *Selbstschutz der Adoptierten.* Die biografische Aneignung ist stets ein Spiel mit mehreren Unbekannten. Das sind auf der einen Seite natürlich die unbekannten Personen, die die leiblichen Eltern sind. Auf der anderen Seite sind es die möglichen Reaktionen der Adoptiveltern oder des Umfeldes, was gerade im dörflichen Bereich nicht zu unterschätzen ist. Als dritte Unbekannte kommen jedoch die eigenen Emotionen dazu, die möglicherweise stärker sind, als dass man sie kontrollieren könnte. Ein weiterer Punkt ist, dass die Adoptierten zwar das Geschehen anstoßen können und die Kontakte anbahnen, aber es völlig ungewiss ist, wie die Geschichten weitergehen – wie und mit welchen Erwartungen die andere Seite den Kontaktversuch aufnehmen wird, ob man möglicherweise als der die verlorene Tochter mehr in die Familie integriert wird, als das der Suchenden selbst lieb ist. Die Möglichkeit einer scharfen Zurückweisung muss ebenfalls einkalkuliert werden, was stark verletzend wirken kann.

Auch die Gefahr einer möglichen sozialen Diskreditierung, wenn sich die Person als Adoptierte outet, darf nicht unterschätzt werden, besonders wenn das soziale Umfeld nicht darüber informiert ist oder sich abwertend über Adoption äußert. Dies kann besonders im ländlichen Bereich auch heutzutage noch vorkommen. Dazu kommt, dass das Wissen, das mit der Herkunftssuche erlangt wird, nicht rückgängig gemacht werden kann. Der Prozess der biografischen Aneignung kann zwar mit einiger Mühe gestoppt werden, indem die Adoptierte alle Kontakte abbricht. Aber er ist unumkehrbar. Die meisten Suchenden sind sich dessen bewusst, dass sie mit dem Prozess der biografischen Aneignung ihrer Adoptionsgeschichte an einen Punkt rühren, der umfangreiche Folgen für ihr persönliches Gefühlsleben oder das soziale Zusammenleben haben können. Der Fakt, dass die Person nach den ersten Kontakten schließlich auch mit diesem

Teil ihrer Biografie leben und sich damit auseinandersetzen muss, wird oft in die Überlegungen mit einbezogen. Auch deshalb wird mit viel Vorsicht an die Suche herangegangen. Das gilt insbesondere, wenn die eigenen Mythen und Phantasien zur leiblichen Familie negativer Natur sind.

Hinzu kommt der Selbstschutz vor möglichen Zurückweisungen, emotional schwierigen Situationen, Ablehnungen oder Trennung von der Adoptivfamilie. Diese Exklusionsbefürchtung wurde in mehreren Interviews benannt oder angedeutet[117] und korrespondiert mit der ersten intrinsischen Barriere, dem Schutz der Adoptiveltern. Beide Ängste sind komplementär zu verstehen. Es lässt sich beobachten, dass der Aufwand und der Nutzen vorher meist intensiv abgewogen werden. Erst, wenn der erwartete Nutzen stärker scheint als das erwartete Risiko, werden die Gedanken an die Suche zu Handlungen transformiert.

Der dritte *Vorbehalt, in das Leben der leiblichen Eltern ungebührlich einzugreifen*, wurde in den Interviews nur selten genannt,[118] muss aber dennoch erwähnt werden. Hier spielen möglicherweise unsichere Selbstwahrnehmungen der Adoptierten mit hinein. Die dahinterstehenden Fragen könnten lauten: Was kann ich (als illegitimes Kind?) in einer möglicherweise bestehenden Familie oder Beziehung anrichten? Ist es für die Familie nicht erschreckend, wenn sich nach vielen Jahren ihr leibliches Kind wieder meldet? Solche Gedanken sind vor allem bei älteren Adoptierten oder solchen mit einem stark religiösen Hintergrund zu beobachten.

Die Sorge um die leibliche Familie, die möglicherweise nach den Turbulenzen um die Schwangerschaft, Geburt und anschließende Adoptionsfreigabe jetzt ein normales und stabiles Familienleben führt, welches man nicht durcheinanderbringen will, steht damit als dritte intrinsische Barriere an dieser Stelle. Im Folgenden sollen nun die extrinsischen Barrieren unter die Lupe genommen werden.

5.1.4 Extrinsische Barrieren für die biografische Aneignung der Adoptionsgeschichte

- *Extrinsische Barrieren für die biografische Aneignung der Adoptionsgeschichte entstehen an den anderen drei Seiten des Adoptionsvierecks. Die leibliche Familie, die Adoptiveltern und die Adoptionsvermittlungsstelle (oder anderer Behörden) können sowohl befördernd, als auch hinderlich für die biografische Aneignung der Adoptionsgeschichte sein. Im Handeln der Behörden drückt sich, neben individuellen Besonderheiten, die Entwicklung des gesellschaftlich-kulturellen Umfeldes aus, welche sich auch in gesetzlichen Regelungen widerspiegelt. Die Adoptierten können jeweils mit mehr gesellschaftlicher und familiärer Akzeptanz für die Herkunftssuche rechnen, je später sie adoptiert wurden bzw. je später sie auf die Herkunftssuche gingen.*

117 Beate, Christian, Friederike, Gudrun, Ines, Jörg

118 Dieser Vorbehalt wurde in den Interviews interessanterweise fast ausschließlich von Frauen und verstärkt im Hinblick auf den leiblichen Vater eingebracht.

Die verschiedenen extrinsischen Barrieren wurden von den Interviewpartnern differenziert beschrieben, wie im empirischen Kapitel 5.5 ausführlich dargestellt. Durch den Bezug auf das Adoptionsviereck konnte in der Auswertung auch hier ein neues Abstraktionsniveau erreicht werden: Auf Seiten der *Adoptiveltern* können z.B. die Verweigerung von Informationen oder der Aufbau einer Dankbarkeits- und Loyalitätserwartung als Barriere für die Herkunftssuche wirken. Die *leibliche Familie* schließlich kann den Kontaktwunsch annehmen und positiv reagieren. Sie kann ihn aber auch ablehnen und damit den Erfolg der Herkunftssuche mindern oder verhindern. Die *Vermittlungsstellen* können ebenfalls Informationen vorenthalten, lückenhaft weitergeben oder den Wunsch nach biografischer Aneignung der Adoptierten mehr oder weniger professionell bearbeiten. Bei allen hier angesprochenen Seiten des Adoptionsvierecks gibt es individuelle Abstufungen zwischen Förderung oder Behinderung des Prozesses der biografischen Aneignung der Adoptionsgeschichte.

Eine wesentliche extrinsische Barriere, die noch vor Jahrzehnten beinahe unüberwindbar schien, ist die veränderte *gesellschaftliche Wahrnehmung von Unehelichkeit und* Adoption, die oben beschrieben wurde. An diesem Punkt sind gravierende Veränderungen eingetreten. Gesetzlichen Ausdruck fand die Aufwertung der Adoption durch die Adoptionsrechtsreform 1977, die ausschließlich das Kindeswohl in den Mittelpunkt aller Adoptionsbemühungen stellte. Verändert hat sich in diesem Zusammenhang auch der professionelle Umgang mit der Herkunftssuche Adoptierter. Seit den 80er Jahren ist sie zunehmend als sozialarbeiterische Aufgabe der Adoptionsvermittlungsstellen wahrgenommen worden und im Adoptionsvermittlungsgesetz ist unter § 9b das Recht Adoptierter auf Akteneinsicht vorgesehen.

Hinzu kommt, dass sich im Kontext der postmodernen Multioptionsgesellschaft eine Pluralität der Lebensentwürfe entwickeln konnte. Die bürgerliche Kleinfamilie ist nicht mehr das alleinige Normalitätsmodell. Damit wurde die Adoptivfamilie eines der allgemein akzeptierten Familienmodelle, neben Patchworkfamilie, Alleinerziehendenfamilie, gleichgeschlechtlicher Lebenspartnerschaft usw. In diesem Kontext treten auch Adoptierte immer mehr aus ihrer Außenseiterrolle heraus und die biografische Aneignung der Adoptionsgeschichte wird zu einem gesellschaftlich akzeptierten Anliegen. Selbst in den Medien wurden und werden zunehmend entsprechende Fälle präsentiert oder ausgewertet, so dass auch eine öffentliche Wahrnehmung zur Normalitätskonstatierung der Herkunftssuchen Adoptierter beiträgt. Die Hürden für eine erfolgreiche Herkunftssuche wurden im Laufe der Jahre immer mehr gesenkt, so dass auch entsprechend weniger Willenskraft und emotionale Energie für diese aufgewendet werden müssen. Biografische Aneignung der Adoptionsgeschichte ist inzwischen zur Normalität geworden.

Keupp u.a. (1999, 72ff) sprechen von der Spannung zwischen Freisetzung und Entwurzelung im Rahmen des gesellschaftlichen Individualisierungsprozesses. Auch dort wird ein gesellschaftlich-kulturell sich verändernder und entwickelnder Kontext beschrieben. Der Prozess der biografischen Aneignung der Adoptionsgeschichte kann als

Kompensationsversuch der Adoptierten zur Verwurzelung in ihrer genealogischen Herkunft interpretiert werden. Die Sehnsucht nach festem Halt, Zugehörigkeit und Inklusion im Prozess der Selbstnarration ist im Kontext der Postmoderne, die ständige Neuinterpretation und Anpassung des Subjekts im Rahmen der alltäglichen Identitätsarbeit fordert, ein allgemeines, nicht nur auf Adoptierte bezogenes Phänomen. Bei ihnen liegt jedoch objektiv eine traumatische Trennung und Entwurzelung bereits in der frühesten Kindheit vor. Allerdings wird durch das Zusammentreffen mit der leiblichen Familie allein nicht die Spannung zwischen Freisetzung und Entwurzelung im kulturellen Kontext der westeuropäischen Welt behoben. Die Herausforderung der täglichen Anpassung und Weiterentwicklung des eigenen Identitätskonzeptes bleibt bestehen. Durch die biografische Aneignung der Adoptionsgeschichte erhält die Selbstnarration jedoch einen Ausgangspunkt, der in der Kohärenzkonstruktion des Individuums verarbeitet werden kann.

5.1.5 Spannungsverhältnis zwischen intrinsischen und extrinsischen Motiven und Barrieren

- *Die biografische Aneignung der Adoptionsgeschichte wird durch die Individuen vorangetrieben, wenn die Summe der Kräfte intrinsischer und extrinsischer Motivationen höher ist, als die Summe der Kräfte intrinsischer und extrinsischer Barrieren.*

Aus den gerade beschriebenen Erkenntnissen soll nun ein Modell zur biografischen Aneignung der Adoptionsgeschichte vorgestellt werden.[119] Intrinsische und extrinsische Motivationen wirken ebenso gemeinsam im Feld, wie intrinsische und extrinsische Barrieren. Die Motivationen sind in diesem Zusammenhang als Kräfte mit positiven Valenzen in Richtung des Spannungsausgleichs durch die biografische Aneignung der Adoptionsgeschichte zu betrachten, die Barrieren wirken als entgegengesetzte Kräfte. Beides ist im Feld vorhanden. Je nachdem, welche Kräfte momentan stärker wirken, ändert sich die Bewegung in Richtung „Begegnung mit der leiblichen Familie" oder von ihr weg. Dabei addieren sich die Motivationen und Barrieren zu gemeinsam wirkenden Kräften.[120]

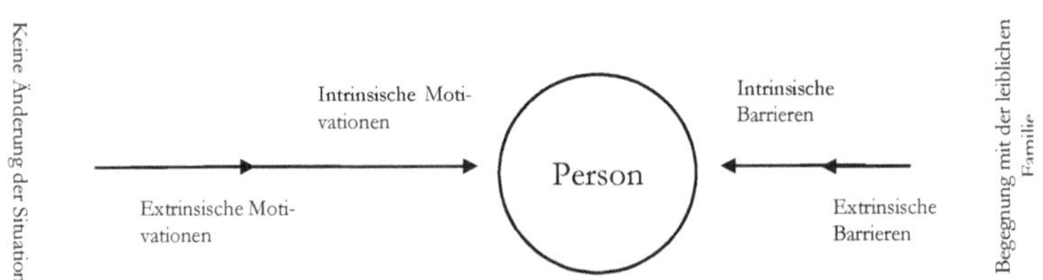

Abbildung 13: Motivationen und Barrieren für biografische Aneignung der Adoptionsgeschichte im psychischen Feld

[119] Basierend auf der Feldtheorie nach Kurt Lewin (vgl. Lewin 1963)

[120] Dieses abstrakte, binarische Modell stellt die Verhältnisse vereinfacht dar. In der Realität wirken die Barrieren und Motivationen oft nicht linear in identische Richtungen, sondern schräg oder diagonal. Im Sinne der Addition von Vektoren wird dann der Betrag dazugenommen, der in die gleiche Richtung tendiert.

Im obenstehenden Bild ist die Summe der intrinsischen und extrinsischen Motivationen größer als die Summe der Barrieren. So wird sich das Individuum in diesem Moment in Richtung der Begegnung mit der leiblichen Familie bewegen. Durch fortwährende Entwicklung und Situationsänderung können sich die Kräfteverhältnisse jedoch immer wieder verschieben. Diese fortwährende Veränderung bewirkt, dass die biografische Aneignung nicht gleichförmig vorangetrieben wird, sondern meist in zyklischen Schüben, wellenförmig verläuft. Durch eine Erhöhung oder Verminderung der Kräfte im Feld, durch eine Verstärkung oder Absenkung der Barrieren, sowie durch sich ändernde lebensgeschichtliche Situationen ist das Feld ständig in Bewegung. Verallgemeinernd kann festgehalten werden, dass die Suche nach der genealogischen Herkunft dann in Angriff genommen wird, wenn die tatsächlichen oder vermuteten Widerstände und Barrieren ausgeschaltet, umgangen oder überwunden werden können, während gleichzeitig genügend Kraft aus der Summe intrinsischer und extrinsischer Motivationen zur Verfügung steht.

Dieses theoretische Modell wird im Folgenden exemplarisch auf einen Fall aus den Interviews dieser Studie angewandt. In Tabelle 9 sind die Motive und Barrieren, welche oben beschrieben wurden, stichpunktartig aufgezählt. Ämterhandeln wird dabei als Ausdruck gesellschaftlicher Übereinkünfte und Gepflogenheiten interpretiert, da sich gesellschaftliche Entwicklung und Geschichte in ihren Institutionen und Gesetzen manifestieren.[121]

Tabelle 9: Intrinsische/extrinsische Motive und Barrieren für die biografische Aneignung der Adoptionsgeschichte

Intrinsische Motive (IM)	Extrinsische Motive (EM)	Intrinsische Barrieren (IB)	Extrinsische Barrieren (EB)
a) Vollständigkeit	a) Externer Impuls	a) Schutz Adoptiveltern	a) Gesellschaft/ Ämter
b) Defizitausgleich	b) Therapie	b) Selbstschutz	b) Aus Adoptivfamilie
c) Handlungsmacht		c) Schutz leibliche Eltern	c) Durch leibliche Familie
d) Forscherdrang			

Als Beispiel für die Anwendung des feldtheoretischen Modells soll die biografische Narration Christians dienen.

Situation 1

Christian wusste bis zu seinem 20. Lebensjahr nicht, dass er adoptiert ist. Dadurch wurde eine alles andere ausschließende extrinsische Barriere seitens der Adoptivfamilie aufgerichtet. Hinzu kam, dass durch die Flucht seiner Eltern in die Bundesrepublik eine Zusammenarbeit mit DDR-Behörden unmöglich wurde. Alle anderen intrinsischen o-

[121] So, wie der Habitus nach Bordieu (1982, 2006) verinnerlichte Geschichte und Entwicklung auf individueller Ebene ist, erscheint diese auf gesellschaftlicher Ebene in den Institutionen.

der extrinsischen Motive oder Barrieren konnten so in seiner Realität keine Rolle spielen. In der Summe kann es keine aktiven Handlungen zur biografischen Aneignung der Adoptionsgeschichte in dieser Situation geben.

Situation 2

Die Lage änderte sich, als er im Alter von 19 Jahren von seinem Status als Adoptierter erfuhr. Er erlebte diese Mitteilung seiner Eltern als tiefen Schock. Dadurch sind als intrinsische Motivationen das Streben nach Defizitausgleich (kein leibliches Kinder beider Eltern, Vertrauensbruch) und zumindest in Ansätzen die Suche nach Vollständigkeit entstanden. Ebenso empfand Christian einen Drang, den weiteren Verlauf selbst zu steuern, wie sich aus seinem Interview gut herauslesen lässt. Diese Handlungsmacht bedeutete für ihn vor allem, die Lage zu analysieren und daraus Schlussfolgerungen für weitere Konsequenzen zu ziehen. Von Forscherdrang und Neugier bezüglich seiner Herkunftsfamilie berichtet Christian in dieser Situation noch nicht. Dafür bieten seine Eltern ihm jedoch an, bei der Herkunftssuche behilflich zu sein. Dies geschieht wohl aufrichtig, vielleicht auch aufgrund eines eigenen schlechten Gewissens, jedoch nicht nachdrücklich. Die zweite extrinsische Motivation, nämlich eine anstehende Therapie, spielt in Christians Fall keine Rolle.

In seinem Interview berichtet Christian nun von dem Ergebnis seines inneren Abwägens. Auf der einen Seite möchte er die Sicherheit und das emotionale Zuhause seiner Adoptivfamilie nicht aufs Spiel setzen und an diesen Verhältnissen nichts ändern. Es ist eine Tendenz zum Schutz vor eigener emotionaler Überforderung zu erkennen, bzw. die Angst vor einer Distanzierung der Adoptivfamilie. Daneben möchte er auch seinen Adoptiveltern die emotionale Achterbahnfahrt nicht zumuten und ihnen die Sicherheit geben, dass er ihr Sohn sei und niemals etwas anderes sein möchte. Allerdings ist dieses Schutzbestreben gegenüber den Adoptiveltern in dieser Situation geringer ausgeprägt, als im späteren Lebensverlauf, da das Grundvertrauen vorübergehend erschüttert wurde. Die Lage zwischen Ost- und Westdeutschland hingegen ist unverändert, so dass von dieser Seite mit überdimensionalen Schwierigkeiten bei geringen Erfolgsaussichten zu rechnen war. Seitens der Adoptiveltern kommt zwar ein Angebot, die biografische Aneignung zu unterstützen, jedoch bleibt zwischen den Zeilen die nonverbale Botschaft, dass es ihnen nicht unbedingt recht wäre.

Seine Bewertung der Motive und Barrieren ergibt, dass sich zwar in dieser Situation ein Spannungsverhältnis bezüglich der Herkunftssuche aufgebaut hat, jedoch die Barrieren von Christian stärker gewichtet werden als die Motivationen. In dieser konkreten Situation erscheinen jedoch aktive Schritte zur biografischen Aneignung der Adoptionsgeschichte nicht mehr unmöglich.

Situation 3

Im weiteren Lebensverlauf verändern sich die individuellen Gewichtungen. Beispielsweise wurde die intrinsische Barriere „Schutz der Adoptiveltern" von Christian erheblich höher bewertet, die intrinsischen Motivationen wurden geringer. Das Angebot der

Adoptiveltern, bei der Suche zu unterstützen, wurde später nicht erneuert. Noch später erübrigte sich die bislang stark wirkende extrinsische Barriere der Grenze zwischen Ost- und Westdeutschland. Jedoch war das Kräfteverhältnis nie so, dass sich für Christian daraus eine aktive Suchhandlung nach seiner genealogischen Herkunft ergeben hätte. Das geschah erst viele Jahre später, als beide Adoptiveltern verstorben waren. Christian hatte inzwischen selbst eine Familie mit fast erwachsenen Kindern. Die Unsicherheiten, die zum Schutz vor eigener emotionaler Überforderung oder befürchteter Exklusion aus der Adoptivfamilie führten, sind nur noch im geringen Maße vorhanden. Da nur wenige Kontakte zur Verwandtschaft der Adoptivfamilie bestanden, ist auch diese Barriere nur noch gering zu bewerten. Ähnlich verhält es sich mit dem erwarteten Widerstand oder den Schwierigkeiten seitens der Vermittlungsstelle oder Diskreditierungsbefürchtungen seitens Bekannter oder der Gesellschaft. Christians biografische Aneignung der Adoptionsgeschichte begann Anfang des 21. Jahrhunderts, als Unehelichkeit und Adoption längst zum allgemeinen Normalitätsmuster gehören konnten. Auf der anderen Seite war der innere Druck, den Christian bezüglich seiner Herkunftssuche verspürte, nicht sonderlich hoch. Neben dem Streben nach Vollständigkeit und der Erlangung von Handlungsmacht über die eigene Biografie war sein Forscherdrang ausschlaggebend. Von signifikanten Defiziten, die er ausgleichen wollte, spricht Christian kaum. Allenfalls sind die Hoffnung auf ein optisches Widererkennen zu nennen. Als ausschlaggebende extrinsische Motivation dient schließlich ein Gespräch mit seiner Frau, im Kontext von mehreren Berichten, Gesprächen und Fernsehsendungen, die er in diesem Zeitraum wahrgenommen hatte. So begann er positiv gestimmt, jedoch nicht mit dringlicher Erwartung, die biografische Aneignung seiner Adoptionsgeschichte.

Seine Motivationen waren schließlich höher, als die erwarteten Schwierigkeiten und Ängste. Andererseits zeigt es, dass Christian nicht mit großem Druck und überdimensionalen Erwartungen an die Suche heranging, die Hürden jedoch für überwindbar hielt. Das Verhältnis von erwartetem Nutzen zu befürchtetem Risiko ist deutlich Richtung Nutzen geneigt. Hätten sich jedoch plötzlich größere Schwierigkeiten eingestellt, die die Wirkung der Motivationen aufgehoben hätten, wäre Christian vermutlich an diesem Punkt der Herkunftssuche stehen geblieben, da sie für ihn – trotz aller Neugier und positiver Erwartungen – nicht *die* zentrale Relevanz hatte.

Die beschriebenen exemplarischen Situationen aus der Lebensgeschichte Christians werden im Folgenden gleich noch einmal aufgegriffen und in einer Grafik anschaulich gemacht. Denn nun geht es um die Frage nach dem Zeitpunkt und dem auslösenden lebensgeschichtlichen Moment, an dem die Suche nach der leiblichen Familie für die Adoptierten relevant wird.

5.1.6 Lebensgeschichtliche Übergänge und zyklischer Verlauf

- *Die biografische Aneignung der Adoptionsgeschichte wird für die Adoptierten vor allem an lebensgeschichtlich bedeutsamen Übergängen oder Umbrüchen relevant. Sie vollzieht sich für gewöhnlich zyklisch, wobei das Bedürfnis besonders in biografischen Bilanzierungsphasen steigt.*

Biografische narrative Konstruktion strebt nach Kohärenz und Kontinuität. Die eigene biografische Landkarte soll verstehbar und erklärbar werden. Es fließen sowohl die tatsächlichen Erlebnisse, als auch die sekundär aufgenommen Erzählungen (z.B. über die eigene Geburt oder die Adoption) in die biografische Narration ein. Dazu kommt die ererbte oder tradierte Familiengeschichte, die verbal oder nonverbal innerhalb der Verwandtschaft weitergegeben wird. Hier bedarf es als Besonderheit der Beachtung, dass sowohl die Familiengeschichte der Adoptivfamilie einfließt, als auch die Erzählungen über die leibliche Familie die Selbstkonstruktion der Adoptierten beeinflussen. Um eine kohärente Erzählung vom Selbst zu bekommen, müssen die Spannungen zwischen dem Erzählten und dem Erlebten ausgeglichen werden können. Dieses Kohärenzstreben kann das Bedürfnis nach Kenntnis der eigenen Vergangenheit und Deutungshoheit über die eigene Biografie bewirken. Das Bedürfnis nach einer sicheren, kohärenten Lebenserzählung steigt, wenn für einen weiteren Aufbau der Identitätskonstruktion ein sicheres Fundament gesucht wird. Dies passiert vor allem an lebensgeschichtlichen Übergängen oder Umbrüchen, von denen alle Interviewpartner, die sich durch eigenen Entschluss ihre Adoptionsgeschichte angeeignet haben, berichteten. Biografische Übergänge sind dabei als geplante Veränderungen zu verstehen. Dazu gehören u.a. die anstehende Familiengründung oder Hochzeit, der Umzug in eine andere Stadt, der Abschluss einer Ausbildung oder eines Studiums. Biografische Umbrüche sind die ungeplant hereinbrechenden Ereignisse, die die Lebensstruktur durcheinander bringen. Als Beispiele können hier der Tod der Adoptiveltern, plötzliche Arbeitslosigkeit oder ein schwerer Unfall angeführt werden. Rosenthal (1995, 143) spricht von „biografischen Wendepunkten, die eine Reinterpretation der Vergangenheit, der Gegenwart und des Zukunftshorizontes bewirken." Solche Transitionen fallen häufig mit einer individuellen Emanzipation von bisherigen Lebensmustern zusammen. Sie müssen nicht unmittelbar mit dem Adoptionsgeschehen im Zusammenhang stehen, aber sie schließen Bilanzierungs- und Evaluationsphasen des eigenen Lebens ein. An diesen Übergängen, Umbrüchen oder „Brückenzeiten" ist das Bedürfnis nach Sicherheit, Zugehörigkeit und Kohärenz besonders groß, da perspektivisch eine Veränderung – und damit potenziell eine Unsicherheit im Biografieverlauf – ansteht. Es entsteht das Bedürfnis nach lebensgeschichtlicher Verankerung und die intrinsischen Motive für die Herkunftssuche werden verstärkt.

Die biografischen Aneignungen der Adoptionsgeschichte sind nicht Ergebnis eines einmaligen, kurzfristigen Entschlusses. Fast immer geschehen sie wellenförmig. In einer Email an den Verfasser[122] beschrieb eine Adoptierte eine dieser Wellen, die (noch) nicht groß genug scheint, als das sie sich tatsächliche auf die Herkunftssuche begibt: „Mich beschäftigt dieses Thema mal mehr, mal weniger. Momentan befinde ich mich

[122] November 2011

in einer ‚mal mehr'-Phase. Ich wurde 1988 in A-Stadt geboren. Ich weiß meinen ursprünglichen Nachnamen. Meinen Vornamen durfte ich anscheinend behalten. Mehr Fakten gibt es momentan nicht. Mehr Fakten traue ich mich noch nicht zu schaffen. Der Rest sind Gedanken." Die Kräfte der intrinsischen und extrinsischen Motive sind in diesem Fall geringer, als die Kräfte der Barrieren mit entgegengesetzten Valenzen. Aber es ist ein momentaner Anstieg der Spannung zu beobachten, eine „Welle" der Suchbewegung entsteht. Den größten Ausschlag haben die Wellen an biografischen Übergängen oder Umbrüchen, in denen das Bedürfnis nach Kenntnis der genealogischen Herkunft stärker wird.

Das oben entwickelte Spannungsfeld kann in einem Verlaufsmodell folgendermaßen dargestellt werden:

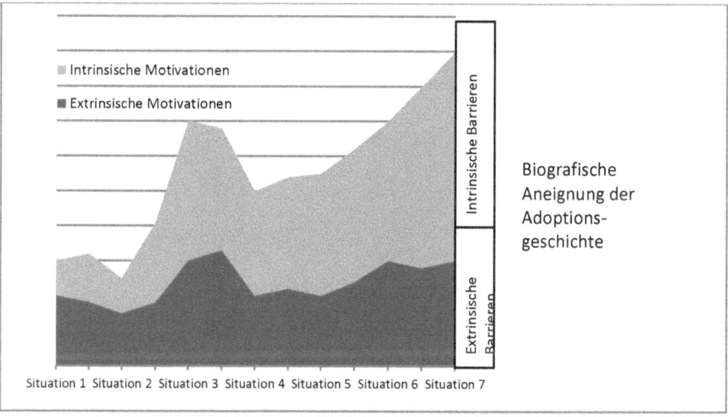

Abbildung 14: Wellenförmige Suchbewegung und Barrieren

Während der biografischen Übergänge oder Umbrüche werden vor allem die Wellen intrinsischer Motivation größer. Oft daran gekoppelt ist der Anstieg extrinsischer Motive, da die Individuen in solchen Situationen empfänglicher für entsprechende Ansprachen oder Impulse von außen sind. In der obigen Grafik wären die Zeiträume um Situation 3 und Situation 7 biografische Übergänge, z.B. der Auszug aus der elterlichen Wohnung (Situation 3) und die Gründung einer eigenen Familie (Situation 7). Die intrinsischen und extrinsischen Motivationen zur biografischen Aneignung der Adoptionsgeschichte steigen an. Gleichzeitig ist es möglich, dass die intrinsischen oder extrinsischen Barrieren kleiner werden. Dies kann z.B. passieren, wenn die Adoptiveltern verstorben sind und so die intrinsische Barriere „Schutz der Adoptiveltern" nicht mehr relevant ist. Eine andere Möglichkeit ist, dass durch vermehrte mediale Berichte über erfolgreiche Herkunftssuchen Barrieren niedriger werden. Die Widerstände können sich auch erhöhen oder verfestigen, wenn bspw. die leibliche Mutter auf den ersten Kontaktversuch abweisend reagiert. Wenn jedoch die Barrieren einmal überwunden sind, werden sie durchlässiger oder „spülen sich ab", werden kleiner und der Spannungsausgleich innerhalb des psychischen Feldes kann passieren. Dadurch kann erklärt werden, warum die Intensität der Kontakte zur leiblichen Familie in vielen Fällen mit der Zeit wieder nachlässt. Die Bedürfnisse nach Verortung und Verwurzelung, nach Kohärenz- und Kontinuitätskonstruktion sind mit den ersten Kontakten und Interaktionen häufig schon gestillt.

Dieses wellenförmige Verlaufsmodell soll exemplarisch anhand der lebensgeschichtlichen Situationen aus Christians Interview dargestellt werden. Zwischen der Situation (2) und Situation (3) liegen über dreißig Jahre, so dass für diesen Zeitraum noch einige Bewegungen bezüglich der intrinsischen und extrinsischen Motivationen und Barrieren anzunehmen sind. An dieser Stelle soll jedoch der Blick auf die im vorherigen Abschnitt beschriebenen drei Situationen ausreichen: (1) – vor der Aufklärung über die Adoption; (2) – Aufklärung über die Adoption im Alter von 19 Jahren; (3) – Beginn der aktiven biografischen Aneignung der Adoptionsgeschichte.

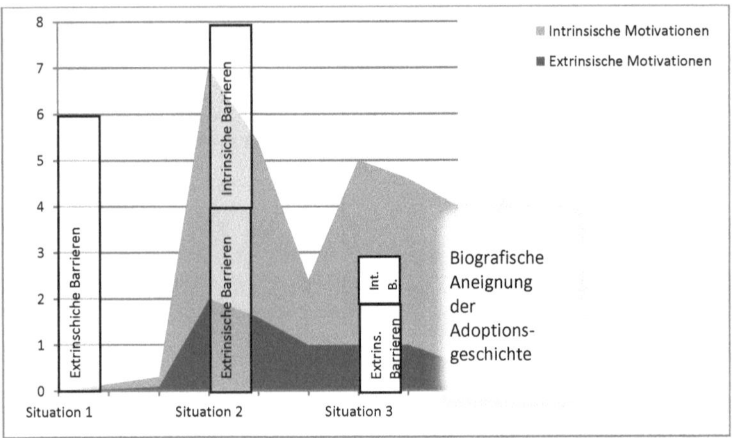

Abbildung 15: Wellenförmige Suchbewegung Interview Christian: drei exemplarische Situationen

In Situation 1 sind die extrinsischen Barrieren dominierend. Aufgrund des Nichtwissens über seinen Status als Adoptivkind konnten keine intrinsischen Motivationen entwickelt werden. Auch für extrinsische Motivationen gab es keinen Anlass bzw. keine Wahrnehmung durch Christian. Intrinsische Barrieren waren aus eben diesen Gründen nicht vorhanden. Situation 1 dauerte ungefähr bis zu seinem 20. Lebensjahr an, als Christian plötzlich und traumatisch über seinen Adoptionsstatus informiert wurde. Ob in dem Zeitraum vorher Ahnungen oder Vermutungen seinerseits vorhanden waren, lässt sich aus dem Interview nicht herauslesen. In Situation 2 steigen die intrinsischen und extrinsischen Motivationen schlagartig an, während sich die extrinsischen Barrieren absenken. Gleichzeitig entwickelt Christian intrinsische Barrieren, die vor allem auf den Selbstschutz und auf den Schutz der Adoptiveltern bezogen sind. So ist die Summe der Barrieren immer noch höher, als die Summe der intrinsischen und extrinsischen Motivationen. Dies ändert sich erst, als durch den Tod beider Adoptiveltern wesentliche intrinsische Barrieren abgebaut waren (Situation 3). Auch bezüglich des eigenen Schutzes vor emotionaler Überforderung oder der Angst vor (teilweiser) Exklusion aus dem Kontext Adoptivfamilie sind die Barrieren nur noch gering. Ebenfalls erheblich geringer waren die extrinsischen Barrieren, da inzwischen die deutsch-deutsche Grenze gefallen war und so von behördlicher Seite nur noch geringe Schwierigkeiten erwartet wurden, welche leicht überwindbar schienen. Durch verschiedene externe Impulse wurden Christians latent vorhandene intrinsische Motivationen verstärkt, er entwickelte dazu einen Forscherdrang und Neugier, so dass schließlich die Summe der Motivationen (obwohl sie niedriger waren als in Situation 2) die Summe der Barrieren überstieg, so dass Christian die aktive biografische Aneignung seiner Adoptionsgeschichte in Angriff nahm.

Die Herkunftssuche Adoptierter lässt sich in verschiedenen Punkten mit dem Aufsuchen von Orten der persönlichen Lebensgeschichte oder dem Erstellen von Stammbäumen vergleichen, was besonders im letzten Lebensabschnitt, nach Eintritt in den Ruhestand, häufig noch einmal biografisch bedeutsam wird. „Viele Deutsche fahren im Alter noch einmal dorthin zurück, wo sie aufgewachsen sind. Hier geschieht das Eintauchen in die Erinnerung – und mit dem Einholen der Lebensgeschichte gewinnen sie oft auch die Fähigkeit des Loslassens. Noch einmal dort gewesen zu sein, um loslassen zu können, weil man erkennt, dass man es nun innerlich mitnehmen kann. An manchen Orten, die man aus solcher Erinnerung heraus aufsucht, spürt man zugleich, dass die Zeit nun auch reif ist, diesen Ort loszulassen“ (Riedel 2007, 15). Noch viel mehr, als bei den Orten der eigenen Kindheit, geschieht dieses „Einholen der Lebensgeschichte“ durch die biografische Aneignung der Adoptionsgeschichte, besonders in der Begegnung mit der leiblichen Familie bzw. wenigstens einem Grab oder anderen Orten und Personen, die mit der eigenen Ursprungsgeschichte zusammenhängen. *Unbeendete Sinn- und Handlungskonzeptionen* der eigenen Biografie können so zur Ruhe gebracht werden. Es wird eine Erklärung für das eigenen So-Sein bzw. für das Anderssein gesucht. Die Individuen empfinden eine Lücke in ihrer Identität, die sich um die eigenen genealogischen Ursprünge dreht und die sie schließen wollen. Aufsuchen, Wahrnehmen, sich mit der eigenen Geschichte versöhnen und so die „Geister“ zur Ruhe bringen, um schließlich loslassen zu können – dies sind Schritte, die während einer biografischen Aneignung der Adoptionsgeschichte passieren. Dies wird insbesondere an biografischen Übergängen immer wieder relevant, wenn das Individuum sein bisheriges Leben resümiert. So entsteht eine Wellenbewegung der biografischen Aneignung der Adoptionsgeschichte. Sie ist in der Regel kein spontaner Entschluss aus einer Laune heraus, sondern oft jahrelang vorbereitet, abgewogen, durchdacht und häufig auch schon in der Phantasie konkret vorgestellt. Ziel ist dabei, Deutungs- und Handlungsmacht über die eigene Geschichte, Gegenwart und Zukunft zu gewinnen. Zumindest gilt das für die ersten konkreten Schritte der Herkunftssuche.

Exkurs: Herkunftssuchen von Kindern

Auf eine weitere spezifische Form der biografischen Aneignung von Adoptionsgeschichten soll jetzt kurz eingegangen werden, auch wenn sich dieses Ergebnis nicht anhand der empirischen Forschung der vorliegenden Studie verifizieren lässt, da die Zielgruppe der Forschung eine andere war.

In den letzten 20 Jahren hat sich in der Adoptionspraxis viel geändert und weiterentwickelt. In praktisch kaum einem Fall wird wohl inzwischen das strikte Inkognito seitens der Adoptionsvermittler in Deutschland empfohlen, auch wenn das immer noch der juristische Rahmen ist. Der Trend geht deutlich zur halboffenen oder offenen Adoption. Durch den unverkrampfteren Umgang auch der Adoptiveltern mit dem Thema Adoption geschieht es heutzutage immer häufiger, dass auch Kinder (in Begleitung ihrer Eltern) Kontakt zu der leiblichen Familie suchen. Inwieweit diese Motivationen intrinsischer oder extrinsischer Natur sind, kann an dieser Stelle nicht ausgesagt werden, da die untersuchte Gruppe im Zeitraum von 1950-1990 adoptiert wurde, also alle Beteiligten zum Zeitpunkt der Interviews bereits erwachsen waren. Denkbar sind zwei Varianten: Auf der einen Seite könnte eine Eigenmotivation des Kindes vorliegen, besonders wenn es um frühe biografische Übergänge (z.B. Eintritt in die Schule oder Wechsel auf eine weiterführende Schule) geht. Andererseits ist auch denkbar, dass die offene oder verdeckte Motivation von den Eltern ausgeht. Entweder, wie vorn beschrieben, um möglicherweise innerfamiliäre Probleme/Erziehungsfragen aufzuarbeiten, oder aus einer Motivation heraus, alles besonders richtig machen zu wollen und so dem Kind von Anfang an die Begegnung mit der leiblichen Familie zu bieten. Dieser letzte Fall ist kritisch zu hinterfragen, da die Forschung ergeben hat, dass die Adoptierten den Zeitpunkt, das Tempo und die Form der Begegnung möglichst selbst bestimmen wollen und sollen, um eine ihrer individuellen Lebensgeschichte angemessene Form der Begegnung zu erreichen.

5.2 Voraussetzungen, Prozess und Ergebnisse der biografischen Aneignung der Adoptionsgeschichte

Nachdem die Motive, Barrieren und der biografische Zeitpunkt der Herkunftssuchen Adoptierter zusammenfassend beschrieben wurden, sollen jetzt noch Ergebnisse der vorliegenden empirischen Forschung über den Verlauf, die Strategie und die Resultate von biografischer Aneignung der Adoptionsgeschichten formuliert werden. Dabei dient das Adoptionsviereck als Rahmen, auch wenn sich einige der Ergebnisse nicht eindeutig einer der Seiten zuordnen lassen. Zunächst soll der Blick weiterhin auf die Adoptierten gerichtet bleiben. Ihr Erleben, ihr Blickwinkel ist das zentrale Forschungsinteresse dieser Studie. Im weiteren Verlauf wird auf die anderen Beteiligten im Adoptionsprozess eingegangen werden, wobei auch da der Fokus auf den Adoptierten und ihrer biografischen Aneignung der Adoptionsgeschichte liegt.

5.2.1 Selbstdefinition als Adoptierte

- *Adoptierte Menschen, die auf die Suche nach ihren genealogischen Wurzeln gehen, verfügen über eine Selbstdefinition als Adoptierte. Aus dieser heraus fühlen sie sich motiviert, sich ihrer Ursprungsgeschichte zu vergewissern und sich diese anzueignen. Im Gegenzug bedeutet das, dass ein Mensch, der sich selbst nicht mindestens in einem gewissen Maße über seinen Adoptionsstatus definiert (selbst wenn er adoptiert ist), sich nicht auf den oft mühevollen Weg der Herkunftssuche machen wird.*

In der alltäglichen Identitätsarbeit werden verschiedene Selbstthematisierungen im Anpassungsprozess zwischen innerer und äußerer Realität zu Identitätsprojekten entwickelt, die jeweils einen Lebensweltbezug aufweisen und zu Teilidentitäten werden können.[123] „Wenn wir der Überlegung zustimmen, dass Identität sich in der dialogischen Selbsterfahrung in verschiedenen Lebenswelten bildet, dann scheint es sinnvoll, mit dem Begriff der Teilidentitäten zu operieren. Denn die lebensweltlichen Erfahrungsbereiche stehen nicht nur für eine soziale Rolle, sondern auch für je spezifische Selbsterfahrungsbereiche" (Keupp 1999, 99f). Die biografische Aneignung der Adoptionsgeschichte kann als ein solches Identitätsprojekt zur Entwicklung einer Teilidentität interpretiert werden. Der in dieser Studie besonders gründlich untersuchte Schritt von der gedanklichen Vorstellung eines Zusammentreffens mit der leiblichen Familie zu deren aktiver Umsetzung, entspricht dem Prozess der Transformation vom (Teil-)Identitätsentwurf zum Identitätsprojekt. Eine „Voraussetzung für eine aus Sicht des Subjekts befriedigende Identitätsbildung liegt darin, dass bei dem Prozess der Transformation von Entwurf zu Projekt und zu Projektrealisierung die gemachten Selbsterfahrungen dem Subjekt ein Gefühl von Gestaltbarkeit und positiver Selbstbewertung ermöglichen" (Keupp 1999, 245). Dies impliziert ein Gefühl der Sinnhaftigkeit und des Verstehens der Vergangenheit und der Gegenwart im Hinblick auf die Gestaltung der Zukunft. Jeder Adoptierte, der sich an die biografische Aneignung seiner Adoptionsgeschichte begibt, hat eine Selbstwahrnehmung oder Selbstdefinition als Adoptierter entwickelt. Diese kann durch eigene Reflexion der Erfahrungen in der Adoptivfamilie oder auch durch gesellschaftliche Fremdzuschreibung entstehen (interne oder externe Zuschreibung), *neben* allen anderen Rollen und Identitätsprojekten, die er z.B. als Kind der Adoptivfamilie, Handwerker oder Lehrer, Homo- oder Heterosexueller, Familienvater oder Leistungssportler usw. in seine Identität integriert hat. Andernfalls würde er den Aneignungsprozess gar nicht beginnen. Voraussetzung für diesen Schritt ist eine (mindestens temporäre) Relevanzverstärkung des eigenen Adoptiertseins in der Selbstreflexion. Aus der Ungeklärtheit der persönlichen Vergangenheit, dem Nichtwissen über die Ursprungsgeschichte des eigenen Lebens und einer daraus entstehenden identitären Unsicherheit entsteht das Identitätsprojekt „Adoptiert". Dieser Facette des eigenen Selbst wird dann vorübergehend mehr Dominanz in der Identitätskonstruktion und Biografieerzählung zugesprochen. Anlass ist häufig die Sicherung der Vergangenheit als Fundament für zukünftige Veränderungen, da die biografische Aneignung der Adoptionsgeschichte oft mit Transitionen, lebensgeschichtlichen Übergängen oder Umbrüchen im Zusammenhang steht. Der früheste Teil der eigenen Geschichte soll sinnstiftend und verstehbar in eine kontinuierliche, authentische und kohärente Selbsterzählung integriert werden. Die Wahrnehmung als Adoptierte kann sowohl positiv

[123] Vgl. Keupp 1997; 1999; 2001

(„auserwählt“), neutral (sachlich-entmystifiziert) als auch negativ („weggegeben“) gedeutet werden. Sie kann Strategie zu vermehrter sozialer Anerkennung sein (man wird auch interessant für andere, wenn man adoptiert ist). Die Selbstwahrnehmung und selbstbewusste Eigendefinition als Adoptierte kann in diesem Zusammenhang als Methode zur Kohärenzgewinnung interpretiert werden. Möglich ist auch eine Deutung als Kompensationsstrategie im Sinne gefühlter Minderwertigkeit als Folge früher Trennungstraumaerfahrungen oder erlebter Diskreditierungen. Die Selbstbeschreibung als Adoptierte kann durch eigene Reflexion der Erfahrungen in der Adoptivfamilie oder auch durch gesellschaftliche Fremdzuschreibung entstehen. Durch das Identitätsprojekt „Adoptiert“ ist die Grundlage für die Entwicklung einer entsprechenden Teilidentität gelegt (vgl. Keupp u.a.). Diese Basis ist individuell verschieden ausgeprägt und formt sich aus den Informationen und Vorstellungen der Adoptierten über ihre Herkunftsfamilie. Im Gegenzug bedeutet das, dass ein Mensch, der sich selbst *nicht* mindestens in einem gewissen Maße über seinen Adoptionsstatus definiert (selbst wenn er adoptiert ist), sich nicht auf den oft mühevollen Weg der biografischen Aneignung seiner Adoptionsgeschichte machen wird.

5.2.2 Hybride Identität

- *Eine hybride Identität bzw. eine Teilidentität als Mitglied der leiblichen Familie ist durch die Beschäftigung mit dem eigenen Adoptionsstatus als Möglichkeit angelegt. Durch ein Identitätsprojekt „Adoptiert“, welches das Individuum verfolgt, wird diese Möglichkeit auf eine festere Basis gestellt. Zur Entfaltung kann diese Teilidentität jedoch erst kommen, wenn durch reale Begegnung und Aufbau einer, wie auch immer gearteten, Beziehung zur leiblichen Familie ein realer Referenzrahmen dafür geschaffen wurde.*

Kann aufgrund der beschriebenen Selbstdefinition als Adoptierte bereits von einer hybriden, umschaltenden Identität gesprochen werden? Haben die Adoptierten eine Teilidentität als „Kind“ der leiblichen Familie entwickelt? Verfügen Adoptierte, die sich an die biografische Aneignung ihrer Adoptionsgeschichte machen über eine Teilidentität als Mitglied der leiblichen Familie bzw. über eine hybride Identität? Die Ergebnisse der vorliegenden Studie verneinen diese Fragen überwiegend für die Zeit *vor* dem ersten Treffen mit der leiblichen Familie und beantworten sie teilweise positiv für die Zeit *nach* den ersten Begegnungen. Eine entwickelte oder sich entwickelnde hybride Identität bezüglich der leiblichen und der sozialen Familie drückt sich in einem starken Zugehörigkeitsgefühl zu beiden Familien aus, wobei das Individuum jeweils auf den einen oder den anderen Modus umschalten kann – also Kind der Adoptivfamilie und Kind der leiblichen Familie sein. Diese Beobachtung konnte in verschiedenen Abstufungen in den meisten Interviews gemacht werden. Wichtigster Indikator für das Empfinden einer hybriden Identität war in der Auswertung der Interviews eine *Elternkonfusion*. Diese konnte immer dann festgestellt werden, wenn von den Interviewpartnern die leiblichen Eltern und die Adoptiveltern unbewusst verwechselt wurden bzw. nach der Erklärung: „Meine Mutter“ noch der Nachsatz folgte, dass in diesem Fall die leibliche oder die Adoptivfamilie gemeint war.[124] In den Interviews kommt das insgesamt fast 60 Mal vor, innerhalb der Interviews schwankt es zwischen einer Nennung und elf Nennungen. Weitere Indikatoren für eine hybride Identität sind die Wahrnehmung, in vielen Belangen sich signifikant different zu empfinden, oder das beständige Gefühl, sowohl in der Familie als auch in der Peergroup nicht richtig dazuzugehören, also ein empfundener Zwischenzustand. Dieses Phänomen wurde ebenfalls mehrfach in den Interviews beschrieben.

Ein Zusammenhang zwischen der Entwicklung einer hybriden Identität und der Qualität der Bindungsrepräsentationen in den Adoptivfamilien oder der Identitätssicherheit ist aus den Untersuchungsergebnissen nicht abzuleiten, wie in Kapitel 5.4 ausgeführt wurde. Allerdings gibt es einen Zusammenhang zu den entwickelten (kindlichen und adulten) Phantasien über die leiblichen Eltern, welche wiederum durch Kommunikationsverhalten der Adoptivfamilie zum Thema der leiblichen Familie mit ausgelöst werden.[125] Mit lebhafteren Phantasien entsteht auch eine stärkere Beschäftigung mit der leiblichen Familie. Dies bewirkt dann eine starke Intensität der tatsächlichen Suche und kann sich durch den Erfolg, also ein Kennenlernen der leiblichen Familie und ein Einlassen auf diese, entfalten und verstärken, woraus dann eine hybride Identität entstehen kann. Eine Teilidentität als Mitglied der leiblichen Familie ist jedoch in den biografischen Erzählungen kaum nachweisbar, *bevor* die Herkunftssuche Realität geworden ist und die ersten Begegnungen stattgefunden haben, da die andere Seite der Identität noch keinen realen Referenzpunkt hat, also primär an Phantasievorstellungen gebunden ist. In allen Interviews, die von einer hybriden Identität berichten, gibt es qualitative Unterschiede zwischen der Zeit vor und nach dem ersten Zusammentreffen. Narration konstituiert Identität. Zwar kann die leibliche Seite der Identität bereits durch Phantasievorstellung zu einer Erzählung geformt worden sein. Greifbar wird sie jedoch vor allem in der tatsächlichen Begegnung und Auseinandersetzung. In der Interaktion mit der leiblichen Seite der eigenen Herkunft findet die biografische Narration diesbezüglich einen Ankerpunkt in der Realität. Von diesem Punkt aus können selbstgeformte Bewertungen, Einordnungen und Verknüpfungen mit anderen Strängen der Identitätskonstruktion erstellt werden. Dass diese qualitative Unterscheidung sichtbar ist, obwohl zum Zeitpunkt des Interviews alle Interviewpartner die ersten Kontakte zur leiblichen Familie bereits vollzogen hatten, zeigt, dass diese Differenzierungen in ihrer Erinnerung tatsächlich vorhanden sind, obwohl sie aus der aktuellen Sichtweise heraus ihre Lebensgeschichte retrospektiv konstruieren und in diesem Blickwinkel spätere Ereignisse zur Interpretation vorangegangener Lebensgeschichte herangezogen werden können (vgl. Rosenthal 1995).

Die im Kontext der leiblichen Familie zu entwickelnde Teilidentität hat zunächst kaum lebensgeschichtliche Überschneidungen mit den anderen Bereichen. Es scheint für das

[124] Hier wird das sprachliche Problem deutlich, dass z.B. die Vokabeln „Mutter" und „Vater" sowohl sozial als auch biologisch belegt ist.

[125] Deutlich zu sehen bspw. im Interview von Friederike

Individuum eine Chance auf einen echten Neuanfang zu sein, für die Entwicklung einer neuen „Landkarte", die nicht auf bisherige biografische Störungen, Verletzungen oder Niederlagen Rücksicht nehmen muss. Dies funktioniert allerdings nur so lange, wie sich die Lebensbereiche der Teilidentitäten nicht berühren. Für eine gesunde Identitätsentwicklung im Kontext der leiblichen Familie scheint es daher ratsam, nicht völlig bei *tabula rasa* zu beginnen und die anderen Teilidentitäten mit dem neuen Identitätsprojekt kommunizieren zu lassen. Der positive Aspekt des Neuanfangs bleibt dennoch erhalten. Wurde hybride Identität zu Beginn dieser Studie als eine ursächliche Bedingung für die biografische Aneignung der Adoptionsgeschichte gesehen, so formte sich während der Auswertung immer mehr die Erkenntnis, dass sie eher eine Konsequenz, ein mögliches Ergebnis dieser sei. Hybride Identität kann sich erst richtig entwickeln, wenn beide Seiten (leibliche und Adoptivfamilie) kennengelernt wurden. Vorher ist es eher ein dumpfes Ahnen, eine Sehnsucht oder ein Gefühl, nicht richtig dazuzugehören. Dieses präsentiert sich unter anderem in kindlichen Phantasien über die leiblichen Eltern, oder in Exklusions- bzw. Diskreditierungserfahrungen, die Adoptierte in Bezug mit ihrem Status erlebten. Hybride Identität bezogen auf den Adoptionsstatus entwickelte sich in den untersuchten Fällen unterschiedlich stark. Das hängt auch damit zusammen, wie das erste Treffen mit der leiblichen Mutter/Familie subjektiv erlebt und interpretiert wurde. Ist dieses emotional und vom Ablauf her eher ein positives Erlebnis, kann sich eine Bindung zu diesem Teil der eigenen Identität und Geschichte positiv entwickeln. Gestaltet sich das eher negativ (z.B. in der Wahrnehmung von Elisabeth), bleibt dieser Teil der Identitätsarbeit wenig entwickelt. Hybride Identität sowie das Zugehörigkeitsgefühl zu beiden Familien wurde von den Interviewten als positives Merkmal interpretiert. Es impliziert zwar auch eine Form der Unsicherheit, aber diese Phase wird meist als vorübergehend empfunden, bis sich das neue Identitätsmerkmal, welches vor allem im emotionalen Bereich angesiedelt ist, gefestigt hat. Kennzeichnend ist, dass die Rollen, die die Adoptierten in den jeweiligen Familien spielen, nicht das Geringste miteinander zu tun haben müssen. Hier geht es um zwei völlig verschiedene Bezüge, in denen das Individuum nicht nur anders auftritt (was mit dem Rollenverständnis zusammenhängt), sondern auch anders fühlt, agiert und interagiert.

Die Frage nach einer hybriden Identität weist auf die Selbstzuschreibungen und Identitätskonstruktionen der Adoptierten hin, auf die jetzt eingegangen werden soll.

5.2.3 Selbstzuschreibungen und Identitätskonstruktionen

- *Durch die biografische Aneignung der Adoptionsgeschichte entwickelt sich ein höheres Maß an Sicherheit in der Identitätskonstruktion der Adoptierten.*

Selbstzuschreibungen sind Ausdruck des persönlichen Identitätsgefühls. Gefühle sind evolutionär ererbte und entwickelte Bewertungsprozesse,[126] die das Bild des Individuums von sich selbst beeinflussen. Identitätsgefühl meint die persönliche Empfindung

[126] Vgl. Grossmann/Grossmann 2009, 32

des eigenen Seins. Entwicklung und (Re-) Konstruktion von Identität sind lebenslange Aufgaben der Individuen. Es geht um die Herstellung von Kohärenz zwischen kulturellem Umfeld, Selbstwahrnehmung, Fremdwahrnehmung, Vergangenheit und Zukunft. Identitätsgefühl entwickelt sich aus persönlicher Identitätsarbeit, Bindungserfahrungen und Zuschreibungen. Es findet in den narrativen Interviews Ausdruck in spontanen Selbstbeschreibungen und Gesamtevaluationen der Interviewten.

Das Ergebnis des Prozesses und auch der Prozess selbst führten in allen Fällen zu mehr Sicherheit der eigenen Identität. Die Menschen, die hier auf die Suche nach ihrer genealogischen Herkunft gingen und den individuellen Vorgang der biografischen Aneignung ihrer Adoptionsgeschichte in Angriff nahmen, agierten überwiegend überlegt, strukturiert und antizipativ. Die Interviewten erlebten den Prozess in unterschiedlichen Abstufungen als Sicherheitsgewinn für die eigene Identitätskonstruktion. Keiner verwies auf eine nachhaltige Verunsicherung, trotz teilweise hoher Emotionswellen während der Suche, speziell beim ersten Kontakt. An vielen Punkten haben die interviewten Personen ihre Geschichte selbst in die Hand genommen und sich aus unsicheren Verstrickungen befreit. „Trifft die These zu, dass das Wissen um die eigene Abstammung, das Wissen um die eigene genealogische Zugehörigkeit in unserer Gesellschaft zur Identitätsbestimmung fundamental dazugehört, so bedeutet dies, dass bei Adoptierten, die nicht zu einer Klarheit ihrer Identität hinsichtlich ihrer Abstammung kommen, potenziell eine Störung ihrer Identitätsentwicklung gegeben sein kann“ (Geller 1992, 220). Durch die biografische Aneignung ihrer Adoptionsgeschichte wirken die herkunftssuchenden Adoptierten dieser potenziellen Störung ihrer Identitätsentwicklung aktiv entgegen.

Die biografische Aneignung der Adoptionsgeschichte zielt auf die erste bewusste Kontaktaufnahme der Adoptierten zu ihrer leiblichen Familie. Biografisch verbindet sie mit dieser die Zeit der Schwangerschaft, die frühe Trennung von der leiblichen Mutter, die für den Säugling oder das Kleinkind ein Trauma mit Todesdrohung darstellte sowie die genetischen und endogenetischen Voraussetzungen. Fast ihr gesamtes Leben haben sie im Kontext der Adoptivfamilie verbracht. Dort liegt für gewöhnlich auch der Ort der sozialen Geburt und dort ist der kulturelle Kontext zu finden, in dem die Individuen aufwuchsen. Konturen der leiblichen Familie sind normalerweise nur in unscharfen Vorstellungen vorhanden. Was passiert nun im Moment der ersten tatsächlichen Begegnung mit dieser?

5.2.4 Entmystifizierung der Herkunftsfamilie

- *Mit dem ersten realen Kontakt setzt bei den Adoptierten ein Prozess der Entmystifizierung der Herkunftsfamilie ein. Dadurch wird eine Verarbeitung der eigenen Ursprungsgeschichte und Integration dieser in das biografische Selbstkonzept ermöglicht. Oft können unbeendete Sinn- und Handlungskonzeptionen, die mit der Adoption zusammenhängen, abgeschlossen werden.*

Im Zuge der ersten Begegnung mit den leiblichen Eltern findet eine Art „Entmystifizierung“ statt. Das durch Phantasievorstellungen, Aktennotizen, unvollständige Informationen und möglicherweise Tabuisierungen geformte Noema der leiblichen Mutter (oder Familie) ist nach der Begegnung plötzlich keine mystische Gestalt oder gedankliches Gebilde mehr, sondern ein Mensch sitzt gegenüber – mit individuellen Stärken und Schwächen, Fehlern und Vorzügen, wie alle Menschen.

Überlegungen über die leiblichen Eltern oder über die Gründe der Adoptionsfreigabe waren in vielen Interviews zu beobachten – und zwar nicht nur in der frühen Kindheit und auf den Freudschen „Familienroman“ bezogen. Für die Selbstinterpretation der suchenden Adoptierten ist die Begegnung mit der leiblichen Familie ein wichtiger Baustein für die Sicherung einer kohärenten Lebenserzählung. Dabei ist es nicht entscheidend, ob die Begegnungen positiv oder negativ verlaufen. Auch wenn durch erneute Zurückweisung durch die Herkunftsfamilie neue Verletzungen entstehen können bzw. alte Wunden wieder aufgerissen werden, führt der Prozess der Entmystifizierung der leiblichen Familie zu einer vollständigeren, stimmigeren Selbstinterpretation. Es stellte sich bei den meisten Geschichten der Interviewpartner heraus, dass dieser Ruhepunkt, diese Verwurzelung am Ausgangspunkt des eigenen Lebens ein zentrales Bedürfnis der herkunftssuchenden Adoptierten ist. Sie können den „phantasmatischen-abwehrenden Kohärenzsicherungen“ (Helsper 1997, 183) reale Begegnungen und Deutungsmöglichkeiten gegenüber stellen. Umgekehrt passiert dieser Prozess auch auf Seiten der leiblichen Mütter, die nach vielen Jahren wieder ihrem Kind gegenüberstehen, das sie möglicherweise als Neugeborenes das letzte Mal gesehen hatte und das mangels realer Daten oft ebenfalls im mystisch-phantasierten Bereich weiterlebt.

Durch den konkreten Kontakt zur Herkunftsfamilie lösen sich bei den Adoptierten identitäre Spannungen, die sich durch unbeendete Sinn- und Handlungskonzeptionen oder durch eine optische, charakterliche und habituelle Fremdheit in der Adoptivfamilie aufgebaut haben. Schon durch eine einmalige Begegnung kann oft die Vergangenheit in die eigene Biografie integriert werden – trotz möglicher Schmerzen und Verletzungen. Wie alle Teile der eigenen Lebensgeschichte, kann auch die Adoptionsvorgeschichte umgeschrieben werden, wenn sich neue Erkenntnisse oder Zusammenhänge ergeben, die eine Re-Interpretation notwendig machen. Dabei müssen im Verhältnis zu den leiblichen Eltern die Fragen nach Verantwortung, Empathie und Schuldzuweisung bzw. Katharsis bearbeitet werden. Es fanden sich während der Forschung keinerlei Anzeichen, dass der Prozess der biografischen Aneignung von den Adoptierten bereut worden sei, selbst wenn das Ergebnis der Suche nicht immer den Hoffnungen und Erwartungen entsprochen hat. Auch aus der zugänglichen Literatur ist dem Verfasser kein solcher Fall bekannt, was allerdings nicht ausschließt, dass es ihn gibt. Im Regelfall wird jedoch die Herkunftssuche – egal, ob die Begegnung positiv oder negativ verlief, als richtige und gute Entscheidung interpretiert.

5.2.5 Die leibliche Mutter

- *In den meisten Fällen wird die Begegnung mit ihren zur Adoption freigegebenen Kindern von den leiblichen Müttern positiv gewertet. Sie haben ihr Kind nicht vergessen und sie sind an dessen Entwicklung interessiert. Auch für sie geht es darum, mit der Adoptionsgeschichte ins Reine zu kommen, die für sie mit Schuldgefühlen, Angst und Scham besetzt sein kann. Diese Gefühle der leiblichen Mutter und eine daraus folgende Informationsblockade können die Kommunikation und die (neue) Beziehung zu den Adoptierten jedoch genauso erschweren, wie eine durch Vorurteile geprägte Präsentation der Adoptionsvorgeschichte auf Seiten der Adoptierten.*

Die empirischen Untersuchungsergebnisse belegen, dass die leiblichen Mütter auf das Auftauchen ihres vor Jahren weggegebenen Kindes meist positiv reagieren. Oft würden sie am liebsten wieder an der gemeinsamen Geschichte kurz nach der Geburt anknüpfen, was allerdings in den wenigsten Fällen der Intention der Adoptierten entspricht. Leibliche Mütter suchen in der Begegnung häufig Katharsis. Oft ist die Schuldfrage für sie zentral und beschäftigt sie ein Leben lang. Für die Adoptierten ist das jedoch meist nicht das zentrale Thema. Ihnen geht es um Verständnis, Aufarbeitung und Kenntnis ihres Ursprungs, nicht um Schuld oder Strafe. So können sie dem Anliegen der leiblichen Mütter nach Katharsis oft entsprechen. Häufig geben jedoch die leiblichen Mütter auch nach vielen Jahren nicht alle wichtigen Detailinformationen preis, die den Adoptierten wichtig wären. Vor allem die Frage nach dem leiblichen Vater bleibt oft unbeantwortet, was die suchenden Adoptierten sehr verletzen kann und nicht auf Verständnis stößt. Aber auch andere Informationen aus der damaligen Zeit, die den leiblichen Müttern entweder peinlich sind, von ihnen verdrängt wurden oder aus anderen Gründen schützenswert erscheinen, werden oft nicht weitergegeben. Das betrifft teilweise die Lebensumstände, das Erlebnis der Geburt und der Freigabe. An diesen Informationen sind jedoch die Adoptierten besonders interessiert. So können durch unterschiedliche Erwartungen von beiden Seiten erneute Missverständnisse und Enttäuschungen entstehen.

5.2.6 Die Entwicklung des weiteren Verhältnisses nach dem ersten Kontakt

- *Mit dem ersten Kontakt sind für die Adoptierten die Ziele der biografischen Aneignung in großen Teilen erreicht. Für eine weitere Gestaltung der Beziehung reicht normalerweise die Basis der genealogischen Zusammengehörigkeit allein nicht aus, so dass sich nur ein dauerhafter Kontakt entwickelt, wenn sich aus der aktuellen Lebenssituation der Beteiligten weitere Anknüpfungspunkte ergeben.*

Auch zur weiteren Entwicklung der Beziehungen zwischen den Adoptierten und der leiblichen Familie lassen sich aus den Untersuchungsergebnissen Aussagen ableiten. Die erste bezieht sich auf die Option eines intensiveren, langfristigen Kontaktes. Dazu kann festgestellt werden, dass, wenn die Vergangenheit geklärt und beruhigt ist, auf dieser Basis durchaus eine Beziehung zur leiblichen Familie entstehen kann, die bereichernd für alle Seiten ist. Es ist aber auch möglich, dass kein Verhältnis zueinander entsteht. Die Entwicklung hängt von den aktuellen Lebenssituationen und Bedürfnissen der jeweils Handelnden ab. Es ist gut möglich, dass nach der ersten Begegnung kein weiterer intensiver Kontakt entsteht, obwohl sowohl die leibliche Familie als auch die Adoptierten ihren Frieden miteinander und mit ihrer Geschichte gefunden haben. Die Kontakte werden nur intensiviert und verlängert, wenn beide Seiten sich davon einen Zugewinn versprechen. Ist dies nicht der Fall, ist lediglich bei weiteren biografischen Übergängen oder Umbrüchen eine vorübergehende Steigerung der Intensität des Kontaktwunsches zur leiblichen Familie auf Seiten der Adoptierten zu erwarten.

Fast nie entwickelt sich eine Eltern-Kind-Beziehung. Das kann auch kaum geschehen, da sich meist *erwachsene* Menschen gegenüberstehen, die in keinerlei Abhängigkeits- oder Verantwortungsverhältnis zueinander sind. Schrittweise entwickelt sich allerdings manchmal eine andere Form der Nähe, eine „Normalisierung eigener Art",[127] die mit kaum einer anderen Form der bekannten zwischenmenschlichen Beziehungen verglichen werden kann. Es ist ein Verhältnis zwischen Freundschaft und Familie, basierend auf einer gemeinsamen Ursprungsgeschichte, die sich in verschiedenen Kontexten unterschiedlich fortgeschrieben hat und nun wieder zusammengeführt wird.

5.2.7 Geschwistersuche

- *Leibliche Geschwister werden meist erst nach der leiblichen Mutter gesucht. Die Kontakte innerhalb derselben Generation sind aber oft weniger problembeladen, als die Beziehung zu den leiblichen Eltern.*

Geschwister werden in der Regel erst nach den leiblichen Eltern gesucht. Es gab innerhalb der Interviewtexte gravierende Unterschiede, was die Intensität der Suche nach leiblichen Geschwistern sowie die weiterführenden Kontakte betrifft. Während für manche Adoptierte der Geschwisterkontakt das eigentliche positive Ergebnis des Prozesses der biografischen Aneignung der Adoptionsgeschichte zu sein scheint, zeigt die übergroße Mehrheit der Interviewten daran nahezu gar kein Interesse. Im Sample der hier Interviewten haben lediglich zwei Adoptierte enge Kontakte zu leiblichen Geschwistern aufgebaut. In allen anderen Fällen spielte die Geschwistersuche keine, oder nur eine sehr untergeordnete Rolle. Allerdings bleibt festzuhalten, dass fast alle Adoptierten als Einzelkinder aufwachsen. Häufig wird in den Interviews dies ausdrücklich bedauert oder als Manko dargestellt. Es fällt auf, dass Geschwister vor allem dann wichtig wurden, wenn der Kontakt zu den leiblichen Eltern abgebrochen oder unbefriedigend erlebt wurde.

Wenn eine Beziehung zu leiblichen Geschwistern entsteht, kann diese sich aufgrund eines nichtvorhandenen Macht- oder (empfundenen) Schuldgefälles häufig unverkrampfter gestalten. Dies ist besonders zu beobachten, wenn sich eine genetische Sym-

[127] Hoffmann-Riem (1989) bezieht diesen Terminus auf die Adoptivfamilien, in denen durch den Adoptionsstatus eine „Normalität eigener Art" mit den Besonderheiten einer Adoptivfamilie entstehen kann. Aber auch im Verhältnis zu den leiblichen Eltern kann sich eine eigene Art von Normalität entwickeln.

pathie zwischen ihnen entwickelt, Ähnlichkeiten entdeckt werden oder parallele Interessen bestehen. Förderlich ist auch, dass innerhalb der gleichen Generation oft ähnliche Erfahrungshorizonte und Weltdeutungen bestehen, bzw. wenn der Altersunterschied nicht allzu groß ist und sich damit Vertreter derselben Generation (in Abgrenzung zur Elterngeneration) begegnen. Der Geschwisterkontakt entwickelt sich dann ansatzweise als Freundschaftsverhältnis. Jedoch ist auch hier, wie schon bei der Bezeichnung der leiblichen Eltern, eine genaue sprachliche Differenzierung nicht möglich, da die Sprache für dieses Verhältnis zwischen leiblichen (Halb-) Geschwistern aus dem Adoptionsgeschehen keine Vokabel bereit hält.

Nachdem die Ergebnisse bezüglich der Adoptierten und der leiblichen Familie dargestellt wurden, soll nun die Adoptivfamilie noch einmal in das Zentrum des Interesses rücken. Die Adoptivfamilie ist der lebensgeschichtliche Kontext, in dem die Adoptierten aufwachsen. Hier werden Bindungserfahrungen gemacht, Wertvorstellungen geprägt und kulturell grundlegende Handlungen erlernt. In den folgenden Abschnitten geht es zunächst um die präsentierten Bindungserfahrungen aus den Interviews und die aktuellen mentalen Bindungsrepräsentationen. Anschließend wird die Thematisierung des Adoptionsgeschehens in der adoptivfamiliären Kommunikation beleuchtet. Schließlich wird auf die Frage eingegangen, ob und in welcher Form die Adoptierten ihre Adoptiveltern in die Herkunftssuche einbeziehen.

5.2.8 Die Qualität der Beziehungen in der Adoptivfamilie

Das Ergebnis der vorliegenden empirischen Forschung zur Korrelation von Bindungserfahrungen und biografischer Aneignung der Adoptionsgeschichte lautet:

- *Die biografische Aneignung der eigenen Adoptionsgeschichte wird nicht durch positive oder negative Bindungserfahrungen innerhalb der Adoptivfamilie initiiert. Die Bindungserfahrungen beeinflussen allerdings die Art und Weise, die Ziele und die Motive der Herkunftssuche.*

Die Auswertung der Interviews ergibt, dass sowohl Adoptierte mit sicheren Bindungserfahrungen, als auch solche mit unsicheren Bindungserfahrungen in der Adoptivfamilie die biografische Aneignung ihrer Adoptionsgeschichte in Angriff nehmen. Ein kausaler Zusammenhang zwischen der Beziehungs- und Vertrauensqualität innerhalb der Adoptivfamilie und der Inangriffnahme der Herkunftssuche besteht grundsätzlich nicht. Die Beziehung zur Adoptivfamilie ist für einen großen Teil der suchenden Adoptierten kein Thema, das mit der biografischen Aneignung der Adoptionsgeschichte in Verbindung gebracht wird.

Einerseits wird in den Interviews von Erfahrungen sehr sicherer Bindungen in der Kindheit erzählt. Die Adoptierten fühlten sich in ihrer Adoptivfamilie gut aufgehoben, berichten von einer vertrauensvollen Beziehung zu den Adoptiveltern und konnten als Kinder auch bei Kummer und Schmerz oder gravierenden Problemen mit der vollen Unterstützung ihrer Eltern rechnen. Dieses Erleben ist für sie eine sichere Basis von Kindheit an und prägt ihr internales Arbeitsmodell von Bindungserwartung auch heute noch. Auf der anderen Seite berichten mehrere Interviewte über massive Zurückweisungen, emotionale Kälte innerhalb der Adoptivfamilie und über das Gefühl, Kinder zweiter Klasse zu sein. Hier entwickelten sich in der Kindheit unsichere mentale Bindungsmodelle, teilweise mit Tendenz zur Desorganisation. Zwischen diesen beiden Polen ordnen sich die berichteten Bindungserfahrungen in den Interviews ein. Da dennoch alle hier interviewten Adoptierten sich an die biografische Aneignung ihrer Adoptionsgeschichte gewagt haben, ist ein einfacher Kausalzusammenhang mit der Beziehungsqualität innerhalb der Adoptivfamilie auszuschließen.

Sehr wohl ist aber die Qualität der berichteten Bindungserfahrungen in der Adoptivfamilie bestimmend für die Art und Weise der Herkunftssuche sowie die Motivation dafür. So ist in manchen Interviews das Bestreben erkennbar, durch die Begegnung mit der Herkunftsfamilie Defizite an Zuwendung und emotionaler Wärme in der Adoptivfamilie auszugleichen. Dabei werden überwiegend unsichere Bindungserfahrungen erzählt. Dagegen sind bei Adoptierten mit überwiegend sicheren mentalen Bindungsmodellen besonders die Klärung der eigenen Geschichte und das Verstehen der eigenen Identität die Themen der Herkunftssuche. Die soziale Zugehörigkeit zur Adoptivfamilie wird in der Regel nicht in Frage gestellt. Das Bedürfnis, das befriedigt werden soll, liegt auf einer höheren Stufe der Bedürfnispyramide (vgl. Maslow 2010, 127ff): Während es in den Fällen mit unsicheren Bindungserfahrungen um die Befriedigung von Defizitbedürfnissen wie dem Bedürfnis nach sozialer Zugehörigkeit oder Sicherheit geht, sind in den anderen Fällen Wachstumsbedürfnisse nach Anerkennung und Selbstverwirklichung ausschlaggebend. Wenn in der Adoptivfamilie genügend positives Identifikationspotenzial und Sicherheit gefunden wurden, brauchen diese nicht in der Herkunftsfamilie gesucht zu werden, so dass die grundlegenden Bedürfnisse gestillt sind und die darüber liegenden Bedürfnisse aktiviert werden. Ein und dieselbe Handlung, nämlich das Suchen nach Kontakten zur leiblichen Familie, kann also der Befriedigung unterschiedlicher Bedürfnisse dienen, welche sich aus den erlebten Bindungserfahrungen innerhalb der Adoptivfamilie ergeben.

Bindungserfahrungen legen eine Grundlage für die spätere Entwicklung mentaler Bindungsmodelle und Identitätskonstruktionen, ohne diese endgültig zu fixieren. Die weitere Entwicklung ist in verschiedene Richtungen offen und kann – im jeweiligen persönlichen, kulturellen und sozialen Rahmen – unterschiedliche Verläufe nehmen. Durch die Auswertung der Interviews konnte nachgewiesen werden, dass der als Kind in der Adoptivfamilie erlebte bzw. im Interview erzählte Bindungsstatus (sicher, unsicher-ambivalent, unsicher-vermeidend oder desorganisiert) zwar eine Ausgangsbasis darstellt, aber nicht kausal zu den parallel zugeordneten internalen Bindungsmodellen bei Erwachsenen führt. Bei fast allen Interviewten geht die Tendenz zu mehr Sicherheit in den internalen Arbeitsmodellen gegenüber dem kindlich erlebten und entwickelten Bindungsmuster. So kann die biografische Aneignung der Adoptionsgeschichte in vielen Fällen als eine Wirkung der Entwicklung von mehr Bindungssicherheit und Vertrauen gedeutet werden. Diese Aussage stützt auch die Feststellung, dass die übergroße

Mehrheit der Interviewten im Prozess der Herkunftssuche sich von signifikanten Anderen, z.B. den Ehe- oder Lebenspartnern, unterstützt und gehalten weiß. Durch diese Sicherheit auf der Beziehungsebene wird eine Voraussetzung dafür geschaffen, sich der eigenen Geschichte und Vergangenheit zu stellen, um diese in die biografische Erzählung zu integrieren.

Die Frage nach den Bindungserfahrungen korreliert ebenfalls mit den Selbstzuschreibungen und den individuellen Identitätskonstruktionen, jedoch sind auch hier keine einfachen kausalen Zusammenhänge auszumachen wie: Unsichere präsentierte Kindheit – unsicheres Identitätsgefühl. Sichere Erfahrungen in der Adoptivfamilie stärken jedoch ein sicheres Identitätsgefühl als Grundlage für die Konstruktion von Identität bzw. von Teilidentitäten.

Eine weitere Beobachtung konnte während des Forschungsprozesses durch die Interviews, Gespräche und Literaturrecherche gewonnen werden. Manche Adoptierte erleben, dass sie Schwierigkeiten mit einem angemessenen Nähe-Distanz-Verhalten haben. Einerseits wird Nähe gesucht, fast geklammert (sowohl an Eltern als auch an potenzielle oder tatsächliche Partner). Auf der anderen Seite wird darauf geachtet, dass die Beziehung nicht zu nah wird. „Zahlreiche Studien bestätigen, dass Adoptivkinder durch jegliche Art von Trennung besonders verletzbar bleiben" (Steck 2007, 77). Ein besonderer Schmerz ist, verlassen zu werden, weil sich dadurch das Trennungstrauma des Verlustes in der frühen Kindheit neu zu repräsentieren droht. So sind es häufig die Adoptierten, die unbewusst „vorsorglich" eine Beziehung beenden, um nicht verletzt zu werden, oder, als alternative Kompensation, am Partner klammern. Es könnte ein Zusammenhang mit dem überproportionalen Auftreten unsicher-ängstlicher Bindungsmuster (bzw. unsicher-präokkupierter internaler Bindungsmodelle) bei Adoptierten bestehen. Diese Beobachtung hat mit dem Forschungsthema, der biografischen Aneignung der Adoptionsgeschichte, nur am Rand zu tun, soll aber nicht unerwähnt bleiben.

5.2.9 Tabuisierungsstrategien in der Adoptivfamilie

- *Die Tabuisierung des Adoptionsthemas innerhalb der Adoptivfamilie, auch wenn die einmalige biologische Aufklärung erfolgt ist, basiert häufig auf Unwissenheit, unverarbeiteten Ängsten, Verletzungen und Ressentiments der Adoptiveltern.*

Die Auswertung der Interviews zeigte, dass Adoptiveltern oft sehr zurückhaltend mit tiefergehenden Informationen bezüglich der Adoption oder der leiblichen Eltern gegenüber ihren Kindern sind. Das gilt nicht nur für das Kindesalter, sondern setzt sich fort, wenn aus den Kindern Jugendliche oder Erwachsene geworden sind. Ursachen dafür können Unwissenheit über die Herkunft ihrer Kinder oder mangelndes Interesse daran sein. Oft ist die Tabuisierung aber Ausdruck von Ängsten, das Kind an die leibliche Familie zu verlieren, oder ein Ergebnis unverarbeiteter Infertilität. Die Folge ist dann die Konstatierung einer „Normalität als ob" (vgl. Hoffmann-Riem 1989, 217) – als ob die Familie eine Familie sei wie jede andere, als ob es keine Besonderheiten durch die Trennung von leiblicher und sozialer Elternschaft gäbe. Selbst wenn die formale Aufklärung über die biologischen Zusammenhänge irgendwann einmal vollzogen wurde, wird in den Adoptivfamilien das Thema häufig in der Folgezeit vermieden, wie mehrere Interviewte beschreiben. Daneben spielen, vor allem bei Adoptionen aus den 50ern und 60ern, oft ein prinzipielles Vorurteil gegen die leiblichen Eltern („die schlechten Gene") sowie ein daraus folgender Überprotektionismus oder eine besondere Strenge im Erziehungsverhalten eine Rolle.[128] Oft gelingt es den Familien nicht, eine „Normalität eigener Art" als Adoptivfamilie zu entwickeln. Diese Beobachtung nimmt allerdings ab, je jünger die Interviewten sind. Durch die offenere Praxis der Adoptionsvermittlung, die bessere Beratung von Adoptiveltern und das abnehmende gesellschaftliche Diskreditierungspotenzial sowohl von Unehelichkeit als auch von Kinderlosigkeit in den letzten Jahrzehnten ermöglicht es den Familien immer mehr, ein eigenes Selbst- und Normalitätsbewusstsein als Adoptivfamilie zu entwickeln.

Ob das Geheimnis/Tabu um das Adoptionsthema innerhalb der Adoptivfamilie einen Einfluss auf die Sicherheit der Bindungsrepräsentationen oder des Identitätsgefühls hat, kann aus dem empirischen Material heraus nicht klar festgestellt werden, trotz teilweise traumatischer Form der Aufklärung von außen. Allerdings wurde es stets als Belastung des Vertrauensverhältnisses zwischen den Adoptiveltern und den Adoptierten empfunden. Entscheidend ist, inwieweit diese Belastung durch sonstige Stabilität und Sicherheit aufgefangen werden konnte. Für die Selbstinterpretation der Adoptierten ist es außerdem wichtig, ob und in welcher Form von den Herkunftseltern gesprochen wird. Eine prinzipielle Abwertung der Ursprungsfamilie (z.B. als Trinker, Hure oder asozial) behindert bei den Adoptierten die Entwicklung einer gesunden, positiven und sicheren Identität und stellt eine emotionale extrinsische Barriere für die biografische Aneignung der Adoptionsgeschichte dar. In solchen Fällen entwickelt sich, zumindest bezogen auf die biologische Herkunft, kaum ein vertrauensvolles Verhältnis zwischen Adoptiveltern und Adoptierten. So ist es wahrscheinlich, dass diese ihre Adoptiveltern auch wenig in die Herkunftssuche einbeziehen.

5.2.10 Einbeziehung der Adoptiveltern in den Prozess der Herkunftssuche

- *Adoptierte, die eine überwiegend sichere Bindung in die Adoptivfamilie aufbauen konnten und in angemessener Form über ihren Status als Adoptierte aufgeklärt wurden, versuchen häufig als Erwachsene, die Adoptiveltern in den Prozess der biografischen Aneignung zu integrieren. Wenn sie dagegen über kein sicheres Bindungsmodell in der Adoptivfamilie verfügen und/oder unangemessen über den Adoptivstatus aufgeklärt wurden, geschieht die biografische Aneignung der Adoptionsgeschichte später und unter Ausschluss der Adoptiveltern.*

[128] Vgl. dazu auch: Geller 1992, 115ff

Bezüglich der Beteiligung der Adoptiveltern im Prozess der biografischen Aneignung der Adoptionsgeschichte lassen sich aus dem empirischen Material heraus drei Alternativen beobachten: Es wird versucht, sie in den Suchprozess einzubeziehen, sie werden aus diesem konsequent herausgehalten, oder sie sind Impulsgeber, extrinsische Motivatoren, für die Herkunftssuche. Dies kann z. B. der Fall sein, wenn die Adoptierten noch minderjährig sind. Auf die dritte Variante soll an dieser Stelle nicht weiter eingegangen werden, da sie sich nicht im Handlungsfeld der Adoptierten befindet.

Adoptierte, die frühzeitig und angemessen über den Adoptionsstatus aufgeklärt wurden und bei denen sich eine überwiegend sichere Bindung zu den Adoptiveltern aufbauen konnte, versuchen meist, ihre Adoptiveltern von vornherein mit in den Prozess der Herkunftssuche zu integrieren. Oft spüren sie dann jedoch, dass diese mit dem Thema der Herkunftssuche nicht gut umgehen können, emotionale Barrieren aufbauen. Manchmal sind diese Barrieren so stark, dass sie die biografische Aneignung der Adoptionsgeschichte erheblich hinauszögern oder sogar unterbinden.[129] In einer zweiten Phase der Herkunftssuche halten dann diese Adoptierten ihre Adoptiveltern weitgehend aus dem Prozess heraus. Dies ist vor allem als Schutzmechanismus sich selbst und den Adoptiveltern gegenüber zu verstehen. Nach den ersten Kontakten mit den leiblichen Eltern werden die Adoptiveltern anschließend jedoch häufig darüber in Kenntnis gesetzt. Dies ist ein Zeichen einer vertrauensvollen Beziehung zueinander, aber häufig auch ein Signal der Emanzipation von der Adoptivfamilie.

Auffallend ist auf der anderen Seite, dass Adoptierte, die entweder unangemessen und traumatisch über ihren Adoptionsstatus aufgeklärt wurden und/oder in der Adoptivfamilien kaum sichere Bindungen aufbauen konnten, die biografische Aneignung der Adoptionsgeschichte verhältnismäßig spät und unter konsequentem Ausschluss der Adoptiveltern in Angriff nehmen. Manchmal geschieht es erst nach deren Tod. In diesem Vorgehen ist eine Antizipationsmaßnahme bezüglich der eigenen Gefühle und der Reaktionen der Adoptiveltern zu erkennen.

Nach diesem Blick auf die Adoptivfamilie im Kontext der Herkunftssuche Adoptierter sollen nun noch kurz einige Ergebnisse in Bezug auf die Adoptionsvermittlungsstellen vorgestellt werden.

5.2.11 Die Rolle der Adoptionsvermittlungsstellen

Die Rolle der Vermittlungsstellen besteht hauptsächlich in der Kontaktvermittlung, Informationsbeschaffung und Beratung. Daneben ist der ambivalente Zustand deutlich geworden, dass die Vermittlerinnen durch das Wissen aus den Akten oft Fakten kennen, die intimste Dinge der Suchenden oder Gesuchten beschreiben, sie diese aus datenschutzrechtlichen Gründen aber so nicht weitersagen dürfen. Dieses Spannungsverhältnis bleibt bestehen. Die berichteten Erfahrungen der Interviewten mit den Vermittlungsstellen sind sehr differenziert und ambivalent. Es lässt sich kein einheitliches

[129] Besonders deutlich zu sehen im Interview von Ines, jedoch auch in anderen Interviews gut zu erkennen.

Bild erkennen. Einige Adoptierte berichteten von einer guten, professionellen und empathischen Beratung und Kontaktvermittlung. Andere wiederum genau vom Gegenteil. Manche Interviewpartner hatten zumindest anfangs gar keine Kontakte zu Adoptionsvermittlungsstellen. Bei den Kontakten zu den Vermittlungsstellen wurde deutlich, dass die Adoptierten erwarten, *alle* verfügbaren Informationen aus den Akten zu erhalten. Diesen Erwartungen wurde in unterschiedlicher Weise entsprochen. Oft konnten die herkunftssuchenden Adoptierten nicht die nötige Geduld aufbringen, wenn die Kontaktvermittlung aus ihrer Sicht nicht schnell genug ging. Für den Verlauf der biografischen Aneignung der Adoptionsgeschichte ist es auf der anderen Seite wichtig, dass die Beraterinnen die Wellenform der Suchbewegung vor Augen haben und die Adoptierten das Tempo der Herkunftssuche selbst bestimmen lassen. Zuviel Eifer und zu schnelle Ergebnisse können ebenso kontraproduktiv wirken, wie eine unnötige Verzögerung des Suchprozesses.

Deutlich ist, dass die biografische Aneignung der Adoptionsgeschichte einen nicht zu vernachlässigenden Anteil der Arbeitszeit in den Vermittlungsstellen einnimmt. Dies wird noch nicht von allen übergeordneten Behörden wahrgenommen, so dass in einigen Fällen deutlich mehr Unterstützung für die herkunftssuchenden Adoptierten möglich wäre, wenn die Struktur den Arbeitsaufgaben angepasst werden könnte. Ein wichtiger Beleg dafür sind die statistischen Daten, welche im Rahmen dieser Studie zu Teil erstmals erhoben und zusammengestellt wurden. Das gilt für die Zahl der Adoptionen in der DDR und für die Anzahl der Herkunftssuchen, die in deutschen Adoptionsvermittlungsstellen bearbeitet werden.

6 Ausblicke

Nun sollen abschließend stichpunktartig sinnvolle Richtungen der wissenschaftlichen, rechtspolitischen und pädagogischen Weiterarbeit benannt werden. Ein erster Punkt wurde bereits in der Einleitung zu diesem Band angedeutet: Der ***begriffliche Notstand im Vollzug der biografischen Aneignung der Adoptionsgeschichte***. Im Rahmen der Beschäftigung mit den Fragen der Herkunftssuche Adoptierter wurde ein Problem erneut deutlich, auf welches Mechthild Geller bereits vor zwanzig Jahren hingewiesen hat, nämlich „dass kein gesellschaftlich vorgegebenes Begriffssystem zur Verfügung steht, das für den Fall der ‚reunion' eines Adoptierten mit der leiblichen Mutter oder mit den leiblichen Eltern eine Anwendung finden kann. Elternschaft ist vom Sprachsystem her immer sowohl biologisch als auch sozial definiert und sieht die Trennung beider elterlichen Funktionen begrifflich nicht vor" (Geller 1992, 196f). Der „begriffliche Notstand" (Geller 1992, 197) ist immer noch nicht behoben und wirkt sich erschwerend auf die Gestaltung des Verhältnisses mit der leiblichen Familie aus. Was nicht mit Worten aussagbar ist, kann in der Realität nur schwer gelebt werden. Zu Beginn wurde der Terminus *„Biografische Aneignung der Adoptionsgeschichte"* für den Prozess der Herkunftssuche eingeführt. Dieser hat sich inzwischen an verschiedenen Stellen bewährt und ist ein Anfang auf diesem Weg.

Eine praktische Konsequenz der Forschung sollte eine ***Harmonisierung des Ämterhandelns*** sein. Der Umgang mit Ämtern bleibt bei der biografischen Aneignung der Adoptionsgeschichte normalerweise nicht aus, da die Informationen, die die Adoptiveltern haben, spärlich und für die Adoptierten häufig nicht verfügbar sind. Hier brauchen die Menschen eine gewisse Kompetenz, mit Ämtern zu verhandeln, den Duktus des Amtes zu verstehen und entsprechend zu agieren. Menschen, die in solchen Zusammenhängen sehr unsicher sind, haben schlechtere Chancen, die biografische Aneignung zufriedenstellend zu bewältigen. Es erscheint dringend notwendig, den Prozess der biografischen Aneignung auf Amtsebene (in erster Linie im Jugendamt, aber zusätzlich mindestens auch beim Einwohnermeldeamt und beim Familiengericht) einheitlich zu strukturieren und Klarheit über einen Rechtsanspruch auf vollständige Akteneinsicht zu schaffen, der sowohl den Adoptierten als auch den Mitarbeitern in den Ämtern eine stimmige Handlungsweise ermöglicht. Adoptierte sollten bei ihrer Herkunftssuche nach Möglichkeit von ausgebildeten Sozialarbeitern beraten und begleitet werden. Dies ist bei den Adoptionsvermittlungsstellen gegeben, bei anderen Ämtern für gewöhnlich nicht. Es bedarf einer Harmonisierung des Ablaufes, um eine Beteiligung von geschulten Beratern zu ermöglichen.

Innerhalb der Adoptionsvermittlungsstellen muss die Begleitung biografischer Aneignungen individueller Adoptionsgeschichten verbindlich in den Aufgabenkanon übernommen werden. Auch wenn davon auszugehen ist, dass der Arbeitsaufwand für eine Adoption in den Vermittlungsstellen erheblich höher ist, als für eine Herkunftssuche, ist doch deutlich zu sehen, dass diese dennoch einen wesentlichen Teil der Arbeit ausmachen. Dies wird allerdings durch die offiziellen statistischen Zahlen nicht deutlich. Es gilt, bis zu neun Mal so viele Herkunftssuchen wie Fremdadoptionen zu bearbeiten. Diese Anfragen sollten einheitlich statistisch erfasst werden, um den Arbeitsaufwand für die nachgehende Beratung dokumentieren und diesbezüglich Entwicklungen ablesen zu können.

Ebenfalls notwendig ist, dass alle Vermittlungsstellen ein ***Angebot zur Nachbetreuung der Adoptivfamilien*** bereithalten. „Auch nach dem Ausspruch der Adoption haben die Beteiligten einen Anspruch auf Beratung und Unterstützung. Die Moderation der Kontakte zwischen abgebenden und annehmenden Familien ist eine der wichtigsten Aufgaben in der Nachbetreuung. [...]Für Adoptivfamilien ist die feste Anbindung an eine Stelle wichtig, mit deren Hilfe sie sich über die für sie relevanten Themen, seien es Stadien der Kindesentwicklung, sei es Herkunftsforschung, austauschen und Biografiearbeit betreiben können. Die Begleitung erwachsener Adoptierter bei der Herkunftssuche ist gleichfalls Aufgabe der Vermittlungsstelle. Örtliche und überörtliche Netzwerke sollten auch zu diesem Zweck eingerichtet, ausgebaut und gefördert werden“ (Deutscher Verein 2014, 13f). Die schwarz-rote Bundesregierung hat angekündigt, auch in diesem Bereich in der aktuellen Legislaturperiode regulierend tätig zu werden. Das ist sehr positiv zu bewerten, allerdings kommt diese Reaktion einige Jahre zu spät. Seit vielen Jahren wird in Deutschland in der Adoptionsvermittlung zu mehr Offenheit geraten. Inzwischen ist die halboffene Adoption eher die Regel und das strikte Inkognito die Ausnahme geworden. Diese Tendenz ist ausdrücklich zu begrüßen. Auch bezüglich der biografischen Aneignung der Adoptionsgeschichte ist mit fortschreitender Normalisierung und gesellschaftlicher Akzeptanz zu rechnen. Daher ist anzunehmen, dass die in dieser Forschungsarbeit thematisierten Problemstellungen an Schärfe abnehmen werden. Dennoch bleibt es notwendig, dass die Vermittlungsstellen eine fachkompetente und empathische Beratung der Adoptierten ermöglichen. Für Adoptivfamilien wäre es sinnvoll, wenn auch nach Abschluss der Adoption von Seiten der Vermittlungsstellen der Kontakt gelegentlich wieder gesucht und das Angebot einer Nachbetreuung zur Selbstverständlichkeit würde. Damit könnten viele adoptionsspezifische Schwierigkeiten von vornherein konstruktiv angegangen werden. Dafür braucht es eine Form, die einladend das Angebot der Nachbetreuung ausspricht, aber nicht bevormundend in die Adoptivfamilie eingreift. Weiterhin scheint eine gesetzlich geregelte Aufklärungspflicht für Adoptiveltern ihren Kindern gegenüber geboten, da es immer noch vorkommt, dass Adoptierte ohne Kenntnis ihres Adoptionsstatus aufwachsen. Richtwert für eine Altershöchstgrenze könnte, analog zu § 62 PStG, das vollendete 16. Lebensjahr sein, wobei aus pädagogischer Sicht ein deutlich früherer Zeitpunkt (am besten von Beginn an, im Kleinkindalter) sinnvoll ist.

Eine gesetzliche Konsequenz sollte die hohe Anzahl ***illegaler Selbstbeschaffungsadoptionen*** in Deutschland haben. Die Zahl der Adoptionen in Deutschland geht zurück. Das liegt vor allem an der gesunkenen Zahl der Kinder, die für eine Adoption in Frage kommen. Dem gegenüber steht immer noch ein Vielfaches an Adoptionsbewerbern. Erschreckend ist jedoch die Dunkelziffer von Privatadoptionen aus dem Ausland. Der Anteil dieser Privat- oder Selbstbeschaffungsadoptionen macht „auch heute noch einen fast hälftigen Anteil, nämlich 47,5 Prozent, der Verfahren nach dem Adoptionswirkungsgesetz aus" (Kinderkommission 2011, 9). Nach der UN-Kinderrechtskonvention, deren Vertragsstaat Deutschland seit vielen Jahren ist, sollen Adoptionen als staatlicher Akt der privaten Disposition entzogen sein (Fachlichkeitsprinzip). Außerdem soll die Adoption eines Kindes in einen anderen Staat erst dann in Erwägung gezogen werden, wenn für das Kind keine Alternative in seinem Herkunftsstaat gefunden werden könne (Subsidiaritätsprinzip). Beide Prinzipien werden bei Privatadoptionen unter Ausnutzung einer rechtlichen Grauzone umgangen. „Diese sogenannten unbegleiteten oder Privatadoptionen machten im Gesamtgeschehen einen nicht unerheblichen Anteil aus. Um diese erfassen und bewerten zu können und um auch in der Lage zu sein, die Auskunftsverpflichtungen gegenüber dem Ausland ordnungsgemäß zu erfüllen, wäre eine korrekte statistische Erfassung unabdingbar" (Kinderkommission 2011, 8). Keiner kann kontrollieren, woher die Kinder von Privatadoptionen stammen, ob sie nicht tatsächlich „gekauft" wurden, ob Bestechung eine Rolle spielte oder die Kinder im Extremfall sogar den leiblichen Müttern gegen ihren Willen weggenommen wurden. Dies erscheint als Horrorszenario, welches in einem zivilisierten Land nicht möglich sein sollte. Jedoch finden unbegleitete Adoptionen vor allem in Ländern statt, die das Haager Adoptionsabkommen nicht ratifiziert haben. Nicht jede unbegleitete Adoption kann mit Kinderhandel gleichgesetzt werden. Jedoch sind dem durch die unkontrollierbaren Verfahren Tür und Tor geöffnet. Auch, wenn eine rechtliche Umsetzung des Verbotes von Privatadoptionen nicht einfach ist, wird es dringend Zeit, dass der Gesetzgeber hier endlich aktiv wird und illegalem Kinderhandel vorbeugt.

Ebenfalls einer gesetzlichen Regelung bzw. eines eindeutigen Verbotes bedürfen ***Babyklappen und anonyme Geburten***. Die vorliegende Forschung zeigt, wie zentral das Wissen um die eigene Herkunft für die Individuen sein kann. Adoptionsvermittler berichten teilweise von dramatischen Beratungsgesprächen mit Adoptierten, wenn der Kontakt zur Herkunftsfamilie nicht zustande kommt. Oft sind psychische Beeinträchtigungen nicht auszuschließen. Das Recht auf Kenntnis der eigenen Abstammung ist 1989 in Deutschland höchstrichterlich bestätigt worden. Dieses menschliche Grundrecht wird durch die Anonymisierung der Kinder ausgehebelt. Seit 1999 gibt es in Deutschland sogenannte „Babyklappen", in denen Mütter ihre neugeborenen Kinder anonym abgeben können. Daneben entwickelte sich in verschiedenen Krankenhäusern die Praxis der anonymen Geburt, wo die Mutter zwar unter ärztlicher Betreuung entbinden kann, jedoch keinerlei Angaben zu ihrer Person machen muss. Anonymität für abgebende Mütter ist jedoch weitgehend auch bei einer „normalen" Adoptionsfreigabe gewährleistet, da die Daten lediglich bei den Behörde bzw. der Adoptionsvermittlungsstelle aufbewahrt werden und der Öffentlichkeit nicht zugänglich sind.

Ziel der Babyklappen sollte sein, Müttern in Notlagen zu helfen und vor allem die Zahl der Kindstötungen und -aussetzungen zu reduzieren. Dieser Effekt ist nicht nachzuweisen. „Die bisherigen empirischen Daten über die Inanspruchnahme der Angebote und die kriminologisch-wissenschaftlichen Erkenntnisse über Frauen, die ihr Kind getötet oder ausgesetzt haben, können nach mittlerweile zehnjähriger Erfahrung die Wirksamkeit der Angebote nicht belegen. Sie legen im Gegenteil nahe, dass Frauen, bei denen die Gefahr besteht, dass sie ihr Neugeborenes töten oder aussetzen, durch diese Angebote nicht erreicht werden. Vielmehr werden die Angebote von Frauen Eltern und Familien genutzt, die in der Lage gewesen wären, die legalen Angebote zur Bewältigung von Notlagensituationen in Anspruch zu nehmen, wenn es die Möglichkeit zur anonymen Abgabe nicht gegeben hätte" (Deutscher Ethikrat 2009, 48f). Diese Aussagen bestätigt auch eine aktuelle Studie des DJI im Auftrag des Bundesministeriums für Familie. (Deutsches Jugendinstitut 2012) Statistiken belegen, dass in Deutschland die Zahl der Kindsaussetzungen bzw. Kindstötungen nach der Einführung von Babyklappen in keiner Weise zurückgegangen sind.[130] Dagegen wurden im gleichen Zeitraum mehrere hundert Kinder zusätzlich anonymisiert und haben so kaum eine Chance, jemals die biografische Aneignung ihrer eigenen Lebensgeschichte zu beginnen. Genaue Zahlen sind nicht bekannt, da sich mehrere Betreiber der Babyklappen weigern, genaue Zahlen der abgelegten Babys zu nennen. All diese Fakten legen den Verdacht nahe, dass eine Erhöhung der Zahl der abgegebenen Kinder mindestens billigend in Kauf genommen wird. Damit stehen zusätzlich Neugeborene dem „Adoptionsmarkt" zur Verfügung. Juristisch bewegen sich die Angebote von Babyklappe und anonymer Geburt überwiegend im illegalen Bereich. Es gibt keine sichere gesetzliche Grundlage. Durch das Ablegen des Kindes in der Babyklappe entziehen sich die Eltern der elterlichen Pflicht der Personensorge bzw. der Sorge um das Wohl ihres Kindes. Der Deutsche Ethikrat hat sich 2009 mit dem Problem der anonymen Geburt intensiv beschäftigt. Er sprach folgende Empfehlung aus: „Die vorhandenen Babyklappen und bisherigen Angebote zur anonymen Geburt sollten aufgegeben werden. [...] Begleitend sollten die öffentlichen Informationen über die bestehenden legalen Hilfsangebote der freien Träger und der staatlichen Stellen der Kinder- und Jugendhilfe und der Hilfen für Schwangere und Mütter in Not- und Konfliktlagen verbessert werden. Des Weiteren sollten Maßnahmen ergriffen werden, um das Vertrauen in die Inanspruchnahme der legalen Hilfsangebote zu verbessern" (Deutscher Ethikrat 2009, 61). Zu ähnlichen Ergebnissen kommt eine Studie des Deutschen Jugendinstitutes aus dem Jahr 2012: „Vor dem Hintergrund der identifizierten Bedarfe der hilfesuchenden Frauen, scheint es angebracht ein Hilfe- und Angebotskonzept zu entwickeln, das selektive Anonymitätsbedürfnisse gegenüber bestimmten Personengruppen und Institutionen (z.B. Krankenkasse oder Herkunftsfamilie) berücksichtigt, aber die Kontaktaufnahme zu anderen, beispielsweise zum Kind unterstützt" (Deutsches Jugendinstitut 2012, 12). Als Al-

[130] Vgl. Swientek 2007, Deutscher Ethikrat 2009, 16 oder Terre des hommes (www.tdh.de 2012)

ternative zu Babyklappen und anonymer Geburt wird die ***vertrauliche Geburt*** vorgeschlagen, bei der die Anonymität gegenüber dem Kind nach einer gewissen Zeit aufgegeben wird. Daneben sind eine umfassende Information und engmaschige Beratungsmöglichkeiten für Schwangere und Mütter in Notlagen dringend notwendig, damit kein Kind mehr ausgesetzt oder getötet wird und jede werdende Mutter die Möglichkeit hat, ggf. gemeinsam mit Fachkräften die beste Möglichkeit für sich und ihr Kind zu finden.

Das im Mai 2014 in Kraft getretene „Gesetz zum Ausbau der Hilfen für Schwangere und zur Regelung der vertraulichen Geburt" nimmt die vom Deutschen Ethikrat und dem DJI gegebenen Anregungen zum Teil auf. Schwangeren in Notlagen wird ein umfassendes, anonymes Beratungssystem angeboten und sie können nach dem Gesetz vertraulich entbinden. Ihre Daten werden verschlossen gehalten und können vom Kind i.d.R. nach 16 Jahren ausschließlich auf Wunsch eingesehen werden. Daneben ist ein Ausbau von Informations- und Hilfsangeboten vorgesehen. Dies ist grundsätzlich zu begrüßen. Allerdings wird die vertrauliche Geburt zunächst *zusätzlich* zu den bisherigen Angeboten (Babyklappen und anonyme Geburten) eingeführt. Konsequent wäre es gewesen, mit dem Einstieg in die vertrauliche Geburt die anderen Möglichkeiten schrittweise zu beenden. Eine Evaluation der Wirkung des Gesetzes nach drei Jahren ist vorgesehen. Dabei sollen auch die Babyklappen und anonymen Geburten evaluiert werden.

Die vorliegende empirische Forschung verweist auf das Bedürfnis nach Kenntnis der eigenen Herkunft und der genealogischen Abstammung. Im Falle einer Inkognitoadoption ist die Trennung von sozialer und biologischer Elternschaft vollständig vollzogen. Es gibt jedoch weitere Bereiche, die ebenfalls mit dieser Differenzierung zu tun haben und die ***Anwendung der Forschungsergebnisse über das Adoptionswesen hinaus*** ermöglichen. Das Aufwachsen eines Kindes gemeinsam mit beiden biologischen Eltern in einer Familie ist längst keine Selbstverständlichkeit mehr. Dies gilt auch in Fällen wo Kinder ihren Vater oder ihre Mutter nicht kennen, weil der Elternteil, bei dem sie aufwachsen jeden Kontakt unterbindet. Patchworkfamilien sind inzwischen zum Normalfall geworden. Inzwischen gibt es nicht nur biologische und soziale Elternschaft. Leihmutterschaft[131] könnte als körperliche Mutterschaft interpretiert werden. Durch Vormundschaften gibt es eine Form juristischer Elternschaft, im Falle donogener Insemination tritt eine genetische Elternschaft zutage.[132] Für Kinder, die durch künstliche Befruchtung, durch Samenbanken oder durch Leihmutterschaft gezeugt bzw. geboren wurden, wird der Prozess einer biografischen Aneignung von Bedeutung sein[133] und stellt sich die Frage der Aneignung ihrer Geburtsgeschichte in be-

---

[131] in Deutschland verboten

[132] Wagner, A. (2011) kommt bezüglich der Identitätsentwicklung von Nachkommen donogener Insemination teilweise auf vergleichbare Ergebnisse, wie in der vorliegenden Studie. Vgl. auch www.spenderkinder.de

[133] Vgl. Chwallek (2006): Im beschriebenen Fall haben elf amerikanische Mütter per Internet herausgefunden, dass ihre Kinder der Samenspende ein und desselben Mannes verdanken. Ein weiterer aktueller Fall wurde im

sonders scharfer Form. Gleiches gilt für Kinder, die anonymisiert in Babyklappen abgelegt wurden. Aufgrund der Ergebnisse der vorliegenden Studie und anderer Beiträge der Adoptionsforschung ergibt sich, dass die Kenntnis der eigenen Abstammung für die Identitätsentwicklung der Individuen ein grundlegender Bestandteil ist.

Die ***Desiderate der vorliegenden Forschung*** liegen in der Notwendigkeit weiterer wissenschaftlicher Bearbeitung des Themas. Zum einen erscheint eine vergleichende qualitative Studie mit Adoptierten sinnvoll, die bislang *nicht* die aktive biografische Aneignung ihrer Adoptionsgeschichte in Angriff genommen haben. Hier wären lebensgeschichtliche Verläufe, Bindungsrepräsentationen und Identitätskonstruktionsmuster aufschlussreich, die mit den Ergebnissen der vorliegenden Studie verglichen werden können. Dadurch wäre eine vertiefte Differenzierung der intrinsischen und extrinsischen Motive und Barrieren für die Herkunftssuche möglich und die Entstehung (oder Nicht-Entstehung) des Bedürfnisses nach Kenntnis der genealogischen Abstammung wäre durch die Gegenüberstellung deutlicher beschreibbar. Weiterhin wären qualitative und quantitative Studien bei den anderen Seiten des Adoptionsvierecks sinnvoll. Die Adoptiveltern, die leiblichen Eltern und auch die Adoptionsvermittlungsstellen können jeweils eigene, wesentliche Bausteine zu einem sich vervollständigenden Bild über das Phänomen der biografischen Aneignung der Adoptionsgeschichte beitragen. Dabei sind zielgruppenspezifische Forschungsdesigns zu entwickeln und die Ergebnisse ebenfalls mit bestehenden Studien zu vergleichen (z.B. Swientek 1986 und 1993 für die leiblichen Eltern, Napp-Peters 1978 für die Vermittlungsstellen und Hoffmann-Riem 1989 für die Adoptivfamilien).

Im Bereich der Herkunftssuche Adoptierter ist eine quantitative Untersuchung zu den intrinsischen und extrinsischen Motivationen und Barrieren der biografischen Aneignung der Adoptionsgeschichte eine sinnvolle Fortführung des Forschungsprozesses. Dadurch wäre eine weitere Sicherung der Validität der Forschungsergebnisse durch Methodentriangulation gewährleistet. Die dargestellten Essentials aus der vorliegenden qualitativen empirischen Forschung bilden theoretische Grundlagen zum Prozess der biografischen Aneignung der Adoptionsgeschichte. Es wurden Motive, Barrieren und Strukturen und Prozesse detailliert erfasst und beschrieben. Durch eine quantitativ-empirische Untersuchung der Zielgruppe wäre eine Überprüfung, Verfeinerung und Verallgemeinerung durch weitere Abstrahierung der Aussagen möglich. Hier liegt ein weiterführender Forschungsansatz zur Schärfung und Validierung der Ergebnisse. Daneben wurde im Forschungsverlauf die Notwendigkeit einer verbesserten und einheitlichen statistischen Erfassung deutlich, um eine sichere Grundlage für die weitere fachliche und wissenschaftliche Bearbeitung zu gewährleisten.

April 2012 publiziert: Der österreichische Arzt Bertold Wiesner, der seit den 40er Jahren des letzten Jahrhunderts in London eine Fruchtbarkeitsklinik, soll durch Samenspenden in seiner eigenen Klinik leiblicher Vater von über 600 Kindern sein. Das fand eines der betroffenen Kinder im Kontext seiner Suche nach dem leiblichen Vater heraus. (vgl. www.welt.de; Nachricht vom 08.04.2012)

Schlussbemerkung

Die Aufarbeitung der Vergangenheit ist Grundlage für eine freie, mündige Gestaltung von Zukunft. Dies gilt nicht nur für politische Zusammenhänge, sondern beginnt bereits beim Einzelnen. In diesem Kontext steht die Herkunftssuche Adoptierter. „Jedes Individuum, das im Bewusstsein der Zeit auch von seiner Endlichkeit weiß, braucht einen Ausgangspunkt für seine eigene Geschichte" (Deutscher Ethikrat 2009, 46f). Es geht um Selbst-Verständnis und Aneignung der eigenen Biografie als Basis konstruktiver Zukunftsentwicklung.

Adoptierte, die sich auf den Weg zur biografischen Aneignung ihrer Adoptionsgeschichte machen, finden häufig spannende, wertvolle, manchmal auch verschwommene Teile ihres persönlichen Lebenspuzzles, welche sie dann in ihre Biografie einbauen und so sich selbst neu sehen, wahrnehmen, annehmen und lieben lernen können. Mit der eigenen Vergangenheit versöhnt zu sein ist eine solide Ausgangsbasis für die zukünftige Lebensgeschichte. Der Blick zurück öffnet den Blick nach vorn. Zukunft wächst aus angeeigneter Herkunft.

Literaturverzeichnis

Adler, Alfred: Menschenkenntnis. Fischer-Bücherei Frankfurt a.M./Hamburg 1966

Ahlemeier, Sabine: Adoptionsvermittlung in der Bundesrepublik Deutschland. In: Sorosky, Athur D./ Baran, Annette/Pannor, Reuben: Adoption. Zueinanderkommen – miteinander leben. Eltern und Kinder erzählen. Rowohlt Taschenbuchverlag Reinbek b. Hamburg, 1982 (amerikanisches Original von 1978), S. 200-202

Ainsworth, Mary: Muster von Bindungsverhalten, die vom Kind in der Interaktion mit seiner Mutter gezeigt werden (1964). in: Grossmann/ Grossmann (Hg.): Bindung und menschliche Entwicklung, Klett-Cotta Verlag Stuttgart, 2. Auflage 2009, S. 102-111

Ainsworth, Mary: Mutter-Kind-Bindungsmuster (1985) in: Grossmann/ Grossmann (Hg.): Bindung und menschliche Entwicklung, Klett-Cotta Verlag Stuttgart, 2. Auflage 2009a, S. 317-340

Ainsworth, Mary: Bindungen im Verlauf des Lebens (1985) in: Grossmann/ Grossmann (Hg.): Bindung und menschliche Entwicklung, Klett-Cotta Verlag Stuttgart, 2. Auflage 2009b, S. 341-366

Ainsworth, Mary: Einige Überlegungen zur Theorie und über bindungsrelevante Erfassungen nach der Kleinkindzeit (1990) in: Grossmann/ Grossmann (Hg.): Bindung und menschliche Entwicklung, Klett-Cotta Verlag Stuttgart, 2. Auflage 2009c, S. 367-401

Ainsworth, Mary und Bell, Sylvia: Bindung, Exploration und Trennung (1970) in: Grossmann/ Grossmann (Hg.): Bindung und menschliche Entwicklung, Klett-Cotta Verlag Stuttgart, 2. Auflage 2009, S. 146-168

Ainsworth, Mary / Bell, Sylvia / Stayton, Donelda: Individuelle Unterschiede im Verhalten in der Fremden Situation bei ein Jahr alten Kindern (1971)in: Grossmann/ Grossmann (Hg.): Bindung und menschliche Entwicklung, Klett-Cotta Verlag Stuttgart, 2. Auflage 2009a, S. 169-210

Ainsworth, Mary und Bell, Sylvia: Die Interaktion zwischen Mutter und Säugling und die Entwicklung von Kompetenz (1974) in: Grossmann/ Grossmann (Hg.): Bindung und menschliche Entwicklung, Klett-Cotta Verlag Stuttgart, 2. Auflage 2009b, S. 217-241

Ainsworth, Mary / Bell, Sylvia / Stayton, Donelda: Bindung zwischen Mutter und Kind und soziale Entwicklung (1974) in: Grossmann/ Grossmann (Hg.): Bindung und menschliche Entwicklung, Klett-Cotta Verlag Stuttgart, 2. Auflage 2009c, S. 242-279

Ainsworth, Mary und Bell, Sylvia: Weinen bei Kindern und Reaktionen der Mütter: Eine Erwiderung auf Gewirtz und Boyd (1977) in: Grossmann/ Grossmann (Hg.): Bindung und menschliche Entwicklung, Klett-Cotta Verlag Stuttgart, 2. Auflage 2009d, S. 286-386

Ainsworth, Mary und Wittig, Barbara: Bindungs- und Explorationsverhalten einjähriger Kinder in einer Fremden Situation (1969). in: Grossmann/ Grossmann (Hg.): Bindung und menschliche Entwicklung, Klett-Cotta Verlag Stuttgart, 2. Auflage 2009, S. 112-145

Bachmann, Klaus: Was den Menschen prägt. In: GEO 4/2007, Gruner & Jahr, Hamburg 2007, 144-166

Baldow, Steffi/Kühn, Peter: Adoptionen in der DDR von 1950-1990. Ein Versuch, Adoptionsdaten zu rekonstruieren. Unveröffentlichtes Manuskript, Stuttgart/Dresden 2011

Bayerischen Landesjugendamt: Mitteilungsblatt des Nr. 4 – Juli/August und Nr. 5 – September/Oktober 1994

Bayerischen Landesjugendamt: Mitteilungsblatt des Nr. 5 2006

Behr, Katrin/ Hartl, Peter: Entrissen. Der Tag, als die DDR mir meine Mutter nahm. Droemerverlag, München 2011

Bechinger, Walter und Gerber, Uwe (Hg.): Die vergessene Seite der Adoption. Verlag Ernst Kaufmann, Lahr 1993

Bogner, Alexander/Littig, Beate/Menz, Wolfgang: Das Experteninterview. Theorie, Methode, Anwendung, 2. Auflage, Verlag f. Sozialwissenschaften, Wiesbaden 2005

Bohleber, Werner: Zur Bedeutung der neueren Säuglingsforschung für die psychoanalytische Theorie der Identität. In: Keupp, Heiner und Höfer, Renate (Hg.): Identitätsarbeit heute. Klassische und aktuelle Perspektiven der Identitätsforschung. Suhrkampverlag, Frankfurt/M. 1997, S. 93-119

Bonhoeffer, Dietrich: Ethik. Ch. Kaiser-Verlag, München 1961 (1949)

Bonus, Bettina: Mit den Augen eines Kindes sehen lernen. Books on Demand GmbH, Norderstedt 2006

Bott, Regula: Adoptierte suchen ihre Herkunft. Vandenhoeck & Ruprecht, Göttingen 1995

Bott, Regula: Suche von und nach Adoptierten ist eine Frage der Einstellung und nicht ein Problem von – fehlenden – Paragraphen, GZA Hamburg 2005

Bourdieu, Pierrre: Die feinen Unterschiede. Kritik der gesellschaftlichen Urteilskraft. Suhrkampverlag Frankfurt/Main 1982

Bourdieu, Pierre/Wacquant, Loic J.D.: Reflexive Anthropologie. Suhrkampverlag Frankfurt/Main 2006 (1996)

Bowlby, John: Bindung. Ernst Reinhardt GmbH, München 2006

Bowlby, John: Trennung. Ernst Reinhardt GmbH, München 2006a

Bowlby, John: Verlust. Ernst Reinhardt GmbH, München 2006b

Bowlby, John: Bindung: Historische Wurzeln, theoretische Konzepte und klinische Relevanz. In: Spangler/Zimmermann (2009), S. 17-26

Bowlby, John: Bindung (1987). in: Grossmann/Grossmann (Hg.): Bindung und menschliche Entwicklung, Klett-Cotta Verlag Stuttgart, 2. Auflage (2009a) S.22-26

Bowlby, John: Mit der Ethologie heraus aus der Psychoanalyse: Ein Kreuzungsexperiment (1980). in: Grossmann/Grossmann (Hg.): Bindung und menschliche Entwicklung, Klett-Cotta Verlag Stuttgart, 2. Auflage (2009b) S.38-54

Bowlby, John: Ethologisches Licht auf psychoanalytische Probleme (1991). in: Grossmann/Grossmann (Hg.): Bindung und menschliche Entwicklung, Klett-Cotta Verlag Stuttgart, 2. Auflage (2009c) S.55-69

Bowlby, John/Ainsworth, Mary: Ein ethologischer Zugang zur Persönlichkeitsentwicklung. In Grossmann/Grossmann (Hg.): Bindung und menschliche Entwicklung, Klett-Cotta Verlag, Stuttgart, 2. Auflage 2009, S. 70-96

Brand, Birgit: Adoption und Identität. Vermittlungs-, Aufklärungs- und Unterstützungsstrategien adoptierter Jugendlicher. VDM Verlag Dr. Müller, Saarbrücken 2007

Breitinger, Eric: Vertraute Fremdheit. Adoptierte erzählen. Ch. Links Verlag, Berlin 2011

Bundesarbeitsgemeinschaft der Landesjugendämter: Empfehlungen zur Adoptionsvermittlung, 4., neu bearbeitete Auflage, Köln 2003

Bundesarbeitsgemeinschaft der Landesjugendämter: Empfehlungen zur Adoptionsvermittlung, 5., neu bearbeitete Auflage, Kiel 2006

Canetti, Elias: Masse und Macht. Fischer Taschenbuchverlag Frankfurt/M. 2003 (1980), © by Claassen Verlag Hamburg 1960

Carini, Marco: Muttersuche. Adoptivkinder und Mütter erzählen. Rotbuch Verlag Berlin 2010

Chamberlain, David: Woran Babys sich erinnern. Die Anfänge unseres Bewusstseins im Mutterleib. Kösel-Verlag München 1990

Dambmann, Ute: Geschlechtsspezifische Wahrnehmungen potentieller Adoptiveltern während des Auswahlverfahrens zur Aufnahme eines Kindes. Diplomarbeit Ev. Hochschule Dresden 2002

Deinet, Ulrich: Sozialräumliche Jugendarbeit. Grundlagen, Methoden und Praxiskonzepte. VS-Verlag für Sozialwissenschaften Wiesbaden 2009 (1999)

Deinet, Ulrich/Sturzenecker, Benedikt (Hg.): Handbuch Offene Kinder- und Jugendarbeit. VS-Verlag Wiesbaden 2005

Deutscher Ethikrat: Das Problem der anonymen Kindesabgabe. Berlin, 26.11.2009

Deutscher Verein für öffentliche und private Fürsorge e. V.: Diskussionspapier zur Adoption. Berlin 2014

Deutsches Jugendinstitut: Zusammenfassung der Studie „Anonyme Geburt und Babyklappen in Deutschland – Fallzahlen, Angebote, Kontexte". München 2012

Diemer, Alwin und Frenzel, Ivo (Hg.): Lexikon Philosophie, Neubearbeitung, 3. Auflage, Frankfurt 1969

Dostojewski, Fjodor: Die Brüder Karamsow (Bd. 1). Aufbau-Verlag Berlin und Weimar 1981

Drehsen, Volker/Häring, Hermann/Kuschel, Karl-Josef/Siemers, Helge in Zusammenarbeit mit Baumotte, Manfred: Wörterbuch des Christentums, Orbis-Verlag München 1995 (1988)

Drewermann, Eugen: Tiefenpsychologie und Exegese (2 Bd.), Walter-Verlag Olten 1992 (1984)

Ebertz, Beate: Adoption als Identitätsproblem. Lambertusverlag Freiburg i. B., 1987

Erikson, Erik H.: Dimensionen einer neuen Identität. Suhrkampverlag Frankfurt/M. 1975

Erikson, Erik H.: Der junge Mann Luther. Suhrkampverlag Frankfurt/M. 1994

Erikson, Erik H.: Identität und Lebenszyklus. 19. Auflage, Suhrkampverlag Frankfurt/M. 2001 (1969)

Esser, Hartmut: Alltagshandeln und Verstehen. J.C.B. Mohr (Paul Siebeck), Tübingen 1991

Esser, Hartmut: Soziologie. Spezielle Grundlagen. Bände 1-6, Campusverlag Frankfurt/Main 1999/2000

Fabricius, Benno: Sozialpädagogische Intervention als symbolische Kopplung. Bislang unveröffentlichte Dissertationsarbeit, TU Dresden 2009

Fendrich, Sandra: Im Überblick: Die Entwicklung der Adoptionszahlen in Deutschland. Universität Dortmund, Arbeitsstelle Kinder- und Jugendhilfestatistik 2005

Flick, Uwe (Hg.): Handbuch Qualitativer Sozialforschung. Belzverlag Weinheim 1995

Flick, Uwe: Qualitative Sozialforschung. Eine Einführung. Rowohlt Taschenbuch Verlag Reinbek bei Hamburg 2005 (1995)

Freud, Sigmund: Totem und Tabu, 10. Auflage, Fischer-Bücherei, Frankfurt/M., 1971

Freud, Sigmund: Der Familienroman der Neurotiker. In: Gesammelte Werke, Bd. 7 (Werke aus den Jahren 1906-1909), Fischer Verlag Frankfurt/Main 1976 (1941), S. 227-231

Gadamer, Hans-Georg: Wahrheit und Methode. Grundzüge einer philosophischen Hermeneutik. Mohr-Siebeck, Tübingen 1972 (1960)

Geller, Mechthild: Biographien erwachsener Adoptierter – Lebenserfahrungen und Lebensstrategien. Verlag der Universitätsbuchhandlung Graf von Westarp GmbH, Essen 1992

Gerhards, Jürgen: Identifikation mit Europa. Einige begriffliche Vorklärungen, in: Allmendinger, Jutta (Hg.): Entstaatlichung und soziale Sicherheit. Verhandlungen des 31. Kongresses der Deutschen Gesellschaft für Soziologie in Leipzig. Leske + Budrich, Opladen, 2003, S. 467-474

Gesellschaft für Menschenrechte: Zwangsadoption aus politischen Gründen in der DDR. Frankfurt/Main 1977

Glinka, Hans-Jürgen: Das narrative Interview. Eine Einführung für Sozialpädagogen. Juventaverlag Weinheim und München 1998

Gloger-Tippelt, Gabriele (Hg.): Bindung im Erwachsenenalter. Ein Handbuch für Forschung und Praxis. Verlag Hans Huber, Bern/Göttingen 2001

Goffman, Erving: Stigma. Über Techniken der Bewältigung beschädigter Identität. Suhrkampverlag Frankfurt a.M., 1967 (Neuauflage 2006)

Gomille, Beate: Unsicher-präokkupierte mentale Bindungsmodelle. In: Gloger-Tippelt, Gabriele (Hg.): Bindung im Erwachsenenalter. Ein Handbuch für Forschung und Praxis. Verlag Hans Huber, Bern/Göttingen 2001, S. 201ff

Grandke, Anita (Hg): Familienrecht Lehrbuch. Staatsverlag der DDR, Berlin 1976

Grice, H.P.: Logic and conversation. In: Cole/Moran (Hg.): Syntax and semantics 3: Speech arts. Academic Press New York 1975, S. 41-58

Griebel, Wilfried/Niesel, Renate: Transitionen: Fähigkeit von Kindern in Tageseinrichtungen fördern, Veränderungen erfolgreich zu bewältigen. Beltzverlag Weinheim und Basel 2004

Griese, Inga: Zwangsadoptionen sogar noch nach der Wende. In: Die Welt, 28.05.1991. Quelle: www.systemkritik.de/bmuhl/justizverbrechen/ddr/zwangs adoptionen.html#top 16.09.2011, 14:55 Uhr

Griffiths, A. Phillips: Child Adoption an Identity. In: Royal Institute of Philosophy Lecture Series (1984), 18: S. 275-285 Cambridge University Press

Grimm, Gunhild: Die begleitende Beratung von Adoptierten und ihren Bezugspersonen im Jahre 1962 in Hamburg. In: Bott, Regula: Adoptierte suchen ihre Herkunft. Vandenhoeck & Ruprecht, Göttingen 1995, S. 94-110

Grossmann, Klaus E. / Grossmann, Karin: Die Bedeutung sprachlicher Diskurse für die Entwicklung internaler Arbeitsmodelle von Bindung. In: Gloger-Tippelt (Hg.): Bindung im Erwachsenenalter. Verlag Hans Huber, Bern/Göttingen 2001

Grossmann, Klaus E. / Grossmann, Karin: Bindungen. Das Gefüge psychischer Sicherheit. Klett-Cotta Verlag Stuttgart, 3. Auflage 2006 (2004)

Grossmann, Klaus E. / Grossmann, Karin (Hg.): Bindung und menschliche Entwicklung. Klett-Cotta Verlag Stuttgart, 2. Auflage 2009

Hall Stuart: Terrains der Verstörung. Interview von Christian Höller. aus: Texte zur Kunst Nr. 24, Nov. 1996. Quelle: http://www.all4all.org am 01.03.2006

Hall, Stuart: Ethnizität: Identität und Differenz. In: Engelmann, Jan (Hg.): Die kleinen Unterschiede. Campusverlag Frankfurt/Main; New York 1999 , S.83-99

Hall, Stuart: Turn identity inside out! Interview anlässlich der dokumenta 11 (2002), bearbeitet von Angelika Bartl. Quelle: http://igkultur.at am 01.03.2006

Hall, Stuart: Rassismus und kulturelle Identität. Argument-Verlag Hamburg 2008 (1994)

Hanses, Andreas (Hg.): Biographie und Soziale Arbeit. Schneider Verlag Hohengehren 2004

Harms, Edda/Strehlow, Barbara (Hg): Adoptivkind – Traumkind in der Realität. Schulz-Kirchner-Verlag, 4. Auflage, Idstein 1997

Hauser, Susanne: Trauma – Der unverarbeitete Bindungsstatus im Adult Attachment Interview. In: Gloger-Tippelt, Gabriele (Hg.): Bindung im Erwachsenenalter. Ein Handbuch für Forschung und Praxis. Verlag Hans Huber, Bern/Göttingen 2001, S.226ff

Haußer, Karl: Identitätsentwicklung – vom Phasenuniversalismus zur Erfahrungsverarbeitung. In: In: Keupp, Heiner und Höfer, Renate (Hg.): Identitätsarbeit heute. Klassische und aktuelle Perspektiven der Identitätsforschung. Suhrkampverlag, Frankfurt/M. 1997, S. 120-134

Helsper, Werner: Das „postmoderne Selbst“ – ein neuer Subjekt- und Jugend-Mythos? Reflexionen anhand religiöser jugendlicher Orientierungen. In: Keupp, Heiner und Höfer, Renate (Hg.): Identitätsarbeit heute. Klassische und aktuelle Perspektiven der Identitätsforschung. Suhrkampverlag, Frankfurt/M. 1997, S. 174-206

Hermanns, Harry: Narratives Interview. In: Flick, Uwe (Hg.): Handbuch Qualitativer Sozialforschung. Belzverlag Weinheim 1995

Hobmair (Hsg): Psychologie. Stam-Verlag Köln/München 1991

Hoffmann-Riem, Christa: Das adoptierte Kind. Familienleben mit doppelter Elternschaft. Fink Verlag München 1989 (1984)

Hoksbergen, René A. C.: Motive von Adoptiveltern und Entwicklung ihrer Kinder. in: www.familienhandbuch.de, Januar 2007

Hoksbergen, René A. C. und Textor, Martin (Hg.): Adoption: Grundlagen, Vermittlung, Nachbetreuung, Beratung. Lambertusverlag Freiburg 1993

Huber-Nienhaus, Susanne (Redaktion): Handbuch für Pflege und Adoptiveltern, 6. überarbeitete Auflage, Schulz-Kirchner-Verlag, Idstein 2003

Janitzki, Michael: Adoption in der DDR. Biographische Fallrekonstruktionen und Adoptionsvermittlung in Deutschland. Dissertation, Universität Kassel, 2009

Jung, Carl-Gustav: Die Beziehungen zwischen dem Ich und dem Unbewussten. Rascher, Zürich 1933

Jung, Carl-Gustav: Bewusstes und Unbewusstes. Fischer-Taschenbuchverlag, Frankfurt a.M. 1981 (1957)

Jung, Carl-Gustav: Das C.G. Jung Lesebuch, ausgewählt von Franz Alt; Ulstein-Verlag, Frankfurt/Berlin 1986

Jung, Carl-Gustav: Über die Entwicklung der Persönlichkeit. Gesammelte Werke, Bd. 17, Sonderausgabe Walter, Düsseldorf 1995

Jungmann, Joachim: Aufwachsen in der Adoptivfamilie. Die Entwicklung adoptierter Kinder im Urteil ihrer Adoptiveltern. Deutsches Jugendinstitut/Juventaverlag Weinheim und München 1987

Keupp, Heiner: Diskursarena Identität. In: Keupp, Heiner und Höfer, Renate (Hg.): Identitätsarbeit heute. Klassische und aktuelle Perspektiven der Identitätsforschung. Suhrkampverlag, Frankfurt/M. 1997

Keupp, Heiner und Höfer, Renate (Hg.): Identitätsarbeit heute. Klassische und aktuelle Perspektiven der Identitätsforschung. Suhrkampverlag, Frankfurt/M. 1997

Keupp, Heiner u.a.: Identitätskonstruktionen. Das Patchwork der Identitäten in der Spätmoderne. Rowolth Taschenbuchverlag, Reinbek bei Hamburg 1999

Keupp, Heiner: Identität. In: Thiersch, Otto (Hsg): Handbuch Sozialarbeit, Sozialpädagogik 2. Auflage, Luchterhand, München 2001, S. 804ff

Kinderkommission des Deutschen Bundestages: Protokoll des Expertengespräches vom 6. April 2011, Berlin 2011

Kohli, Martin: Die Entstehung einer europäischen Identität. Konflikte und Potentiale. in: Kaelble, Hartmut /Kirsch, Martin / Schmidt-Gernig, Alexander (Hrsg.): Transnationale Öffentlichkeiten und Identitäten im 20. Jahrhundert. Campus, Frankfurt a.M. 2002

Kowalczyk, Charly: Mama und Papa sind meine richtigen Eltern. Pflege- und Adoptivkinder erzählen ihre Geschichte. Schulz-Kirchner-Verlag, Idstein 2003 (2000)

Krais, Beate/Gebauer, Gunter: Habitus. Transcript-Verlag Bielefeld 2010 (2002)

Krappel, Silvia: „Adoption: Verfahren im Namen des Kindeswohls mit problematischen Folgen für die Identitätsentwicklung betroffener Kinder“, Diplomarbeit Fachhochschule Frankfurt/M. 1999

Krappmann, Lothar: Die Identitätsproblematik nach Erikson aus einer interaktionistischen Sicht. In: Keupp, Heiner und Höfer, Renate (Hg.): Identitätsarbeit heute. Klassische und aktuelle Perspektiven der Identitätsforschung. (S. 66-92) Suhrkampverlag, Frankfurt/M. 1997

Kraus, Wolfgang: Das erzählte Selbst. Die narrative Konstruktion von Identität in der Spätmoderne. Centaurus Verlag, Herbolzheim 2000 (1997)

Kraus, Wolfgang und Mitzscherlich, Beate. Abschied von einem Großprojekt. Normative Grundlagen der empirischen Identitätsforschung in der Tradtition von James E. Marcia und die Notwendigkeit ihrer Reformulierung. In: Keupp, Heiner und Höfer,

Renate (Hg.): Identitätsarbeit heute. Klassische und aktuelle Perspektiven der Identitätsforschung. Suhrkampverlag, Frankfurt/M. 1997, S. 149-173

Kühn, Peter: Das große Fragezeichen verwandeln. Diplomarbeit Ev. Hochschule für Soziale Arbeit, Dresden 2006; in Teilen veröffentlicht in: Carini, Marco: Muttersuche. Adoptivkinder und Mütter erzählen. Rotbuch Verlag Berlin 2010, S. 21-38

Kühn, Peter: Adoptierte auf der Suche nach ihrer genealogischen Verwurzelung. Motive für die Kontaktaufnahme zur leiblichen Familie. Eine empirische Studie. Ibidem-Verlag Stuttgart 2014

Lamnek, Siegfried: Qualitative Sozialforschung, Bd. 1+2, Beltz, Psychologie Verlags-Union, Weinheim 1995 (1988)

Lamnek, Siegfried: Qualitative Sozialforschung. Lehrbuch, Beltz, Psychologie Verlags-Union, Weinheim 2005

Le Bon, Gustave: Psychologie der Massen. Krönerverlag Stuttgart 1982 (1911)

Lempp, Reinhart in: Hoksbergen, René A. C. und Textor, Martin (Hg.): Adoption: Grundlagen, Vermittlung, Nachbetreuung, Beratung. Lambertusverlag Freiburg 1993, S. 9f

Leontjew, Alexej Nikolajewitsch: Probleme der Entwicklung des Psychischen. Fischer Athenäum Verlag Kronberg 1977 (2. Auflage)

Lewin, Kurt: Feldtheorie in den Sozialwissenschaften. Verlag Hans Huber, Bern und Stuttgart 1963

Lifton, Betty Jean: Zweimal geboren. Memoiren eine Adoptivtochter. dtv/Klett-Cotta, Stuttgart 1981

Lifton, Betty Jean: Adoption. Klett-Cotta, Stuttgart 1982

Lohr, Winfried: Einführung zur deutschsrachigen Ausgabe. In: Lewin, Kurt: Feldtheorie in den Sozialwissenschaften. Verlag Hans Huber, Bern und Stuttgart 1963, S. 15-42

Luhmann, Niklas: Aufsätze und Reden. Reclam, Stuttgart 2001

Main, Mary: Aktuelle Studien zur Bindung. in Gloger-Tippelt, Gabriele (Hg.): Bindung im Erwachsenenalter. Ein Handbuch für Forschung und Praxis. Verlag Hans Huber, Bern/Göttingen 2001, S. 1-51

Main, Mary: Desorganisation im Bindungsverhalten. in Spangler /Zimmermann (Hg): Die Bindungstheorie. Grundlagen, Forschung und Anwendung, 5., durchgesehene Auflage, Klett-Cotta-Verlag, Stuttgart 2009, S. 120-139

Maslow, Abraham H.: Motivation und Persönlichkeit. Rowohlt Taschenbuch Verlag, Reinbek bei Hamburg 2010 (1981)

Mayring, Philipp: Einführung in die Qualitative Sozialforschung. Belz, Weinheim 2002

Mead, George Herbert: Geist, Identität und Gesellschaft. Suhrkamp Taschenbuchverlag Frankfurt/M. 1973

Meuser, Michael und Nagel, Ulrike: ExpertInneninterview – vielfach erprobt, wenig bedacht. in: Bogner/Littig/Menz: Das Experteninterview. Theorie, Methode, Anwendung, 2. Auflage, Verlag f. Sozialwissenschaften, Wiesbaden 2005, S. 71-94

Montada, Leo und Oerter, Rolf: Entwicklunspsychologie. Ein Lehrbuch. Psychologie Verlags Union Weinheim 1998 (1982)

Napp-Peters: Adoption – das alleinstehende Kind und seine Familie. Hermann Luchterhand Verlag Neuwied und Darmstadt 1978

Noll, Chaim: Der Rauf der Kinder und die Höllenqualen der Mütter. Wenn gestriges Versagen ins Heute mitgeschleppt wird. In: Die Welt, 29.08.1991, Quelle: www.systemkritik.de/bmuhl/justizverbrechen/ddr/zwangs_adoptionen.html#top 16.09.2011, 14:55 Uhr

Oberloskamp, Helga: Das deutsche Adoptionsrecht: Seine geschichtliche Entwicklung und seine gegenwärtige Ausgestaltung. In: Hoksbergen, René A. C. und Textor, Martin (Hg.): Adoption: Grundlagen, Vermittlung, Nachbetreuung, Beratung. Lambertusverlag Freiburg 1993, S. 14-29

Paulitz, Harald (Hg.): Adoption. Positionen, Impulse Perspektiven. Verlag C. H. Beck, München 2006 (2000)

Reichenbach, Ulrike/Holzbrecher, Cornelia: Geboren…getrennt…gefunden. Eine whare deutsch-deutsche Zwillingsgeschichte. Hepelo-Verlag Riedlhütte 2007

Riedel, Ingrid: Altern. Das Leben ausschöpfen – und loslassen. In: Jung-Journal, Forum für analytische Psychologie, Heft 18, September 2007, S. 13-17. C.-G.-Jung-Gesellschaft, Köln 2007

Rogers, Carl R.: Die nicht-direktive Beratung. Counseling and Psychotherapie., Kindler-Verlag, München 1972

Rosenthal, Gabriele: Erlebte und erzählte Lebensgeschichte. Gestalt und Struktur biografischer Selbstbeschreibungen. Campusverlag Frankfurt/M. 1995

Rosenthal, Gabriele: Interpretative Sozialforschung. Eine Einführung. Juventaverlag Weinheim und München 2008

Schäfer, Gerd E.: Bildungsprozesse im Kindesalter. Selbstbildung, Erfahrung und Lernen in der frühen Kindheit. Juventa Verlag Weinheim und München 2011 (1995)

Schiller, Anett: Accouchement sous X – Entbindung unter X. Wer bin ich? Eine Studie zur Identitätsbildung anonym geborener Kinder. Diplomarbeit Ev. Hochschule Dresden, 2005

Schmidt, Christiane: Analyse von Leitfadeninterviews, in: Flick/Kardorff/Steinke (HG) „Qualitative Forschung“, Rowolth Taschenbuchverlag, Hamburg 2004 (2000)

Schmidt, Patricia: „Adoption“ Konfrontation mit der „Wirklichkeit“. BoD GmbH Norderstedt 2009

Schlatter u.a. (Hg.): Calwer Bibellexikon. Calwer Verlag Stuttgart 1989 (19599

Scholz, Annelie: Adoptierte auf der Suche nach ihrer Identität, aus der Broschüre der Zentralen Adoptionsstelle (GZA) Hamburg, Kaiser-Wilhelm-Straße 100, Hamburg 1993, S. 30-40

Schütze, Fritz: Biographieforschung und narrative Interviews, in: Neue Praxis -Kritische Zeitschrift für Sozialarbeit und Sozialpädagogik, Bd. 13/1983, Darmstadt 1983, S. 283ff

Schwägert, Christian: Ein Dogma fällt. In: GEO 4/2007, Gruner & Jahr, Hamburg 2007, S. 152f

Schweizerische Fachstelle für Adoption: Jahresbericht 2003, Selbstverlag, Zürich 2003

Smentek, Günter (HG): Die leiblichen Eltern im Adoptionsprozess – verändert sich die Adoptionspraxis? Schulz-Kirchner Verlag, Idstein 1998

Solso, Robert L.: Kognitive Psychologie. Springer Medizin Verlag, Heidelberg 2005

Sorosky, Athur D./ Baran, Annette/Pannor, Reuben: Adoption. Zueinanderkommen – miteinander leben. Eltern und Kinder erzählen. Rowohlt Taschenbuchverlag Reinbek b. Hamburg, 1982 (amerikanisches Original von 1978)

Spangler, Gottfried/Zimmermann, Peter (Hg): Die Bindungstheorie. Grundlagen, Forschung und Anwendung, 5., durchgesehene Auflage, Klett-Cotta-Verlag, Stuttgart 2009

Spork, Peter: Der zweite Code. Epigenetik – oder Wie wir unser Erbgut steuern können. Rowohltverlag Reinbek, 2. Auflage 2009

Statistisches Bundesamt, Pressemitteilung Nr. 294, Wiesbaden, 12.08.2011

Staudinger, J. von: Kommentar zum BGB mit Einführungsgesetz und Nebengesetzen. Viertes Buch Familienrecht §§ 1741-1772 erläutert von Dr. Rainer Frank, 12., neubearbeitete Auflage, Walter de Gruyter & Co., Berlin 1991

Steck, Barbara: Adoption – ein lebenslanger Prozess. Karger Verlag Freiburg i.B. und Basel 2007

Strauss, Anselm/Corbin, Juliet: Grounded Theory: Grundlagen Qualitativer Sozialforschung. Psychologie Verlags Union, Weinheim 1996

Swientek, Christine: Ich habe mein Kind fortgegeben. Rowohltverlag Hamburg 1982

Swientek, Christine: Die abgebende Mutter im Adoptionsverfahren. B. Kleine-Verlag, Bielefeld 1986

Swientek, Christine: Beratung für „abgebende Mütter“ vor und nach der Freigabe des Kindes. In: Hoksbergen, René A. C. und Textor, Martin (Hg.): Adoption: Grundlagen, Vermittlung, Nachbetreuung, Beratung. Lambertusverlag Freiburg 1993, S.169-173

Swientek, Christine: Auf der Suche nach den Eltern – auf der Suche nach Identität. Adoption – die unendliche Geschichte. In: Hoksbergen, René A. C. und Textor, Martin (Hg.): Adoption: Grundlagen, Vermittlung, Nachbetreuung, Beratung. Lambertusverlag Freiburg 1993a, S. 215-222

Swientek, Christine: Adoptierte auf der Suche ... Verlag Herder, Freiburg 2001

Swientek, Christine: Ausgesetzt, verklappt, anonymisiert. Kirchturmverlag Burgdorf 2007

Textor, Martin: Adoptierte auf der Suche nach ihrer Herkunft, in: Zeitschrift für Soziale Arbeit" 12/1988, S. 456-462

Textor, Martin: Vergessene Mütter, die nicht vergessen können, in: Neue Praxis 19/1989, S. 323ff, zititert in www.sgbviii.de, (16.10.2006)

Textor, Martin: Das Interesse Adoptierter an ihrer Herkunft, in: „Zeitschrift für Pflegekinder und Adoptionswesen" 4/1990, S. 32-34

Textor, Martin: Die unbekannten Eltern, in: „Zentralblatt für Jugendrecht" 1990a, S. 10-14

Textor, Martin: Inlandsadoptionen: Herkunft, Familienverhältnisse und Entwicklung der Adoptivkinder. In: Hoksbergen, René A. C. und Textor, Martin (Hg.): Adoption: Grundlagen, Vermittlung, Nachbetreuung, Beratung. Lambertusverlag Freiburg 1993, S. 41ff

Textor, Martin/Juffer, Feemie/Hoksbergen, René: Attachment und Identität, in: „Praxis der Kinderpsychologie und Kinderpsychatrie", Vandenhoeck & Ruprecht, Göttingen 1994

Tisseron, Serge: Die verbotene Tür. Rowohlt-Taschenbuch, Reinbek 2001

Tyrell, Hartmann: Ehe und Familie – Institutionalisierung und Deinstitutionalisierung. In: Lüscher, Kurt/Schultheis, Franz/Wehrspaun, Michael (Hg.): Die „postmoderne" Familie. Fmailiale Strategien und Familienpolitik in einer Übergangszeit. Universitätsverlag Konstanz 1990 (2. Auflage)

Tyrell, Hartmann/Herlth, Alois: Partnerschaft versus Elternschaft. In: Herlth, A./ Brunner, E.J./Tyrell, A./Kriz, J.: Abschied von der Normalfamilie? Springerverlag Berlin und Heidelberg 1994

Wagner, Antje: Vaterschaft ohne Verwandtschaft. Konstruktionen und Rekonstruktionen zur eigenen Identität bei Töchtern aus donogener Insemination. Unveröffentlichte Masterthesis im Fachbereich Sozialwesen der FH Koblenz 2011

Wagner, Harald: Milieu und Subkultur als Elemente eines empirischen Strukturmodells zum Phänomen des Rechtsextremismus. In: Hirschfeld/Kleinert (Hg.): Zwischen Ausschluss und Hilfe. Soziale Arbeit und Rechtsextremismus, Ev. Verlagsanstalt Leipzig 2000

Warnecke, Marie-Luise: Zwangsadoptionen in der DDR. Berliner Wissenschaftsverlag, Berlin 2009

Weber, Max: Wirtschaft und Gesellschaft. Grundrisse der verstehenden Soziologie, Mohr Tübingen 1972 (zuerst Tübingen 1922)

White, Michael / Epston, David: Die Zähmung der Monster. Der narrative Ansatz in der Familientherapie. Carl-Auer-Systeme Verlag, Heidelberg 2002 (1989)

Wiemann, Irmela: Abgebende Mütter und Väter. in: Bechinger/Gerber 1993 (s.o.)

Wiemann, Irmela: Adoptiv- und Pflegekindern ein Zuhause geben. Balance buch + medien verlag GmbH, Bonn 2009

Wilcke, Margaretha A.: Hermeneutic Phenomenology as a Research Method in Social Work, ©Currents: New Scholarship in the Human Services, Universität Calgary 2002, http://www.ucalgary.ca/currents/files/currents/v1n1_wilcke.pdf (11.02.2010); eigene Übersetzung des englischen Textes

Wollek, Werner: Offene Adoption oder Inkognito? in :„Unsere Jugend“ 4/1999, Ernst-Reinhardt GmbH, München, S. 147-157

Zeigarnik, Bljuma: Das Behalten erledigter und unerledigter Handlungen. Inaugural-Dissertation, Berlin 1927

Ziegenhain, Ute: Sichere mentale Bindungsmodelle. In: Gloger-Tippelt, Gabriele (Hg.): Bindung im Erwachsenenalter. Ein Handbuch für Forschung und Praxis. Verlag Hans Huber, Bern/Göttingen 2001, S. 154ff

Zoja, Luigi: Das Verschwinden der Väter. Walter-Verlag Düsseldorf und Zürich 2002

Gesetzbücher und Lexika

Adoptionsvermittlungsgesetz (AdVermiG) 2008 (1976)

Gesetz über Wirkungen der Annahme als Kind nach ausländischem Recht (Adoptionswirkungsgesetz-AdWirkG) 2001

Gesetz zum Ausbau der Hilfen für Schwangere und zur Regelung der vertraulichen Geburt 2013

Übereinkommen über die Rechte des Kindes (UN-Kinderrechtskonvention) 1989

Haager Übereinkommen über den Schutz von Kindern und die Zusammenarbeit auf dem Gebiet der internationalen Adoption. in: Generalbundesanwalt beim Bundesgerichtshof (Hg): Internationale Adoption, Hinweise zum Haager Übereinkommen vom 29. Mai 1993, 2. Auflage 2002

Bürgerliches Gesetzbuch, 54. Auflage, Beck-Texte, Deutscher Taschenbuchverlag, München 2003

Grundgesetz, Bundeszentrale für politische Bildung, Bonn 2001

Gesetz über das Verfahren in Familiensachen und in den Angelegenheiten der freiwilligen Gerichtsbarkeit (FamFG) 2011 sowie Vorgängergesetz (FGG)

Personenstandsgesetz (PstG) 2007

Jugendhilfe Textausgabe, Staatsverlag der DDR, Berlin 1985 (1972)

SGB VIII (KJHG)

Meyers großes Taschenlexikon in 24 Bänden, Brockhaus AG, Mannheim 1992

BI Universallexikon, VEB Bibliografisches Institut, Leipzig 1988 (1985)

Archive und Statistik

Bundesarchiv, Außenstelle Berlin (DDR und sowjetische Besatzungszone), DR/2/10233, 13114, 13750, 13754, 13754a, 27853

BStU, Bundesbeauftragte für die Unterlagen des Staatssicherheitsdienstes der ehemaligen Deutschen Demokratischen Republik: MfS ZAIG 9485/3, MfS ZAIG 16098, MfS ZKG 2698, MfS HA IX 3171, MfS ZKG 7759. Einsichtnahme am 02.04.2008

Landesarchiv Greifswald: Rep. 200/8.2 Nr. 30

Landeshauptarchiv Brandenburg, Rep 801 Bezirkstag und Rat der Bezirke Cottbus/Potsdam, Nr. 25948

Landeshauptarchiv Sachsen-Anhalt, Merseburg, RdB Halle, 4. Ablage Nr. 6205, 6209, 6210, 6210/1

Landeshauptarchiv Schwerin: 7.11-1, Z145/1991, 30 sowie 7.21-1, Z1/1986, 4509

Sächsisches Hauptstaatsarchiv, Bestand 11430 Bezirkstag und Rat des Bezirkes Dresden, Nr. 11207 und 11256 (Berichterstattung über das Aufgabengebiet der Jugendhilfe 1973-1989)

Sächsisches Staatsarchiv Chemnitz, Bestand 30413 Rat des Bezirkes Karl-Marx-Stadt, bes. Nr. 4063-4065.4086.128742

Sächsisches Staatsarchiv Leipzig, Bestand 20237 Bezirkstag und Rat des Bezirkes Leipzig, Nr.23557, 23566, 31276, 31272

Statistisches Bundesamt: Bevölkerung und Erwerbstätigkeit. Zusammenfassende Übersichten 1946-2009, Wiesbaden 2010

Statistisches Bundesamt: persönliche Auskünfte per Mail und Telefon 2006-2010 sowie Recherche auf www.destatis.de 2006-2014 (insbesondere: Kinder- und Jugendhilfestatistiken – Adoptionen)

Statistisches Bundesamt: Pressemitteilung Nr. 294 vom 12.08.2011

Statistisches Jahrbuch DDR 1971/1976/1981/1986/1990. Staatsverlag der DDR/Rudolf Haufe Verlag Berlin

ThStArchiv Meiningen, Rat des Bezirkes Suhl, Nr. 916, 917, 6748, K1015

ThStArchiv Rudolstadt, Bezirkstag und Rat des Bezirkes Gera Nr. 6939, 7553

ThStArchiv Weimar, Bezirkstag und Rat des Bezirkes Erfurt, Abt. Volksbildung/ Referat Jugendhilfe: Altregistratur Nr. 32456-32458 (K.7489-7490)

Internetquellen

www.destatis.de (mehrfach 11/2006 - 07/2014)

www.duden.de/rechtschreibung/habitus 20.01.2012, 18:35 Uhr

www.familienhandbuch.de 17.01.2007, 13:24 Uhr

www.ndr.de/regional/hamburg/adoptionsverbot101.html 27.01.2011, 17:25 Uhr

www.ohnsorg.de am 22.03.2009, 10:30 Uhr

www.pro-leben.de 12.11.2006, 14:33 Uhr

www.redensarten.net 21.08.2011, 12:45 Uhr

www.systemkritik.de/bmuhl/justizverbrechen/ddr/zwangs_adoptionen.html#top 16.09.2011, 14:55 Uhr

www.tdh.de/fileadmin/user_upload/inhalte/04_Was_wir_tun/Themen/Weitere_Themen/ Babyklappen/Falldokumentation_2011.pdf30.04.2012, 11:30 Uhr

www.welt.de/vermischtes/article106164248/Oesterreicher-zeugte-offenbar-600-Kinder.html 16.04.2012, 11:15 Uhr

Anlagen

Einwohner und Adoptionen BRD 1970-1990

Tabelle 10: Einwohner Bundesrepublik Deutschland zum 31.12. des jeweiligen Jahres[134]

	1970	1975	1980	1985	1990	Mittelwert
Baden-Württemberg	8.953.607	9.152.748	9.258.947	9.271.370	9.821.847	9.291.704
Bayern	10.561.110	10.810.389	10.928.151	10.973.720	11.448.814	10.944.437
Berlin (West)	2.115.311	1.984.837	1.896.230	1.860.084	2.157.970	2.002.886
Bremen	735.452	716.805	693.846	659.898	681.665	697.533
Hamburg	1.793.640	1.717.383	1.645.095	1.579.884	1.652.363	1.677.673
Hessen	5.424.529	5.549.823	5.601.031	5.529.413	5.763.310	5.573.621
Niedersachsen	7.121.824	7.238.502	7.256.386	7.196.918	7.366.072	7.235.940
Nordrhein-Westfalen	17.004.851	17.129.615	17.058.193	16.674.051	17.319.651	17.037.272
Rheinland-Pfalz	3.658.932	3.665.777	3.642.482	3.615.049	3.763.510	3.669.150
Saarland	1.121.300	1.096.333	1.066.299	1.045.936	1.072.963	1.080.566
Schleswig-Holstein	2.510.608	2.582.412	2.611.285	2.614.151	2.626.127	2.588.917
Bundesrepublik	**61.001.164**	**61.644.624**	**61.657.945**	**61.020.474**	**63.674.292**	**61.799.700**

Tabelle 11: Adoptionen Bundesrepublik Deutschland 1970-1990[135]

	1970	1975	1980	1985	1990	Mittelwert
Baden-Württemberg	1.063	1.227	1.245	1.183	1.115	1.167
Bayern	1.370	1.470	1.292	1.132	960	1.245
Berlin (West)	303	498	366	282	238	337
Bremen	121	128	137	105	65	111
Hamburg	340	531	292	224	161	310
Hessen	684	846	977	674	652	767
Niedersachsen	797	1.009	1.036	886	817	909
Nordrhein-Westfalen	1.668	2.417	2.774	2.423	2.097	2.276
Rheinland-Pfalz	404	572	538	542	448	501
Saarland	71	138	154	151	109	125
Schleswig-Holstein	344	472	487	372	285	392
Bundesrepublik	**7.165**	**9.308**	**9.298**	**7.974**	**6.947**	**8.138**

134 Quelle: Statistisches Bundesamt, Wiesbaden 2006

135 Quelle: Statistisches Bundesamt, Wiesbaden 2006

Einwohner und Adoptionen DDR 1970-1989

Tabelle 12: Einwohner DDR zum 31.12. des jeweiligen Jahres[136]

	1970	1975	1980	1985	1989	Mittelwert
Bezirk Rostock	858.846	868.674	887.820	901.722	909.840	885.380
Bezirk Schwerin	597.378	590.347	589.870	592.231	590.171	591.999
Bezirk Neubrandenburg	638.842	626.362	622.904	619.623	615.767	624.700
Bezirk Potsdam	1.132.799	1.120.557	1.117.523	1.121.099	1.111.210	1.120.638
Bezirk Frankfurt/O.	680.576	688.883	705.943	707.100	706.116	697.724
Bezirk Cottbus	861.061	872.986	883.920	883.308	875.581	875.371
Bezirk Magdeburg	1.317.511	1.289.615	1.208.360	1.252.143	1.237.907	1.261.107
Bezirk Halle	1.925.988	1.876.516	1.833.135	1.790.835	1.748.030	1.834.901
Bezirk Erfurt	1.255.536	1.242.454	1.238.576	1.235.546	1.222.897	1.239.002
Bezirk Gera	738.451	737.916	741.557	741.320	728.079	737.465
Bezirk Suhl	553.020	549.435	548.876	549.598	545.271	549.240
Bezirk Dresden	1.873.069	1.835.621	1.806.401	1.775.574	1.713.086	1.800.750
Bezirk Leipzig	1.490.611	1.445.840	1.412.037	1.378.456	1.333.142	1.412.017
Bezirk Karl-Marx-Stadt	2.047.854	1.976.869	1.930.087	1.875.918	1.817.487	1.929.643
Ostberlin	1.085.441	1.098.174	1.152.529	1.215.586	1.279.212	1.166.188
DDR	**17.056.983**	**16.820.249**	**16.679.538**	**16.640.059**	**16.433.796**	**16.726.125**

Tabelle 13: Adoptionen DDR[137]

	1970	1975	1980	1985	1989	Mittelwert
Bezirk Rostock	172	205	182	177	214	190
Bezirk Schwerin	82	109	101	112	114	104
Bezirk Neubrandenburg	92	115	103	113	130	111
Bezirk Potsdam	201	193	166	181	195	187
Bezirk Frankfurt/O.	99	128	130	150	138	129
Bezirk Cottbus	114	131	113	159	195	142
Bezirk Magdeburg	173	184	234	255	305	230
Bezirk Halle	267	257	352	303	364	309
Bezirk Erfurt	156	157	148	187	206	171
Bezirk Gera	83	93	98	112	109	99
Bezirk Suhl	51	64	102	93	111	84
Bezirk Dresden	211	225	241	281	367	265
Bezirk Leipzig	165	217	198	244	268	218
Bezirk Karl-Marx-Stadt	226	227	239	265	331	258
Ostberlin	239	285	201	244	335	261
DDR	**2.331**	**2.590**	**2.608**	**2.876**	**3.382**	**2.757**

136 Quelle: Statistische Jahrbücher der DDR

137 Quelle: Archivrecherche des Verfassers 2007-2010

***ibidem*-Verlag**
Melchiorstr. 15
D-70439 Stuttgart
info@ibidem-verlag.de

www.ibidem-verlag.de
www.ibidem.eu
www.edition-noema.de
www.autorenbetreuung.de

Zeitfracht Medien GmbH
Ferdinand-Jühlke-Straße 7
99095 Erfurt, Deutschland
produktsicherheit@kolibri360.de